LES YEUX DE LA DÉCOUVERTE
GALLIMARD JEUNESSE

La grande encyclopédie

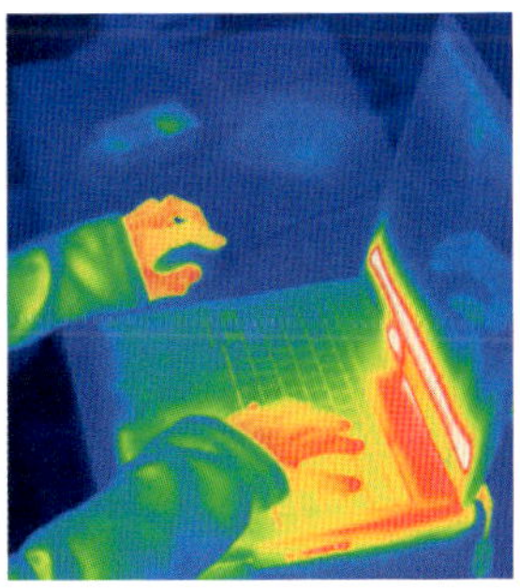

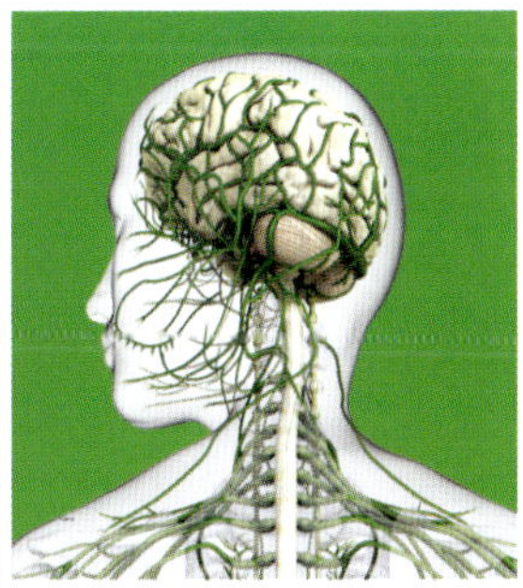

POUR L'ÉDITION ORIGINALE

Édition Carrie Love, Caroline Stamps, Deborah Lock, Ben Morgan, Fleur Star, Joe Harris, Wendy Horobin et Lorrie Mack
Graphisme Rachael Smith, Tory Gordon-Harris, Clemence Monot, Mary Sandberg, Sadie Thomas, Lauren Rosier, Gemma Fletcher et Sonia Moore
Assistance éditoriale **Bookwork**

Direction éditoriale Bridget Giles
Direction artitique Rachael Foster
Fabrication Claire Pearson et Siu Chan
Iconographe Liz Moore

Conseillers Peter Bond, Dr Lynn Dicks, Angus Konstam, Dr Kim Dennis-Bryan, Dr Donald R. Franceschetti, Roger Bridgman MSc, Dr Dena Freeman et Dr Penny Preston

POUR L'ÉDITION FRANÇAISE

Responsable éditorial Thomas Dartige
Édition Éric Pierrat
Couverture Valentina Leporé
Photogravure de couverture Scan+

Réalisation de l'édition française ML Éditions, Paris, sous la direction de Michel Langrognet
Traduction Sylvie Deraime (p. 4 à 81, 126 à 217 et 292 à 293) Manuel Boghossian (p. 82 à 125 et 218 à 291)
Édition et PAO Anne Papazoglou-Obermeister et Giulia Valmachino
Correction Christiane Keukens-Poirier et Marie-Pierre Prudon-Le Faucheur

Édition originale parue sous le titre :
The New Children Encyclopedia

ISBN : 978-2-07-062848-3

Premier dépôt légal : octobre 2010
Dépôt légal : septembre 2011
N° d'édition : 184798

Loi n° 49-956 du 16 juillet 1949
sur les publications destinées à la jeunesse.

Photogravure Media Development and Printing Limited, Grande-Bretagne
Imprimé et relié en Hong Kong

Sommaire

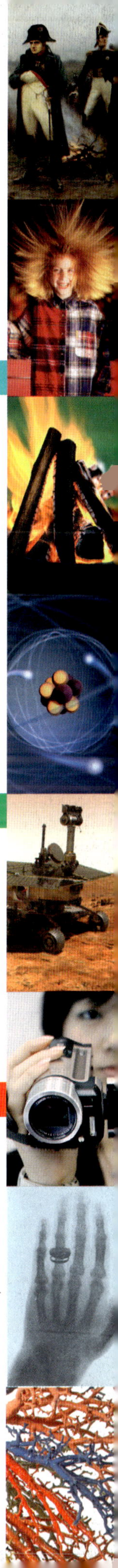

Mode d'emploi du site Internet

COMMENT ACCÉDER AU SITE INTERNET DU LIVRE

1 - SE CONNECTER
Tapez l'adresse suivante dans votre navigateur :
http://www.decouvertes-gallimard-jeunesse.fr/9+
dans la colonne « Retrouvez le site de votre livre », allez dans le menu déroulant « Choisir un titre » dans « Les encyclopédies ». Dans ce menu déroulant, choisissez « La grande encyclopédie » et le site du livre s'affichera.

2 - CHOISIR UN MOT CLÉ DANS LE LIVRE ET LE SAISIR SUR LE SITE
Vous ne pouvez utiliser que les mots clés du livre (inscrits dans les puces grises) pour faire une recherche.

3 - CLIQUER SUR LE LIEN CHOISI
Pour chaque mot clé du livre, une sélection de liens Internet vous est proposée par notre site.

4 - TÉLÉCHARGER DES IMAGES
Une galerie de photos est accessible sur notre site pour chaque chapitre de ce livre. Vous pouvez y télécharger des images libres de droits pour un usage personnel et non commercial.

IMPORTANT :
- Demandez toujours la permission à un adulte avant de vous connecter au réseau Internet.
- Ne donnez jamais d'informations sur vous.
- Ne donnez jamais rendez-vous à quelqu'un que vous avez rencontré sur Internet.
- Si un site vous demande de vous inscrire avec votre nom et votre adresse e-mail, demandez d'abord la permission à un adulte.
- Ne répondez jamais aux messages d'un inconnu, parlez-en à un adulte.

NOTE AUX PARENTS : Gallimard Jeunesse vérifie et met à jour régulièrement les liens sélectionnés, leur contenu peut cependant changer. Gallimard Jeunesse ne peut être tenu pour responsable que du contenu de son propre site. Nous recommandons que les enfants utilisent Internet en présence d'un adulte, ne fréquentent pas les *chats* et utilisent un ordinateur équipé d'un filtre pour éviter les sites non recommandables.

Introduction

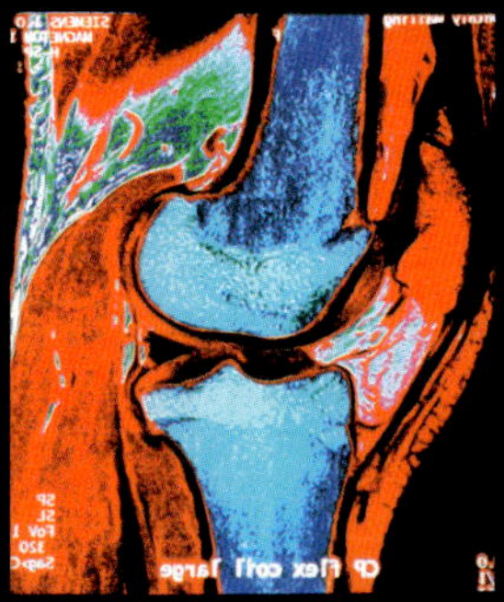

Chaque enfant a besoin d'un livre qui répond aux questions qu'il se pose sur le monde : comment la Terre s'est formée, ce qui fait pousser les plantes, pourquoi le Soleil brille, comment le corps humain fonctionne, ce qui s'est produit dans le passé ou encore, pourquoi les autres pays sont différents. Judicieusement stimulée, cette soif première de savoir peut nourrir l'envie de découvrir et de comprendre pour le reste de la vie. Grâce à une présentation claire et concise de l'information, donnant envie de se plonger dans le sujet, cette encyclopédie vise à encourager les jeunes lecteurs à faire leurs découvertes par eux-mêmes.

(p. 96-97) Au fil du livre, ce symbole invite à se rendre aux pages indiquées pour en savoir plus sur un sujet, par exemple, ici, sur les éléphants.

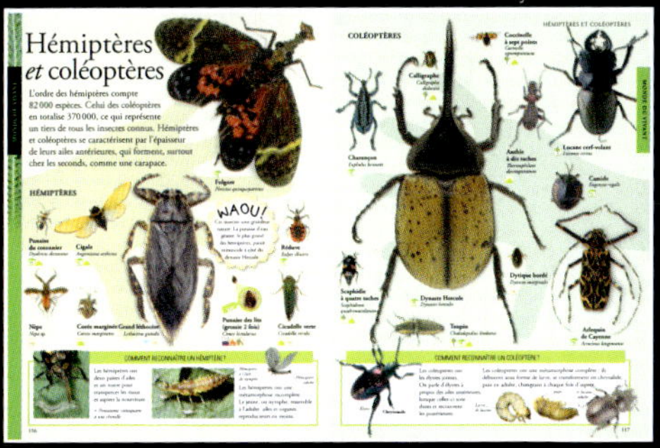

▲ LES COLLECTIONS *présentent diverses catégories d'organismes ou d'objets, comme celle des coléoptères et hémiptères (p. 116-117) ou des drapeaux.*

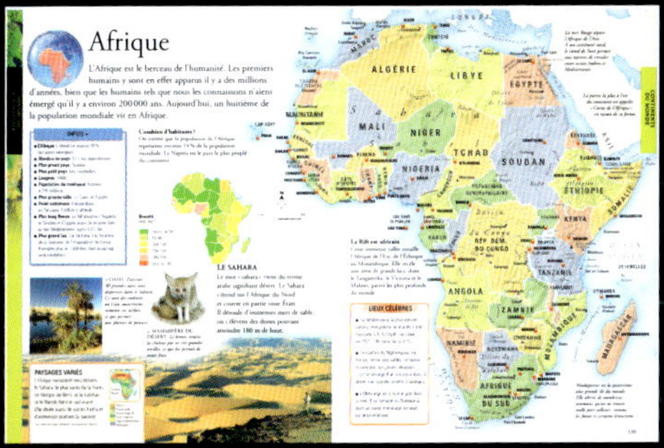

▲ DES CARTES DÉTAILLÉES *accompagnent la présentation, riche en faits et chiffres, de la géographie, de la population et des cultures des continents (p. 128-153).*

▲ LES PAGES GÉNÉRALISTES *développent un grand thème (p. 196-197), à l'aide de nombreux encadrés et photographies, et le plus souvent d'une chronologie.*

▲ LES PAGES SPÉCIALISÉES *explorent de manière détaillée un sujet précis, comme la voiture électrique (p. 258-259).*

ESPACE

- L'Univers est né du big bang il y a environ 13,7 milliards d'années.
- L'Espace commence à 100 km d'altitude au-dessus de la Terre.
- Notre Système solaire compte 8 planètes, 5 planètes naines et plus de 165 lunes.
- Autour du Soleil tournent des milliards d'astéroïdes, de comètes et d'objets mineurs
- Le premier satellite artificiel, Spoutnik, a été lancé par l'Union soviétique en 1957.

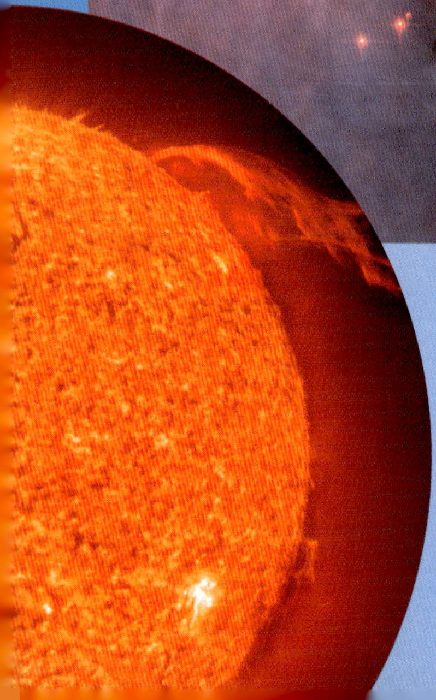

Quelle est l'étoile la plus proche de nous? *À découvrir pages 12-13*

Quelle est la plus grosse des planètes? *À découvrir pages 16-17*

L'**espace** englobe tout l'Univers – planètes, lunes, étoiles et galaxies. Depuis sa naissance, lors du big bang, il n'a plus cessé de se dilater.

- Environ 500 personnes ont volé dans l'Espace depuis 1961.
- Une cuillerée d'étoile à neutrons pèserait 10 milliards de tonnes sur Terre.
- Un trou noir est une région où la gravitation est si forte que rien ne peut lui échapper.
- La température au centre du Soleil est de 15 000 000 °C.
- L'explosion d'une étoile libère autant d'énergie que le Soleil en produira durant sa vie.

Quand Hubble a-t-il été mis en orbite ? *À découvrir pages 20-21*

Quels rovers ont atterri sur Mars en 2004 ? *À découvrir pages 26-27*

L’Univers

L’Univers est incroyablement vaste. C’est en fait tout ce que nous pouvons toucher, sentir, mesurer ou détecter. Il inclut les êtres vivants, les galaxies, la lumière et même le temps. Selon les scientifiques, il existe depuis près de 14 milliards d’années.

UNIVERS EN EXPANSION

À travers l’Univers visible, on peut observer les galaxies s’éloigner les unes des autres – un peu comme des taches sur un ballon qu’on gonfle. C’est l’espace lui-même qui se dilate. Et plus les galaxies sont distantes de nous, plus elles semblent se déplacer vite.

TEMPS	10^{-43} seconde	10^{-32} seconde	10^{-6} seconde	3 minutes
TEMPÉRATURE		10^{27} °C	10^{13} °C	10^{8} °C

1 Juste après le big bang, le cosmos connaît une « inflation » super rapide. D’abord plus petit qu’un atome, il devient gros comme un pamplemousse en une fraction de seconde.

2 L’Univers post-inflation est une soupe brûlante, grouillant d’électrons, de quarks et autres particules.

3 Le refroidissement rapide du cosmos permet aux quarks de s’agglutiner en protons et en neutrons.

4 Encore trop chauds pour former des atomes, électrons et protons dispersent la lumière : l’Univers est un brouillard torride.

INFOS +

- La lumière émise par les galaxies lointaines a mis plus de 12 milliards d’années pour nous parvenir : nous les voyons comme elles étaient avant la naissance de la Terre.
- Il y a plus d’étoiles dans l’Univers qu’il n’y a de grains de sable sur l’ensemble des plages de la Terre.
- Au cours de la première seconde, l’Univers a atteint environ 1 000 fois la taille actuelle de notre Système solaire.

Les astronomes mesurent la distance en années-lumière. Une année-lumière représente la distance parcourue par la lumière en un an. La lumière visible voyageant à 300 000 km/s, il lui faut beaucoup de temps pour venir des objets lointains jusqu’à nous. Les télescopes nous les montrent comme ils étaient dans le passé.

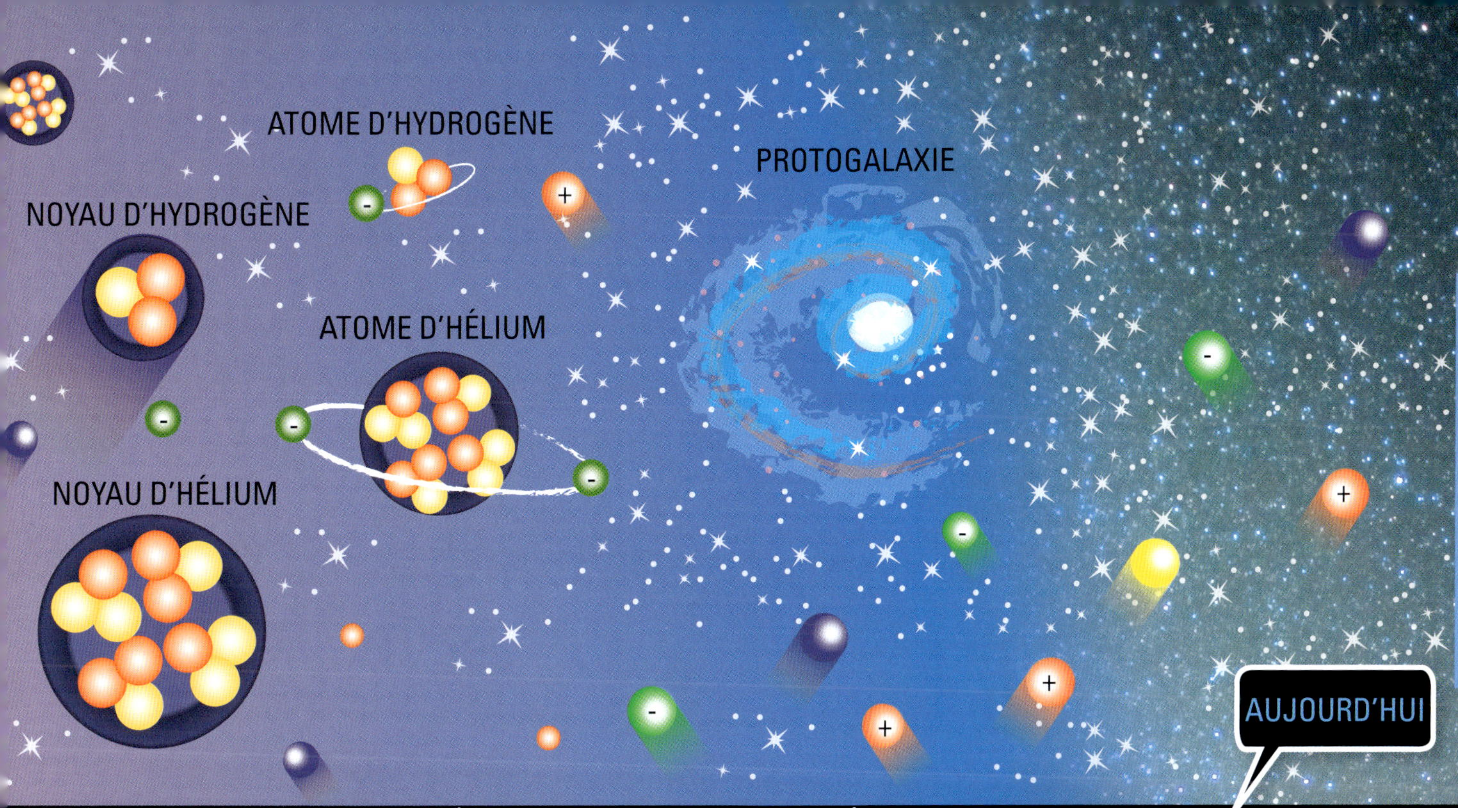

300 000 ans	1 milliard d'années	13 milliards d'années
10 000 °C	−200 °C	−270 °C

5 Les électrons se combinent avec les protons et les neutrons pour former des atomes, surtout d'hydrogène et d'hélium. La lumière peut se propager sur de longues distances.

6 Sous l'effet de la gravitation, l'hydrogène et l'hélium, qui sont des gaz, se concentrent en nuages, d'où naissent les premières étoiles puis les premières galaxies.

7 Tandis que les galaxies s'agglutinent sous l'effet de la gravitation, la mort des étoiles libère dans l'espace des éléments lourds, à l'origine de nouvelles étoiles et de planètes.

◀ *En 1974, un message codé* (à droite) *a été envoyé par l'énorme radiotélescope d'Arecibo* (à gauche) *vers le nuage d'étoiles M13. Ce message n'arrivera à destination qu'après 25 000 ans de voyage ; il ne faut donc pas espérer de réponse avant 50 000 ans !*

▶ *Ces symboles représentent, à partir du haut, les chiffres de 1 à 10, des atomes, des molécules, l'ADN, un être humain, les éléments de base de notre Système solaire et des informations sur le télescope émetteur.*

WAOUH !

Les **extraterrestres** existent-ils ? Les scientifiques pensent que la vie pourrait exister dans d'autres mondes, pourvu que ceux-ci aient de l'eau liquide et soient à bonne température. Les télescopes gagnant en puissance, les chercheurs espèrent découvrir beaucoup de planètes pareilles à la Terre. Certaines pourraient abriter la vie.

Les galaxies

Des milliards de galaxies sont dispersées à travers l'Univers, chacune contenant des millions ou des milliards d'étoiles. Il en existe de toutes formes et tailles. Les télescopes modernes peuvent observer de très vieilles galaxies, nées peu après l'Univers.

FORMES ET TAILLES

Certaines galaxies, elliptiques ou presque rondes, ressemblent à de gros ballons. D'autres sont des spirales aux longs bras recourbés. Beaucoup de petites galaxies n'ont pas de forme bien définie. Une petite galaxie contient quelques millions d'étoiles et mesure moins de 3 000 années-lumière de diamètre. Les galaxies super géantes, larges de plus de 150 000 années-lumière, abritent des milliards de soleils.

TYPES DE GALAXIES

■ **Galaxie spirale** Tourbillonnante, elle a de longs bras recourbés. Ceux-ci abritent des jeunes étoiles, des nébuleuses roses et de la poussière.

■ **Spirale barrée** De longs bras prolongent une barre centrale. Les étoiles les plus récentes sont issues des extrémités de la barre.

■ **Galaxie elliptique** Arrondie, elle est formée d'étoiles plus anciennes. On en trouve beaucoup dans les amas galactiques. La plupart dissimuleraient des trous noirs supermassifs.

■ **Galaxie irrégulière** Elle n'a pas de forme identifiable. Elle est petite et contient beaucoup de petites étoiles et de nébuleuses brillantes.

◂ LA GALAXIE DU TOURBILLON *C'est une énorme galaxie spirale bien définie, distante de 31 millions d'années-lumière. On peut voir aussi à ses côtés une galaxie satellite, plus petite. Les scientifiques pensent que le centre de la plupart des galaxies spirales cache des trous noirs supermassifs.*

LES ANTENNES
Ces deux galaxies sont éloignées de 45 millions d'années-lumière de la Terre. Elles sont illuminées par des flambées stellaires, provoquées par leur collision.

Galaxie

Collision de galaxies
D'énormes distances séparent souvent les galaxies, mais il arrive que certaines se heurtent. Les galaxies elliptiques, très communes, résulteraient de collisions intergalactiques très anciennes. Lors d'une collision, les nuages de gaz entourant les étoiles se mélangent, et de nouvelles étoiles naissent. Les galaxies des Antennes nous en offre un des exemples les mieux étudiés.

INFOS +

▲ GALAXIES SATELLITES *Autour des grandes galaxies tournent souvent des galaxies plus petites. Cette photo montre deux des nombreuses galaxies satellites d'Andromède. La Voie lactée en possède des dizaines.*

▲ AMAS GALACTIQUE *Les galaxies forment des amas en raison de leur énorme force gravitationnelle. Elles s'attirent et se déforment les unes les autres, jusqu'à entrer parfois en collision.*

▲ TROU NOIR *Le centre des galaxies cache souvent un trou noir supermassif. Sa gravité est telle que même la lumière ne peut s'en échapper. Nous ne pouvons observer que le gaz, la poussière et les étoiles qui y sont attirés.*

Les boules de gaz

Une étoile est une énorme boule d'hydrogène qui brille du fait des réactions nucléaires survenant dans son cœur. Les étoiles les plus chaudes meurent en quelques millions d'années. Les naines rouges, les plus froides, vivent le plus longtemps.

@ Étoile

COUP D'ŒIL

■ **Constellations** Sans télescope, on ne peut voir que quelques milliers d'étoiles. Toutes font partie de notre galaxie. Les peuples anciens y distinguaient des formes – les constellations –, auxquelles ils donnèrent le nom de créatures ou d'êtres mythologiques. Les plus célèbres sont les douze constellations du zodiaque qui forment une ceinture dans le ciel.

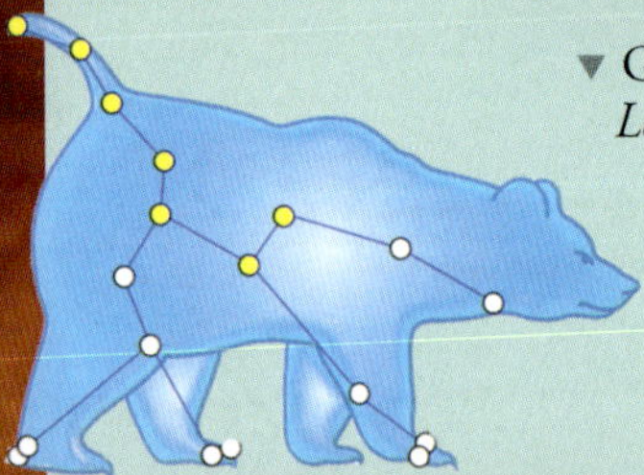

▼ GRANDE OURSE
Les sept étoiles les plus lumineuses, sur l'arrière-train et la queue de l'Ourse, forment le Grand Chariot.

Les petits points orange sont des étoiles encore en formation.

Au centre de la nébuleuse d'Orion se trouvent quatre étoiles jeunes et massives.

Les nuages doivent leurs couleurs très variées aux différents gaz et particules dont ils sont formés.

Nébuleuse d'Orion
Cette galaxie se situe à 15 000 années-lumière de la Terre.

LA NAISSANCE D'UNE ÉTOILE

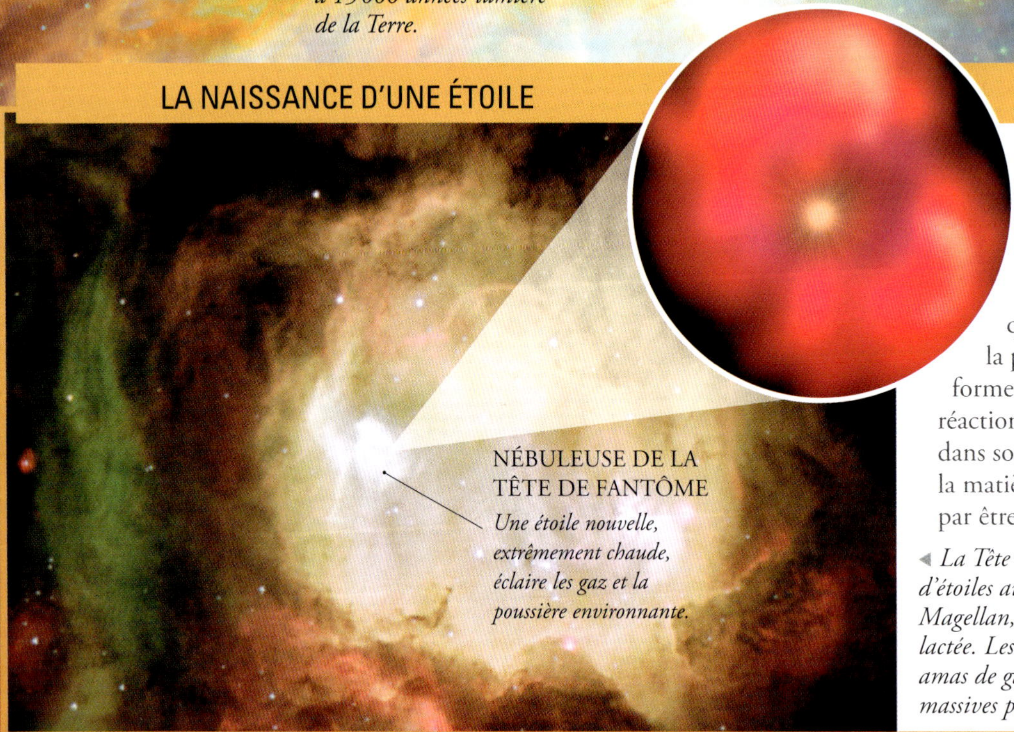

NÉBULEUSE DE LA TÊTE DE FANTÔME
Une étoile nouvelle, extrêmement chaude, éclaire les gaz et la poussière environnante.

■ **Les étoiles** naissent dans des nuages de poussière géants : les nébuleuses. Des parties de ces nuages s'effondrent et, à mesure qu'elles se contractent, les gaz et la poussière s'échauffent jusqu'à former une étoile. Quand les réactions nucléaires se déclenchent dans son cœur, les radiations éclairent la matière environnante. Celle-ci finit par être expulsée ; l'étoile apparaît.

◀ *La Tête de fantôme est une pouponnière d'étoiles au sein du Grand Nuage de Magellan, une galaxie satellite de la Voie lactée. Les « yeux du fantôme » sont deux amas de gaz surchauffés par les étoiles massives proches.*

Le Soleil

- **Diamètre** 1 390 000 km
- **Masse (Terre=1)** 330 000
- **Température du cœur** 15 000 000 °C
- **Distance de la Terre** 150 000 000 km

Le Soleil est l'étoile la plus proche de nous. Sans lui, la Terre serait glacée et sans vie. Le Soleil est né dans une nébuleuse il y a environ 4,6 milliards d'années. Il a aujourd'hui vécu la moitié de son existence.

INFOS +

- Bételgeuse, une supergéante rouge, mesure environ 700 fois la taille du Soleil.
- Une étoile à neutrons mesure 20 km de diamètre mais est si lourde qu'une cuillerée pèserait 1 milliard de tonnes.
- Les naines brunes sont trop froides pour déclencher des réactions nucléaires.

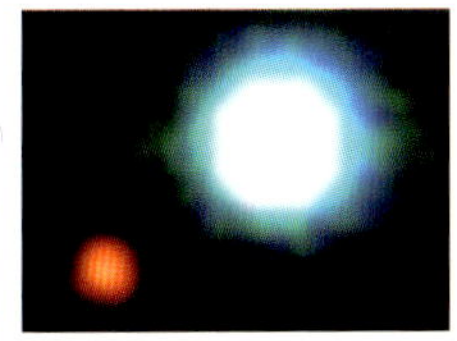

Naine brune (à droite) *avec un objet proche en orbite* (en rouge)

LE SOLEIL

Le Soleil est une naine jaune, une étoile assez ordinaire constituée surtout d'hydrogène. Ce gaz est converti en hélium dans le cœur. Cette réaction produit de colossales quantités de rayonnement.

WAOUH!

La couleur d'une étoile donne une idée de sa température de surface. Les étoiles les plus chaudes sont bleues ou blanches ; les étoiles froides orange ou rouges.

Des panaches de gaz brûlant jaillissent parfois du Soleil : on les appelle des protubérances.

LA MORT D'UNE ÉTOILE

- **Nébuleuses planétaires** Les petites étoiles se dilatent pour se transformer en géantes rouges. Quand elles sont à cours de carburant, leur cœur s'effondre en une naine blanche, chaude. Les couches externes, expulsées, forment des nébuleuses planétaires, évoquant un œil de chat, un papillon ou un anneau.

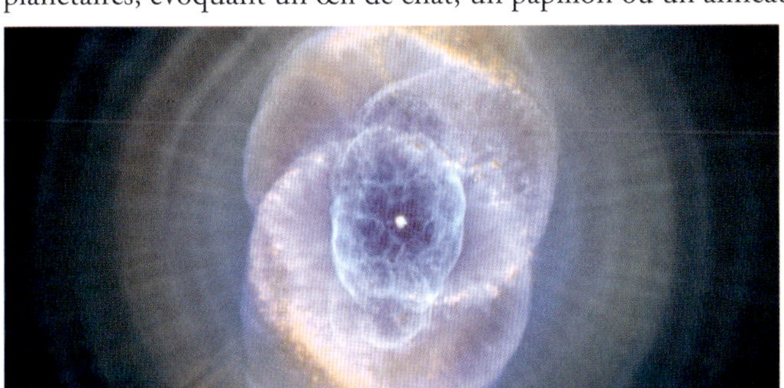

▲ *La nébuleuse de l'Œil de Chat est formée de nombreux nuages de gaz éjectés d'une étoile à l'agonie.*

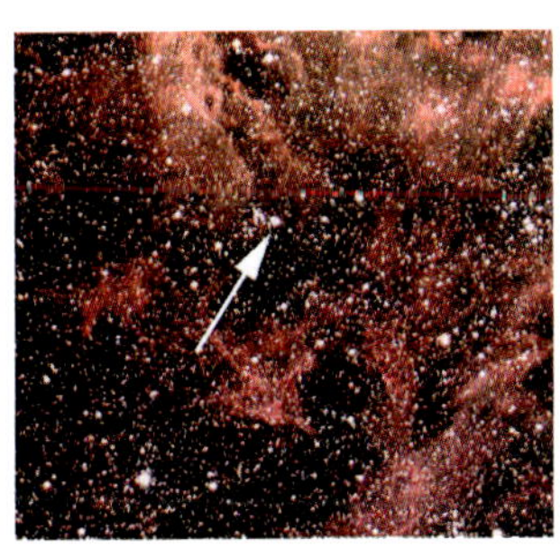

Avant

Après

- **Supernovae** Quand les grosses étoiles manquent d'hélium et s'effondrent, leurs couches externes explosent *(à droite).* Ces supernovae, rares, peuvent illuminer brièvement toute une galaxie. La photo de gauche montre la même étoile, dix jours avant son explosion. Les étoiles moyennes deviennent des étoiles à neutrons. Les étoiles massives créent des trous noirs.

Le Système solaire

Le Système solaire est la région de l'espace que nous occupons. Il contient le Soleil, 8 planètes et plus de 165 lunes, ainsi qu'une foule de comètes et d'astéroïdes. Le Soleil, notre plus proche étoile, se trouve en son centre. Sa gravité maintient tous les autres objets dans son orbite.

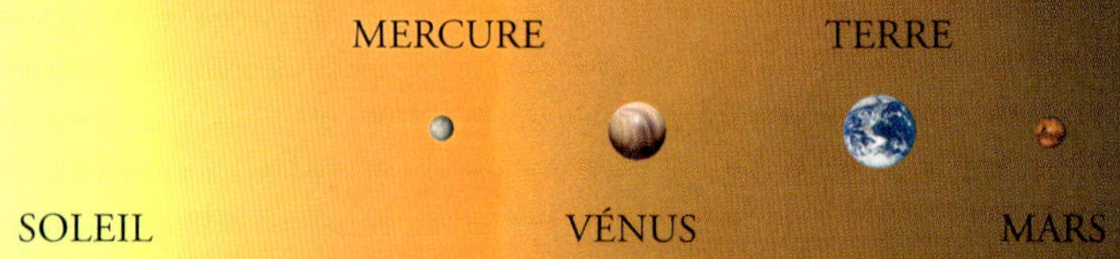

DISTANCE DU SOLEIL

Sur la ligne rouge, à droite, est représentée la distance, en millions de kilomètres, de chaque planète par rapport au Soleil. Mercure est la plus proche, Neptune la plus éloignée. La Terre se trouve à environ 150 millions de km du Soleil.

Toutes les planètes et les astéroïdes décrivent autour du Soleil une orbite quasi circulaire et tournent d'ouest en est.

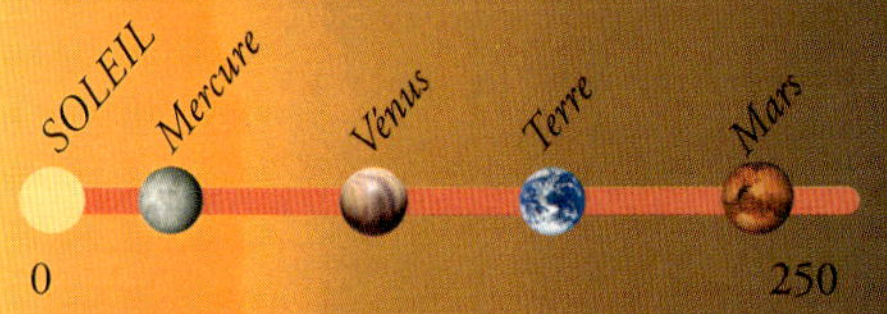

PLANÈTES INTÉRIEURES

Les quatre planètes les plus proches du Soleil sont appelées planètes intérieures ou rocheuses, car ce sont des boules de roche et de métal. Elles sont denses et ont un noyau central constitué de fer.

Système solaire

ÉCLIPSES LUNAIRES ET SOLAIRES

Les éclipses surviennent quand la lumière émanant du Soleil ou reflétée par la Lune est bloquée temporairement. Les éclipses solaires, plus courantes, ne peuvent être observées que dans une zone réduite. Les éclipses lunaires peuvent être vues partout où la Lune brille dans le ciel.

Un effet « anneau de diamant » peut se produire juste avant ou après une éclipse de Soleil. Puis la couronne solaire (l'atmosphère) entoure la Lune.

ÉCLIPSE SOLAIRE

- L'éclipse de Lune se produit quand la Terre passe entre le Soleil et la Lune ; la planète projette alors une ombre sur la Lune.
- L'éclipse de Soleil a lieu quand la Lune passe entre la Terre et le Soleil et projette une ombre sur la Terre. Une éclipse totale peut durer huit minutes.

▼ ÉCHELLE DES PLANÈTES
Le Soleil est des milliers de fois plus gros que toutes les planètes réunies en une seule boule. Jupiter est de loin la plus grosse planète : elle pourrait aisément contenir les autres.

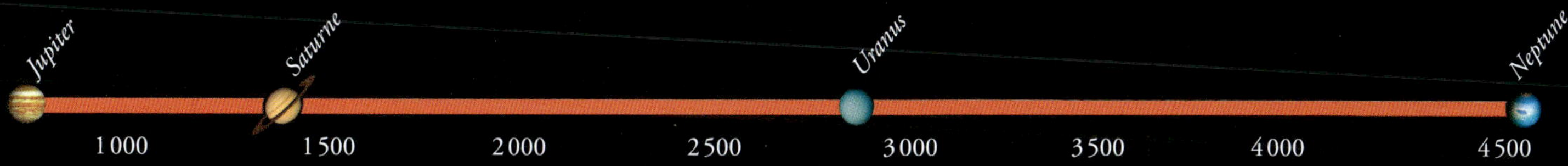

PLANÈTES EXTÉRIEURES

Les quatre planètes les plus éloignées du Soleil sont dites extérieures. Ces gigantesques boules de gaz et de liquide (surtout de l'hydrogène et de l'hélium) sont aussi appelées géantes gazeuses. Uranus et Neptune sont plutôt des géantes glacées.

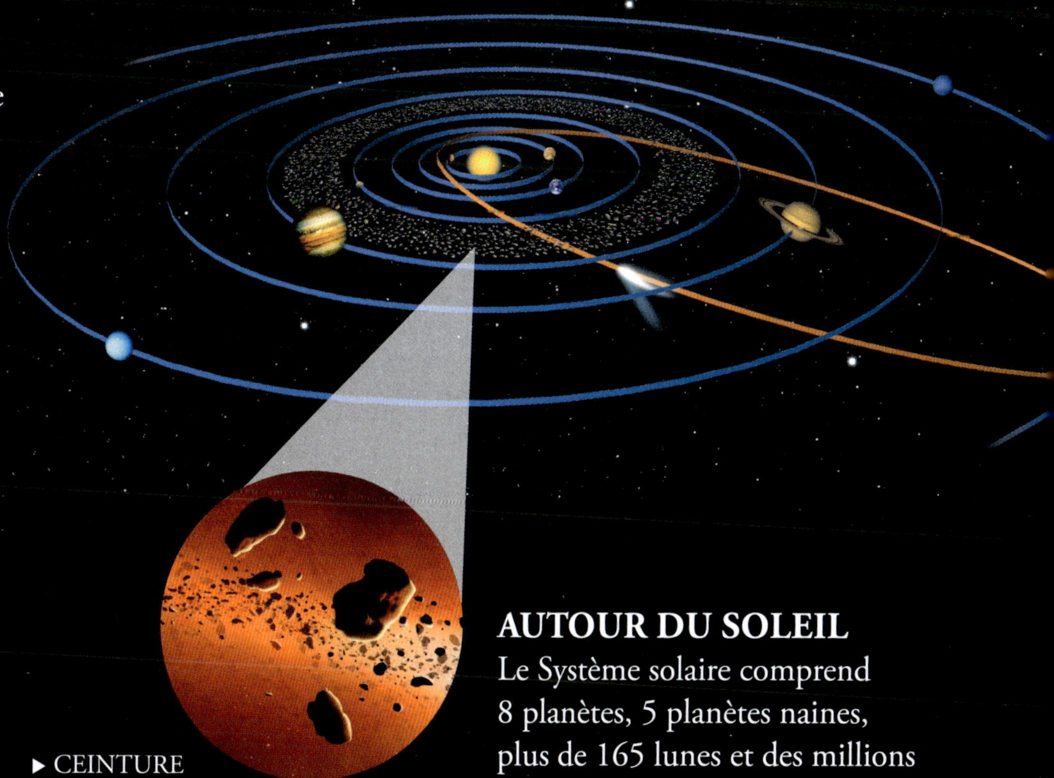

▸ CEINTURE D'ASTÉROÏDES
Une ceinture d'astéroïdes s'étire entre Mars et Jupiter, séparant les planètes intérieures et extérieures. Environ 15 000 astéroïdes ont été identifiés. Ce sont des roches qui ne se seraient jamais agglutinées pour former des planètes.

EN BREF

- On ne connaissait que six planètes lorsque les premiers télescopes furent utilisés, en 1609, pour observer le ciel.
- Les planètes sont nées dans une énorme nébuleuse il y a 4,5 milliards d'années.
- Il y a environ 4 milliards d'années, le Soleil était plus foncé de 25 %.
- La comète de Halley ne tourne pas autour du Soleil dans le sens des aiguilles d'une montre. Elle se promène de l'extérieur de Neptune à l'intérieur de l'orbite de Vénus.
- Si l'on exclut le Soleil, Jupiter et Neptune contiennent 90 % de la masse du Système solaire.

AUTOUR DU SOLEIL

Le Système solaire comprend 8 planètes, 5 planètes naines, plus de 165 lunes et des millions de comètes et d'astéroïdes. Tous ces corps tournent autour du Soleil.

Mercure

Messager des dieux romains

- **Orbite, en jours terrestres** 88
- **Date de découverte** Connue depuis des temps très anciens
- **Nombre de lunes** Aucune
- **Situation** Première planète à partir du Soleil

Sur la plus petite et la plus dense des planètes du Système solaire, les températures varient de –173 °C la nuit à 427 °C le jour. À la différence de la Terre, Mercure n'a pas d'atmosphère et ne peut donc retenir la chaleur.

Saturne

Dieu romain de l'Agriculture

- **Orbite, en années terrestres** 29,5
- **Date de découverte** Connue depuis des temps très anciens
- **Nombre de lunes** 62
- **Situation** Sixième planète à partir du Soleil

Géante gazeuse, composée surtout d'hydrogène, Saturne est si légère qu'elle pourrait flotter – s'il existait un océan assez vaste ! Ses anneaux sont formés de milliards de petits morceaux de glace. Ce sont les vestiges d'une lune qui s'est approchée trop près de Saturne et s'est brisée.

Vénus

Déesse romaine de l'Amour

- **Orbite, en jours terrestres** 224,7
- **Date de découverte** Connue depuis des temps très anciens
- **Nombre de lunes** Aucune
- **Situation** Deuxième planète à partir du Soleil

Vénus a à peu près la taille de la Terre mais elle est recouverte de nuages acides qui piègent la chaleur : son atmosphère est si dense et la température y est si élevée que si tu pouvais t'y poser, tu serais transformé en chips.

Neptune

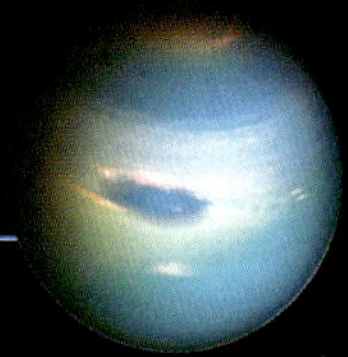

Dieu romain de la Mer

- **Orbite, en années terrestres** 165
- **Date de découverte** 1846
- **Nombre de lunes** 13
- **Situation** Huitième planète à partir du Soleil

Si Neptune est une planète glacée, c'est parce qu'elle est 30 fois plus éloignée du Soleil que la Terre. D'énormes tempêtes y font rage. Un jour dure 16 heures et 7 minutes. Neptune possède 6 anneaux minces et sombres.

Jupiter

Roi des dieux romains

- **Orbite, en années terrestres** 12
- **Date de découverte** Connue depuis des temps très anciens
- **Nombre de lunes** 63
- **Situation** Cinquième planète à partir du Soleil

Plus grosse planète du Système solaire, Jupiter est une géante gazeuse composée surtout d'hydrogène. De nombreuses tempêtes agitent son atmosphère épaisse et nuageuse. La plus importante, baptisée Grande Tache rouge, fait rage depuis au moins 300 ans. Jupiter compte plus de lunes que toute autre planète.

Uranus

Dieu romain du Ciel

- **Orbite, en années terrestres** 84
- **Date de découverte** 1781
- **Nombre de lunes** 27
- **Situation** Septième planète à partir du Soleil

Découverte en 1781 par William Herschel, Uranus serait formée surtout d'eau et de glace. Elle possède 11 anneaux minces et sombres. Elle est couchée sur le côté, comme si elle avait été renversée. C'est sans doute le résultat d'un impact colossal, très ancien.

Mars

Dieu romain de la Guerre

- **Orbite, en jours terrestres** 687
- **Date de découverte** Connue depuis des temps très anciens
- **Nombre de lunes** 2
- **Situation** Quatrième planète à partir du Soleil

Mars est couverte de poussière et de roches. Deux calottes glaciaires coiffent ses pôles. Cette planète est deux fois moins grande environ que la Terre mais elle n'abrite pas d'eau liquide ; il n'y a donc pas de vie.

Terre

- **Orbite, en jours terrestres** 365,2
- **Nombre de lunes** 1
- **Situation** Troisième planète à partir du Soleil

La Terre est la seule planète connue qui abrite la vie. Comme elle n'est ni trop près ni trop loin du Soleil, sa température est propice à la vie. C'est aussi la seule planète dont la surface est couverte d'océans et où l'oxygène – le gaz qui nous maintient en vie – est abondant.

Lune

Luna en latin

- **Orbite, en jours terrestres** 27,3
- **Date de découverte** Connue depuis des temps très anciens
- **Situation** Lune unique de la Terre

La Lune tourne autour de la Terre à une distance moyenne de 384 400 km – soit un voyage de trois jours en navette spatiale. Elle est née quand un objet de la taille de Mars a heurté la jeune Terre. Les taches sombres qu'on peut voir à sa surface sont d'anciennes mers de lave. La Lune n'a pas d'atmosphère.

◀ FACE CACHÉE *La Lune tourne toujours la même face vers la Terre. Nous ne voyons jamais sa face cachée. En effet, elle tourne sur elle-même en même temps et à la même vitesse qu'elle tourne autour de la Terre.*

COUP D'ŒIL SUR LES PHASES DE LA LUNE

À mesure que la Lune tourne autour de la Terre, elle semble, nuit après nuit, changer de forme. En fait, c'est nous qui voyons une partie plus ou moins importante de sa face éclairée par le Soleil. À la nouvelle Lune, cette face est sombre et n'est pas visible. À la pleine Lune, elle est entièrement éclairée par le Soleil (voir p. 31).

▶ CYCLE *Il s'écoule 29 jours et demi d'une pleine Lune à l'autre.*

WAOUH !

La Terre et Mars ont connu dans le passé de nombreuses glaciations, causées par une modification de leur orbite et de leur inclinaison. Chaque fois, les calottes glaciaires se sont étendues à partir des pôles. Il y a 600 millions d'années, la plus grande partie de la Terre aurait ainsi été englacée.

PLANÈTE OCÉAN

La Terre est la seule planète dont la surface est couverte d'eau. Cette eau se transforme en gaz puis forme des nuages et de la pluie (ou de la neige). C'est aussi la seule planète connue où il y ait autant d'oxygène. Son puissant champ magnétique la protège des particules et des rayonnements dangereux provenant du Soleil.

@ Planète

▶ LA VIE SUR TERRE *La vie existerait sur Terre depuis près de 4 milliards d'années.*

EN BREF

- Les planètes du Système solaire décrivent des cercles autour du Soleil.
- Notre plus proche voisine, Vénus, n'est distante que de 38 millions de km quand elle passe le plus près de la Terre.
- Voici une phrase simple pour se rappeler l'ordre des planètes : **M**e **V**oilà **T**out **M**ouillé, **J**e **S**uis **U**n **N**ageur.
- Chaque jour, des comètes et des petits astéroïdes s'écrasent sur la Terre et les autres planètes. Un tel impact a sans doute éliminé les dinosaures, il y a 65 millions d'années.

Les roches volantes

Il y a, dans la Voie lactée, des milliards de roches demeurées trop petites pour devenir des planètes. Elles tournent autour du Soleil et, parfois, se heurtent ou s'écrasent sur une planète. Certaines produisent des lumières spectaculaires dans le ciel.

LES ASTÉROÏDES sont de petits corps rocheux tournant autour du Soleil restés libres lors de la naissance des planètes il y a 4,5 millions d'années. La ceinture principale d'astéroïdes entre les orbites de Mars et de Jupiter en contient des dizaines de milliers. Le premier astéroïde, Cérès, a été découvert en 1801.

@ Astéroïde

Pluton

Dieu romain du monde souterrain

- **Diamètre** 2 320 km
- **Masse (Terre=1)** 0,002
- **Orbite, en années terrestres** 248,6
- **Nombre de lunes** 3

Plus petite et plus légère que la Lune, Pluton a été découverte en 1930. En 2006, les astronomes ont décidé de la classer parmi les planètes naines. Comme son orbite a la forme d'un œuf, elle s'approche parfois plus du Soleil que Neptune. Mais elle en est plus souvent très éloignée, aussi est-elle très froide.

PLANÈTES NAINES

Il existe quatre autres planètes naines : Haumea, Éris, Makemake et Cérès. Cérès est le seul astéroïde assez gros pour être rangé dans cette catégorie. Les autres planètes naines sont très semblables à Pluton et tournent au-delà de l'orbite de Neptune.

WAOUH!

La plupart des météorites sont trop petites pour causer de graves dommages. Toutefois, il y a 65 millions d'années, un astéroïde large de 10 km provoqua d'énormes séismes et tsunamis en s'écrasant sur la Terre. Le nuage de poussière engendré par l'impact masqua le Soleil, faisant mourir plantes et animaux. Cet événement a sans doute mis fin à l'ère des dinosaures.

▸ LES COMÈTES *orbitent dans le Système solaire extérieur mais apparaissent parfois dans notre ciel. Elles ont deux queues de gaz et de poussière et un noyau solide fait de glace. La comète de Hale-Bopp, l'une des plus lumineuses du XXe siècle, a avoisiné la Terre en 1997.*

Les pluies de météores ont lieu chaque année à la même époque, quand la Terre traverse les traînées de poussière laissées par le passage des comètes. Il arrive, très rarement, qu'une de ces pluies engendre des milliers d'étoiles filantes qui illuminent le ciel nocturne.

COUP D'ŒIL SUR LES MÉTÉORES

En regardant le ciel par une nuit sans nuages, tu verras peut-être un météore, ou « étoile filante ». Les météores sont des particules de poussière et de roche qui brûlent en entrant dans l'atmosphère terrestre.

On peine à croire que la météorite Willamette, composée de fer et de nickel *(ci-dessus)*, aujourd'hui exposée dans un musée, a été un jour une boule de feu lumineuse se précipitant sur la Terre.

LES MÉTÉORITES sont des morceaux de roche venus de l'espace et tombés sur Terre. La plupart sont des fragments qui se sont détachés d'astéroïdes. Quelques-unes sont issues de la Lune et de Mars.

▸ CRATÈRE DE MÉTÉORITE
Ce cratère situé en Arizona, aux États-Unis, est un des plus récents et des mieux préservés sur Terre. Il est vieux de 50 000 ans et profond de 180 m.

Le cratère est large de 1 200 m.

Observer le ciel

Les êtres humains regardent le ciel depuis les temps préhistoriques. Très tôt, ils ont mesuré la position des étoiles, observé le mouvement du Soleil, de la Lune et des planètes dans le ciel. Mais ce qu'ils pouvaient apprendre en observant à l'œil nu était limité.

TÉLESCOPE LICK *Le télescope James Lick est un vieux téléscope réflecteur construit en 1888. C'est le troisième plus grand télescope de ce type en service dans le monde. Il est installé en Californie, à 1 283 m au-dessus du niveau de la mer.*

@ Astronomie

WAOUH!

Pour éviter le mal des montagnes, les personnes se rendant dans les observatoires de haute altitude, comme Keck I et Keck II à Hawaii, doivent faire une halte à la moitié de l'ascension. Cela permet à leur corps de s'adapter à la diminution de la teneur en oxygène de l'air.

COUP D'ŒIL

Les télescopes optiques obtiennent des images des planètes et des étoiles éloignées. D'autres télescopes étudient l'Univers en captant les ondes radio ou d'autres rayonnements.

▲ MARS VU PAR HUBBLE *Cette photo de Mars a été prise par le télescope spatial Hubble. On peut y voir la calotte polaire Sud, des déserts orange et des nappes de nuages glacés.*

Keck I et II

Plus grands télescopes optiques actuels

- **Hauteur totale** 24,60 m
- **Poids total déplacé** 274 tonnes
- **Poids total de verre** 14,6 tonnes
- **Situation** 4 200 m au-dessus du niveau de la mer, sur le Mauna Kea, à Hawaii

Keck I et Keck II, dotés chacun de miroirs d'une largeur de 10 m, sont installés sur un volcan éteint d'Hawaii. Ces télescopes jumeaux sont reliés pour que la lumière qu'ils collectent puisse être combinée. Le jour, le dôme qui les abrite est maintenu à une température égale ou inférieure à 0 par d'énormes machines à air conditionné.

Le miroir de chaque télescope est composé de 36 segments.

James Webb

Plus grand télescope spatial

- **Longueur** 22 m
- **Poids** 6 500 kg
- **Mission** 5 à 10 ans
- **Situation** À 1,5 millions de km de la Terre

En 2013, le télescope James Webb remplacera le télescope spatial Hubble. Il sera pourvu d'un miroir de 6,50 m (près de trois fois plus grand que celui de Hubble).

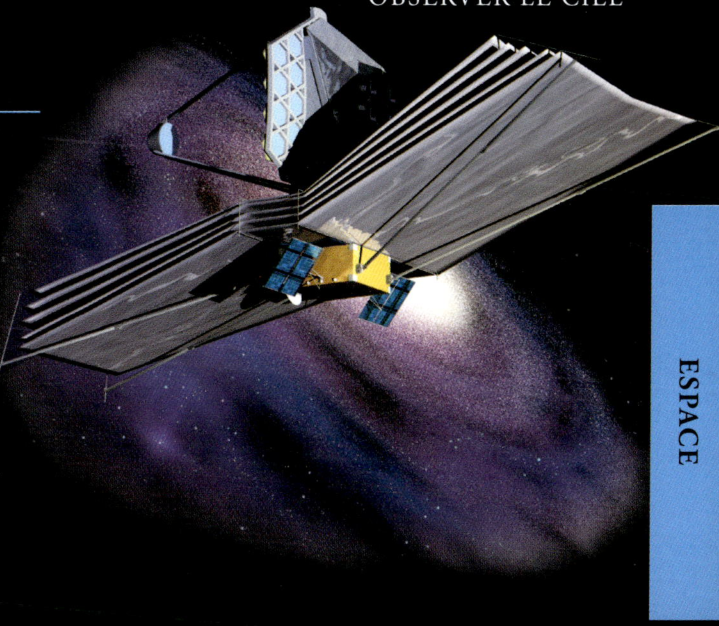

Chandra

Plus puissant observatoire à rayons X

- **Longueur** 13,80 m
- **Poids** 4 800 kg
- **Mission** 10 ans
- **Situation** Orbite terrestre

Grâce à Chandra, on étudie des objets très chauds émettant des rayons X, tels que supernovae, naines blanches et galaxies actives. Quatre paires de miroirs cylindriques captent les rayons X.

Observatoire spatial Hubble

Observatoire de la NASA et de l'ESA

- **Hauteur** 13,30 m
- **Poids** 10 tonnes
- **Mission** 23 ans
- **Situation** Orbite terrestre

Lancé en 1990, le plus célèbre télescope spatial au monde possède un miroir de 2,40 m. Il porte le nom de l'astronome américain Edwin Hubble, qui a montré que l'Univers est en expansion.

Very Large Array

Radiotélescope à 27 paraboles

- **Taille** 27 paraboles, de 25 m de diamètre
- **Longueur de chaque bras du réseau ferré** 21 km
- **Situation** Socorro, Nouveau-Mexique, É.-U.

Le Very Large Array (« Très grand ensemble ») est actuellement le plus grand télescope en réseau au monde. Ses 27 paraboles peuvent être déplacées sur des rails formant les trois bras d'un Y.

Allen Telescope Array

Radiotélescope à 350 paraboles

- **Taille** 350 paraboles, de 6,10 m de diamètre
- **Situation** Hat Creek, Californie, É.-U.

Quand il sera achevé, cet ensemble réunira 350 paraboles, reliées à l'intérieur d'un cercle de 1 km de diamètre. Sa mission sera d'étudier l'Univers lointain et de rechercher des signes de vie extra-terrestre.

Giant Magellan

Géant optique à 7 miroirs

- **Hauteur** 7 miroirs de 8,40 m
- **Poids déplacé total** Plus de 1 000 tonnes
- **Situation** Mont Las Campanas, au Chili

Le « Magellan géant », qui devrait être achevé en 2017, produira des images dix fois plus précises que Hubble.

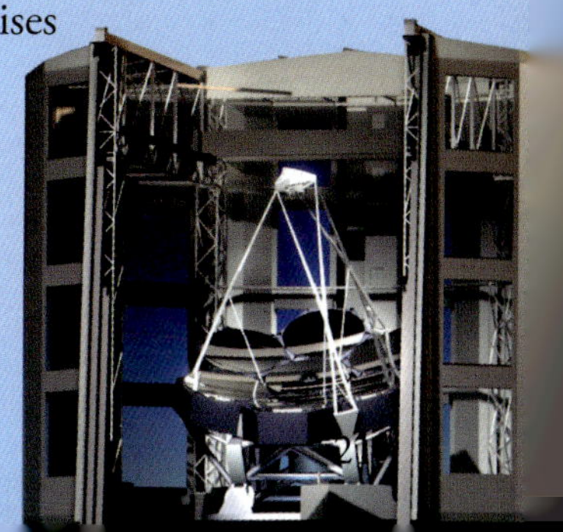

Le programme Apollo

@ Programme Apollo

Dans les années 1960, alors que la Russie avait pris la tête dans la course à l'espace, le président américain Kennedy annonça que des astronautes des États-Unis se poseraient sur la Lune avant 1970. Le programme Apollo fut lancé. En juillet 1969, le pari était gagné!

Y ALLER

■ Les astronautes n'auraient pas été sur la Lune sans Saturn V, la fusée la plus puissante jamais construite. L'énorme engin de trois étages culminait à 110 m au-dessus de l'aire de lancement, située en Floride. Les deux premiers étages se détachèrent quand ils eurent consommé tout leur carburant; le troisième fut utilisé pour propulser le vaisseau Apollo et son équipage vers la Lune.

Premier pas Apollo 11 fut la première mission habitée à alunir. Le 20 juillet 1969, une fois le module lunaire Eagle posé, Neil Armstrong laissait la première empreinte humaine sur la Lune.

CHRONOLOGIE D'APOLLO

1966

26 février Premier vol test, inhabité, de Saturn 1B. La fusée emportera plus tard le premier vol d'essai habité Apollo autour de la Terre.

1967

27 janvier Gus Grissom, Edward White et Roger Chaffee meurent dans l'incendie de leur vaisseau Apollo, lors d'un essai de lancement.

1968

11 octobre Le premier vol habité Apollo teste le module de commande sur orbite terrestre.

21 décembre Premier vol habité autour de la Lune

1969

20 juillet Les premiers hommes se posent sur la Lune avec Apollo 11.

LE VAISSEAU APOLLO

L'équipage passait la plus grande partie des trois jours de voyage entre la Terre et la Lune dans le module de commande en cône. Ce module ramenait aussi les hommes sur Terre, un parachute lui permettant de se poser sur l'océan.

▼ MODULE DE COMMANDE *Un astronaute restait toujours dans le module de commande en orbite autour de la Lune.*

COUP D'ŒIL

- Les scientifiques voulant en savoir plus sur la Lune, les astronautes ont collecté au total 380 kg de roche.

▶ *Se pencher dans une combinaison spatiale n'étant pas facile, les astronautes avaient des outils conçus pour prélever les échantillons, stockés dans une chambre spéciale à leur retour sur Terre.*

◀ MODULE LUNAIRE *C'est le nom officiel donné à l'alunisseur, comprenant deux sections. L'équipage vivait dans la section supérieure, qui se détachait pour les ramener ensuite jusqu'au module de commande.*

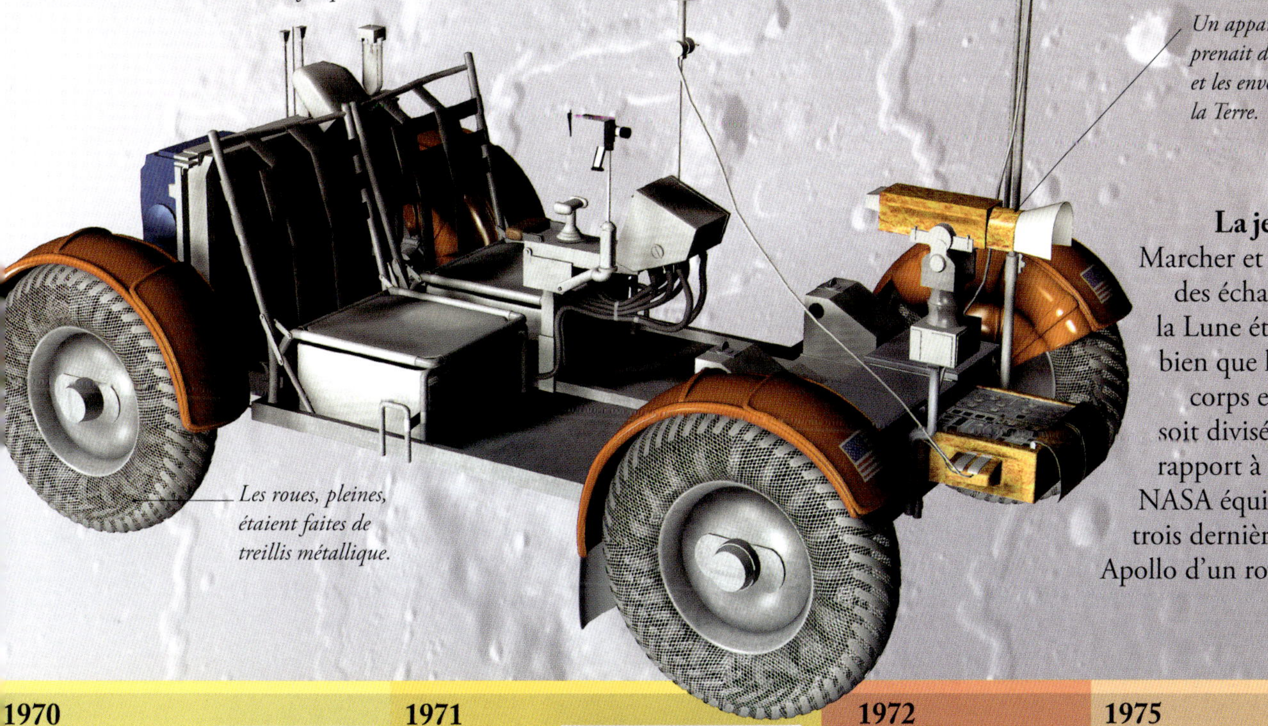

Antenne parabolique pour les communications avec la Terre

Un appareil photo prenait des images et les envoyait vers la Terre.

Les roues, pleines, étaient faites de treillis métallique.

La jeep lunaire
Marcher et transporter des échantillons sur la Lune était pénible, bien que le poids des corps et des objets soit divisé par six par rapport à la Terre. La NASA équipa donc les trois dernières missions Apollo d'un rover lunaire.

1970

13 avril
Un réservoir d'oxygène explose à bord d'Apollo 13 ; l'alunissage est annulé.

1971

26 juillet
Lancement d'Apollo 15, première mission avec un rover.

1972

19 décembre
Alunissage d'Apollo 17, dernière mission habitée sur la Lune.

1975

17 juillet
Arrimage Apollo-Soyouz : première mission habitée russo-américaine.

Explorer l'espace

L'ère spatiale a commencé en 1957, avec le lancement par l'Union soviétique de Spoutnik, le premier satellite artificiel. En 1961, le Russe Iouri Gagarine fut le premier homme à voler dans l'espace.

Station spatiale internationale (ISS) D'un poids de 450 tonnes, elle est assemblée, sur orbite terrestr par les États-Unis, la Russie, le Japo le Canada et 11 pays européens, do la France.

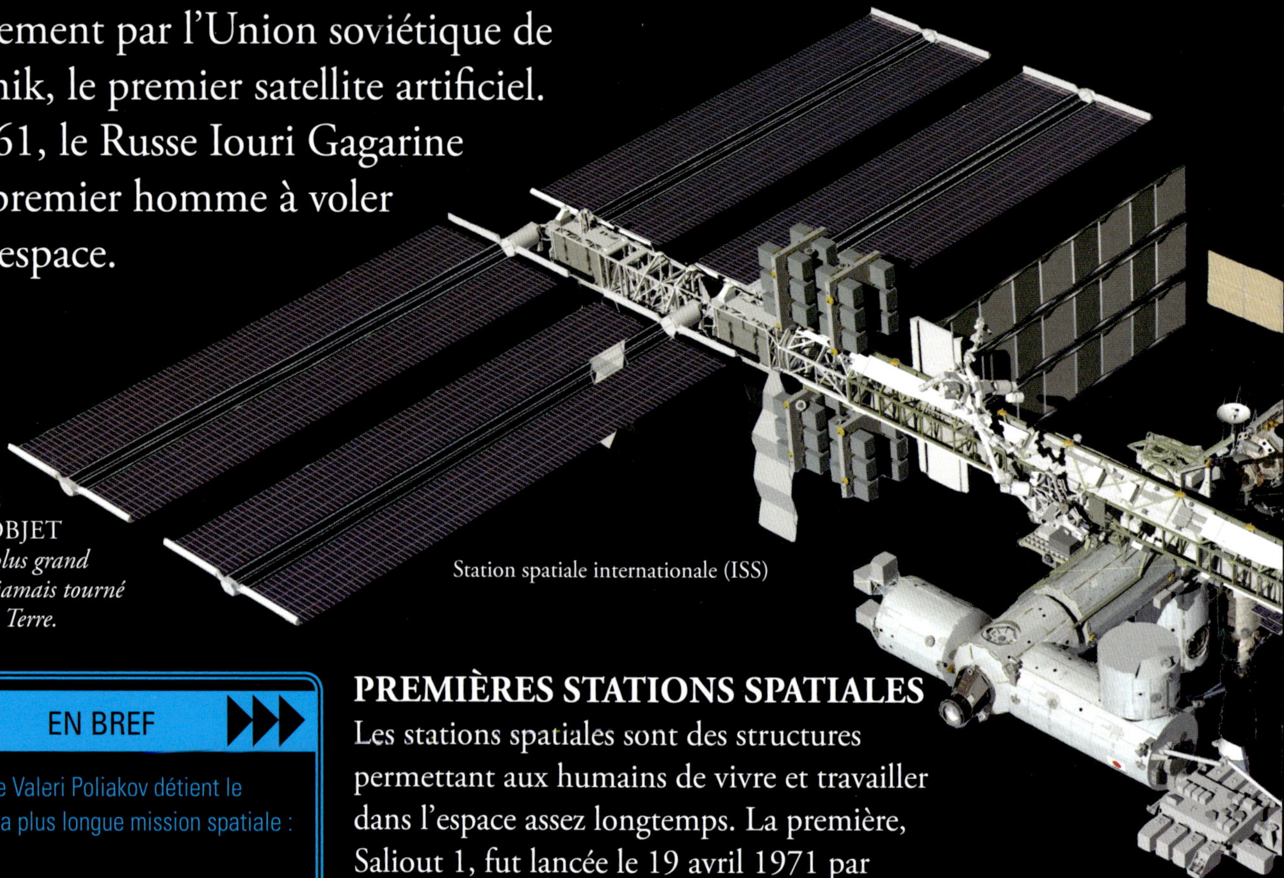

Station spatiale internationale (ISS)

▸ LE PLUS GRAND OBJET
L'ISS est le plus grand objet ayant jamais tourné autour de la Terre.

UN TERRAIN DE FOOTBALL ▸
C'est à peu près la taille qu'aura l'ISS une fois achevée, vers 2010.

EN BREF

- Le Russe Valeri Poliakov détient le record de la plus longue mission spatiale : 437 jours.
- La station spatiale russe Mir a parcouru plus de 3,6 milliards de km.
- Mir a hébergé près de 140 spationautes de 1986 à 2000.
- En 1986, la navette américaine *Challenger* explosa 73 secondes après son lancement.
- En 2003, la navette américaine *Columbia* se brisa lors de son retour vers la Terre.
- Plus de 90 % de la population mondiale peuvent voir la Station spatiale internationale survoler la Terre.
- La Station spatiale internationale fait le tour de la Terre en 90 minutes.

PREMIÈRES STATIONS SPATIALES

Les stations spatiales sont des structures permettant aux humains de vivre et travailler dans l'espace assez longtemps. La première, Saliout 1, fut lancée le 19 avril 1971 par l'Union soviétique. Six autres Saliout ont été mises en orbite jusqu'en 1986 – dont deux surtout dédiées à la prise d'images.

▸ STATION SPATIALE SALIOUT 7
Lancée en 1982, la station Saliout 7, d'un poids de 20 tonnes, brûla en revenant dans l'atmosphère en 1991.

CHRONOLOGIE DE L'EXPLORATION SPATIALE

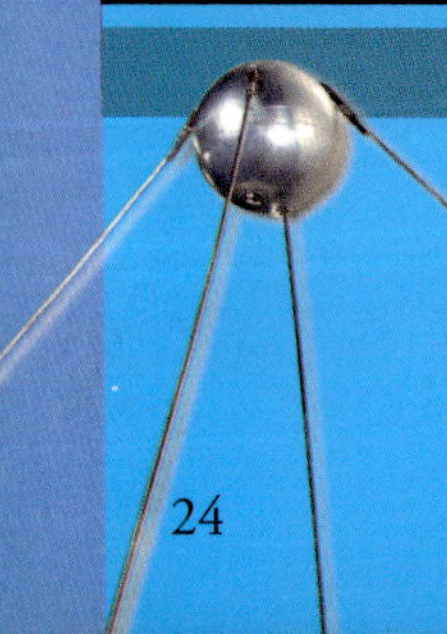

1950-1959

1957 Premier satellite artificiel dans l'espace : Spoutnik

1959 Premières images de la face cachée de la Lune (Luna 3)

1960-1969

1961 Premier homme dans l'espace, Iouri Gagarine

1963 Première femme dans l'espace, Valentina Terechkova

1965 Alekseï Leonov réalise la première sortie dans l'espace.

1969 Premier homme à marcher sur la Lune, Neil Armstrong

Navette En 1981, le premier vaisseau réutilisable décollait de Cap Canaveral, en Floride. Cinq navettes orbitales américaines ont été construites. Elles reviennent vers la Terre à la manière de planeurs géants.

▼ ATTERRISSAGE *La navette spatiale se pose à 345 km/h. Si elle rate la piste, elle ne peut pas remettre les gaz et essayer à nouveau. Un parachute s'ouvre au niveau de la queue pour la ralentir.*

RETOUR SUR LA LUNE ?

Les États-Unis, la Russie, l'Europe et le Japon prévoyaient de renvoyer des humains sur la Lune d'ici à 2020. Les États-Unis ont développé pour cela les lanceurs Ares I et V. Ares I devait emporter un vaisseau baptisé Orion, transportant 6 personnes, d'abord vers la Station spatiale internationale puis sur la Lune. En février 2010, les États-Unis ont renoncé à ce projet pour des raisons financières.

▲ LE VAISSEAU ORION *s'arrimera à la Station spatiale internationale.*

Voyage dans l'espace

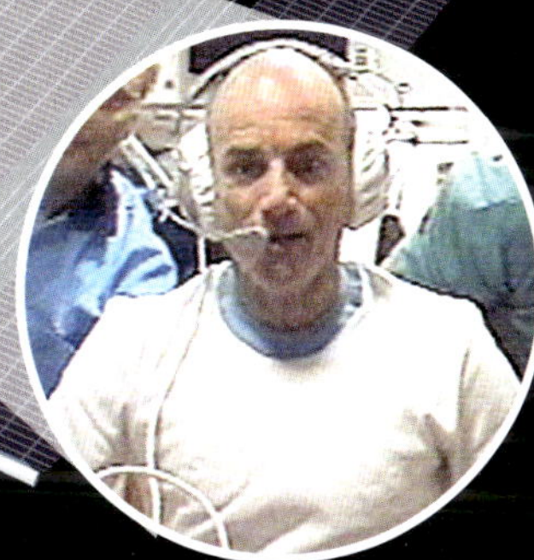

Dennis Tito

Tourisme spatial Presque tous les vols d'astronautes ont été financés par les impôts. Mais le tourisme spatial est de plus en plus populaire. Le premier touriste de l'espace, l'homme d'affaires américain Dennis Tito, a payé 20 millions de dollars pour passer une semaine à bord de l'ISS.

WAOUH !

Seuls 12 astronautes ont marché sur la Lune. Ce sont les seuls êtres humains à avoir posé le pied dans un autre monde. Près de 500 personnes ont volé autour de la Terre – la plupart étaient russes ou américaines.

▼ VIRGIN GALACTIC *vend des billets pour des vols suborbitaux à une altitude de 68 km.*

1970-1979

1973 Lancement de Skylab, première station spatiale américaine

1977 Voyager 2 puis 1 sont lancés vers Jupiter, Saturne et au-delà

1980-1989

1986 Lancement de la première section de la station spatiale Mir

1990-1999

1998 Lancement de la première partie de l'ISS

2000-2009

2004 Sonde Cassini-Huygens en orbite autour de Saturne

La planète rouge

La Terre exceptée, Mars est la planète la plus propice à l'installation des hommes. Jadis, elle ressemblait beaucoup plus à notre Terre. Elle paraît rouge parce que le fer contenu dans ses roches de surface s'est oxydé.

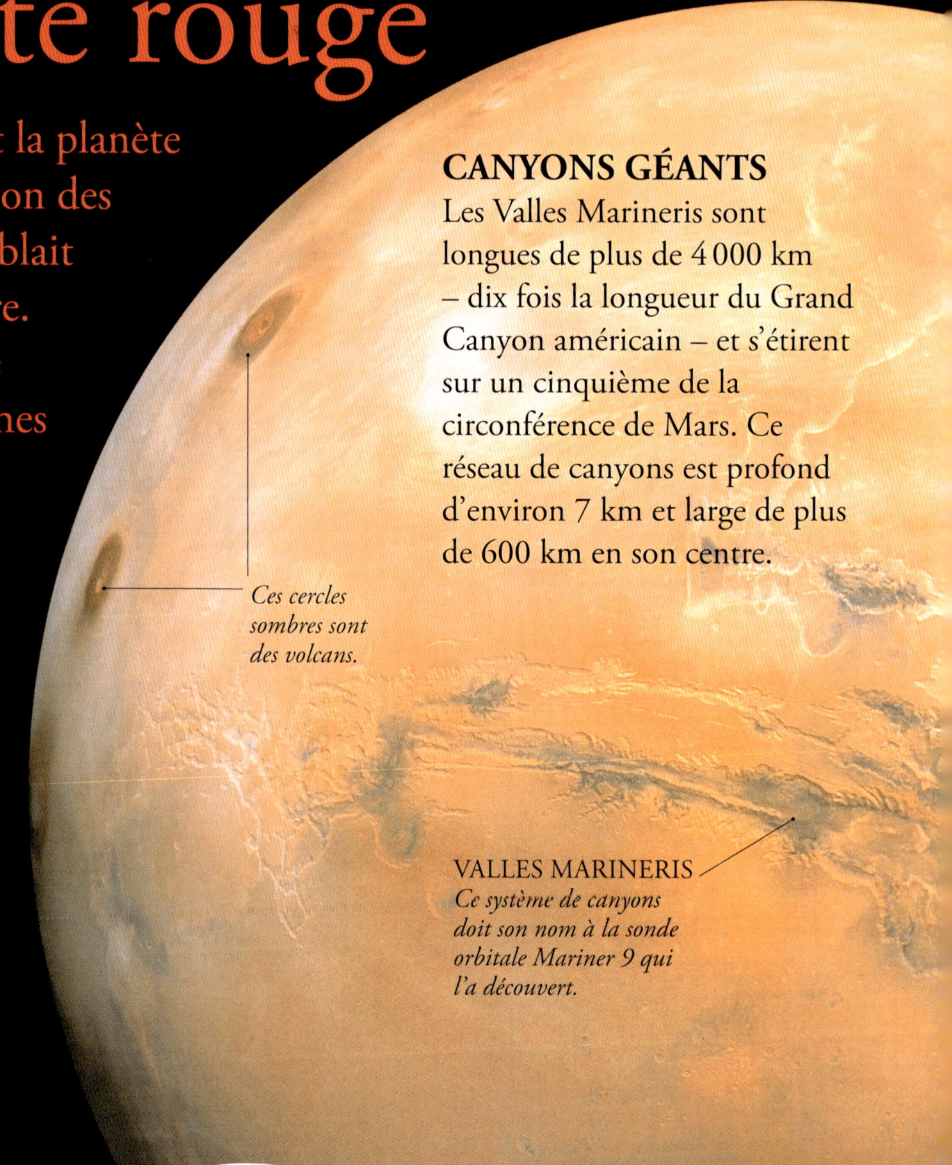

Ces cercles sombres sont des volcans.

VALLES MARINERIS *Ce système de canyons doit son nom à la sonde orbitale Mariner 9 qui l'a découvert.*

CANYONS GÉANTS

Les Valles Marineris sont longues de plus de 4 000 km – dix fois la longueur du Grand Canyon américain – et s'étirent sur un cinquième de la circonférence de Mars. Ce réseau de canyons est profond d'environ 7 km et large de plus de 600 km en son centre.

Volcans Mars abrite les plus grands volcans du Système solaire. Le plus impressionnant est Olympus Mons, large de 600 km et haut de 26 km. Ce volcan n'a pas connu d'éruption depuis des millions d'années.

CALOTTES POLAIRES

- Les pôles martiens sont tous deux coiffés d'une calotte glaciaire, mais ces calottes sont bien plus petites que sur la Terre. Elles fondent et rétrécissent l'été pour s'étendre l'hiver. La calotte Nord est épaisse d'environ 3 000 m et formée surtout d'eau glacée. La calotte Sud est plus froide, encore plus épaisse et composée d'eau glacée recouverte de glace de dioxyde de carbone.

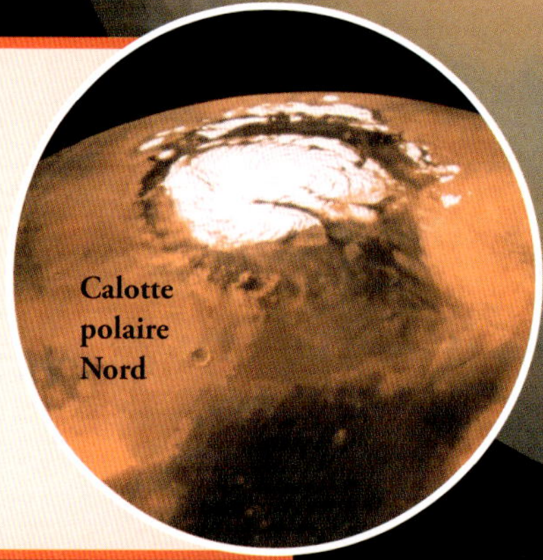

CHRONOLOGIE DES MISSIONS SUR MARS

1960-1969

- **1960** Korabl 4 (URSS) n'atteint pas l'orbite terrestre.
- **1962** Mars 1 (URSS) perd le contact pendant le trajet vers Mars.
- **1964** Mariner 4 (É.-U.), premier succès, envoie 21 images.
- **1969** Mariner 7 (É.-U.), autre réussite, transmet 126 images.

1970-1979

- **1971** Mariner 9 (É.-U.), premier orbiteur placé avec succès autour de Mars.
- **1973** L'orbiteur Mars 5 (URSS) collecte 22 jours de données.
- **1976** Viking 1 (É.-U.) réussit le premier atterrissage sur Mars.

OÙ EST L'EAU ?

Mars est aujourd'hui très froide et l'atmosphère y est trop ténue pour qu'il y ait de l'eau liquide à sa surface. Toutefois, d'énormes canaux, à sec depuis des milliards d'années, suggèrent que de grands fleuves y coulaient il y a très longtemps. Leur niveau montait sans doute soudainement, peut-être après la fonte de glace souterraine.

WAOUH !

Mars possède deux petites lunes, Phobos et Deimos. Ce seraient des astéroïdes capturés par Mars il y a longtemps. Phobos ne mesure pas plus de 27 km de diamètre, et sa surface est criblée de grands cratères. Deimos est large de 12 km et a une surface plus lisse.

Phobos

Explorateurs martiens Beaucoup de robots envoyés sur Mars ont échoué dans leur mission. Parmi les succès, les missions Viking des années 1970 comprenaient deux sondes orbitales et deux modules atterrisseurs. Le premier rover embarqua avec la mission Mars Pathfinder, en 1997. Spirit et Opportunity (ci-contre), deux gros rovers, envoient aujourd'hui des images et des données vers la Terre depuis janvier 2004.

▸ SPIRIT ET OPPORTUNITY
Deux robots rovers américains se sont posés sur Mars en janvier 2004. Leur mission : chercher de l'eau.

ESPACE

1980-1989

1988-1989 Phobos 1 et 2 (URSS) se perdent en chemin vers Mars.

1997 Mars Pathfinder (É.-U.) dépose le premier rover fonctionnant.

1990-1999

1998 Nozomi, premier explorateur martien japonais, échoue par suite de problèmes de carburant.

2000-2009

2003 Mars Express, orbiteur européen, commence à prendre des photos détaillées.

2008 Phoenix (É.-U.) se pose dans l'Arctique martien et opère plus de 5 mois (avant que ses batteries se déchargent).

TERRE

- La Terre s'est formée au sein d'une nébuleuse, il y a 4,5 milliards d'années.
- Le noyau interne de la Terre est aussi chaud que la surface du Soleil.
- La Terre tourne sur son axe à la vitesse d'environ 1 600 km/h.
- Environ 70 % de la surface terrestre est recouverte d'eau, surtout salée.
- La Terre est la seule planète de l'Univers que nous connaissons qui abrite de la vie.

? Comment l'eau modèle-t-elle les côtes ?
À découvrir page 45

? Quelle dureté a la fluorite ?
À découvrir page 41

La **Terre** est la planète sur laquelle nous vivons. Elle est la seule, dans notre Système solaire, qui soit recouverte d'eau liquide.

- Les vents peuvent circuler autour de la Terre à plus de 320 km/h.
- Le tsunami le plus puissant jamais enregistré était haut de 520 m.
- Un submersible habité est descendu jusqu'à environ 11 km de profondeur dans l'océan.
- Le volcan Stromboli, en Italie, est en éruption continue depuis deux mille ans.
- La Terre est enveloppée d'une épaisse atmosphère gazeuse, surtout composée d'azote.

Comment le vent peut-il créer d'énormes sculptures rocheuses ?
À découvrir page 44

Qu'est-ce qui provoque les changements de saison ?
À découvrir page 53

Un monde unique

Terre

Parmi les planètes du Système solaire, la Terre est la seule dont on sait qu'elle abrite la vie. Située à une distance idéale du Soleil, elle a une atmosphère respirable et comporte de l'eau propice à la vie.

LA STRUCTURE DE LA TERRE

Bien qu'elle ressemble à une boule rocheuse dure, la Terre est formée de plusieurs couches. En son centre se trouve un noyau métallique brûlant. Il est entouré par un manteau rocheux, pareil à du caramel. Le tout est recouvert d'une fine croûte qui forme les continents et le fond des océans.

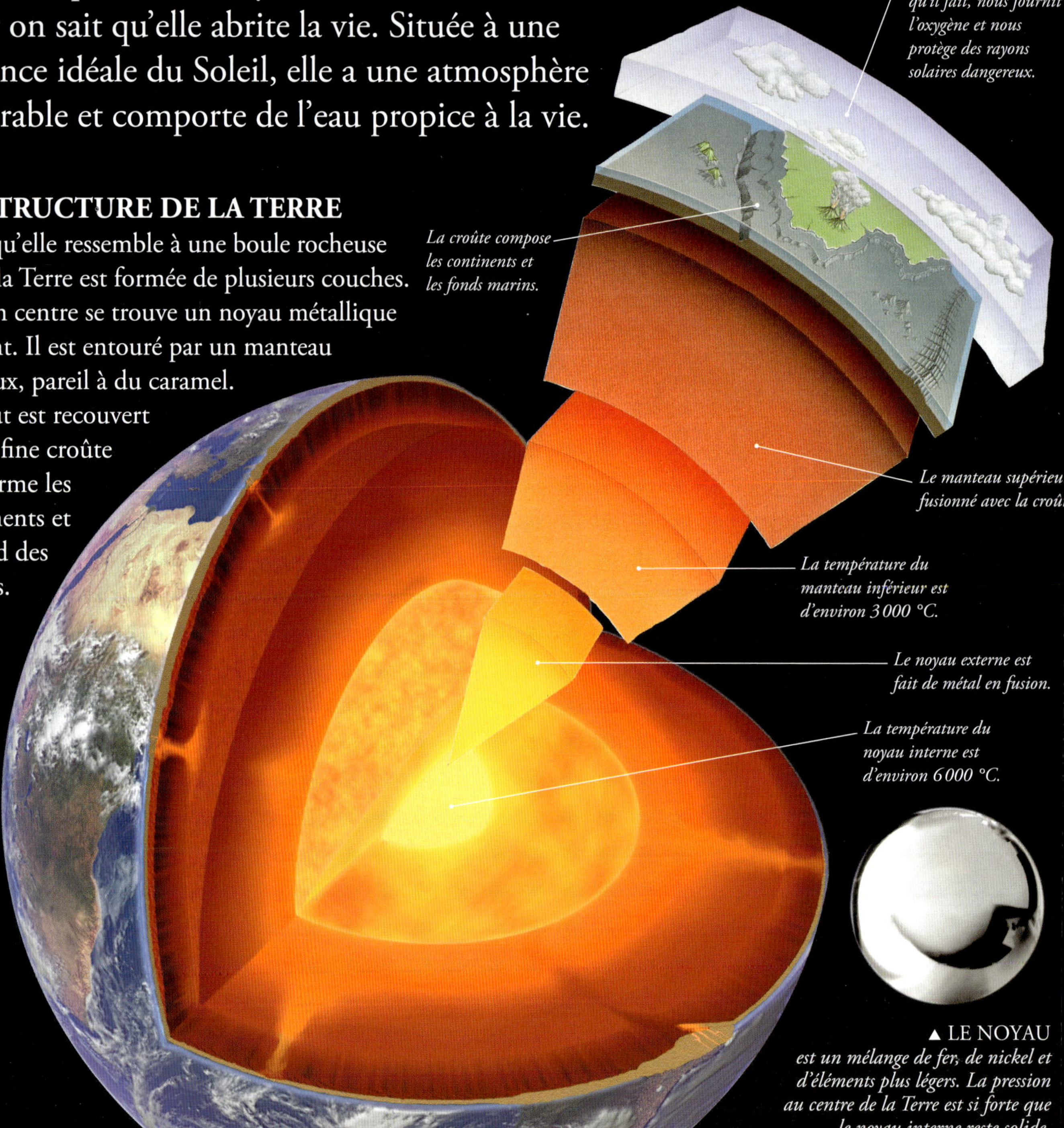

▲ LE NOYAU est un mélange de fer, de nickel et d'éléments plus légers. La pression au centre de la Terre est si forte que le noyau interne reste solide.

CHRONOLOGIE DE LA VIE SUR TERRE

DÉBUTS DE LA TERRE

Il y a 4,5 milliards d'années : une boule de roche liquide brûlante se forme.

– 4,2 milliards d'années : la croûte et les océans se forment.

DÉBUTS DE LA VIE

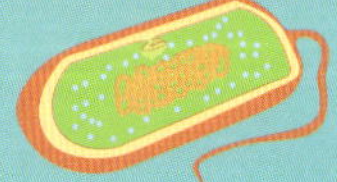

– 3,5 milliards d'années : premières cellules vivantes

– 630 millions d'années : animaux complexes (pluricellulaires)

EXPLOSION DE VIE

– 540 millions d'années : apparition soudaine de nombreuses espèces animales ayant des dents, des pieds, des intestins et une enveloppe dure

– 416 millions d'année premiers animaux terre

– 500 millions d'années : l'atmosphère terrestre devient respirable.

Le champ magnétique La Terre agit comme un colossal aimant pourvu d'un pôle Nord et d'un pôle Sud. Le champ magnétique terrestre serait produit par les mouvements à l'intérieur du noyau externe liquide. Le métal en fusion transporte une charge électrique qui, en tourbillonnant, génère un champ électromagnétique.

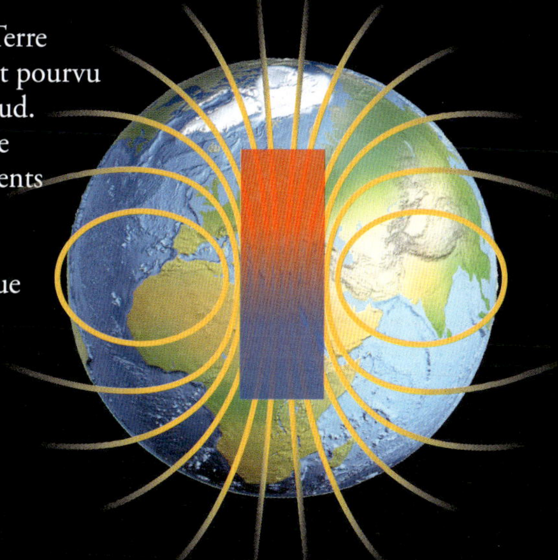

INSTANTANÉ

Quand des particules de haute énergie sont attirées par le champ magnétique aux pôles, leur énergie est transférée aux atomes de l'atmosphère. Une aurore polaire apparaît.

JOUR ET NUIT

En vingt-quatre heures, la Terre fait un tour complet sur elle-même : chaque moitié est successivement éclairée par le Soleil puis plongée dans le noir. Si la Terre ne tournait pas ainsi, le jour serait permanent sur une face, la nuit continue sur l'autre.

Les phases de la Lune L'apparence de la Lune dans le ciel nocturne change au cours d'un mois. À mesure que la Lune avance autour de la Terre, l'angle formé entre elle et le Soleil se modifie, et la portion de Lune éclairée par le Soleil augmente ou diminue. Il est difficile de voir la nouvelle lune, car la lumière du Soleil se reflète sur sa face cachée. Puis un mince croissant apparaît qui croît peu à peu jusqu'à ce que la face proche soit entièrement éclairée. Puis elle décroît jusqu'à retourner dans l'obscurité.

Nous voyons toujours la même face de la Lune, car quand elle achève son tour de la Terre, la Lune a fait un tour sur elle-même.

PANGÉE

– 225 millions d'années : toutes les terres sont réunies en un seul continent, la Pangée.

ÈRE DES DINOSAURES

– 225 millions d'années : l'ère des dinosaures commence.

– 145 millions d'années : les continents modernes prennent forme.

– 65 millions d'années : extinction de masse des espèces, dont les dinosaures.

HUMANITÉ

– 250 000 ans : l'homme moderne apparaît.

Aujourd'hui

Planète dynamique

La surface de la Terre change sans cesse. Les roches qui la composent ont été recyclées bien des fois. Même si nous ne la sentons bouger que rarement, les signes que notre planète est active sont partout.

WAOUH!
La Terre est dotée d'une peau solide depuis au moins 4,4 milliards d'années. Même si les roches qui en forment aujourd'hui la surface sont bien plus jeunes, les scientifiques ont découvert que certaines contiennent des minuscules cristaux d'un minéral appelé zircon… qui sont vieux de 4,4 milliards d'années!

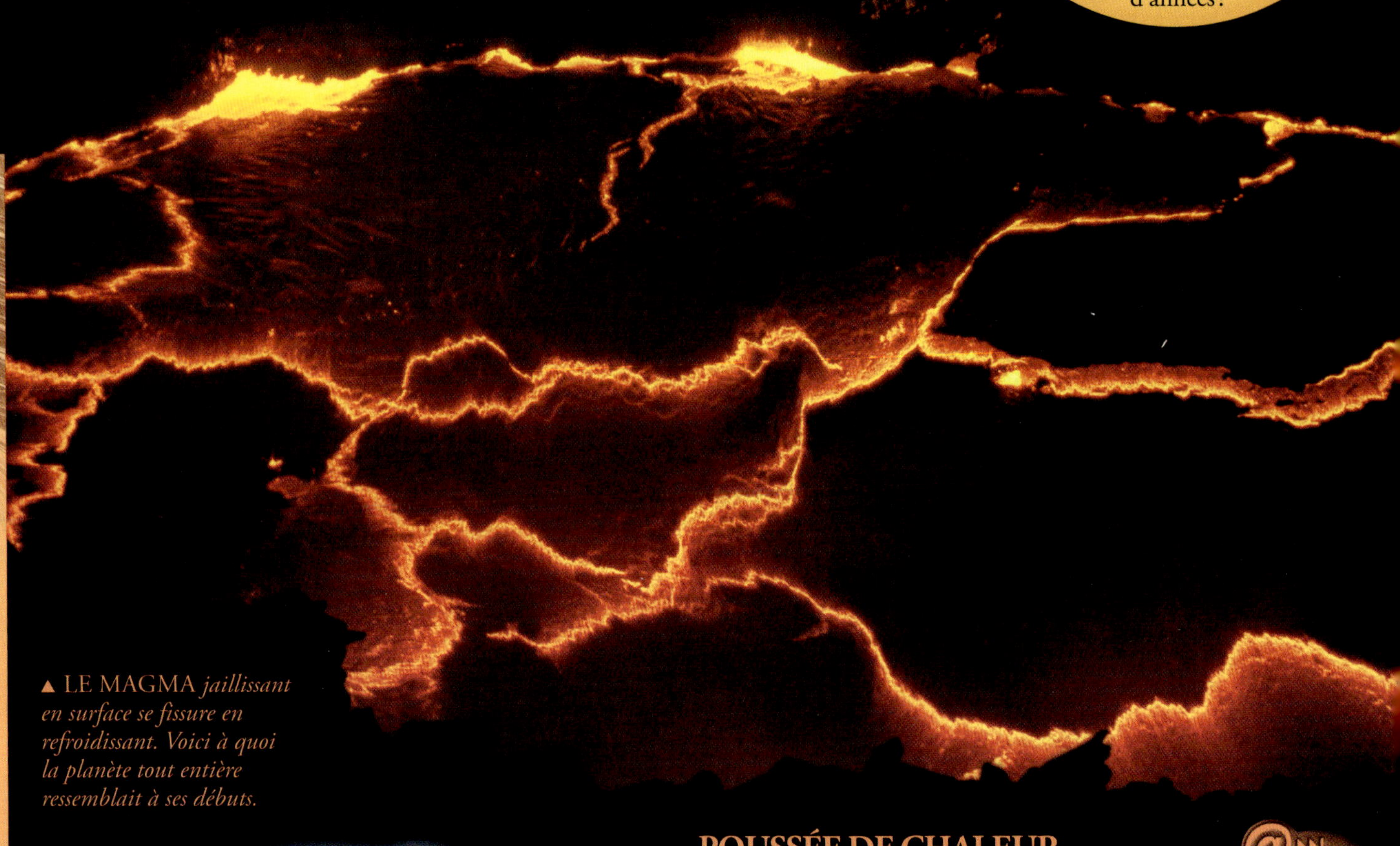

▲ LE MAGMA *jaillissant en surface se fissure en refroidissant. Voici à quoi la planète tout entière ressemblait à ses débuts.*

POUSSÉE DE CHALEUR

Sous la surface, le manteau bouge très lentement. Les scientifiques pensent que des courants de chaleur montent du manteau inférieur, refroidissent en approchant de la surface puis replongent. Cela entraîne les couches de surface qui sont emportées comme sur un tapis roulant.

@ Plaque tectonique

Le noyau de la Terre fournit la chaleur : ses éléments radioactifs libèrent de la chaleur en devenant plus stables. Bien que le noyau interne soit très chaud, la pression colossale le maintient à l'état solide. Le noyau externe, un peu plus froid, est liquide.

CROÛTE TERRESTRE

La croûte, l'enveloppe de la Terre, est composée d'une couche supérieure légère et d'une couche inférieure un peu plus mince mais plus dense. La croûte est fragmentée en morceaux qui s'assemblent comme ceux d'un puzzle. Ces plaques flottent sur le manteau externe et bougent avec lui.

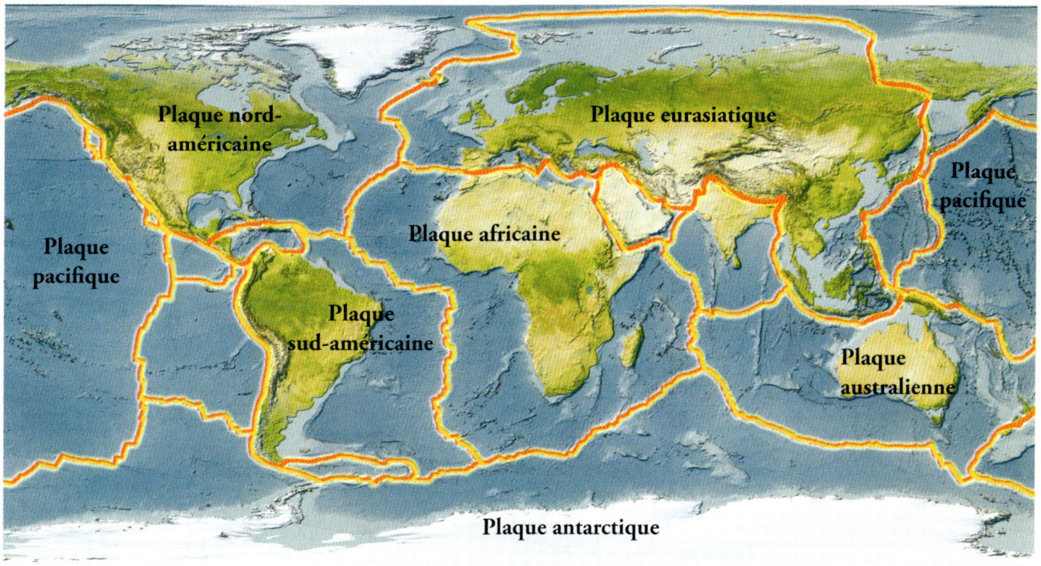

Frontières divergentes Là où les courants du manteau montent, les plaques sont tirées en sens contraire l'une de l'autre : elles divergent. Une partie du manteau fond et ce magma remplit le fossé créé entre les plaques. Celles-ci s'éloignent. Parfois, elles ne font que glisser l'une contre l'autre, sans activité volcanique. On parle alors de frontières transformantes.

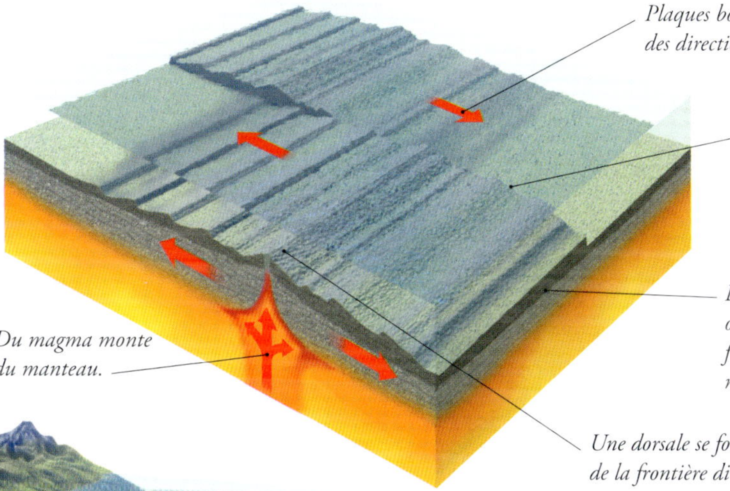

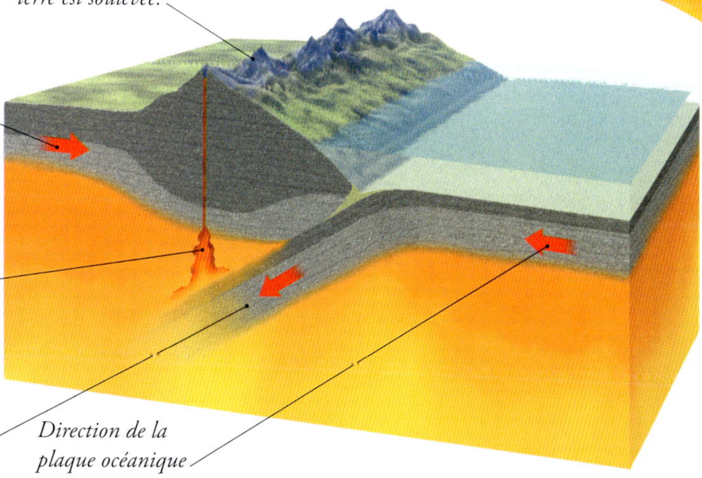

Frontières convergentes Quand une plaque continentale heurte une plaque océanique, cette dernière, plus dense, plonge sous la première. Si deux plaques océaniques convergent, c'est la plus ancienne, qui est plus froide, qui cède. Si deux plaques continentales entrent en collision, les roches situées sur leurs bords se plissent pour créer des montagnes.

COUP D'ŒIL SUR LES MOUVEMENTS DES PLAQUES

Les continents n'ont pas toujours été là où ils sont. Tandis que la croûte refroidissait, ils se sont morcelés, heurtés, ont tourné et se sont reformés. Ils se déplacent encore d'environ 15 cm par an.

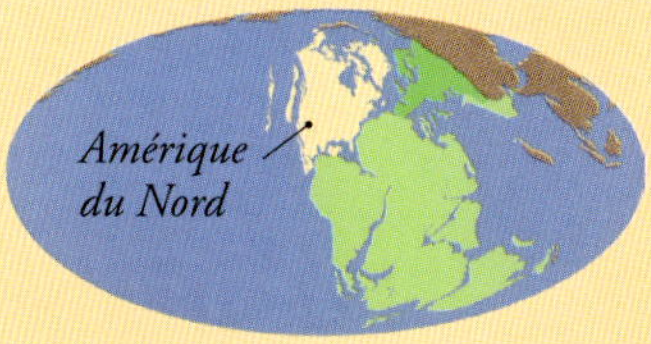

▲ *Il y a environ 225 millions d'années, tous les continents étaient réunis.*

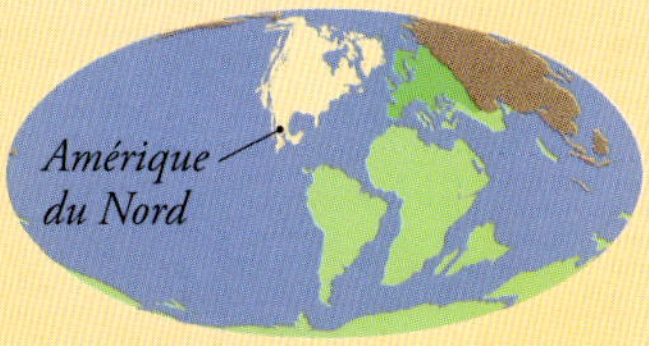

▲ *Au fil du temps, les plaques, en bougeant, ont séparé les continents.*

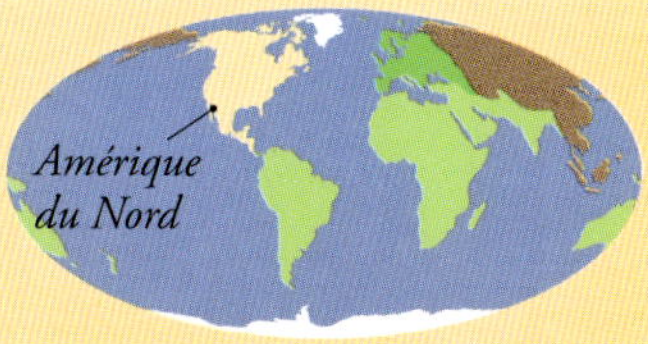

▲ *Voici à quoi ressemblent aujourd'hui les continents, mais ils sont encore en mouvement.*

Volcans et séismes

Les humains ont toujours été terrifiés par le redoutable pouvoir des volcans et des séismes qui font trembler le sol. Car si ce sont des mouvements naturels de notre planète, ils peuvent se révéler très destructeurs.

▲ LAVE EN FUSION *La lave pauvre en gaz s'écoule sur des distances plus longues.*

LES VOLCANS

Les volcans se forment quand de la roche en fusion, ou magma, remonte à travers la croûte terrestre. Cette roche est appelée lave quand elle s'écoule en surface. Certains volcans la déversent assez doucement mais d'autres connaissent des éruptions explosives, parfois après des siècles de sommeil, et projettent du gaz, des cendres et des blocs de roche.

▲ LE VOLCAN BOUCLIER *est un cône large, peu pentu. Il se forme quand de la lave fluide parcourt de longues distances avant de refroidir et de durcir.*

▲ LE CÔNE DE SCORIES *est le plus fréquent. Il est fait de cendres et de lave réduit en fragments par l'explosion des gaz.*

Les panaches de cendres projettent de fines particules très haut dans l'atmosphère, ce qui peut affecter la météo mondiale pendant des mois.

LES SÉISMES

Les séismes surviennent quand deux blocs de croûte coulissent l'un contre l'autre, le long d'une faille. Comme les blocs ne glissent pas facilement, leur mouvement libère une grande quantité d'énergie. Cette énergie se propage comme les vagues dans une mare, secouant le sous-sol.

◄ TERRE ÉBRANLÉE *Quand le sous-sol tremble, les bâtiments et autres structures peuvent s'effondrer. La puissance d'un séisme se mesure sur l'échelle de Richter. Ce séisme, survenu à Kobé, au Japon, a atteint 7,3 sur cette échelle. Il n'a duré que 20 secondes mais a fait s'écrouler 200 000 bâtiments.*

LA CEINTURE DE FEU

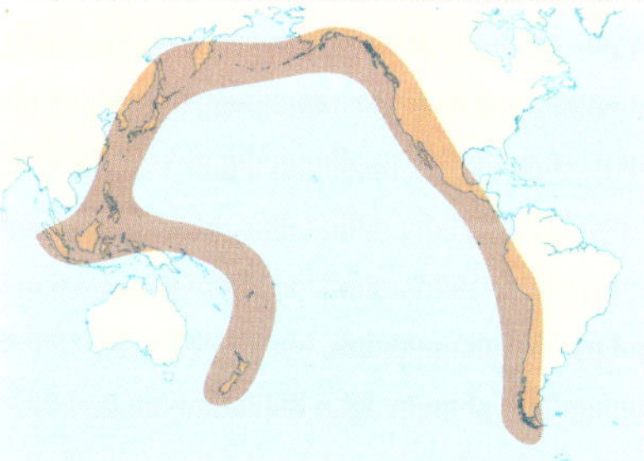

■ La « ceinture de feu » borde l'océan Pacifique. C'est une zone dans laquelle plusieurs plaques convergent, ce qui provoque une activité volcanique et sismique fréquente. Elle compte 452 volcans, et 80 % des séismes les plus puissants surviennent dans cette zone.

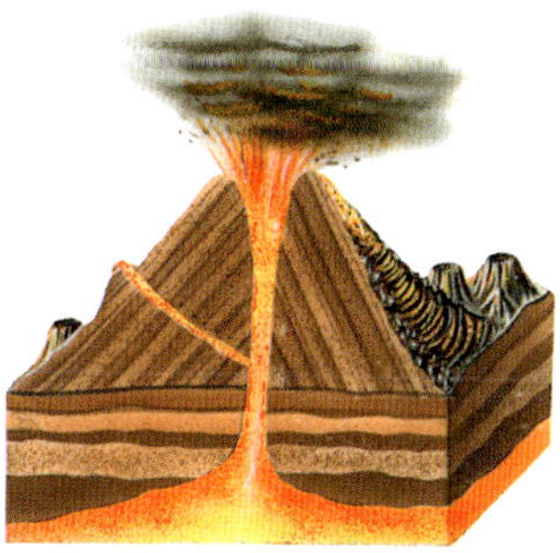

▲ LE VOLCAN COMPOSITE, *aux pentes abruptes, est le plus meurtrier, car ses éruptions sont habituellement explosives.*

LE TSUNAMI

■ **Les tsunamis** sont des vagues géantes engendrées par un séisme sous-marin. La secousse exerce une formidable poussée sur la masse d'eau au-dessus. Les vagues ainsi créées gagnent en puissance en traversant l'océan et deviennent géantes en abordant les côtes, qu'elles dévastent.

▲ AVANT *Banda Aceh, en Indonésie, était proche de l'épicentre du séisme ; ce fut le premier endroit atteint par le tsunami.*

▲ VAGUE MONDIALE *En 2004, un séisme au large de l'Indonésie a provoqué un tsunami dans l'océan Indien. Les vagues sont venues mourir jusqu'en Islande et au Chili.*

▲ APRÈS *La côte nord fut submergée par le tsunami. On estime que 230 000 personnes périrent, dans onze pays, quand les vagues déferlèrent sur les côtes.*

Les montagnes

Montagne

Les chaînes de montagnes occupent environ un cinquième des terres émergées. Elles se sont formées sur des millions d'années, engendrées par la collision de grandes plaques tectoniques. Beaucoup, comme l'Himalaya, continuent de se soulever.

INFOS +

- Un dixième environ de la population mondiale vit en montagne.
- On trouve des montagnes dans trois pays sur quatre.
- De nombreuses montagnes sont coiffées en permanence de neige et de glace.
- Chaque fois qu'on s'élève de 100 m, la température baisse de 1 °C.
- Le vent le plus violent mesuré sur une montagne soufflait à 372 km/h sur le mont Washington, aux États-Unis.

SOULEVÉE, PLISSÉE

La plupart des montagnes sont plissées et résultent du mouvement des plaques morcelant la croûte terrestre. Quand deux plaques poussent l'une contre l'autre, les roches de la croûte se soulèvent et forment des plis, qui se développent au fil du temps.

Sables mouvants L'expérience ci-dessous se sert de couches de sable disposées sur une feuille de papier pour montrer comment les strates rocheuses se déforment et se replient sur elles-mêmes quand une montagne voit le jour. Chaque couche de sable représente une couche rocheuse. Le papier est poussé à la vitesse de 1 cm toutes les 100 secondes. Il entraîne avec lui le sable comme le manteau supérieur fait bouger la croûte terrestre.

▲ MACHINE À MONTAGNE *Le papier et le sable sont maintenus entre des blocs de bois.*

▲ COUPE *On voit bien ici sur cette paroi, en Angleterre, comment les strates rocheuses se sont plissées quand les plaques africaine et européenne sont entrées en collision il y a des millions d'années. La même collision a créé les Alpes.*

▼ SÉDIMENTS *Des couches de sable sont déposées uniformément sur le papier.*

▼ ZIGZAGS *Le mouvement du papier ride la couche inférieure de sable. Les rides sont amplifiées dans les couches supérieures.*

▼ DE PLUS EN PLUS HAUT *Les plis de sable s'empilent, ce qui crée de grosses boucles.*

LES TYPES DE MONTAGNES

Certaines montagnes sont nées de l'éruption de volcans ; d'autres sont faites d'énormes blocs de roches poussés vers le haut après que la croûte terrestre s'est fracturée. Mais toutes les montagnes, plissées ou non, doivent leurs reliefs accidentés à une forte érosion, qui arrache les roches à leurs flancs.

En montant Plus on grimpe, plus l'air est pauvre en oxygène et plus la température baisse. La limite des arbres marque l'altitude au-delà de laquelle il fait trop froid pour que des arbres poussent.

INSTANTANÉ

Le Cervin est un sommet des Alpes que l'on reconnaît facilement. Sa première ascension a été réalisée en 1865 par un Anglais.

ALPINISTES CÉLÈBRES

- Le Français **Jacques Balmat** a été le premier à atteindre le sommet du mont Blanc, le 8 août 1786. Il y retourna l'année suivante avec l'expédition de **Horace-Bénédict de Saussure**.
- **Edmund Hillary** et **Tenzing Norgay** furent les premiers à atteindre le sommet du mont Everest, le 29 mai 1953. Hillary était néo-zélandais, Norgay était un montagnard du Népal.
- **Lino Lacedelli** et **Achille Compagnoni**, des alpinistes italiens, conquirent les premiers le K2. Ils parvinrent à son sommet le 31 juillet 1954.

MONTAGNE REDOUTÉE *Une personne sur quatre tentant de parvenir au sommet du K2 meurt.*

FONTE DES GLACES *On estime que les glaciers couronnant le Kilimandjaro auront fondu d'ici à 2020.*

VOLCAN ACTIF *La dernière éruption du mont Fuji (Fuji-Yama), en 1707-1708, a duré seize jours. Certains scientifiques pensent que le volcan pourrait connaître bientôt une nouvelle éruption.*

REBAPTISÉ *L'explorateur britannique James Cook a donné son nom à cette montagne. Son nom d'origine, en maori, est Aoraki.*

PLUSIEURS NOMS *Les montagnes ont souvent des noms différents d'une langue à l'autre. Le Cervin, par exemple, est appelé Matterhorn par les Anglais et les Allemands et Cervino par les Italiens.*

Les roches

Les roches donnent à la Terre ses reliefs : montagnes, gorges et plaines. Elles peuvent être volumineuses ou aussi petites qu'un grain de sable. Toutes ont commencé leur vie dans les profondeurs du manteau.

▼ CYCLE ÉTERNEL *Les roches sont recyclées à l'infini, mais il faut des millions d'années pour qu'elles se forment et se transforment.*

QU'EST-CE QU'UNE ROCHE ?

Les roches sont en général composées de différents minéraux. En les étudiant, on peut apprendre beaucoup sur leur histoire. La forme des cristaux ou des grains de la roche et leur façon de s'assembler révèlent de quel type de roche il s'agit : magmatique, métamorphique ou sédimentaire.

Les roches magmatiques sont les plus communes dans la croûte terrestre. Le magma des profondeurs de la Terre peut se solidifier dans le sous-sol ou s'écouler sous forme de lave puis refroidir. Plus les cristaux contenus dans ces roches sont gros, plus le refroidissement a été lent.

Les roches métamorphiques ont d'abord été d'autres types de roches mais elles ont été altérées sous l'effet d'une chaleur et/ou d'une pression forte dans les profondeurs de la croûte. C'est pourquoi on y voit souvent des plis et des bandes.

Les roches sédimentaires sont formées de particules d'autres roches, transportées par l'eau, le vent ou la glace. Les particules, de taille identique ou variable, se déposent en couches. Elles durcissent sous la pression des couches plus récentes.

Les minéraux

La Terre s'est formée à partir de divers éléments chimiques. Au fil des milliards d'années, ces éléments se sont combinés pour former des milliers de composés chimiques.

LES BRIQUES DE BASE

Les minéraux se composent d'un ou plusieurs éléments chimiques. Ce sont les « briques » à partir desquelles sont formés les différents types de roches. Seule une centaine des quelque 4 000 minéraux connus sont abondants sur Terre.

Les types Les « minéraux formateurs de roches » sont ceux qui forment couramment la croûte terrestre. Ce sont surtout des composés de silicium et d'oxygène. D'autres minéraux sont appelés « minerais » : ils contiennent de grandes quantités d'éléments métalliques qui nous sont très utiles.

La formation Quand de la roche en fusion ou une solution chaude refroidit, il se forme des cristaux. Cette cristallisation dépend de la pression et de la température ambiante et détermine l'apparence finale du minéral. Certains minéraux, comme le charbon et la craie, ont pour origine des organismes vivants.

◂ LE DIAMANT *est fait de carbone pur. C'est le minéral le plus dur sur Terre.*

◂ LA CHALCOPYRITE *est un sulfure de cuivre et de fer ; elle est ici prise dans des cristaux de quartz clairs.*

LES CRISTAUX

La plupart des minéraux sont des cristaux. Leurs atomes sont disposés selon des motifs réguliers, ce qui donne aux cristaux leurs formes géométriques simples. La structure cristalline détermine en particulier la dureté du minéral et comment il se fracture.

▴ LE CINABRE *est un sulfure de mercure à cristaux hexagonaux.*

▴ LA GALÈNE *est le nom du sulfure de plomb. Ses cristaux sont cubiques. Si on frappe de la galène avec un marteau, ses cristaux se brisent en cubes plus petits.*

À QUOI ÇA SERT ?

Les minéraux ont des usages très divers…

- On peut en extraire des métaux tels que le fer, le cuivre, l'or ou l'argent.
- Les minéraux comme la potasse et l'apatite servent d'engrais pour les plantes.
- Certains cristaux, taillés et polis, sont des pierres précieuses.
- Colorés, ils servent de pigments.
- Certains minéraux entrent dans la composition de produits de beauté.

Guide des pierres

Roche et minéraux

Les roches s'identifient grâce à leur couleur, leur texture et les minéraux qu'elles contiennent. Les minéraux sont classés selon leur structure cristalline, leur dureté et la façon dont ils cassent.

LÉGENDE

Les roches sont classées en fonction de la taille des grains, fins, moyens ou grossiers. La limite pour chaque catégorie varie selon que la roche est magmatique, métamorphique ou sédimentaire (p. 28).

(F) = grain fin
(M) = grain moyen
(G) = grain grossier

ROCHES MAGMATIQUES

(F) Obsidienne

(F) Ponce

(F) (M) (G) Anorthosite

(M) (G) Kimberlite

(G) Granite

(G) Pegmatite

(G) Péridotite

ROCHES SÉDIMENTAIRES

(F) Craie

(F) (M) Siltstone

(F) (M) (G) Calcaire

(G) Tillite

(G) Conglomérat

ROCHES MÉTAMORPHIQUES

(F) Ardoise

(F) (M) Quartzite

(F) (M) (G) Marbre

(F) (M) (G) Serpentinite

(M) (G) Schiste

(M) (G) Gneiss

L'ÉCHELLE DE MOHS

Pour différencier des minéraux d'apparence très semblable, on peut tester leur dureté. Celle-ci se mesure en frottant deux minéraux l'un contre l'autre. Un minéral dur raye toujours un minéral plus tendre. Le plus dur est le diamant.

1. Talc **2. Gypse** **3. Calcite** **4. Fluorite** **5. Apatite** **6. Feldspath** **7. Quartz** **8. Topaze** **9. Corindon** **10. Diamant**

Le plus tendre → *Le plus dur*

MINERAIS

Soufre : 1,5-2,5 sur l'échelle de Mohs

Or : 2,5-3

Argent : 2,5-3

Malachite *(contient du cuivre)* **: 3,5-4**

Ilménite *(contient du titane)* **: 5-6**

Magnétite *(contient du fer)* **: 5-6**

Cobaltite *(contient du cobalt)* **: 5,5**

Rhodonite *(contient du manganèse)* **: 5,5-6,5**

PIERRES SEMI-PRÉCIEUSES

Lapis-lazuli : 3-5,5

Jade : 6-7

Olivine : 6,5-7

Agate : 7

Améthyste : 7

Tourmaline : 7

Zircon : 7,5

PIERRES PRÉCIEUSES

- Les gemmes sont divisées en pierres précieuses et semi-précieuses selon leur valeur. Seuls le diamant, l'émeraude, le saphir et le rubis sont des pierres précieuses.

Diamant

Émeraude

Saphir

Rubis

Les richesses de la Terre

De nombreux matériaux utiles sont cachés dans le sous-sol. Certaines de ces précieuses ressources, tels les métaux et les gemmes, sont exploitées depuis très longtemps. D'autres, comme les combustibles fossiles, ont été découverts plus récemment.

▲ EN QUÊTE D'OR *Dans une mine d'Afrique du Sud, un mineur fore en quête de filons aurifères. L'extraction se fait à de grandes profondeurs ; c'est un travail pénible physiquement et très dangereux.*

EN BREF

- L'Afrique du Sud est l'un des principaux pays miniers ; elle possède d'abondantes réserves d'or, de diamants et d'autres minerais importants.
- En 2015, la demande mondiale de pétrole approchera 96 millions de barils par jour.
- L'Arabie saoudite est le premier producteur mondial de pétrole.
- L'industrie minière déplore le plus d'ouvriers tués et blessés.

LES MINES

Les ressources minérales doivent d'abord être extraites de la croûte terrestre. Selon le minerai exploité, la mine peut être à ciel ouvert ou s'étendre dans les profondeurs du sous-sol. L'extraction souterraine est bien plus dangereuse et plus coûteuse.

Mines souterraines Pour extraire les minéraux enfouis profondément dans la croûte, les mineurs doivent forer des puits et des galeries souterraines au moyen de puissantes machines. Puis ils installent des rails pour transporter le minerai extrait, le matériel, les déchets et les hommes eux-mêmes.

@ Ressource énergétique

◄ L'HÉMATITE, *composée d'oxyde de fer, laisse une trace de rouille quand on la frotte.*

▼ MINE DE FER *Les mines de fer du Brésil comptent parmi les plus productives du monde.*

À ciel ouvert La plus grande partie des minerais produits dans le monde est extraite en surface ou près de la surface, dans des mines à ciel ouvert, qui sont les plus vastes. Les mineurs utilisent des explosifs, des marteaux-piqueurs ou des engins plus lourds pour creuser d'énormes trous dans la terre.

LES COMBUSTIBLES FOSSILES

Au fil de millions d'années, la chaleur et la pression du sous-sol ont transformé des restes d'animaux et de plantes enfouis en charbon, en pétrole ou en gaz. Ces combustibles fossiles sont devenus vitaux : ils fournissent aujourd'hui l'essentiel de l'énergie mondiale.

POLLUTIONS

- **Le pétrole** se déversant parfois des pétroliers est emporté loin par les courants marins. Ces marées noires sont des désastres pour la faune marine et les oiseaux de mer.
- **Les moteurs des véhicules** et les centrales, en brûlant des combustibles fossiles, rejettent dans l'air beaucoup de dioxyde de carbone, ce qui contribue au réchauffement planétaire (p. 78).
- **L'exploration pétrolière** détruit des habitats encore sauvages ainsi que les animaux et les plantes qui y vivent.

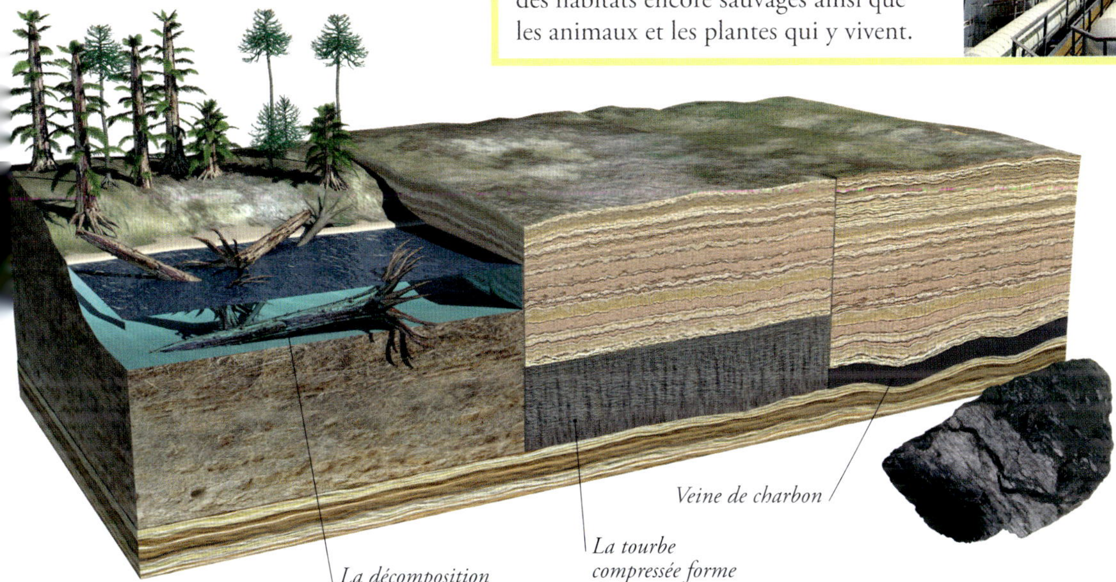

Le charbon Cette matière dure et noire se forme quand des dépôts de tourbe sont enfouis dans le sous-sol. La tourbe est un type de sol riche formé par la décomposition des plantes. Avec le temps, le poids de la couche supérieure de tourbe enfonce les couches inférieures. La tourbe compressée se transforme d'abord en lignite puis en charbon.

▲ EN PLACE *Un ouvrier guide une pompe hydraulique géante destinée à extraire le brut dans un puits de pétrole.*

Le pétrole Cet épais liquide noir a pour origine des restes de plantes et d'animaux marins préhistoriques. Leurs cadavres et restes ont été enfouis sous le fond marin et se sont lentement transformés en pétrole brut, piégé dans les couches rocheuses.

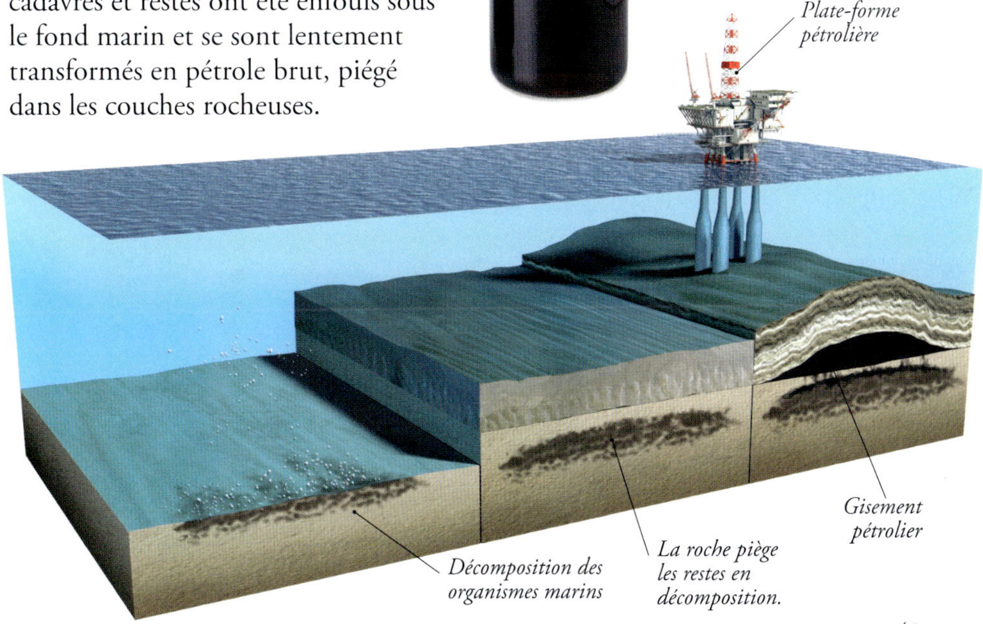

L'érosion

Érosion

Les paysages se modifient à mesure que les roches et le sol subissent les effets destructeurs de l'eau, du vent, de la glace et de la gravité. Le creusement de profondes vallées par les fleuves est un exemple d'érosion graduelle, tout aussi spectaculaire que l'érosion soudaine due à un glissement de terrain.

L'ÉROSION ÉOLIENNE

Le vent, en soufflant, soulève et transporte d'innombrables grains de sable et d'autres particules. Ces sédiments peuvent être projetés à grande vitesse contre des roches dont ils trouent ou poncent la surface. Au fil des ans, l'érosion éolienne remodèle la roche, sculptant de nouveaux paysages. Elle agit plus particulièrement dans les régions arides ou désertiques.

MAIS ENCORE ?

L'essentiel des sédiments transportés par l'érosion se mélange avec les restes organiques et se transforme en sol. Les sédiments abandonnés par les fleuves quand ils ralentissent peuvent être enfouis et former de nouvelles roches.

GLISSEMENT !

Il arrive que d'énormes quantités de roches, de sol et de boue glissent soudainement le long d'une pente sous l'effet de la gravité, arrachant les arbres et ensevelissant les maisons. Les glissements de terrain sont parfois provoqués par la déforestation, car il n'y a plus de racines d'arbres pour retenir le sol.

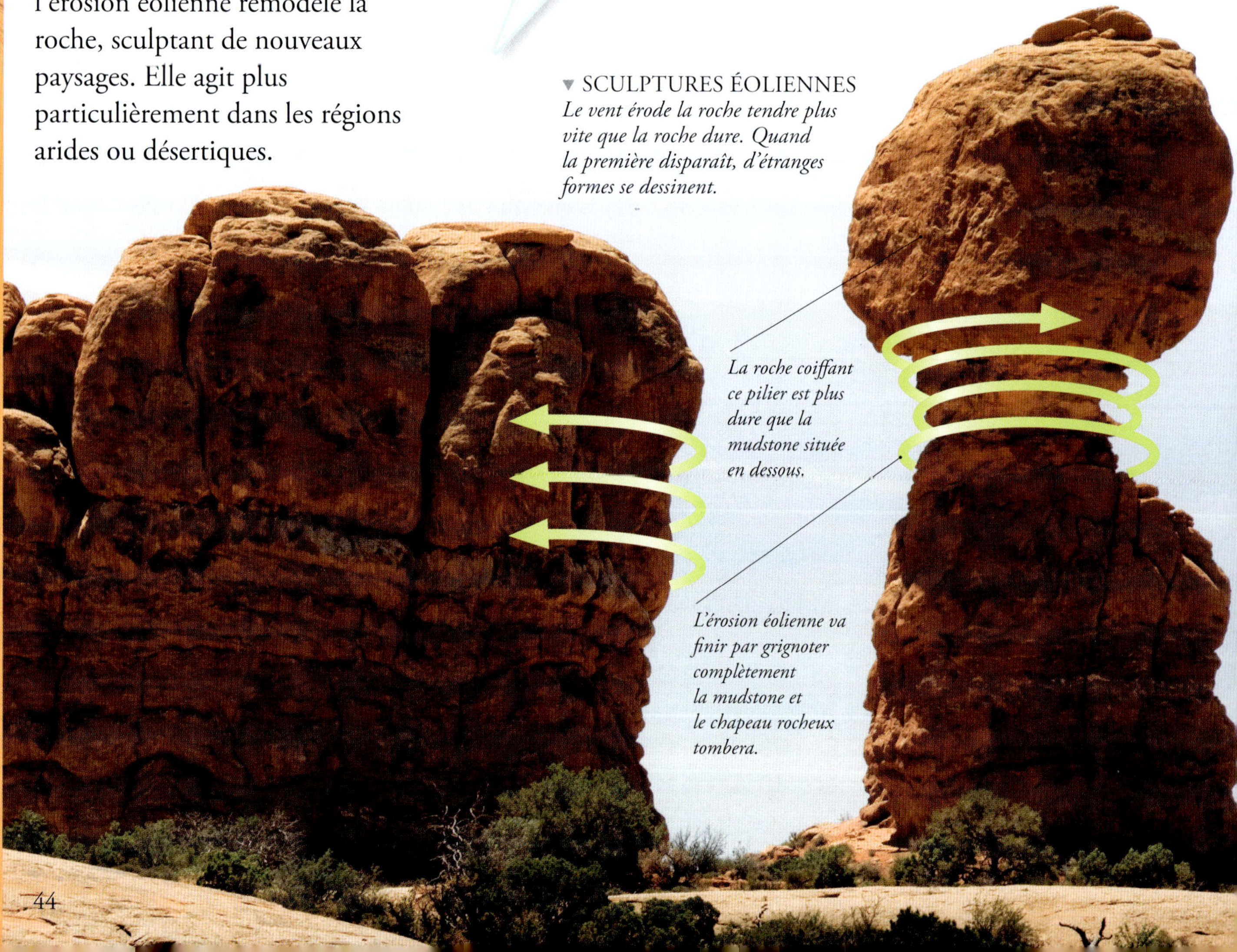

▾ SCULPTURES ÉOLIENNES
Le vent érode la roche tendre plus vite que la roche dure. Quand la première disparaît, d'étranges formes se dessinent.

L'ÉROSION PAR L'EAU

En s'écoulant le long des pentes, l'eau de pluie emporte de petits morceaux de roche. Ces fragments creusent des chenaux dans la terre, sculptant peu à peu le lit des cours d'eau. De même, les vagues et les marées entament les roches côtières, créant des baies, des caps, des falaises et des piliers.

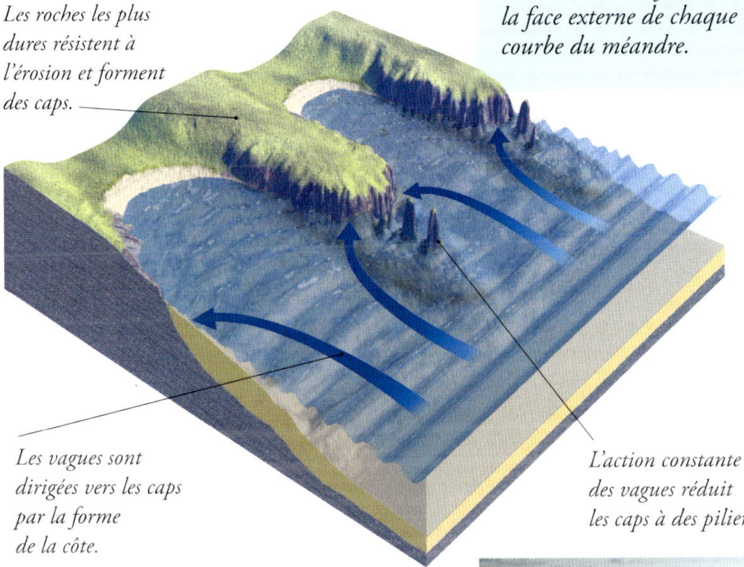

COUP D'ŒIL SUR LE POUVOIR DE L'EAU

Les fleuves érodent en permanence la roche formant leur propre lit, ce qui modifie peu à peu leur cours. Cela peut engendrer des bras morts.

▲ ÉTAPE 1 *Le fleuve érode la face externe de chaque courbe du méandre.*

▲ ÉTAPE 2 *Les courbes se redessinent jusqu'à ce qu'un raccourci soit créé.*

▲ ÉTAPE 3 *Les sédiments déposés par le fleuve isolent le méandre.*

▶ LES DOUZE APÔTRES *Ces formations rocheuses au large de l'État australien du Victoria résultent de l'érosion des promontoires calcaires par les vagues.*

▲ DÉPÔT *Les sédiments charriés par les fleuves et les marées peuvent se déposer à un même endroit en grandes quantités, jusqu'à créer de nouveaux reliefs comme cette flèche.*

L'ÉROSION GLACIAIRE

Les glaciers recouvrent près de 10 % des terres émergées. À mesure que ces masses de glace avancent, lentement, les roches piégées dans la glace raclent le terrain, le polissent. L'eau peut aussi faire éclater les roches car, lorsqu'elle gèle dans les fissures, elle se dilate.

Quelle heure est-il ?

Fuseau horaire

La réponse à cette question dépend de l'endroit où l'on se trouve. Lorsqu'il est midi à Santiago, au Chili, il est minuit à Perth, en Australie. Le monde est divisé en vingt-quatre fuseaux horaires : dans chacune de ces zones, toutes les horloges sont réglées sur la même heure.

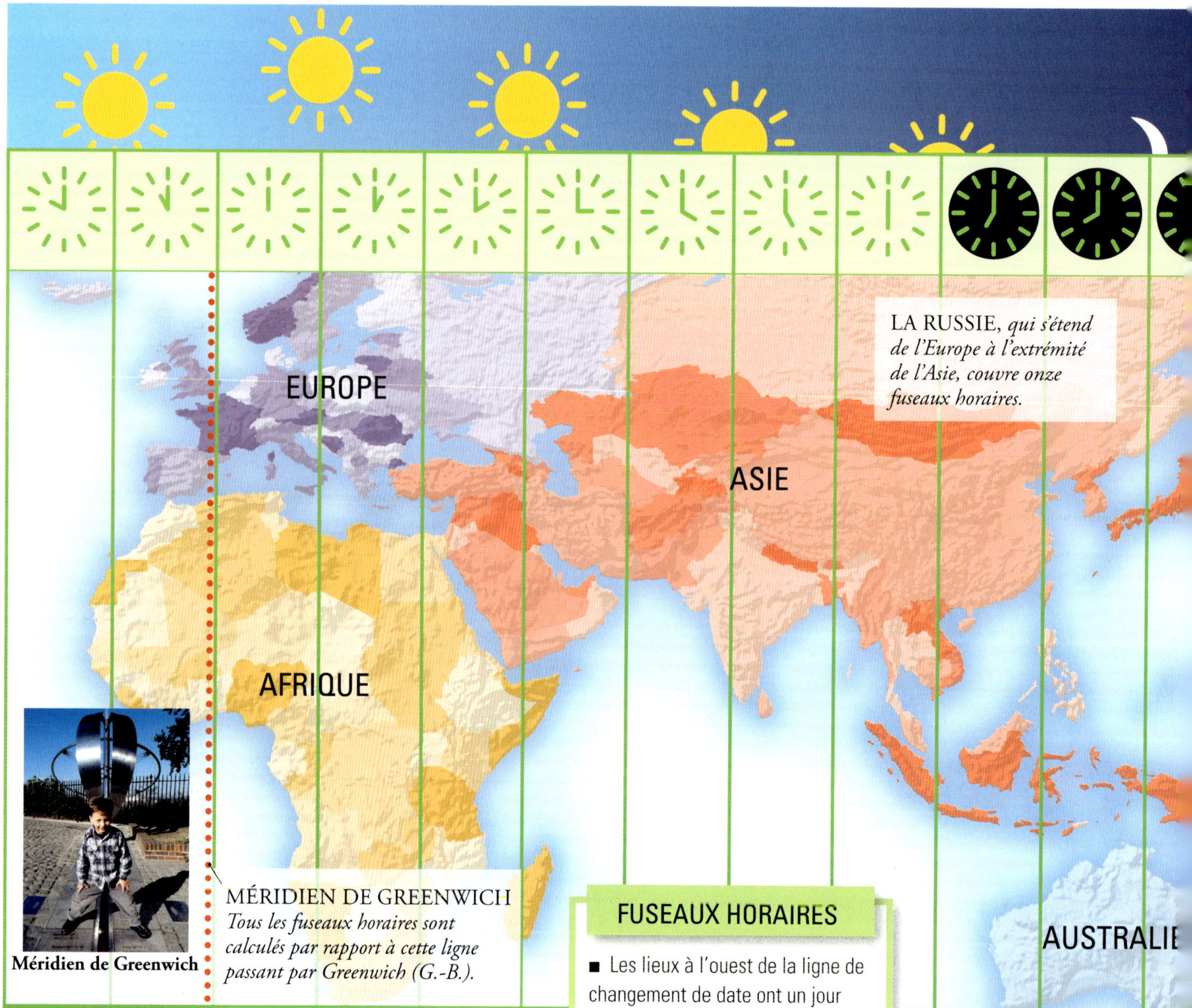

LA RUSSIE, *qui s'étend de l'Europe à l'extrémité de l'Asie, couvre onze fuseaux horaires.*

Méridien de Greenwich

MÉRIDIEN DE GREENWICH
Tous les fuseaux horaires sont calculés par rapport à cette ligne passant par Greenwich (G.-B.).

FUSEAUX HORAIRES

- Les lieux à l'ouest de la ligne de changement de date ont un jour d'avance sur ceux situés à l'est.
- Beaucoup de pays avancent les horloges d'une heure l'été pour profiter plus longtemps de la lumière du Soleil le soir. Cette pratique, qui vise à économiser l'énergie, n'est pas toujours très appréciée des agriculteurs, qui se lèvent tôt le matin.

L'heure de la fête ! Chaque année, les îles Kiribati comptent parmi les premiers endroits où l'on célèbre le Nouvel An. Hawaii, qui se trouve à l'est de la ligne de changement de date, est l'un des derniers lieux à se joindre à la fête.

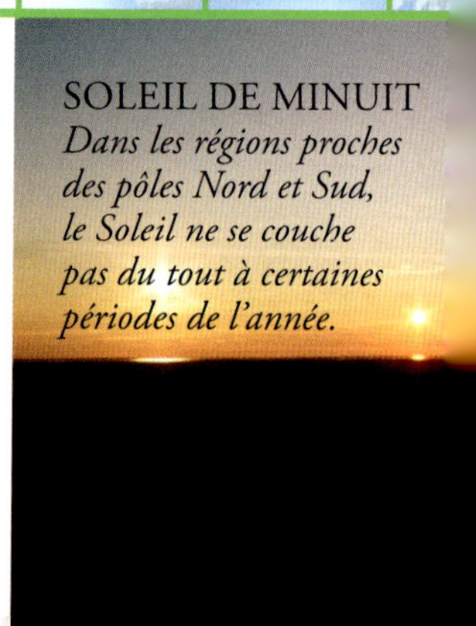

SOLEIL DE MINUIT
Dans les régions proches des pôles Nord et Sud, le Soleil ne se couche pas du tout à certaines périodes de l'année.

L'HEURE AU SOL EST…

Certains pays s'étendent sur plusieurs fuseaux horaires, d'autres sur un seul. Si tu voyages d'une côte à l'autre des États-Unis, tu constateras une différence de quatre heures. À l'inverse, l'heure est officiellement partout la même d'un bout à l'autre de la Chine, malgré la taille du pays.

WAOUH !

Notre corps possède une horloge interne qui nous dit quand nous réveiller et nous endormir. Si l'on survole plusieurs fuseaux horaires, on subit à l'arrivée un décalage horaire. Notre horloge n'est plus à l'heure.

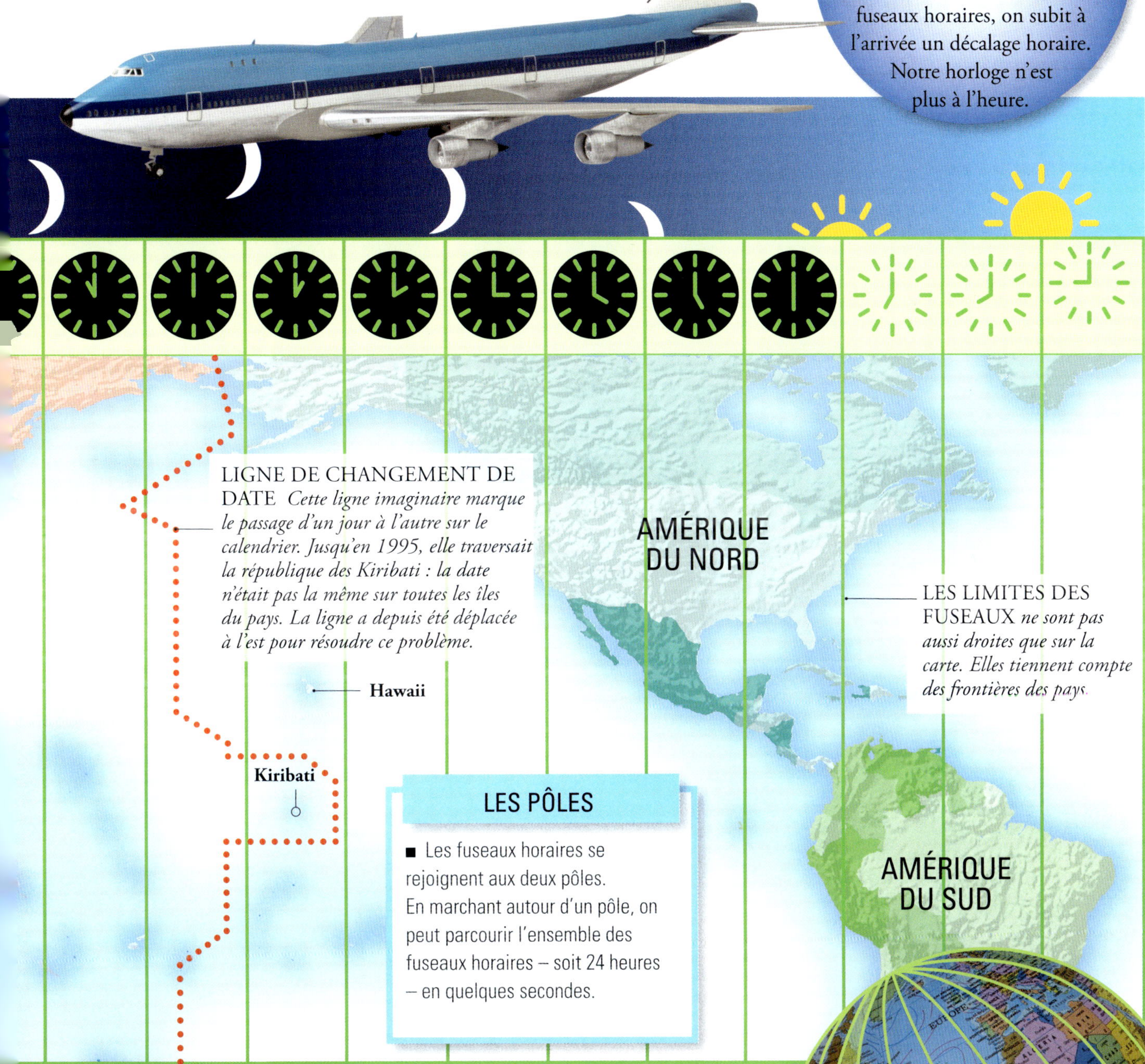

LIGNE DE CHANGEMENT DE DATE *Cette ligne imaginaire marque le passage d'un jour à l'autre sur le calendrier. Jusqu'en 1995, elle traversait la république des Kiribati : la date n'était pas la même sur toutes les îles du pays. La ligne a depuis été déplacée à l'est pour résoudre ce problème.*

LES LIMITES DES FUSEAUX *ne sont pas aussi droites que sur la carte. Elles tiennent compte des frontières des pays.*

LES PÔLES

- Les fuseaux horaires se rejoignent aux deux pôles. En marchant autour d'un pôle, on peut parcourir l'ensemble des fuseaux horaires – soit 24 heures – en quelques secondes.

Voyage dans le temps Le système mondial de fuseaux horaires standardisés fut proposé dès 1878 par le Canadien Sandford Fleming. Celui-ci avançait que puisque les géographes divisaient le monde en 360 degrés du nord au sud (méridiens de longitude), on pouvait aussi le découper en 24 fuseaux horaires de 15 degrés chacun.

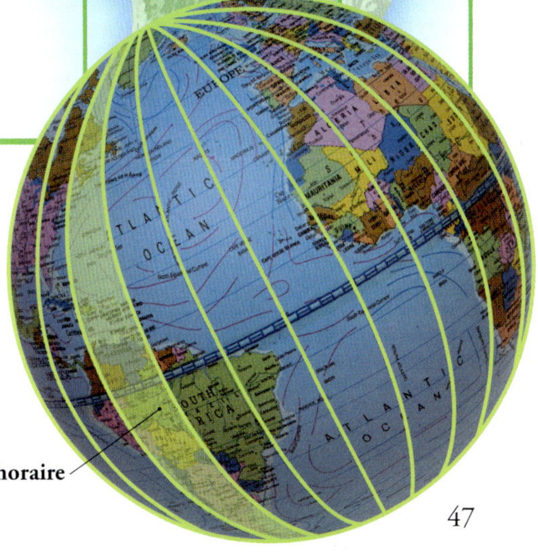

Fuseau horaire

Eau précieuse

Sans eau, il n'y aurait pas de vie sur Terre. Cette ressource vitale remplit les océans, les lacs et les cours d'eau ou s'infiltre dans le sous-sol. Une partie de l'eau mondiale est piégée sous forme de glace, se trouve dans l'air sous forme de vapeur ou dans les organismes des êtres vivants.

EN BREF

- La mer Caspienne est la plus grande masse d'eau intérieure (fermée) au monde.
- Le lac Baïkal, en Russie, est le lac d'eau douce le plus profond du monde ; c'est aussi le plus grand en volume.
- Le lac Supérieur, en Amérique du Nord, est le lac ayant la plus grande surface au monde.
- La mer Morte, à la frontière entre Israël et la Jordanie, est le lac le plus bas de la planète et l'un des plus salés.

L'EAU DOUCE

L'eau de mer salée représente 97 % de toute l'eau de la Terre. Le reste est de l'eau douce, mais la plus grande partie est piégée dans les calottes polaires et dans les glaciers. L'eau que nous buvons provient du sous-sol, des cours d'eau ou des lacs et ne représente que 0,6 % du total.

WAOUH!

Les océans terrestres contiennent 1,36 milliard de kilomètres cubes d'eau.

Seulement 3 % de l'eau de la Terre est douce.

Le cycle de l'eau L'eau circule en permanence entre les océans, l'atmosphère et les terres émergées. Ce cycle fournit l'eau douce, essentielle à la vie sur Terre.

Eau

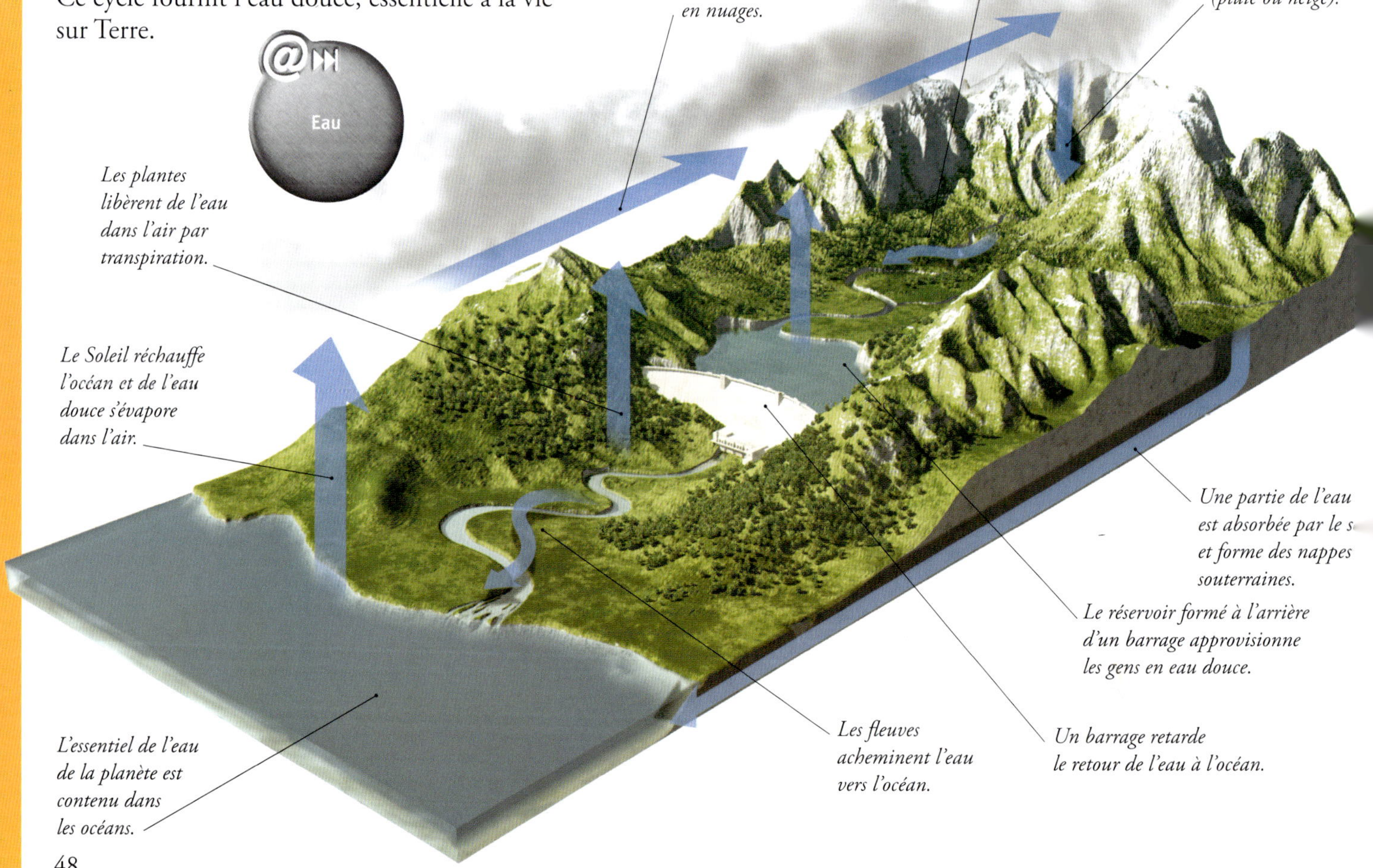

LES PLUS LONGS FLEUVES

▲ *Le Nil était le sang de la vie pour les anciens Égyptiens : leurs cultures poussaient grâce à ses crues.*

Les plus longs fleuves du monde sont, par continent :

- **Nil** Plus long fleuve d'Afrique, avec 6700 km
- **Amazone** Plus long fleuve d'Amérique du Sud, avec 6800 km
- **Yangzi Jiang** Plus long fleuve d'Asie, avec 5980 km
- **Mississippi** Plus long fleuve d'Amérique du Nord, avec 6210 km
- **Volga** Plus long fleuve d'Europe, avec 3690 km
- **Murray** Plus long fleuve d'Australie, avec 2590 km

Eau souterraine Certaines roches sont perméables (le calcaire, par exemple), et l'eau de pluie s'infiltre dans le sous-sol, ce qui forme une couche saturée d'eau, appelée nappe phréatique. Mais l'eau peut aussi s'écouler par les fissures des roches pour créer des lacs souterrains à l'intérieur des grottes.

POISSON AVEUGLE
Ce poisson vit dans des grottes profondes et reconnaît son environnement au toucher plutôt qu'à la vue.

Eau solide Les nuages déversent une partie de leur eau sous forme de neige. Dans les régions polaires et en haute montagne, l'accumulation des couches de neige produit une masse de glace, que la gravité entraine vers le bas : un glacier. En débouchant sur la mer, le glacier se morcelle en icebergs qui flottent puis fondent. Et tout recommence.

INFOS +

- Les États-Unis comptent à eux seuls environ 75000 barrages.
- Las Vegas, aux États-Unis, puise 85 % de son eau dans le lac Mead, l'énorme réservoir du barrage Hoover.
- Le barrage Nurek, au Tadjikistan, est le plus haut du monde : son mur se dresse sur 300 m.

▲ APPROVISIONNEMENT
Dans l'Idaho, aux États-Unis, le barrage de Lucky Peak retient l'eau de la Boise River.

ÉCONOMISER L'EAU

- Un robinet qui coule consomme beaucoup. Il faut bien le fermer dès que l'on n'a plus besoin d'eau.
- Ne tirer la chasse d'eau seulement lorsque c'est nécessaire.
- Préférer la douche au bain, car on utilise moins d'eau.
- Plutôt que de vider l'évier ou la baignoire, penser à utiliser l'eau – si elle ne contient pas de détergent – pour arroser les plantes vertes ou le jardin.

Les océans

Océan

Les océans couvrent les deux tiers de la Terre, surnommée pour cette raison « la planète bleue ». Pourtant, nous n'en connaissons qu'une petite partie, car l'exploration des profondeurs, froides et obscures, est difficile.

PUISSANTS OCÉANS

Les cinq grands océans de la Terre sont, du plus vaste au plus petit, le Pacifique, l'Atlantique, l'océan Indien, l'océan Austral et l'Arctique. Leurs eaux sont sans cesse poussées par des courants qui mélangent les couches froides et chaudes, ce qui affecte le climat. Les masses d'eau salée plus petites sont appelées mers.

MAIS ENCORE ?

Deux fois par jour, les forces gravitationnelles de la Lune, du Soleil et de la Terre se combinent pour faire se former un bourrelet d'eau de chaque côté de la planète. Le niveau de la mer monte puis il redescend après le passage de ce bourrelet. C'est la marée.

▾ VAGUES ÉLECTRIQUES
Les vagues contiennent beaucoup d'énergie. Celle-ci peut être captée et transformée en électricité.

Mer du Nord
Profondeur moyenne 95 m

Océan Arctique
Profondeur moyenne 990 m

Mer Méditerranée
Profondeur moyenne 1 500 m

Mer des Antilles
Profondeur moyenne 1 510 m

Océans mondiaux
L'océan Austral est le plus profond, en moyenne, de tous les océans mais certains abritent des canyons sous-marins. Le plus profond se trouve dans le Pacifique. La fosse des Mariannes descend jusqu'à 11 034 m sous la surface : on pourrait y enfoncer l'Everest et il resterait de la place au-dessus !

Océan Atlantique
Profondeur moyenne 3 330 m

Océan Indien
Profondeur moyenne 3 890 m

Océan Pacifique
Profondeur moyenne 4 280 m

Océan Austral
Profondeur moyenne 4 500 m

La circulation océanique Elle commande en partie le climat, car les masses d'air chaud et froid se déplacent avec les courants océaniques. Le Gulf Stream, par exemple, charrie des eaux chaudes et salées de la mer des Antilles vers l'Europe. Sans cela, Lisbonne, au Portugal, connaîtrait des hivers aussi froids que New York, qui se trouve à une distance équivalente du pôle Nord. Autour de l'Islande, les eaux salées du Gulf Stream refroidissent, deviennent plus denses et plongent : tandis qu'une quantité plus grande d'eau chaude est aspirée au sud pour remplacer ces eaux froides, celles-ci s'écoulent en profondeur de l'Arctique vers l'océan Austral. Là, elles rencontrent un courant froid encore plus profond, qui longe l'Antarctique d'ouest en est.

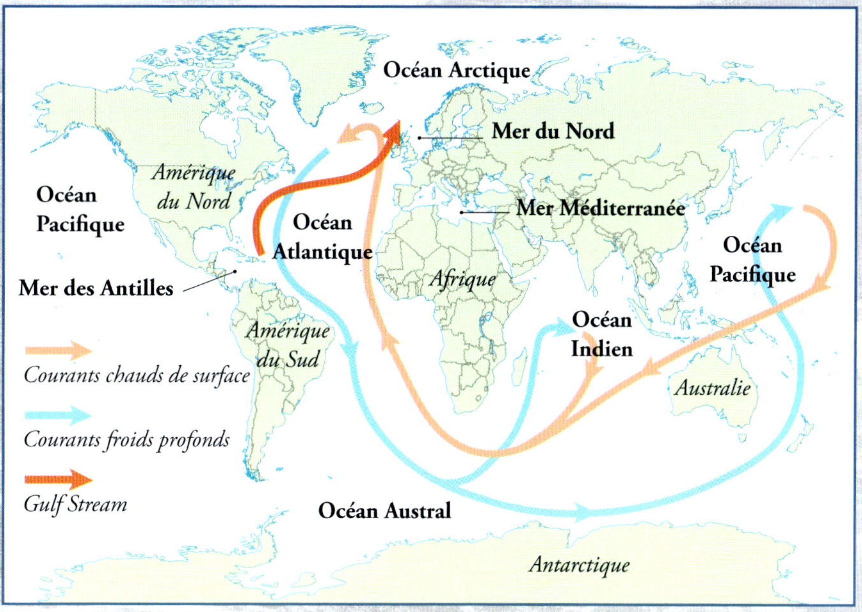

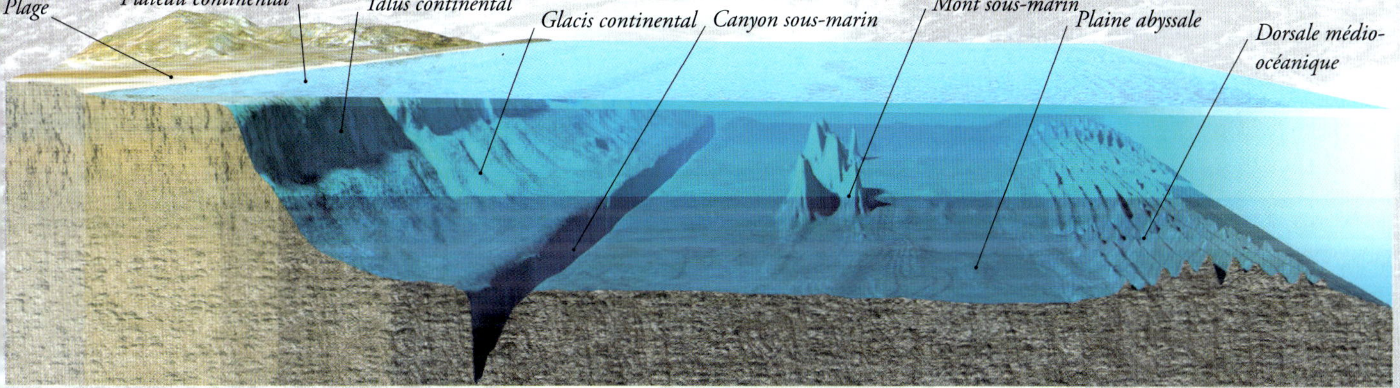

Les marges des continents La terre ne s'arrête pas là où commence la mer. Le plateau continental se prolonge sur environ 200 m puis s'abaisse brutalement. Si une grande partie des fonds marins – la plaine abyssale – sont plats, le plancher océanique est aussi ponctué de canyons et de fosses profondes, de volcans et de dorsales.

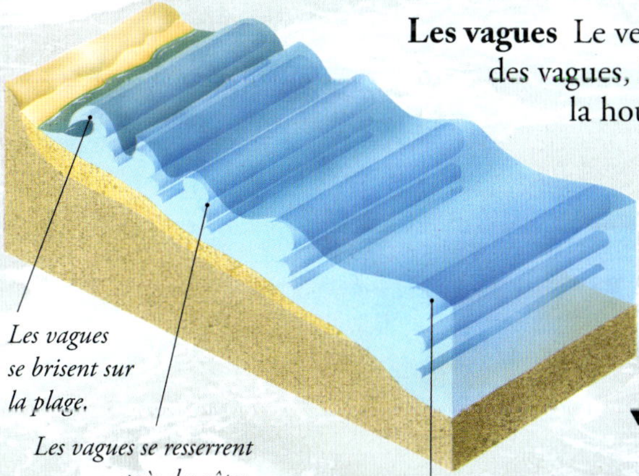

Les vagues Le vent, en soufflant sur la mer, lève des vagues, larges et lisses, qu'on appelle la houle. En approchant des côtes, ces vagues se resserrent et grandissent. Comme la profondeur du fond marin diminue, elles finissent par se briser; une crête d'écume se forme et déferle sur la plage.

LES ABYSSES

La vie dans les **grandes profondeurs** est très difficile. Le poids de la masse d'eau est tel qu'il peut écraser les organismes respirant au moyen de poumons. Comme la lumière du Soleil ne pénètre pas très loin dans l'eau, il y fait très noir et très froid. Seuls peuvent y survivre les animaux qui se sont adaptés.

L'eau salée On trouve dans l'eau de mer non seulement du sel (du chlorure de sodium) comme celui qu'on ajoute aux plats mais aussi d'autres minéraux. Il y a même un peu d'or dissous. Les scientifiques estiment que l'océan mondial pourrait contenir jusqu'à 50 millions de milliards de tonnes de sels dissous. Si on étalait tout ce sel sur les terres émergées, on obtiendrait une couche épaisse de 150 m.

▼ ÇA FLOTTE ! *La mer Morte, qui est en fait un lac, est si salée que les baigneurs y flottent sans effort.*

L'atmosphère

Il n'y aurait pas de vie sur Terre sans l'épaisse enveloppe gazeuse qui entoure la planète. L'interaction de cette atmosphère, complexe et dynamique, avec les océans, les terres émergées et le Soleil détermine le climat.

TERRE PROTÉGÉE

L'atmosphère absorbe la plus grande partie des rayons nocifs du Soleil mais laisse passer suffisamment de rayonnement pour réchauffer la planète. Elle protège aussi la Terre des pluies de météores. Et elle contient l'oxygène et l'eau qui sont essentiels à la vie.

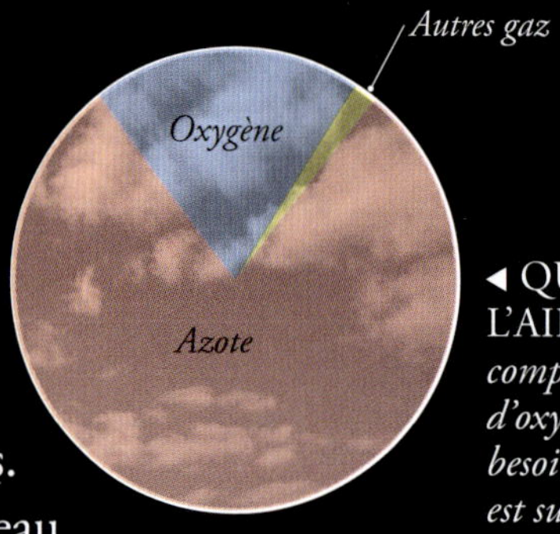

Atmosphère

◂ QU'Y A-T-IL DANS L'AIR? *L'atmosphère est composée à environ 20 % d'oxygène, dont nous avons besoin pour respirer. Le reste est surtout formé d'azote mais aussi d'une petite fraction d'autres gaz, dont le dioxyde de carbone et le méthane.*

COUP D'ŒIL

L'atmosphère est constituée de cinq couches : troposphère, stratosphère, mésosphère, ionosphère et exosphère.

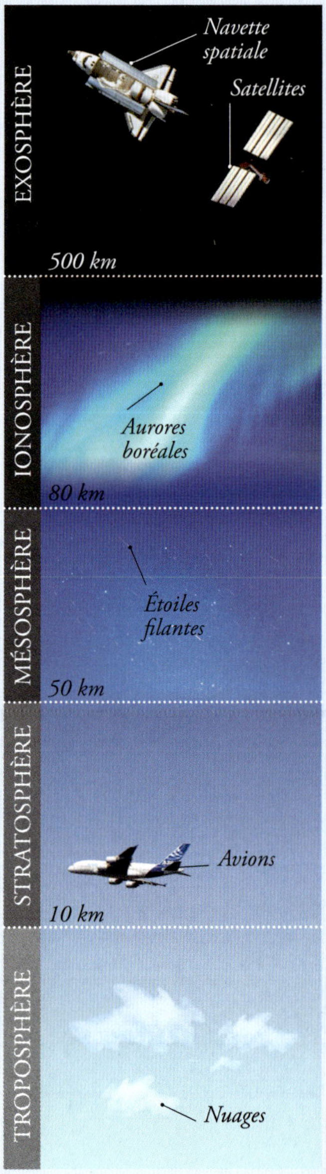

◂ COMPRIMÉS *Du fait de la gravité, 99 % des gaz contenus dans l'atmosphère sont comprimés dans les 40 premiers kilomètres au-dessus de la surface terrestre. Le reste se disperse dans les 1 000 km s'étirant vers l'espace.*

LA COUCHE D'OZONE

▲ IMAGE SATELLITE *du trou dans la couche d'ozone (en violet).*

- **L'ozone** forme une mince couche autour de la Terre, à environ 25 km d'altitude.
- **La couche d'ozone** protège les êtres vivants des rayons solaires ultraviolets (UV), dangereux.
- **Des gaz nocifs**, contenus en particulier dans les aérosols, détruisent l'ozone, trouant la couche d'ozone au-dessus des régions polaires.

Le climat

Climat

Le climat d'une région se définit comme les variations du temps qu'il fait et des températures habituelles au cours de l'année dans cette région. La distance à l'équateur et à l'océan, l'altitude et le relief influencent ce climat.

EN BREF

- Depuis cinquante ans, la température moyenne de la Terre a augmenté d'environ 0,8 °C tous les dix ans. On parle de réchauffement climatique (p. 78-79).
- Ce réchauffement provoque la fonte des glaciers et des calottes glaciaires.

LES SAISONS

Les régions tempérées des deux hémisphères connaissent quatre saisons : printemps, été, automne et hiver. Ces changements de climat périodiques sont dus aux variations de la durée du jour et de la puissance du rayonnement solaire à mesure que la Terre tourne autour du Soleil. Les régions tropicales et subtropicales n'ont souvent qu'une saison des pluies et une saison sèche.

▲ INCLINAISON *Si les saisons se succèdent, c'est parce que la Terre est inclinée sur son axe de rotation. Cela a peu d'effet à l'équateur, où il n'y a qu'une saison.*

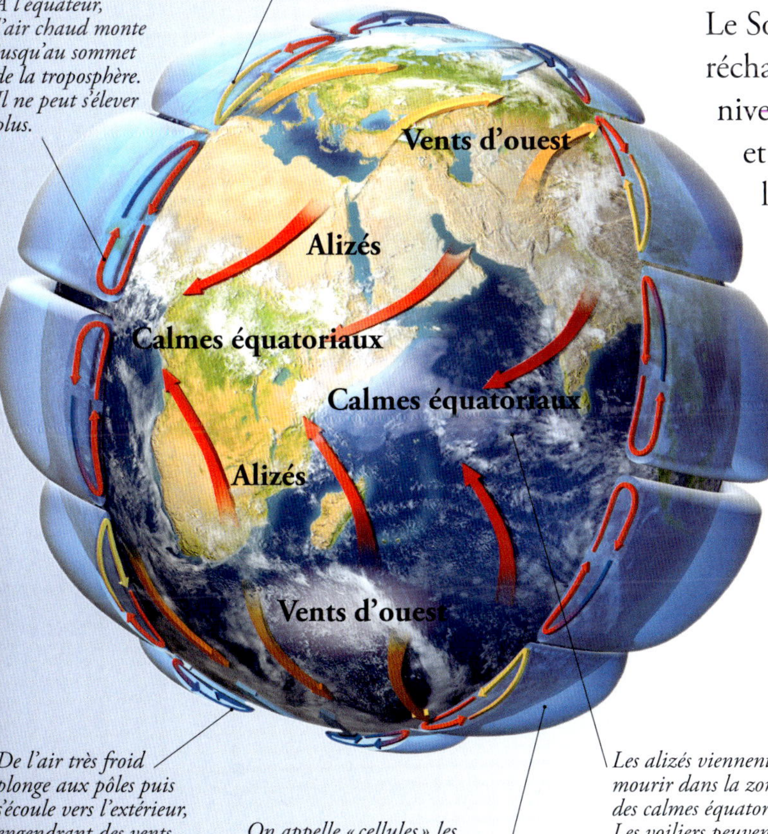

UNE MACHINE À FABRIQUER LE TEMPS

Le Soleil chauffe la surface de la Terre, ce qui réchauffe l'atmosphère. De l'air chaud monte au niveau des tropiques. De l'air froid vient du nord et du sud pour prendre sa place, ce qui engendre les vents. Ceux-ci sont déviés par la rotation terrestre. Ainsi se forment d'énormes cellules météorologiques.

◂ TEMPÉRÉE *Cette zone connaît au fil de l'année des changements de température et de précipitations modérés.*

◂ POLAIRE *Les régions polaires connaissent des conditions climatiques glaciales.*

◂ TROPICALE *Cette zone, qui s'étend au nord et au sud de l'équateur, est chaude et humide.*

Les colères du temps

Si nous pouvons observer le temps qu'il fait depuis l'espace et même le prévoir, nous ne pouvons pas le contrôler. Le temps est l'une des grandes forces naturelles, redoutable et meurtrière dans ses manifestations extrêmes.

LES CYCLONES
Appelées aussi ouragans ou typhons, ces énormes tempêtes tourbillonnantes emportent bâtiments et routes. En 2005, les vents du cyclone Katrina, soufflant à 280 km/h, ont provoqué des inondations catastrophiques à La Nouvelle-Orléans, aux États-Unis, et tué plus de 1 500 personnes.

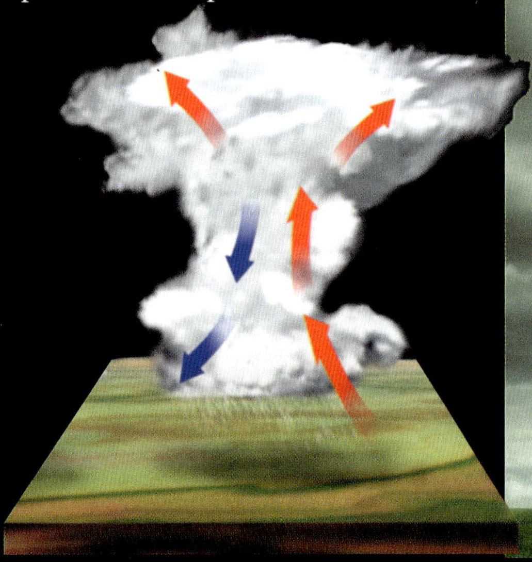

▲ LES ORAGES *Quand l'air chaud monte puis refroidit, des nuages d'orage, toujours plus hauts, s'accumulent. La vapeur d'eau finit par retomber sous forme de fortes averses.*

▲ LA FOUDRE *Au sommet des nuages d'orage, les gouttes de pluie gèlent et se heurtent. Cela crée une charge électrique positive, alors que le bas du nuage est de charge négative. De l'électricité circule : c'est la foudre.*

▲ LES INONDATIONS *Elles causent plus de dégâts et tuent plus de gens que toute autre catastrophe d'origine météorologique. En 1997, au Bangladesh, 250 000 personnes ont dû quitter leur maison.*

PRÉVOIR LE TEMPS

Des satellites météo en orbite terrestre prennent constamment des photos et environ 10 000 stations météo, réparties sur terre et en mer, collectent aussi des informations sur les nuages, la température, la pression de l'air, la direction et la vitesse du vent, etc. Ces données sont transmises à d'énormes ordinateurs, et les météorologues peuvent ainsi prévoir les fluctuations du temps et, le plus souvent, alerter de l'arrivée d'un phénomène extrême, ce qui aide à sauver des vies.

@ Catastrophe naturelle

EN BREF

- Environ 2 000 orages éclatent en ce moment même dans le monde.
- La foudre tue 100 personnes tous les ans.
- L'Australie subit quelque 15 000 feux de brousse par an à cause des orages.
- À Arica, au Chili, l'un des endroits les plus secs, il n'a pas plu de 1903 à 1918.
- Un tsunami s'est abattu sur les côtes de l'océan Indien en 2004. Il a tué 230 000 personnes (p. 35).

▲ L'INCENDIE *Il suffit d'un terrain sec et d'un coup de foudre pour déclencher un feu capable de dévaster des kilomètres de forêt. En zone urbaine, un tel incendie peut se révéler très meurtrier et fort destructeur.*

▲ LA NEIGE *Une forte tempête de neige peut ensevelir les voitures mais aussi les maisons. En 1999, d'abondantes chutes de neige ont provoqué une avalanche qui a enterré la ville autrichienne de Galtür sous 10 m de neige.*

▶ LES GRÊLONS *La grêle se forme dans les gigantesques nuages d'orage. La plupart du temps, les grêlons ne sont pas plus gros que des billes, mais en juin 2003, un grêlon de 17,8 cm de diamètre est tombé aux États-Unis. C'est la taille d'un ballon de football!*

◀ LA TORNADE *Cet entonnoir d'air tourbillonnant se déplace au-dessus du sol en détruisant tout sur son passage. Les États-Unis sont le pays qui subit le plus de tornades.*

ENVIRONNEMENT ET ÉCOLOGIE

- La mer Morte est très salée ; seuls des organismes simples comme les algues y survive
- Des bactéries vivent dans la vase de la fosse des Mariannes, à 11 000 m de profonde
- Les forêts pluviales tropicales reçoivent plus de 180 cm de pluie par an.
- L'Antarctique est le désert le plus aride et le plus froid du monde.
- Une grande partie des prairies mondiales est aujourd'hui exploitée par l'agriculture

Quelle est la pire menace pour les récifs coralliens australiens ?
À découvrir pages 76-77

Quel rôle jouent les champignons dans la forêt ?
À découvrir pages 66-67

L'**environnement** est un milieu naturel où des organismes vivants se développent. L'**écologie** est l'étude des relations entre ces organismes et leur environnement.

- Plus de 65 % de l'eau douce de la planète est piégée sous forme de glace.
- Le volume de l'océan Pacifique représente plus de la moitié du volume total des océans.
- Le plus grand désert chaud est le Sahara. Il occupe un tiers de l'Afrique.
- Le détournement des cours d'eau a presque totalement asséché la mer d'Aral.
- Au cours des 10 000 dernières années, 80 % des forêts de la planète ont été abattues.

Comment les cactus survivent-ils sans eau dans le désert ?
À découvrir pages 62-63

Pourquoi les zèbres vivent-ils en troupeau ?
À découvrir pages 64-65

Planète commune

Les humains ne sont pas la seule espèce sur la planète. Nous la partageons avec au moins 1,6 million d'autres espèces d'animaux et de plantes. Les interactions entre les êtres vivants, très complexes, sont vitales pour tous.

QU'EST-CE QUE L'ÉCOLOGIE ?

■ L'écologie étudie les relations entre les animaux, les plantes et l'environnement dans lequel ils vivent. Les écologues découpent le monde en plusieurs régions naturelles, appelées biomes, définies par leur climat et les types d'animaux et de plantes qui les peuplent. Ces biomes sont eux-mêmes divisés en zones plus réduites, les écosystèmes, qui abritent des groupes particuliers d'animaux et de plantes, adaptés aux conditions locales.

@ Vie

LE MONDE VIVANT

Rares sont les endroits sur Terre où il n'y ait pas de vie. Même les lieux extrêmes, comme les pôles glacés ou les volcans brûlants, sont habités par des organismes. Les scientifiques appellent biosphère l'ensemble du monde vivant.

CHACUN SON TRUC

Les animaux et les plantes ont adopté diverses stratégies pour survivre dans leur milieu. Certains, spécialisés, ne vivent que dans un habitat particulier ; d'autres en occupent plusieurs. Souvent, ils ont évolué physiquement ou ont adapté leur mode de vie aux conditions locales.

Défense La peau du moloch hérissé change de couleur quand le reptile a froid ou se sent menacé.

Migration Certains oiseaux parcourent de très longues distances chaque année pour se nourrir ou se reproduire.

Population Le nombre de lemmings varie en fonction de la quantité d'aliments disponible.

CHAÎNES ALIMENTAIRES

L'énergie dont ont besoin les êtres vivants vient d'abord de la lumière du Soleil, que les plantes et le phytoplancton utilisent. C'est la base des chaînes alimentaires : l'énergie est transférée ainsi des plantes à des animaux de plus en plus gros jusqu'aux super prédateurs.

▼ LE SOLEIL *L'énergie qui rayonne du Soleil est absorbée par le phytoplancton aquatique.*

▼ LE KRILL *Des milliards de ces minuscules animaux se nourrissent de plancton dans les mers polaires.*

▼ LA MORUE *Les poissons mangent du krill et du plancton dans les couches supérieures de l'océan.*

▼ LE PHOQUE *Les phoques chassent les poissons en banc, tels que les harengs et les cabillauds.*

▼ L'ORQUE *Ces grands mammifères prédateurs se nourrissent de phoques.*

▲ LES CRABES *de l'île Christmas traversent routes, jardins et courts de tennis pour aller se reproduire au bord de la mer.*

LE CYCLE DU CARBONE

Les atomes de carbone, un élément vital pour tous les organismes, circulent entre terre, eau et atmosphère. Les animaux et les plantes font partie de ce cycle. De nombreux systèmes naturels fonctionnent de même, recyclant sans cesse des ingrédients essentiels comme les nutriments, l'eau et l'oxygène.

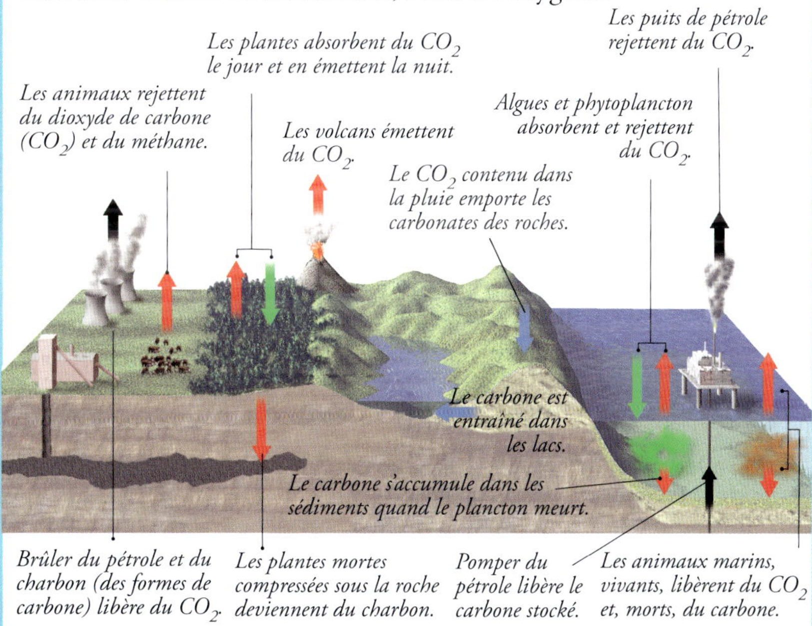

Habitat L'habitat des pandas est limité aux forêts de bambous (leur nourriture préférée) chinoises.

Nombre Les petites plantes produisent beaucoup de graines pour avoir plus de chances de se perpétuer.

Coopération Nombre de plantes se reproduisent grâce aux insectes, qui se régalent de leur nectar.

Domination Les arbres consacrent beaucoup d'énergie à grandir pour capter le plus de lumière possible.

Les habitats

Tous les êtres vivants ont besoin d'un endroit où ils puissent vivre et se reproduire avec succès. Cet habitat peut être une vaste prairie ou une minuscule flaque d'eau. Une même surface terrestre ou marine abrite de nombreux habitats différents.

@ Habitats naturels

Un endroit bien à soi Chaque plante ou chaque animal prospère dans des conditions particulières. Les plantes ont besoin d'une température, d'une quantité de pluie et d'un sol adéquats. Les animaux doivent pouvoir s'abriter, se nourrir et se déplacer librement. Les êtres vivants adaptent souvent leur mode de vie, et même leur apparence et leur comportement, à leur milieu : c'est l'évolution.

Montagnes Près des sommets, les animaux ont besoin d'une fourrure ou d'un plumage chaud et doivent faire preuve d'agilité.

Forêts Une très grande variété de plantes et d'animaux, répartis selon les différents étages, vit dans les forêts.

Côtes Les animaux doivent affronter le flux et le reflux de la marée deux fois par jour et le battement incessant des vagues.

Mangroves Les racines des palétuviers plongeant dans l'eau salée et la vase offrent d'excellentes caches aux poissons.

Récifs coralliens L'accumulation des squelettes de petits animaux marins a créé des récifs abritant des centaines d'espèces vivantes.

LA FRAGMENTATION DE L'HABITAT

Lorsque les hommes défrichent un territoire pour cultiver ou pour d'autres usages, il ne reste plus aux animaux qui vivaient là que des îlots d'habitat. Ils doivent plus souvent chercher leur nourriture à découvert, ce qui les rend vulnérables aux prédateurs. Les plantes peuvent aussi souffrir, car les niveaux de lumière, de pluviosité et de vent ont été modifiés.

BIOMES DU MONDE

Les écologues groupent les écosystèmes similaires en biomes. Toutes les forêts pluviales tropicales, par exemple, forment un même biome : le climat et l'habitat sont semblables, mais, d'une forêt à l'autre, les espèces peuvent varier. Les biomes tropicaux humides comptent beaucoup plus d'espèces que les biomes froids ou arides.

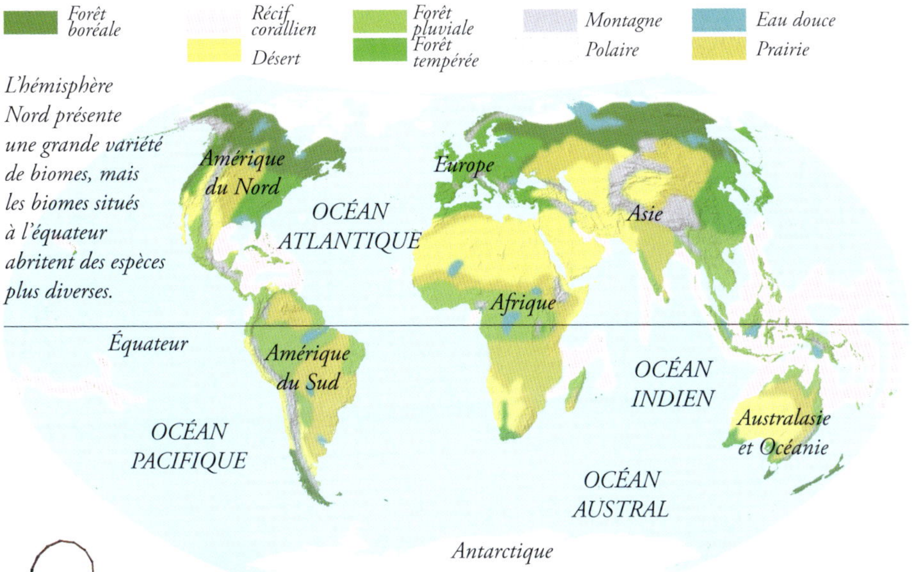

L'hémisphère Nord présente une grande variété de biomes, mais les biomes situés à l'équateur abritent des espèces plus diverses.

Évolution Chaque partie du monde abrite des espèces uniques. Ce sont des espèces indigènes qui ont évolué pour s'adapter aux conditions locales. Ces fougères arborescentes ne poussent, à l'état sauvage, qu'en Nouvelle-Zélande.

Envahisseurs Introduire des espèces peut se révéler terrible. Les crapauds-buffles, importés en Australie pour manger les coléoptères dans les champs, sont devenus un fléau, car ils dévorent d'autres animaux.

LA BIODIVERSITÉ

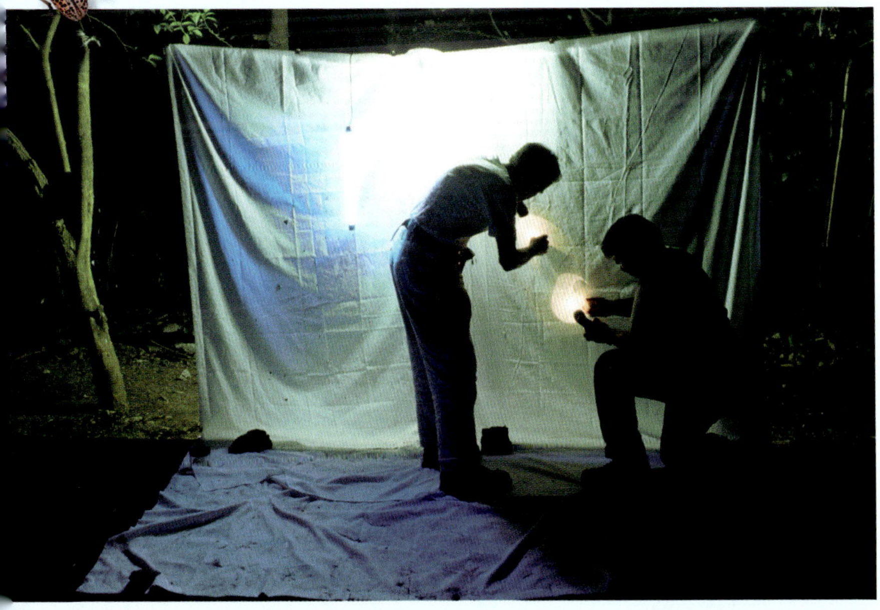

La biodiversité mesure la variété des espèces dans un écosystème. Toutes les espèces jouent un rôle au sein de leur écosystème. Pour bien comprendre celui-ci, les scientifiques doivent identifier tous les organismes qui y vivent et la manière dont ils interagissent. Ces chercheurs collectent des papillons de nuit. Grâce à leur travail, on pourra ensuite décider de protéger toute espèce ou tout groupe d'espèces important pour l'écosystème étudié.

EN BREF

- On connaît près de 1,65 million d'espèces de plantes et d'animaux.
- Près de 1 million de ces espèces sont des insectes.
- Les amphibiens forment le groupe d'animaux le plus menacé d'extinction.
- On découvre environ 5 000 nouvelles espèces, surtout des insectes, par an.
- Les forêts pluviales ont la biodiversité la plus riche.

De nombreuses espèces sont en danger. Ces groupes sont les plus menacés.

Pourcentages d'espèces menacées

Les déserts

Désert

Les déserts peuvent être très chauds… ou très froids. Mais ils sont tous arides. En fait, tout endroit qui reçoit moins de 25 cm de pluie ou de neige par an (comme la calotte antarctique) est un désert.

MAIS ENCORE?

Le cactus saguaro est l'un des plus hauts du monde : il peut atteindre 12 m et vit jusqu'à deux cents ans. Ne poussant qu'en Arizona, en Californie et dans le nord du Mexique, il a besoin de plus d'eau que certains autres cactus, mais il tolère assez bien le gel.

Voici le désert de Sonora dans le sud-ouest des États-Unis.

LES DÉSERTS CHAUDS

Les déserts chauds sont chauds toute l'année alors que les déserts froids peuvent être glacials l'hiver et torrides l'été. Mais la nuit, dans les déserts chauds, comme il n'y a pas de nuages, il arrive que la température chute de façon spectaculaire.

DÉSERT EN FLEURS

Parfois, le désert reçoit une précieuse averse et il fleurit soudainement (sur la photo, le parc Anza-Borrego, dans l'État américain de Californie). En effet, les graines peuvent dormir sous terre pendant des années. Dès qu'il pleut, elles germent, fleurissent et donnent de nouvelles graines.

LES CACTUS : FAITS POUR CE MILIEU

Le « corps » d'un cactus est en fait une tige gonflée, qui stocke l'eau. Les « épines » sont des sortes de feuilles qui réduisent l'évaporation. Chez les succulentes, autres plantes du désert, ce sont les feuilles qui se gonflent d'eau.

Coussin de belle-mère

COUP D'ŒIL SUR LES RELIEFS DU DÉSERT

■ Les déserts se sont formés dans des paysages très divers, là où l'eau manque. Comme il n'y a pas beaucoup de plantes pour les couvrir, ils sont vulnérables à l'érosion. Les fortes variations de température peuvent aussi briser de grosses roches.

▲ LES DUNES *modelées par le vent forment de vastes « mers de sable », les ergs.*

▲ LES ARCHES *sont des crêtes rocheuses sculptées par l'érosion et les tempêtes de sable.*

▲ LES « PAVEMENTS » *apparaissent quand les sels minéraux cimentent les roches.*

▲ LES BUTTES *aux pentes raides et au sommet plat résultent de l'érosion d'un plateau.*

LES DÉSERTS FROIDS

Le plus froid de tous les déserts, qui est aussi le plus au nord, est le désert de Gobi *(en photo)*. Il s'étire à travers la Chine et la Mongolie. Comme beaucoup de déserts froids, il occupe un haut plateau.

TEMPÊTES DE SABLE

Les vents forts et secs charrient à travers les déserts des nuages de sable qui réduisent la visibilité à presque rien et ensablent routes et puits. Une violente tempête peut déshydrater ou même asphyxier les animaux et les humains. Les tempêtes de sable durent en général quelques heures, voire plusieurs jours.

LES ANIMAUX DU DÉSERT

Insectes, mammifères, reptiles vivant dans ces conditions extrêmes se sont adaptés et présentent des traits très spécialisés. Certains tirent toute leur eau de leur nourriture, d'autres dorment aux heures les plus chaudes.

▲ LES FENNECS *utilisent leurs grandes oreilles pour mieux localiser leurs proies et pour évacuer la chaleur de leur corps.*

▲ LES GERBOISES *trouvent la fraîcheur dans leur terrier.*

▶ LES MOLOCHS HÉRISSÉS *ont une peau qui absorbe l'eau comme une éponge.*

Les prairies

Prairie

Les prairies prospèrent dans des endroits trop secs pour abriter des forêts mais assez arrosés pour ne pas se transformer en déserts. Elles occupent près de la moitié des terres émergées. Ces grands espaces nourrissent des animaux très divers mais les plus grands y trouvent peu de protection contre leurs prédateurs.

LES PRAIRIES TROPICALES

Dans les prairies tropicales, ou savanes, il fait chaud toute l'année. Il pleut de six à huit mois par an, à la saison des pluies. Pendant la saison sèche, l'herbe s'enflamme aisément, mais le feu est bon pour la savane, qu'il régénère.

ARBRES DE LA SAVANE *Les feuilles et les petites branches des arbres sont une importante source de nourriture pour les brouteurs tels que les girafes.*

LES GUÉPARDS *sont parfaitement camouflés dans les hautes herbes de la savane.*

LES PRAIRIES TEMPÉRÉES

Bien que les prairies tempérées, aux étés chauds et aux hivers froids, reçoivent de la pluie toute l'année, il n'y en a pas assez pour que des arbres y survivent. En revanche, le sol est assez riche pour que des centaines d'espèces de fleurs sauvages poussent parmi les graminées.

LES BISONS SAUVAGES *ont été remplacés par des vaches quand la prairie américaine a été transformée en prés et en champs de céréales.*

INFOS +

- L'herbe à éléphant africaine peut atteindre 8 m : un éléphant peut s'y cacher.
- Le guépard a sans doute évolué en Asie. Jusqu'à il y a environ 20 000 ans, les espèces apparentées étaient assez communes en Europe, en Inde, en Chine et en Amérique du Nord, et pas seulement en Afrique. Elles ont disparu de nombreuses régions après la dernière glaciation.
- En raison du manque d'arbres, beaucoup d'oiseaux doivent aménager leurs nids dans des terriers.
- On trouve des prairies sur tous les continents, sauf en Antarctique.

VIVRE DANS LA PRAIRIE

Les graminées qui poussent en abondance dans la prairie nourrissent certains des plus grands herbivores du monde, dont les éléphants, les rhinocéros et les girafes. Les animaux plus petits s'y cachent… ainsi que les prédateurs en chasse.

Suricate

Fouisseurs De nombreux petits animaux vivent dans des terriers, parfois creusés par d'autres. Ils y sont à l'abri du soleil, le jour, et du froid, la nuit, ainsi que des prédateurs.

Oryctérope

Chiens de prairie

Les brouteurs vivent en troupeaux pour se protéger des prédateurs. Leurs longues pattes sont adaptées à la course et leurs dents à la mastication de l'herbe ; ils migrent en quête d'herbe à la saison sèche.

Kangourous

Bisons

Zèbre

Les prédateurs Adeptes de l'approche furtive, ils chassent souvent en meutes pour isoler un animal de son troupeau ou éloigner des concurrents plus facilement.

Hyène

Loup

Chacal

Lion

LES URUBUS À TÊTE ROUGE *planent sur la prairie, sentant le vent pour repérer les cadavres d'animaux.*

COUP D'ŒIL SUR D'INCROYABLES GRAMINÉES

- Les graminées forment l'une des plus grandes familles de plantes à fleurs. Elles résistent à la sécheresse en stockant la nourriture dans leurs racines. Comme leurs feuilles commencent à pousser sous terre, elles survivent au broutage tant que leurs racines ne sont pas perturbées. Leurs fleurs minuscules sont pollinisées par le vent.

▲ LES SÉTAIRES *Leurs graines en épis s'accrochent aux animaux, qui les dispersent.*

▲ L'HERBE AUX BISONS *Courte et robuste, elle peuple les plaines d'Amérique du Nord.*

▲ LE TRIODIA *Ses grosses touffes couvrent le bush australien.*

▲ LE BLÉ *Les céréales que les hommes cultivent étaient à l'origine des graminées sauvages.*

Les forêts

Forêt

Les arbres sont les plus grandes des plantes. Les forêts qu'ils forment, là où il fait assez chaud et humide lors de leur période de croissance, couvrent de vastes étendues et procurent des abris aux plantes et aux animaux.

MAIS ENCORE ?

La forêt pluviale d'Amazonie, en Amérique du Sud, est aussi étendue que l'Australie.
Un seul hectare peut compter plus de 750 espèces d'arbres et 1 500 d'autres plantes. Près d'un sixième des espèces de plantes à fleurs et un septième des espèces d'oiseaux vivent là. Les arbres gardent leurs feuilles toute l'année.

LA FORÊT PLUVIALE

La forêt pluviale peut être tempérée ou tropicale, mais elle pousse toujours dans des régions où il pleut énormément, ce qui aide les arbres à croître vite et très haut. Elle est riche en animaux et en plantes : près de la moitié de toutes les espèces de la planète y vit. Malgré l'abondance de matière végétale, les sols sont pauvres.

LA FORÊT BORÉALE

Elle s'étend dans les pays du Nord aux hivers longs et enneigés. Elle est surtout peuplée de conifères, comme le pin, l'épicéa et le mélèze, qui portent de fines aiguilles au lieu de feuilles plates. Cela les aide à conserver l'eau et à résister à la force des vents. La neige glisse facilement sur leurs branches inclinées vers le bas.

▼ LES FEUILLES *virent au marron à l'automne.*

▲ LES ARBRES DÉCIDUS *perdent leurs feuilles quand la luminosité et la température baissent. Ils économisent ainsi leur énergie et leur eau pendant l'hiver.*

LA FORÊT TEMPÉRÉE

Surtout peuplée de feuillus, elle prospère dans les régions aux longs étés chauds et aux hivers frais, marqués par le gel. Les arbres perdant leurs feuilles à l'automne, des plantes à fleurs peuvent y pousser au début du printemps, avant qu'il n'y ait trop d'ombre. Les feuilles mortes, en se décomposant, produisent un sol riche et profond.

▼ LES PAPILLONS *pollinisent les fleurs qui poussent dans la canopée des forêts pluviales. Les chenilles de cette héliconie se nourrissent des feuilles de passiflore.*

LES DANGERS DE LA DÉFORESTATION

■ De vastes pans de la forêt pluviale d'Amazonie sont défrichés au profit de l'élevage et de la culture du soja. Les arbres de cette forêt et de bien d'autres sont aussi abattus pour fournir du bois. Les animaux perdent ainsi leur habitat et leurs ressources alimentaires ; la modification des conditions naturelles affecte la croissance des plantes. Certaines forêts sont spécialement plantées pour produire du bois, mais elles sont beaucoup plus pauvres en vie sauvage.

LES ÉTAGES DE LA FORÊT PLUVIALE

■ Les plus grands arbres, ou ÉMERGENTS, abritent papillons, aigles et chauves-souris.

■ Oiseaux, singes, plantes grimpantes et orchidées sont nombreux dans la CANOPÉE.

■ Serpents et lézards habitent l'étage INTERMÉDIAIRE, où se cachent les prédateurs.

■ L'étage ARBUSTIF est formé par des pousses d'arbres et des arbustes feuillus.

■ Le SOL FORESTIER, peu éclairé, est recouvert de matière végétale en décomposition.

▼ LES CONIFÈRES *abritent leurs graines dans des cônes.*

▲ LES ÉCUREUILS *ouvrent les cônes avec leurs dents coupantes. Ils grignotent l'enveloppe ligneuse pour accéder aux graines.*

◀ LES CHAMPIGNONS *décomposent les arbres et les feuilles qui meurent et nourrissent les animaux, surtout les insectes.*

Les montagnes

Les versants des montagnes présentent la variation la plus spectaculaire d'habitats. Tandis que la vie animale et végétale est riche dans les vallées chaudes et abritées, seules les espèces les plus résistantes peuvent survivre sur les sommets dénudés, balayés par des vents glacials.

LES RICHESSES

Les montagnes, qui occupent près du quart des terres émergées, alimentent la plupart des cours d'eau du monde et sont riches en ressources minérales. Si les hautes altitudes sont peu peuplées, elles sont fréquentées pour des activités de loisirs, comme l'escalade et le ski.

HAUTS ET BAS

- Culminant à 8 848 m d'altitude, le mont Everest est la plus haute montagne terrestre. Il fait partie de l'énorme chaîne de montagnes de l'Himalaya, en Asie centrale.
- Le Mauna Kea, à Hawaii, est la plus haute montagne de la planète : il s'élève à 10 203 m à partir du fond marin. Seuls les 4 205 derniers mètres émergent de l'océan.
- Le niveau d'oxygène diminuant avec l'altitude, beaucoup d'animaux produisent des cellules sanguines plus rouges ou ont un cœur plus gros. Leur corps est ainsi mieux oxygéné.
- Une « zone morte » s'étend au-delà de 6 000 m. Peu d'animaux peuvent y survivre en raison des vents violents et des températures très basses.
- Le pika de l'Himalaya vit à une altitude de 5 250 m : aucun autre mammifère au monde n'habite plus haut.

◄ AU SOMMET *Des oiseaux résistants comme le lagopède vivent dans l'environnement rude des hautes pentes.*

◄ PENTES FLEURIES *La végétation d'altitude, dont la bruyère cendrée, nourrit divers herbivores, eux-mêmes chassés par des prédateurs comme le loup gris.*

◄ LA VALLÉE *Les torrents qui s'écoulent au fond des vallées forment un habitat favorable pour des animaux comme le campagnol roussâtre.*

MAIS ENCORE ?

Dominées par les sommets enneigés, les pelouses alpines verdoyantes cèdent la place, plus bas, aux forêts de conifères. Ces variations d'habitat s'expliquent d'abord par la forte chute des températures avec l'altitude : environ 6 °C tous les 1 000 m en hiver.

MONTAGNARDS

Malgré le terrain accidenté et l'air froid, de nombreux mammifères habitent les montagnes. Ils se sont adaptés. Beaucoup ont un pelage plus épais l'hiver. D'autres migrent vers le haut ou le bas au cours de l'année, pour échapper au mauvais temps.

▲ CHÈVRES DES MONTAGNES *L'hiver, une laine épaisse protège ces herbivores agiles vivant dans les Rocheuses américaines.*

▲ PANTHÈRE DES NEIGES *Une fourrure épaisse et de petites oreilles arrondies lui permettent de conserver sa chaleur corporelle.*

LA FORMATION DES MONTAGNES

Les montagnes se forment quand les plaques morcelant la croûte terrestre se heurtent en profondeur. Selon le type de plaque concerné, la roche solide est soulevée, ce qui crée des montagnes, ou de la roche en fusion jaillit en surface, engendrant des volcans (p. 32-33, p. 34-35). Ceux-ci ont des formes plus régulières et, bien que dangereux, répandent des cendres fertiles, propices aux cultures. Les montagnes, qui ont été plissées et ont basculé, sont plus accidentées et leurs sols sont généralement pauvres.

Les régions polaires

Région polaire

Les pôles Nord et Sud sont deux des régions les plus inhospitalières de la planète. Pendant six mois de l'année, il fait toujours nuit, et pendant six autres mois, le jour est permanent. À cela s'ajoutent des températures glaciales. Pourtant, la vie y est abondante.

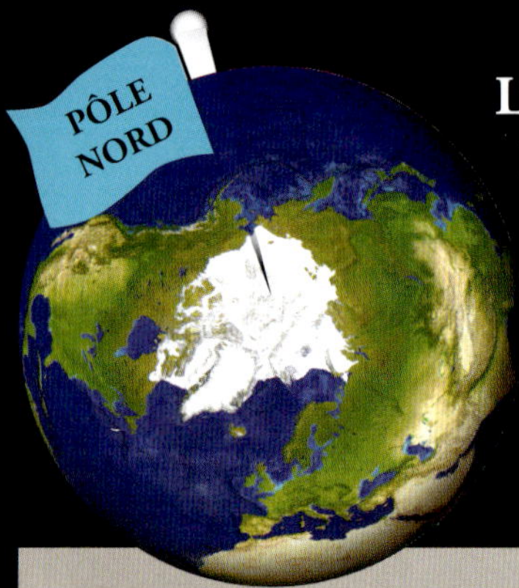

L'ARCTIQUE

L'Arctique est un immense radeau de glace flottante entouré de terres. Au pôle Nord, la glace persiste toute l'année, en revanche, plus au sud, elle se morcelle et fond l'été. Mais, à cause du changement climatique, la glace de mer pourrait disparaître.

EN BREF

- L'océan Arctique est le plus petit et le moins profond des cinq océans.
- La glace recouvrant l'Antarctique représente 90 % de toute la glace de la Terre, elle est épaisse en moyenne de 1 500 m.
- Il y a plus de 70 lacs cachés sous la calotte glaciaire antarctique.
- Les records de froid sont établis à –68 °C dans l'Arctique et –89 °C dans l'Antarctique.

▼ LA GLACE *paraît bleue parce qu'elle absorbe la lumière rouge et reflète la lumière bleue.*

Au sommet du monde L'Arctique abrite plus d'animaux que l'Antarctique. La glace hivernale y forme un pont entre la Russie et l'Amérique du Nord et offre un accès à des sources alimentaires plus variées. Les prédateurs comme les ours polaires peuvent aussi chasser les phoques et les poissons sous la glace.

INFLUENCES HUMAINES

Les hommes peuplent l'Arctique depuis des milliers d'années. Les peuples autochtones, comme les Inuits et les Yupiks, ont appris à survivre au froid, subsistant surtout de poisson et de viande. Mais l'Arctique est devenu une cible pour les prospecteurs de pétrole. Le recul de la banquise ouvre cet océan à l'exploration pétrolière. Des oléoducs et des gazoducs traversent déjà l'Alaska et la Sibérie, entraînant des dégâts écologiques. L'Antarctique, en revanche, est protégé par un traité international.

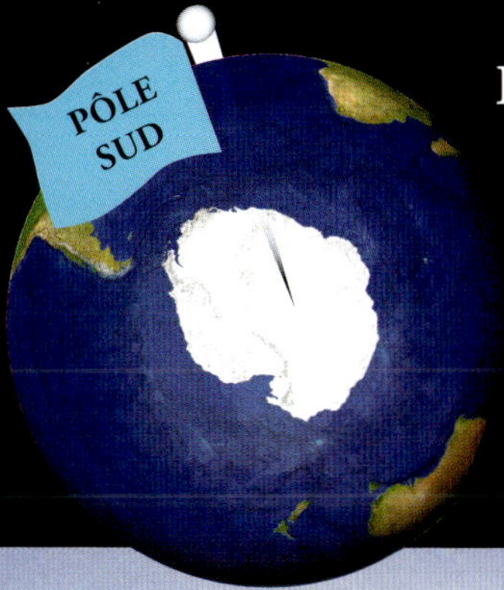

L'ANTARCTIQUE

L'Antarctique diffère de l'Arctique par le fait que la glace dissimule des terres. La vie est absente dans l'intérieur du continent, qui est classé comme désert. Les vents glacials et violents en font l'endroit le plus froid de la Terre.

LA TOUNDRA

Dans le Grand Nord, froid et venteux, le sol est gelé la plus grande partie de l'année, et les plantes poussent bas, rabougries. Mousses, lichens et petits arbustes parviennent toutefois à résister : c'est la toundra.

Un refuge sûr Phoques, manchots et oiseaux de mer trouvent en Antarctique un endroit idéal pour se reproduire : il n'y a pas de mammifères prédateurs terrestres et l'eau grouille de plancton, de krill et de poissons, qui servent à nourrir les petits.

▾ LE RENNE *gratte la neige en quête de lichens et de mousses.*

Migration Chaque été, d'imposants troupeaux d'élans et de rennes viennent se nourrir et se reproduire dans la toundra.

Camouflage L'hiver, le pelage de certains animaux de la toundra, comme le lièvre arctique, devient blanc comme la neige.

L'eau douce

L'eau douce couvre moins de 1 % de la surface de la Terre. La pluie ruisselle vers l'océan, formant des cours d'eau, ou s'accumule dans des mares, des lacs et dans les zones humides.

Eau

LES HABITATS D'EAU DOUCE soumettent leurs habitants à de grands défis. Ils peuvent être inondés ou s'assécher, être envasés ou asphyxiés par la pollution. Beaucoup d'animaux présentent des adaptations pour faire face. Les saumons *(à droite)*, qui naissent en eau douce, grandissent en mer puis reviennent se reproduire dans leur rivière natale, sont équipés d'un mécanisme spécial qui leur permet de survivre aux changements de milieu.

LES CHAÎNES ALIMENTAIRES dépendent des apports reçus des terres alentour. Les nutriments ruisselant des champs et les feuilles mortes nourrissent les algues et les bactéries, mangées par les larves d'insectes et les escargots, proies des poissons et des grenouilles.

Escargot d'eau douce

▲ DANS LA MARE *Dans cet échantillon prélevé dans une mare, on trouve diverses espèces d'insectes, des escargots, des têtards et des algues.*

HAVRES POUR POISSONS

Près de 40 % des espèces de poissons vivent en eau douce. Beaucoup se cantonnent à un cours d'eau ou un lac, comme ce cichlidé africain, car la circulation d'un lieu à un autre est rarement possible.

COUP D'ŒIL SUR LA VIE D'UN FLEUVE

▲ LES FLEUVES *naissent sous forme de torrents.*

▲ À L'EMBOUCHURE, *ils sont lents et larges.*

À la source, en altitude, l'eau coule trop vite pour que des plantes y prennent racine, mais les invertébrés et les poissons prospèrent, car elle est bien oxygénée. Quand le fleuve ralentit en approchant de la mer, une plus grande variété de plantes peuvent s'enraciner dans la boue apportée des reliefs. Des animaux s'établissent sur les berges.

Les zones humides

@ Zone humide

Les marais où stagne toujours de l'eau, douce ou salée, et les tourbières, au sol gorgé comme une éponge, comptent parmi les habitats les plus riches.

DES RACINES DANS L'EAU

Beaucoup de plantes des zones humides flottent ou ont des feuilles cireuses résistantes à l'eau. Leur feuillage transporte aussi l'oxygène jusqu'aux racines submergées. Certaines racines peuvent survivre à une exposition à l'air libre ou supportent de passer de l'eau douce à l'eau salée.

NAGEURS PRUDENTS

Les cabiais peuplent le Pantanal, une vaste zone humide d'Amérique du Sud. Ces rongeurs semi-aquatiques ont les oreilles, les yeux et les narines situés sur le dessus de leur tête afin de pouvoir exercer leur vigilance même en nageant.

WAOUH!

Le poisson-archer *(ci-dessous)* habite les mangroves entourant l'Indonésie. Il chasse les insectes qui se posent sur les feuilles et les racines des palétuviers. Il repère sa cible tout en nageant sous l'eau, puis sort son museau et lance un puissant jet d'eau. L'insecte tombe et le poisson n'a plus qu'à le gober.

◄ LES HÉRONS *traquent les poissons cachés parmi les racines.*

COUP D'ŒIL SUR LA VIE DANS LES ZONES HUMIDES

Les zones humides abritent de nombreuses espèces d'insectes, d'amphibiens et de reptiles qui se nourrissent ou se reproduisent dans l'eau. Ces animaux attirent à leur tour les oiseaux et de plus gros prédateurs. Beaucoup de mammifères sont aussi adaptés à la vie dans les zones humides.

▲ LES NÉPENTHÈS *Comme le sol ne peut pas les nourrir, ces plantes piègent des insectes.*

▲ LES MAMMIFÈRES *L'hippopotame est à son aise dans le delta de l'Okavango, en Afrique.*

▲ LES REPTILES *Caïmans et alligators sont les prédateurs dominants dans de nombreux marais.*

▲ LES OISEAUX *Les eaux calmes sont un bon terrain de chasse pour les oiseaux aquatiques.*

Les océans et la vie marine

Non seulement les océans couvrent plus de 70 % de la Terre, mais ils sont aussi incroyablement profonds : c'est de loin l'habitat le plus vaste de la planète. En plus, ils offrent à leurs résidents une température assez stable… et beaucoup d'eau !

WAOUH !

Le plus grand poisson marin est le requin-baleine. Ce monstre peut atteindre 18 m de long : plus qu'un bus !

COUP D'ŒIL : INGÉNIEUX FILTREURS

Les océans de la Terre hébergent une très grande variété d'animaux étranges. Beaucoup ont développé des adaptations inédites leur permettant de trouver de quoi manger dans leur environnement liquide.

▲ LE CALMAR *capture ses proies av deux longs tentacul équipés de ventouses*

ZONES ET HABITATS DE L'OCÉAN

En fait, l'océan se compose de nombreux habitats. Le premier mètre à partir de la surface – la couche de surface – est la zone la plus riche en nutriments et en gaz vitaux provenant de l'atmosphère. Mais elle est aussi vulnérable à la pollution chimique et aux déchets flottants. Cinq autres couches sont décrites ci-dessous.

LA ZONE EUPHOTIQUE *reçoit assez de lumière pour permettre la photosynthèse. Si l'eau est claire, elle peut descendre jusqu'à 200 m mais elle est souvent moins profonde. Toutes les chaînes alimentaires marines y débutent.*

LA ZONE CRÉPUSCULAIRE *reçoit juste assez de lumière pour que les animaux marins puissent y chasser mais pas assez pour la photosynthèse des plantes.*

LA ZONE APHOTIQUE *n'est presque pas éclairée et on n'y trouve que des débris alimentaires, qui tombent du dessus. La pression y est élevée et la température comprise entre 2 et 4 °C.*

LA ZONE ABYSSALE *doit son nom aux immenses plaines vaseuses (les plaines abyssales) qui forment l'essentiel des fonds marins. La vie y est rare.*

LA ZONE HADALE *s'étend au-dessous de la zone abyssale, sur moins de 2 % du plancher océanique. Seuls deux êtres humains s'y sont aventurés et nous n'en savons pas grand-chose.*

LES CÔTES

Sur les rochers, des animaux robustes comme les balanes résistent au fracas des vagues et à l'exposition à l'air libre à marée basse. Enfouis dans les vasières, coques et autres bivalves filtrent la nourriture qu'apporte la marée montante.

▲ LES FLAQUES FORMÉES ENTRE LES ROCHERS *abritent des algues que broutent les oursins et les patelles. Ces dernières sont mangées par les étoiles de mer.*

▼ LA PÊCHE *est difficile à contrôler, car la haute mer n'appartient à personne et ne peut être bien surveillée.*

L'HOMME DESTRUCTEUR

Les bateaux de pêche modernes, pratiquant une pêche intensive, prennent souvent de trop grandes quantités d'une même espèce ou ramènent involontairement dans leurs filets des espèces menacées.

▲ L'ANÉMONE DE MER, *fixée aux rochers, tue avec des crochets venimeux.*

▲ LA LIMACE DE MER *arrache les algues grâce à ses écailles coupantes (denticules).*

▲ LA BAUDROIE *pêche au moyen de l'épine dorsale située sur sa tête.*

FUMEURS NOIRS

L'eau chauffée sous terre dissout les minéraux des roches qu'elle traverse. Quand elle jaillit sur le fond marin, elle les redépose, ce qui forme des « cheminées » qui peuvent être hautes de plusieurs mètres.

Les récifs coralliens

Comparables aux forêts pluviales pour la richesse des formes de vie qui les habitent, les récifs coralliens constituent de spectaculaires écosystèmes marins, qui prospèrent dans les eaux peu profondes, chaudes et claires. Une extraordinaire variété d'animaux colorés y vit et y chasse.

@ Récif corallien

PÊCHE ABONDANTE
Les prédateurs océaniques comme les dauphins (à gauche) *et les requins* (à droite) *patrouillent dans les récifs coralliens pour débusquer des petits poissons.*

EN BREF

- Les coraux sont des animaux simples hébergeant dans leur corps de minuscules algues.
- La Grande Barrière de corail, au nord-est de l'Australie, s'étire sur environ 2 300 km.
- Le CO_2 en excès dans l'atmosphère rend l'océan plus acide, ce qui peut endommager les coraux.
- Des récifs fossiles datant de plus de 500 millions d'années ont été découverts.

MENACES SUR LE CORAIL

Un récif peut être abîmé par les ancres qui raclent sa surface et les explosifs utilisés parfois pour pêcher. L'aménagement des côtes fait s'accumuler des sédiments qui étouffent les coraux. La hausse de la température de l'eau peut conduire les coraux à expulser leurs algues : ils blanchissent.

COUP D'ŒIL

Les principaux bâtisseurs de réci sont les coraux durs. Chaque individu, ou polype corallien *(à droite)*, sécrète du calcaire à partir de sa cavité gastrique. Ce calcaire s'accumule sur la roche o est fixé le polype. Certains corau sont de grands polypes solitaires mais la plupart vivent en colonie

FORMES ET TAILLES VARIÉES

Les récifs coralliens frangeants (*ci-dessous,* dans l'océan Indo-Pacifique) bordent de nombreuses côtes tropicales. Les coraux ne pouvant pas se développer hors de l'eau, le sommet plat du récif se situe habituellement juste sous la surface. Les récifs-barrières, moins courants, se forment parallèlement aux côtes mais plus au large. Les atolls *(voir ci-contre)* se trouvent en pleine mer.

LA NAISSANCE D'UN ATOLL D'abord, un récif frangeant se forme autour d'une île volcanique. Tandis que le volcan s'affaisse (ou que le niveau de la mer monte), le récif grandit et se transforme en récif-barrière. Le volcan finit par sombrer, laissant derrière lui un atoll : un anneau de corail entourant un lagon.

◂ RÉCIF FRANGEANT *formé autour d'une île volcanique*

◂ RÉCIF-BARRIÈRE *grandissant autour du volcan qui coule*

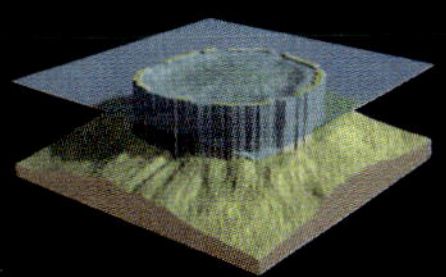

◂ ATOLL *subsistant autour d'un lagon central, une fois le volcan disparu*

LA COURONNE D'ÉPINES

Avec une envergure de 30 à 40 cm, la couronne d'épines est la plus grande étoile de mer. Elle se nourrit surtout de coraux et peut endommager sérieusement les récifs coralliens. La Grande Barrière de corail, au large de l'Australie, par exemple, a été très abîmée par une invasion de couronnes d'épines affamées. Les épines de ces animaux sont en outre venimeuses : marcher sur l'une d'elles provoque une forte douleur et rend malade.

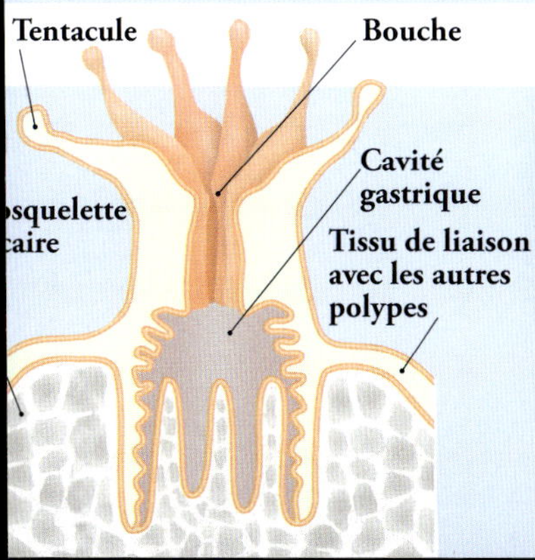

▴ LE CORAIL CERVEAU *croît en lignes ondulées qui évoquent la surface d'un cerveau.*

▴ LA GORGONE, *souvent de couleur vive, a la forme d'un éventail.*

▴ LE CORAIL CORNE D'ÉLAN *évoque, par ses branches, de minuscules bois d'élan.*

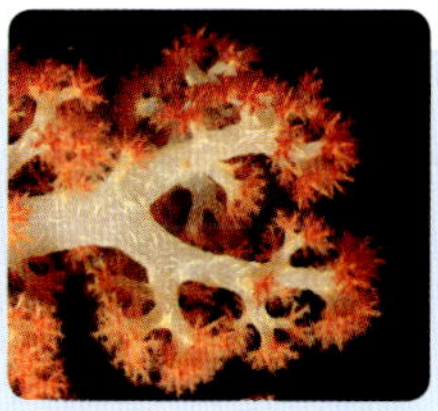

▴ LES CORAUX MOUS, *également formés de polypes individuels, peuvent ressembler à des buissons.*

Le changement climatique

Le changement climatique est l'une des principales préoccupations écologiques. Si, au cours de son histoire, la Terre a balancé entre chaleur et froid extrêmes, aujourd'hui, les activités humaines, en particulier la combustion de combustibles fossiles, interfèrent avec ce cycle naturel et réchauffent l'atmosphère.

L'IMPACT DU CHANGEMENT CLIMATIQUE

Prédire ce qui va se passer n'est pas facile. La glace des pôles fond déjà, et cela fait monter le niveau des mers. La hausse des températures va probablement modifier d'autres aspects du temps. Les pays d'Afrique du Nord, par exemple, pourraient être encore plus chauds et arides tandis que le climat en Europe du Nord risque de refroidir et d'être plus humide. Les tempêtes, les sécheresses et les inondations seront sans doute plus intenses.

◄ SI LE *réchauffement climatique fait fondre tous les glaciers, l'eau qu'ils piègent gonflera l'océan. De nombreuses régions seront submergées.*

@ Climat

LE RÉCHAUFFEMENT DE LA PLANÈTE

Les scientifiques ont constaté, en étudiant les températures mesurées, que la moyenne planétaire s'élève lentement. Cela coïncide avec une augmentation du dioxyde de carbone (CO_2) dans l'atmosphère au cours des deux cents dernières années. Et la tendance devrait se poursuivre.

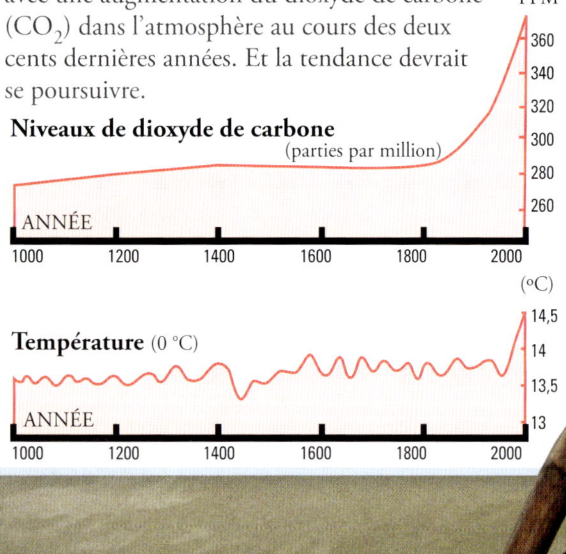

LES GAZ À EFFET DE SERRE

■ Les gaz atmosphériques comme la vapeur d'eau, le CO_2 et le méthane piègent la chaleur du Soleil et gardent la surface de la Terre assez chaude pour que la vie s'y épanouisse. Mais s'ils augmentent trop, la planète pourrait se transformer en une serre géante.

La chaleur du Soleil pénètre dans l'atmosphère. Une partie est réfléchie par la surface terrestre ; la plus grande part est piégée par les gaz.

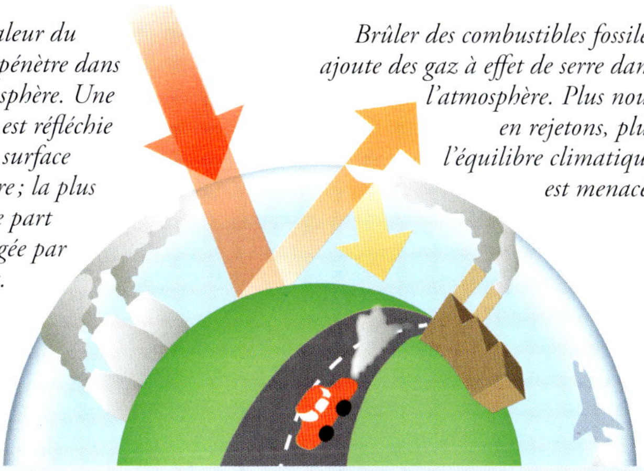

Brûler des combustibles fossiles ajoute des gaz à effet de serre dans l'atmosphère. Plus nous en rejetons, plus l'équilibre climatique est menacé.

Gare aux rots !
Le méthane est un gaz à effet de serre produit en grandes quantités par les rizières mais aussi par les vaches, lorsqu'elles éructent après avoir ruminé. Le méthane est 21 fois plus efficace pour réchauffer la Terre que le dioxyde de carbone. Une vache en produit jusqu'à 200 litres par jour : ça fait beaucoup de gaz !

EN PÉRIL

■ Beaucoup d'animaux et de plantes souffriront aussi des transformations de leur environnement. Par exemple, une diminution des pluies peut être dramatique pour les zones humides. Les espèces les plus vulnérables sont celles qui ne vivent que sur un territoire réduit ou sont incapables de se déplacer rapidement. Certaines des espèces les plus rares en font partie.

▸ LE CRAPAUD DORÉ *du Costa Rica semble s'être éteint à cause du changement climatique, alors même que l'espèce peuplait une réserve naturelle.*

ÉCONOMISER L'ÉNERGIE

Presque tout ce que font les humains chaque jour exige de l'énergie. Cette dernière est obtenue pour la plus grande partie en brûlant du charbon, du gaz ou du pétrole, ce qui émet des gaz à effet de serre. Les scientifiques cherchent comment économiser l'énergie et en produire de façon plus propre.

Mesures préventives Nous pouvons tous lutter un peu contre le réchauffement en utilisant des appareils économes en énergie, en éteignant lumières et machines ou en baissant le chauffage.

▾ LES RADIOS À DYNAMO *économisent piles et électricité.*

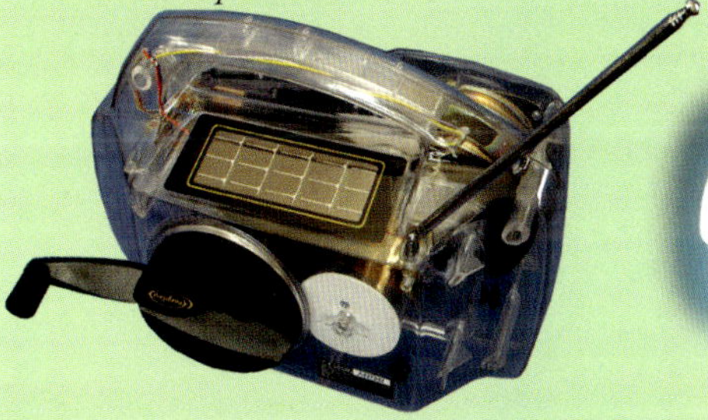

▾ LES AMPOULES FLUORESCENTES *consomment moins d'énergie.*

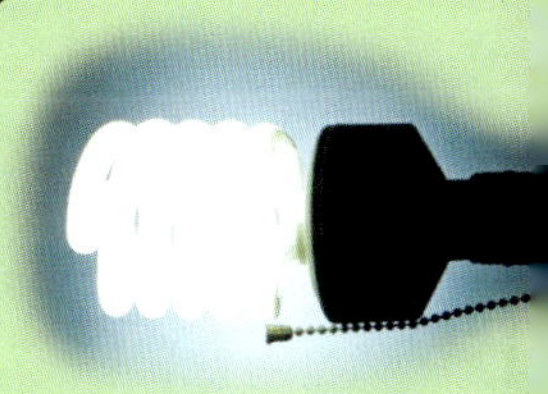

Carburants alternatifs Les moyens de transport dégagent beaucoup de gaz à effet de serre. Les scientifiques travaillent à des véhicules roulant à l'hydrogène, aux agrocarburants ou à l'électricité.

◂ CETTE VOITURE *roule grâce à des batteries électriques. Elle est aussi équipée d'un panneau solaire, sur le toit.*

Écohabitations Les maisons peuvent être bâties pour consommer moins d'énergie. Celle-ci est isolée du froid par le sol qui l'enveloppe et éclairée par des tubes spéciaux qui réfléchissent et amplifient la lumière du Soleil.

Quel avenir pour le monde

Les êtres humains sont l'espèce dominante sur la planète. Nous utilisons toutes les ressources de la Terre, mais celles-ci vont s'épuiser rapidement si nous continuons à les consommer au rythme actuel. C'est de notre intérêt d'inventer des modes de vie qui ne nuisent pas à l'environnement et de protéger les animaux et les plantes.

MAIS ENCORE ?

Croissance de la population mondiale

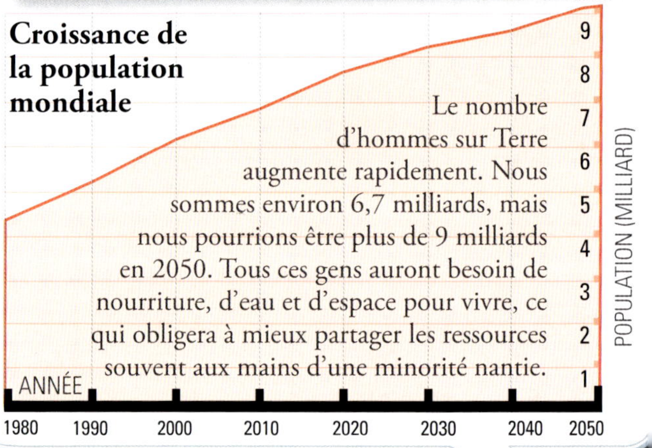

Le nombre d'hommes sur Terre augmente rapidement. Nous sommes environ 6,7 milliards, mais nous pourrions être plus de 9 milliards en 2050. Tous ces gens auront besoin de nourriture, d'eau et d'espace pour vivre, ce qui obligera à mieux partager les ressources souvent aux mains d'une minorité nantie.

PRÉVENIR LA POLLUTION

Pendant des années, l'homme a abandonné les déchets de ses usines à même la terre ou les a rejetés dans les cours d'eau ou dans l'air. En utilisant des technologies propres, nous pouvons réduire la quantité de substances toxiques produite et trouver les moyens de les rendre moins nocives pour l'environnement.

Recycler La plus grande partie de nos ordures est enfouie dans de grands trous creusés dans le sol, mais l'espace disponible se réduit. Une bonne façon d'économiser les ressources naturelles et l'espace est de recycler. Le papier, le plastique, le métal, le verre et le textile se recyclent et peuvent être réutilisés.

WAOUH !

Un nombre croissant de gens vit en ville. Depuis 2008, au moins la moitié de la population mondiale habite dans les villes plutôt qu'à la campagne. On prévoit qu'en 2030 les deux tiers des humains seront des citadins.

Environnement

PROTÉGER LES GRAINES

■ Plus d'un tiers des plantes à fleurs est vulnérable au risque d'extinction. Des espèces qui pourraient être utiles disparaissent avant même qu'on ait découvert leurs usages. Des scientifiques explorent le monde en quête de plantes et collectent leurs graines pour les stocker dans des banques de semences. Ainsi, ils pourront les faire pousser même si leur habitat est détruit.

CONSERVATION

Beaucoup de zones sauvages sont détruites ou pillées malgré leur importance. Partout dans le monde, des organisations tentent de préserver les zones clés, dont les zones humides et les forêts, et de protéger les espèces en danger, comme l'orang-outan, en instaurant des sanctuaires.

Écotourisme Voyager pour découvrir de nouveaux endroits est formidable, mais le tourisme a un impact souvent négatif sur les gens, les animaux et les plantes qui y vivent. L'écotourisme aide à préserver les parcs nationaux et les zones protégées en encourageant à respecter la faune et l'environnement locaux, mais c'est un équilibre délicat.

INSTANTANÉ

Quand la faune est une attraction touristique, donc une source de richesse, les populations sont incitées à prendre soin de son habitat.

Reforestation Comme les forêts constituent des écosystèmes vitaux, dans certaines régions, on les reconstitue en plantant des arbres indigènes. Gérées dans une perspective durable, ces forêts fourniront un revenu aux populations locales et un abri sûr pour la faune sauvage.

MONDE DU VIVANT

SIGNIFICATION DES SYMBOLES

Les symboles ci-contre figurent dans ce chapitre :

Habitat Type d'endroit où l'animal se rencontre généralement à l'état sauvage.

Espérance de vie Âge moyen atteint par l'espèce dans la nature, pouvant différer de celui des sujets captifs. La présence d'un point d'interrogation indique l'absence de données.

Statut Place occupée sur la liste rouge des espèces menacées, dressée par l'UICN (p. 85). Le manque de données quant au statut d'une espèce est indiqué par un triangle violet.

Taille de l'animal comparée à celle d'un être humain adulte

Pourquoi les carnivores sont-ils de si redoutables prédateurs ? *À découvrir pages 98-99*

Combien y a-t-il de types de plum chez les oiseaux ? *À découvrir pages 104-105*

Animaux, plantes, champignons, protistes et bactéries sont les cinq grands groupes – ou règnes – qui forment sur Terre le **monde du vivant**.

- Forêts tropicales et forêts pluviales
- Forêts tempérées et zones boisées
- Forêts de conifères et bois
- Formations herbeuses : landes, savanes, champs, brousses
- Déserts et zones semi-désertiques
- Mers et océans
- Zones côtières : plages et rochers
- Récifs coralliens et eaux environnantes
- Cours d'eau
- Zones inondées et eaux stagnantes : lacs, étangs, marais, marécages
- Régions polaires et toundras
- Montagnes, hautes terres, éboulis
- Grottes
- Zones urbaines
- Parasites
- Espérance de vie à l'état sauvage
- Espèce non menacée
- Espèce déclinante
- Espèce menacée
- Statut inconnu

Comment les fraisiers e multiplient-ils ?

À découvrir pages 90-91

Quand vivaient les synapsides ?

À découvrir pages 124-125

La vie sur Terre

La vie prend des formes très variées. Quoi de commun entre le tournesol et le requin ? Pourtant, tous les êtres vivants ont des traits communs : ils se composent de cellules, consomment de l'énergie, connaissent différents stades dans leur vie et se reproduisent.

LES CINQ RÈGNES

La science ordonne le vivant selon des systèmes de classification. Le plus usité comprend cinq grands groupes, appelés règnes. Tout être vivant, selon sa structure cellulaire et la façon dont il se procure de l'énergie, appartient à l'un d'eux. Chaque règne se subdivise, sur la base de traits communs, en sous-groupes de plus en plus petits, pour aboutir à l'espèce.

Les **animaux** sont des êtres vivants pluricellulaires (faits de cellules) qui puisent leur énergie dans la nourriture.

Les **plantes** sont aussi pluricellulaires. La paroi de leurs cellules est faite de cellulose. Elles synthétisent eux-mêmes leur nourriture par un processus appelé photosynthèse.

Vie

Les **champignons** sont des organismes pluricellulaires qui n'ont pas besoin de lumière pour croître. La plupart poussent sous terre, ne laissant apparaître que la partie qui produit les spores, destinées à la reproduction.

PHYLUM : ***Cordés*** – *Animaux à colonne vertébrale ou structure approchante.*

CLASSE : ***Mammifères*** – *Cordés en très grande majorité vivipares, qui allaitent leurs petits.*

ORDRE : ***Carnivores*** – *Mammifères dotés de puissantes mâchoires et de dents adaptées à la consommation de viande.*

FAMILLE : ***Félidés*** – *Carnivores équipés de griffes rétractiles.*

GENRE : **Panthera** – *Grands félins capables de rugir aussi bien que de ronronner.*

ESPÈCE : **Panthera pardus** – *Nom scientifique du léopard.*

UN CYCLE DE VIE

Un être vivant naît, se développe et meurt. Pour assurer la survie de l'espèce, il se reproduit. Les animaux pondent ou mettent au monde des petits déjà formés ; champignons et plantes produisent des graines ou des spores ; bactéries et protistes se multiplient en général par division.

LES CHAÎNES ALIMENTAIRES

▲ *Les* PRODUCTEURS, *généralement des végétaux, qui ont besoin pour croître de soleil, de nutriments et d'eau, sont le premier maillon de la chaîne.*

▲ *Les* CONSOMMATEURS PRIMAIRES, *herbivores, comme les gerbilles, forment le premier maillon animal de la chaîne.*

▲ *Les* CONSOMMATEURS SECONDAIRES *sont des animaux carnivores.*

▲ *Les* CHAROGNARDS, *mangeurs de cadavres, et les* DÉCOMPOSEURS, *tels qu'asticots, champignons ou bactéries, assurent la dégradation des matières organiques.*

Les **protistes** sont des organismes rudimentaires, généralement unicellulaires et invisibles à l'œil nu, mais certains, par les rassemblements qu'ils forment, sont faciles à percevoir, comme ces micro-algues sur un étang.

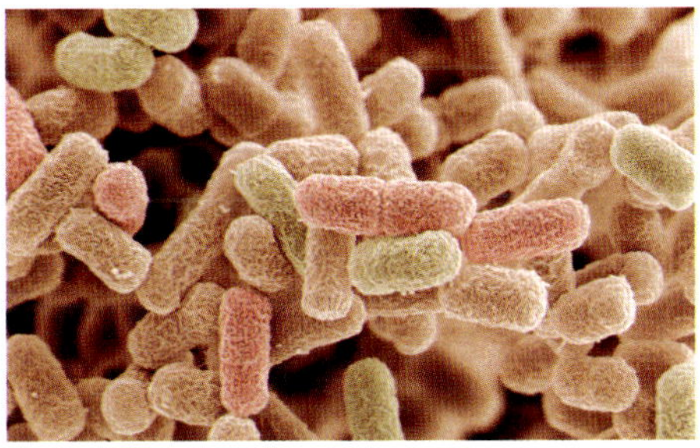

Les **bactéries** sont la forme de vie la plus simple. Il s'agit d'organismes unicellulaires invisibles à l'œil nu, pouvant vivre à l'air libre, dans l'eau ou à l'intérieur d'un autre organisme.

EN BREF

- Le terme d'organisme s'applique à tout être vivant.
- Les systèmes de classification évoluent à mesure que la connaissance des espèces progresse.
- Les êtres vivants sont liés les uns aux autres. Si un maillon vient à manquer, c'est toute la chaîne qui est menacée, et des espèces peuvent s'éteindre.
- Certaines bactéries sont nocives, d'autres utiles. *E. coli* peut provoquer des maladies, la pénicilline en soigner.
- Les organismes sous l'action desquels le pain moisit sont des champignons.

ESPÈCES MENACÉES

Dans tous les règnes, des espèces sont en voie d'extinction. Destruction de l'habitat, maladies, braconnage – les raisons pour lesquelles une espèce peut disparaître sont nombreuses (👁 p. 80-81).

Après avoir passé en revue plus de 1,5 million de plantes et d'animaux, l'UICN, Union internationale pour la conservation de la nature, a dressé une liste rouge des espèces menacées, d'où il apparaît que :

- en 2008, près de 1 000 espèces se sont éteintes, du moins à l'état sauvage ;
- plus de 16 000 autres sont menacées d'extinction.

◀ Plus d'un mammifère sur cinq, dont le cerf du Père David, est menacé d'extinction.

▼ Avec plus de 8 000 espèces menacées, les plantes, dont le sabot-de-Vénus, ne sont pas en reste.

◀ Près de 30 % des amphibiens sont menacés. Les dendrobates disparaissent, victimes de la destruction de leur habitat forestier.

Quelles sont les espèces à risques ?

La plupart des animaux décrits dans ce chapitre sont sur la liste rouge de l'UICN. Le triangle rouge indique que l'espèce est menacée d'extinction ou déjà éteinte à l'état sauvage. Le triangle jaune désigne les espèces vulnérables, risquant d'être menacées dans un avenir proche. Le triangle vert signale qu'aucune menace ne pèse actuellement sur l'espèce.

La vie végétale

Il y a 400 000 espèces de plantes répertoriées dans le monde. Du séquoia géant à la lentille d'eau et de la simple mousse à l'orchidée la plus flamboyante, tous les végétaux jouent un rôle dans le délicat équilibre permettant la vie sur Terre.

QU'EST-CE QU'UNE PLANTE ?

La plante est un organisme pluricellulaire capable de synthétiser sa nourriture, généralement des glucides qu'elle fabrique à partir de la lumière, du gaz carbonique et de l'eau.

*Les **fleurs,** chez les angiospermes, contiennent l'appareil reproducteur.*

*Les **feuilles** absorbent la lumière du soleil et renferment les petites structures qui élaborent la nourriture de la plante.*

*La **tige,** qui soutient feuilles et inflorescences, sert aussi à l'acheminement de l'eau, des minéraux et des aliments dans toutes les parties de la plante.*

*La **racine** principale, ou racine pivotante, ancre la plante dans le substrat et, tout comme les racines secondaires, absorbe l'eau et les minéraux du sol.*

*Certaines plantes, comme la pâquerette, ont des feuill dites **simples,** dont le limb n'est pas divisé.*

*D'autres ont des feuilles **composées,** constituées de folioles.*

DES NAINS ET DES GÉANTS

■ De tous les végétaux, le plus grand est le **séquoia géant,** qui peut atteindre 84 m de haut et dont le tronc peut mesurer 11 m de diamètre. La plus grande fleur est celle de l'arum titan de Sumatra, parfois haute de 3 m.

■ Certains végétaux sont si minuscules qu'il faut une loupe pour les observer. La plus petite angiosperme (plante à fleurs) est une lentille d'eau, appelée **Wolffia,** qui mesure environ 1 mm de long.

LES VÉGÉTAUX SONT INDISPENSABLES À LA VIE

■ Sans les plantes, nous aurions très peu d'oxygène. En consommant une partie du gaz carbonique produit par l'activité humaine, les végétaux réduisent l'effet de serre (👁 p. 78-79).

■ Les plantes et les algues forment la base de la plupart des chaînes alimentaires. Presque tout ce que nous mangeons provient des végétaux ou d'animaux herbivores, c'est-à-dire qui se nourrissent exclusivement de plantes.

■ Les plantes servent à bien des choses. Sans elles, nous n'aurions ni bois, ni coton, ni charbon, ni papier, ni caoutchouc. Nombre de médicaments, de produits de toilette et de teintures sont d'origine végétale.

La photosynthèse

Tous les êtres vivants ont besoin d'aliments qui leur fournissent de l'énergie, mais les plantes, contrairement aux animaux, produisent elles-mêmes leur nourriture. Le feuillage capte la lumière du soleil et le gaz carbonique, ou dioxyde de carbone, présent dans l'air, tandis que les racines absorbent l'eau. Dans la feuille, gaz carbonique et eau sont transformés grâce à l'énergie lumineuse en une substance sucrée. Ce processus, appelé photosynthèse, qui signifie « fabrication par la lumière », entraîne la formation d'oxygène et son rejet dans l'atmosphère.

COUP D'ŒIL SUR L'ÉVAPOTRANSPIRATION

Les feuilles sont parsemées de stomates, pores microscopiques dont l'ouverture permet l'absorption du gaz carbonique pour la photosynthèse, mais aussi l'échappement de l'eau sous forme de vapeur – ou évapotranspiration. Les pertes hydriques sont compensées par l'absorption par les racines. L'eau puisée dans le sol contient des minéraux utiles à la plante.

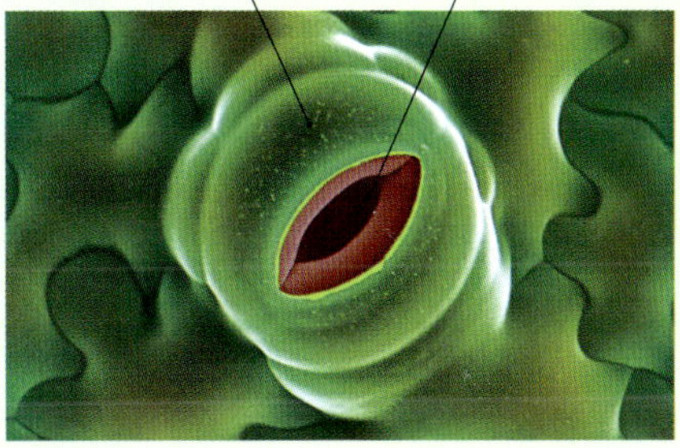

▲ UN STOMATE OUVERT *Chaque stomate est pourvu de deux cellules de garde qui ouvrent et ferment l'orifice pour réguler la quantité de gaz et d'eau entrant et sortant.*

*La nuit, la plante réabsorbe un peu d'**oxygène** pour brûler ses propres sucres afin d'obtenir de l'énergie.*

*Les feuilles absorbent du **gaz carbonique,** présent dans l'air, et s'en servent pour la photosynthèse.*

▲ DANS UNE FEUILLE *La photosynthèse a lieu dans les chloroplastes, minuscules structures incluses dans les cellules foliaires. Ces éléments sont verts, car ils renferment un pigment : la chlorophylle.*

*L'**eau,** dont la plante a besoin pour rester robuste et saine, circule dans le xylème, tissu constitué de vaisseaux minuscules.*

*Les **racines** d'un arbre peuvent prendre autant de place sous terre que ses branches en surface. Elles assurent sa stabilité et prélèvent eau et minéraux.*

Plante

La couleur des feuilles

Les feuilles contiennent divers pigments. Au printemps et en été, la chlorophylle, pigment vert, masque les autres. L'hiver, par manque de luminosité, les arbres à feuilles caduques stoppent leur photosynthèse. La chlorophylle se dégrade, permettant alors aux autres coloris, comme le jaune ou le rouge, de se manifester.

Les types de plantes

On distingue deux grands groupes de plantes : celles qui se reproduisent en produisant et disséminant des graines et celles qui se reproduisent grâce à des spores.

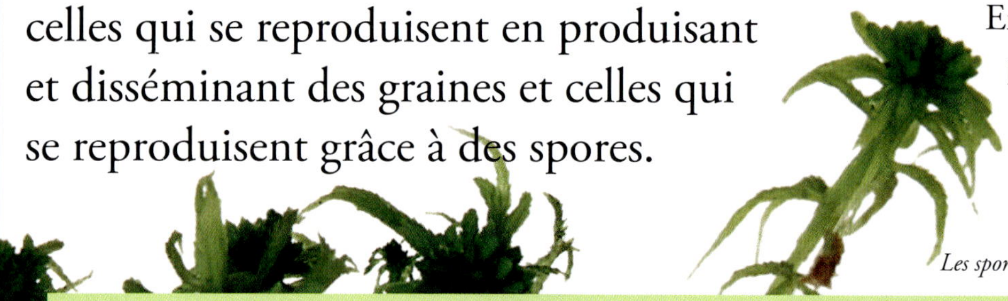

LES SPORES

En se divisant, les spores produisent des gamètes d'où une nouvelle plante se développera.

Les spores de fougères sont stockées derrière les feuilles.

PLANTES À SPORES (CRYPTOGAMES)

■ **Mousses** *12 000 espèces*
Les mousses, dépourvues de racines, prélèvent l'eau par les feuilles. N'ayant donc pas besoin de terre pour pousser, elles se fixent sur les sols dénudés, les rochers ou les arbres par des poils spéciaux, dits rhizoïdes.

■ **Hépatiques** *6 000-8 000 espèces*
Les hépatiques sont les plus anciens végétaux connus. Il s'agit souvent de petites plantes ressemblant à des feuilles et poussant dans les lieux humides ou dans l'eau. Les structures en ombelles sont les organes reproducteurs.

■ **Prêles** *20-30 espèces*
À en juger par les spécimens fossilisés, nos prêles ressemblent à s'y méprendre à celles d'il y a 300 millions d'années, mais en beaucoup plus petites, puisque ces dernières pouvaient atteindre 45 m de haut et formaient des forêts.

■ **Fougères** *environ 12 000 espèces*
Les fougères, plantes typiques des lieux humides et ombragés, présentent une grande variété de tailles et de formes : des frêles adiantes jusqu'aux fougères arborescentes avec frondes pouvant mesurer jusqu'à 5 m.

L'ÉVOLUTION DES PLANTES

Les cryptogames (plantes à spores) sont apparues les premières, il y a 475 millions d'années. Les premières angiospermes (plantes à fleurs) ont 130 millions d'années.

WAOUH!

LE SEUL SURVIVANT

Le ginkgo *(Ginkgo biloba)*, qui pousse en Chine, est la seule espèce encore en vie d'une famille autrefois présente dans le monde entier. Des fossiles vieux de 160 millions d'années ont permis de constater que la plante n'a pas changé depuis cette date.

CHRONOLOGIE DES PLANTES

il y a 475 millions d'années
Hépatiques et mousses – premières plantes

il y a 390-360 millions d'années
Fougères

il y a 360-290 millions d'années
Conifères – premières plantes à graines

il y a 130 millions d'années
Plantes à fleurs (angiospermes)

LES CONIFÈRES

Les arbres du groupe des conifères produisent des graines non pas à partir de fleurs, mais de cônes. La plupart ont un feuillage persistant, des aiguilles, qu'ils gardent toute l'année. On en compte 630 espèces, dont les cyprès, les sapins, les épicéas, les mélèzes et, le plus grand de tous les végétaux, le séquoia géant. L'if porte des arilles, petits cônes imitant des baies.

Cyprès de Lambert
Cupressus macrocarpa

Sapin de Corée
Abies koreana

Épicéa commun
Picea abies

If commun
Taxus baccata

LES FEUILLUS

Les arbres qui produisent leurs graines à partir de fleurs plutôt que de cônes tendent à avoir des feuilles plus étalées, généralement caduques, c'est-à-dire tombant en hiver pour économiser l'énergie.

LES ANGIOSPERMES

Les trois quarts des végétaux connus sont des plantes à fleurs ou angiospermes. Ce groupe est extrêmement varié : il compte aussi bien des arbres que des graminées, des plantes de jardin, des cactées ou des plantes carnivores.

Plante

Les types de fleurs

La fleur contient les organes grâce auxquels la plante produit graines et pollen.

▸ SIMPLE *La fleur de tulipe se compose de pétales identiques disposés autour d'un disque central.*

▸ COMPLEXE *Les fleurs d'orchidée sont complexes. Leur composition est la même que celle des fleurs simples, mais elles peuvent prendre des formes originales pour attirer les insectes pollinisateurs.*

▸ COMPOSÉE *Les fleurs du gerbera sont composées. Chaque capitule comprend des centaines de fleurons imitant une fleur.*

▸ INFLORESCENCE *Les fleurs de glaïeul, disposées en inflorescences allongées, s'ouvrent l'une après l'autre en partant du bas.*

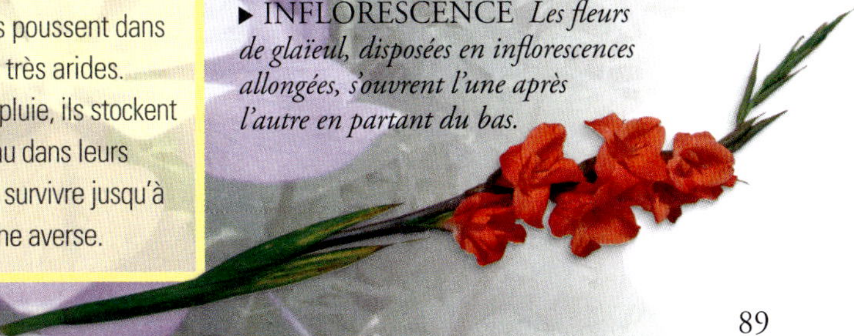

UNE RÉSISTANCE À TOUTE ÉPREUVE

Certaines angiospermes, par des aptitudes hors du commun, peuvent résister à des conditions extrêmes.

■ Pas de terre
Les plantes parasites, comme le gui, peuvent croître sans terre, se contentant des nutriments de la plante hôte. Les épiphytes, comme les broméliacées, poussent aussi sur d'autres végétaux, généralement pour accéder à la lumière, mais sans leur nuire.

■ Terre pauvre
Le sol sur lequel elles poussent ne fournit pas aux plantes carnivores assez de nutriments, manque qu'elles comblent par des protéines animales. Quand une mouche se pose sur une dionée, les feuilles se replient et la plante sécrète des sucs digestifs.

■ Pas d'eau
Les cactus poussent dans des zones très arides. À chaque pluie, ils stockent assez d'eau dans leurs tiges pour survivre jusqu'à la prochaine averse.

La multiplication

WAOUH !

Les pollinisateurs – insectes ou chauves-souris – peuvent très bien être attirés par des odeurs de fleurs désagréables à nos narines. La rafflésie, par exemple, exhale un relent de viande pourrie qui attire les mouches.

Plantes à fleurs et conifères produisent des graines. En plus de la reproduction sexuée, certaines plantes à fleurs utilisent aussi, et parfois de préférence, la multiplication végétative. Pour qu'il y ait des graines, la fleur doit avoir été pollinisée.

QU'EST-CE QU'UNE FLEUR ?

La fleur, souvent vivement colorée ou parfumée pour attirer les pollinisateurs, renferme les organes sexuels de la plante.

@ Reproduction des plantes

COUP D'ŒIL SUR LA GERMINATION

- La graine contient ce dont la plante a besoin pour se développer : germe et réserves nutritives, le tout protégé par une enveloppe externe appelée test.

- Quand les conditions sont réunies – généralement un milieu sombre, humide et chaud, comme la terre –, la graine germe. Elle absorbe l'eau, puis le germe croît, puisant dans les réserves nutritives. Une racine se forme, suivie par une petite pousse à laquelle les cotylédons sont attachés. Les premières vraies feuilles apparaîtront plus tard.

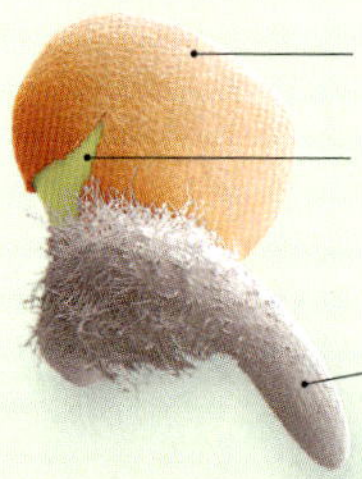

▲ LA RACINE *Quand le germe commence à se développer, le test s'ouvre, et la première racine, appelée radicule, pousse vers le bas.*

▲ LA TIGE *La première pousse, appelée plumule, croît vers le haut, émerge du sol et devient la tige de la plante.*

▲ LE COTYLÉDON *Les cotylédons, un ou deux selon les plantes, contiennent le reste des réserves nutritives de la graine.*

LA REPRODUCTION SEXUÉE

■ Les fleurs attirent insectes, oiseaux et mammifères amateurs de nectar. Les abeilles recueillent aussi le pollen. Une fois fécondée, la fleur, ayant rempli sa fonction, sèche et perd ses pétales.

▲ LE PRÉLÈVEMENT *Après avoir butiné le nectar, l'abeille repart avec du pollen ramassé sur l'anthère.*

▲ LA POLLINISATION *En passant à la fleur suivante, l'insecte dépose sur le stigmate le pollen de la précédente.*

▲ LA FÉCONDATION *Le pollen migre via le style jusqu'à l'ovaire, où il fertilise les ovocytes. Des graines se forment.*

▲ LA DISSÉMINATION *Pour germer, la graine doit quitter la plante. Ingérée par un oiseau, par exemple, elle sera rejetée plus loin.*

LA DISSÉMINATION DES GRAINES

■ Toutes les plantes ne peuvent pas compter sur l'appétit des animaux pour disperser leurs graines.

▲ UN PETIT TOUR *Le fruit de la bardane s'accroche au poil des mammifères et finit par tomber au sol.*

▲ LA PROJECTION *À maturité, les capsules de la balsamine de l'Himalaya éclatent, et les graines sont projetées alentour.*

▲ L'EAU *Le cocotier, dont le fruit flotte, disperse ses graines par voie de mer, parfois sur des distances considérables.*

▲ LE VENT *Les graines de pissenlit, légères et vaporeuses, semblables à des petits parachutes, s'éparpillent au vent.*

LA MULTIPLICATION VÉGÉTATIVE

■ Certaines plantes à fleurs utilisent la reproduction sexuée ainsi que la multiplication végétative. Les sujets ainsi produits sont génétiquement identiques à la plante mère.

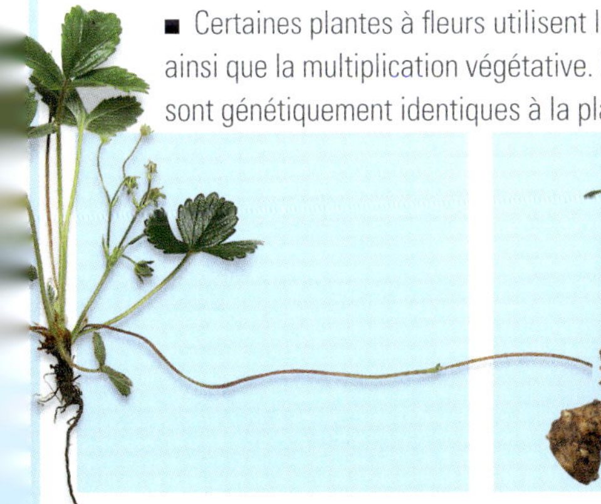

▲ LES STOLONS *Les fraisiers émettent des stolons, tiges rampantes dont les nœuds s'enracinent et produisent des sujets distincts.*

▲ LES TUBERCULES *La racine du topinambour, réservoir alimentaire, peut aussi produire de nouveaux sujets.*

▲ LES RHIZOMES *Les iris se propagent par tiges souterraines, ou rhizomes, qui se divisent et forment des plantules.*

▲ LES BULBES *Oignons et tulipes poussent à partir d'un bulbe, bourgeon entouré de feuilles très renflées.*

La vie animale

Avec plus de 1,5 million d'espèces répertoriées, le règne animal forme le groupe le plus important du monde vivant.

Animaux

▲ ÇA, DES ANIMAUX !?
Il paraît facile de distinguer un animal d'une plante, l'un étant doué de mouvement, l'autre non. Mais ce n'est pas toujours aussi simple. Les coraux ressemblent à des végétaux et bougent peu. Pourtant, ils ont besoin, pour l'énergie, de nourriture extérieure et sont dotés de nerfs qui les font se rétracter face au danger : ce sont des animaux.

QUI EST QUOI ?

La plupart des animaux sont des invertébrés. Le sous-embranchement des vertébrés, animaux pourvus d'une colonne vertébrale, comprend plusieurs classes.

Vertébrés

Invertébrés

▲ LES MAMMIFÈRES
Cette classe, dont le propre est que la femelle allaite ses petits, compte près de 4 500 espèces. Les mammifères sont des animaux à sang chaud, généralement couverts de poils et presque tous vivipares.

▲ LES OISEAUX
Les oiseaux, dont on dénombre environ 9 000 espèces, sont des animaux à plumes et à sang chaud, pourvus d'ailes et munis d'un bec. Tous pondent, et la plupart volent.

▲ LES REPTILES
Les reptiles, animaux ovipares à sang froid, dont on compte près de 8 000 espèces, se reconnaissent à leur peau écailleuse.

▲ LES AMPHIBIENS
La plupart des quelque 5 000 espèces d'amphibiens, animaux à sang froid, partagent leur temps entre l'eau et la terre.

▲ LES POISSONS
Ces animaux aquatiques à sang froid forment un groupe disparate comprenant 24 500 espèces réparties en trois classes.

▲ LES INVERTÉB
Les invertébrés, group disparate formé de 29 embranchements, ou phylums, compren tous les animaux dépourvus de colonne vertébrale : verres, insectes, crustacés, méduses, poulpes

Tortue léopard

Rhinocéros

RECORDS

LE PLUS GROS, LE PLUS LOURD ET LE PLUS BRUYANT
La baleine bleue, parfois longue de 30 m, est de loin le plus grand animal. C'est aussi le plus lourd (120 tonnes) et le plus bruyant. Ses cris de 188 décibels font plus de vacarme qu'un réacteur. Son cœur est aussi gros qu'une petite auto, et ses plus gros vaisseaux sanguins sont plus épais qu'un homme. La baleine bleue est menacée d'extinction du fait de décennies de surchasse.

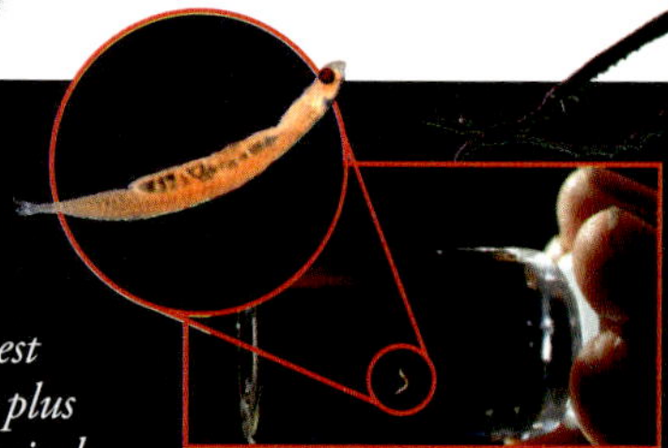

▲ LE PLUS PETIT VERTÉBRÉ
Le poisson australien Schindleria brevipinguis *mesure 8 mm de long.*

▲ LE PLUS FORT
Le scarabée rhinocéros peut soulever 850 fois son propre poids, soit, à l'échelle humaine, au moins deux gros autobus pleins.

e corps des
ertébrés, tels
s singes, est
outenu par un
quelette fait d'os
de cartilage.
es invertébrés,
uand ils ne sont
as entièrement
ous, ont une
arapace ou une
oquille (
110-111).

MAIS ENCORE ?

Les animaux ont besoin d'oxygène. Beaucoup d'espèces terrestres respirent au moyen de poumons. Ceux qui vivent dans l'élément liquide, comme les poissons, ont des branchies qui filtrent l'oxygène de l'eau. Oiseaux et mammifères aquatiques, animaux à poumons, remontent à la surface pour respirer.

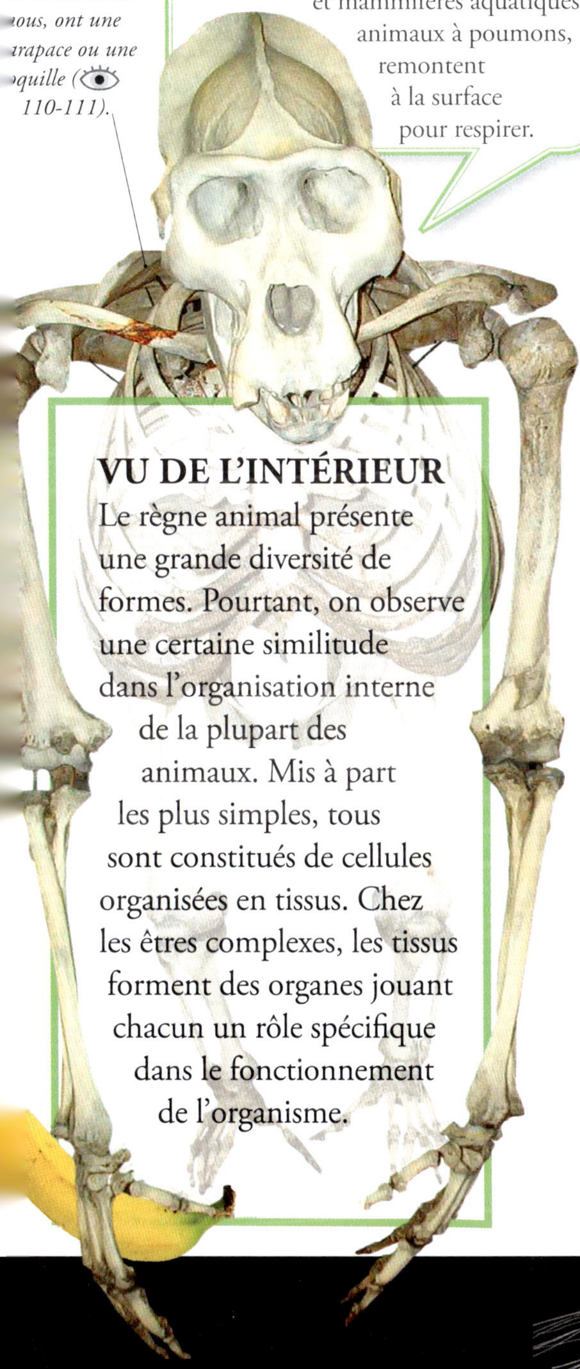

VU DE L'INTÉRIEUR

Le règne animal présente une grande diversité de formes. Pourtant, on observe une certaine similitude dans l'organisation interne de la plupart des animaux. Mis à part les plus simples, tous sont constitués de cellules organisées en tissus. Chez les êtres complexes, les tissus forment des organes jouant chacun un rôle spécifique dans le fonctionnement de l'organisme.

À L'EXTÉRIEUR

Les animaux ont tous une enveloppe externe qui les protège du chaud et du froid, de l'eau ou du dessèchement et de toutes sortes d'agressions. Les oiseaux sont les seuls à posséder des plumes. Les reptiles et la plupart des poissons ont des écailles, tandis que les mammifères se caractérisent par leurs poils.

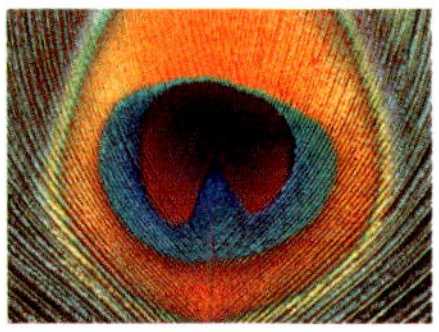

Dessins et couleurs vives peuvent servir à attirer un partenaire…

… à signaler que l'animal est mauvais au goût, voire toxique…

… ou à se camoufler pour se fondre dans le décor.

▲ SOCIAUX *Les éléphants vivent en troupeaux.*

▶ SOLITAIRE *Le panda vit seul.*

Solitaires ou sociaux ?

Certains animaux chassent, mangent, dorment et vivent seuls, ne fréquentant leurs congénères que pour s'accoupler. D'autres, à l'inverse, vivent en couple ou en groupe, augmentant ainsi leurs chances de survie. Les membres d'un même groupe peuvent coopérer pour trouver la nourriture, défendre le territoire, monter la garde contre les prédateurs ou élever les petits.

La chaleur corporelle

Les mammifères et les oiseaux, animaux à sang chaud, ou endothermes, génèrent leur propre chaleur corporelle, utilisant pour cela l'énergie que leur apporte la nourriture. Ils peuvent ainsi réguler la température de leur corps. Les autres animaux sont pour la plupart ectothermes. Pour se réchauffer, ils doivent se mettre au soleil et, pour se rafraîchir, rechercher l'ombre.

Les animaux ectothermes, comme les lézards, s'observent souvent le matin en train de se chauffer aux rayons du soleil.

◀ LE PLUS RAPIDE
Le faucon pèlerin peut fendre les airs à la vitesse de 360 km/h en piqué. Sur la terre ferme et dans l'eau, les animaux les plus rapides sont le guépard et le voilier, pouvant tous deux atteindre 110 km/h.

▲ LE PLUS MORTEL
Le venin de la méduse-boîte peut tuer 60 personnes. Celui des cônes et de certains poissons est plus puissant enco…

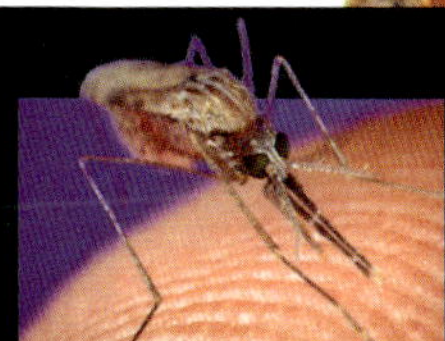

▲ LES PIRES RAVAGES *L'anophèle femelle, vecteur du paludisme, fait plus de 1 million de morts par an.*

▲ LA PLUS GRANDE LONGÉVITÉ
Une tortue étoilée de Madagascar, comme celle-ci, a atteint 188 ans. La baleine du Groenland peut vivre encore plus longtemps : peut-être jusqu'à 250 ans.

Les mammifères

Les mammifères sont des vertébrés dont les petits se nourrissent de lait, aliment produit par les glandes mammaires de la femelle gravide ou ayant mis bas, d'où leur nom. Ils sont presque tous vivipares.

@ Mammifère

QU'EST-CE QU'UN MAMMIFÈRE ?

Les mammifères ont la mandibule d'un seul tenant. C'est ainsi que les savants identifient les restes fossilisés, lorsqu'il n'y a plus ni glandes mammaires ni poils.

UN CRÂNE DE HYÈNE

Une mandibule, ou os de la mâchoi

▲ TOUT OUÏE
Contraints, pour paître, de vivre en milieu ouvert, les impalas sont toujours sur le qui-vive, yeux grands ouverts et oreilles aux aguets.

Ceux qui broutent et ceux qui paissent

Presque tous les mammifères à sabots sont exclusivement herbivores. Les uns broutent, arrachant feuilles et jeunes pousses aux arbres et aux buissons, les autres paissent l'herbe. Les matières végétales, notamment les graminées, étant peu digestibles, beaucoup ruminent. Après avoir ingurgité, ils se couchent, tandis que, dans leur estomac, des bactéries commencent à dégrader la cellulose, substance constitutive de la paroi cellulaire des plantes. Puis ils régurgitent et mâchent à nouveau pour libérer les nutriments.

LES POILS

Les poils, comme les ongles, les écailles et les plumes, sont constitués de kératine. La fourrure, ou pelage, dense revêtement pileux observé chez beaucoup d'animaux, sert surtout à conserver la chaleur. Il existe aussi des poils modifiés, telles les épines (chez les hérissons et les échidnés) ou les vibrisses chez d'autres mammifères.

Un échidné d'Australie
Tachyglossus aculeatus

UN PEU D'ORDRE !

La classe des mammifères compte près de 5 000 espèces réparties en 21 ordres. Les familles d'un même ordre, même lointainement apparentées, présentent des analogies anatomiques et comportementales. Par exemple, camélidés, cervidés, hippopotamidés, giraffidés, bovidés, balénidés et delphinidés appartiennent à l'ordre des cétartiodactyles.

LES MONOTRÈMES

De tous les mammifères, seules cinq espèces, dont l'ornithorynque, sont ovipares, c'est-à-dire que les femelles pondent. Ces animaux forment l'ordre des monotrèmes. Une fois l'œuf éclos, le petit se nourrit du lait maternel, comme chez n'importe quel autre mammifère.

LES CHIROPTÈRES

Vampires et chauves-souris sont les seuls mammifères à pouvoir voler (et pas seulement planer). Leurs ailes sont en fait des mains finement palmées. L'ouïe joue chez eux un rôle capital pour chasser dans l'obscurité totale et s'orienter selon l'écho de leurs cris renvoyé par les objets.

LES PRIMATES

Les lémuriens, les singes et l'homme forment l'ordre des primates, caractérisé par la main préhensile et les yeux orientés de face. Les grands singes (chimpanzés, gorilles et orangs-outans) sont nos plus proches parents.

LES MARSUPIAUX

Il y a près de 300 espèces de marsupiaux, réparties en sept ordres, dont celui des kangourous, des opossums et des koalas. Chez ces mammifères, les nouveau-nés, minuscules, se glissent dans une poche située sur l'abdomen de la mère pour y téter et poursuivre leur développement.

▸ BIEN AU CHAUD
Petit kangourou dans la poche maternelle.

LES CARNIVORES

◂ L'HEURE DE LA LEÇON
Les oursons blancs s'initient à la chasse en observant leur mère.

L'ordre des carnivores comprend 12 familles, dont les membres se caractérisent par une anatomie adaptée à la chasse et à la consommation de viande.

Léopard
Panthera pardus

Quelques records

Les mammifères, étonnants par la diversité de leurs formes, ont conquis presque tous les habitats. Ils marchent, courent, nagent, creusent, volent, et une espèce, la nôtre, est même allée sur la Lune.

L'espèce humaine

66

L'homme *(Homo sapiens)*, mammifère de la famille des grands singes, peut atteindre 125 ans, mais son espérance de vie moyenne n'est que de 66 ans. Il a peuplé tous les continents sauf l'Antarctique, devenant ainsi l'espèce la plus répandue.

?

Kitti à nez de porc

Craseonycteris thonglongyai

- **Longueur** 30 mm

Ce mammifère, aussi appelé chauve-souris à nez de cochon, est le **plus petit** du monde. Il pèse moitié moins qu'un morceau de sucre.

Le **plus gros mammifère** terrestre atteint sa taille définitive vers l'âge de 20 ans, mais sa trompe continue à croître.

65

Éléphant d'Afrique

Loxodonta africana

- **Poids** 6 tonnes

30

Girafe

Giraffa sp.

- **Hauteur** 5,3

L'animal le **plu haut** a des jam et un cou qui lui permettent d'atteindre les branches supé

90

Rorqual bleu

Balaenoptera musculus

- **Longueur** 30 m

50

Gorille de montagne

Gorilla beringei

- **Poids** 200 kg

Proportionnellement à sa taille, le gorille mâle est l'animal qui possède les **bras les plus longs.**

Avec 50 % de graisse, dus à un lait maternel très riche en lipides, le petit du phoque annelé est l'animal sauvage **le plus gras.**

43

Phoque annelé

Phoca hispida

- **Longueur** 1,30 m

Loutre de mer
Enhydra lutris
■ **Longueur** 1,30 m

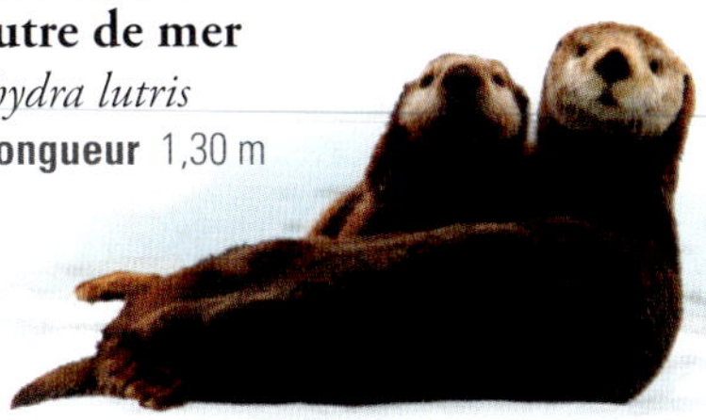

Avec ses 125 000 poils au centimètre carré, la loutre de mer est le mammifère dont la fourrure, imperméable et chaude, est la **plus dense.**

Moufette rayée
Mephitis mephitis
■ **Longueur** 68 cm

Pour éloigner les prédateurs, la moufette rayée projette une sécrétion nauséabonde – qui fait d'elle l'animal le **plus puant.**

Paresseux à gorge brune
Bradypus variegatus
■ **Longueur** 60 cm

Les paresseux sont les mammifères les **plus lents.** Ils parcourent les branches à 0,16 km/h en moyenne et peuvent s'immobiliser des heures.

Les chameaux sont les **plus gros buveurs.** Un Bactriane peut boire 57 litres en une seule fois.

Chameau de Bactriane
Camelus bactrianus
■ **Hauteur** 2,30 m

Guépard
Acinonyx jubatus
■ **Longueur** 1,35 m

Le guépard peut atteindre 95 km/h en pointe lorsqu'il poursuit une proie, ce qui fait de lui le mammifère le **plus rapide.**

La baleine bleue est le **plus gros** mammifère vivant. Son chant s'entend à 800 km à la ronde dans l'océan.

Oryx algazelle
Oryx dammah
■ **Longueur** 1,70 m

Chassée jusqu'à l'extinction à l'état sauvage, cette antilope est l'un des mammifères les **plus rares.**

Baleine grise
Eschrichtius robustus
■ **Longueur** Plus de 15 m

La baleine grise effectue les **migrations les plus longues :** 20 000 km aller-retour chaque année, de l'Arctique jusqu'à sa zone de reproduction, au large du Mexique.

Rhinocéros blanc
Ceratotherium simum
■ **Longueur** 4 m

Les rhinocéros ont la **peau la plus épaisse.** Aux points vulnérables, comme les épaules, cette cuirasse peut mesurer 5 cm d'épaisseur.

Des tueurs-nés

Tous les animaux qui mangent de la viande sont dits carnivores, mais ce mot désigne aussi un ordre de mammifères présentant des caractères spécifiques, notamment au niveau de la denture. Beaucoup peuvent tuer des proies plus grosses qu'eux.

FAIT POUR CHASSER

Le carnivore type est adapté à la chasse. Doté d'une vue perçante, d'une ouïe fine, d'un excellent odorat et d'une aptitude particulière à la course, il repère et rattrape facilement ses proies. Avec ses griffes acérées, le félin agrippe et plaque au sol sa victime, puis la mord et la tue de ses puissantes mâchoires.

AU MENU

- **Carnivores** Tous les carnivores n'ont pas le même régime. Le lion chasse en troupe et s'attaque à de gros animaux, tels le gnou ; la loutre opère seule, visant surtout poissons, coquillages et crustacés.
- **Carnivores herbivores** Le panda, essentiellement herbivore, se nourrit de bambou – très rarement de viande. Ses molaires sont plutôt faites pour mâcher les végétaux que pour déchirer les chairs.
- **Carnivores omnivores** Beaucoup de carnivores, dont les renards et les moufettes, sont omnivores – ils mangent presque tout ce qui est comestible : plantes, œufs, grenouilles…

@ Carnivore

Charognards Tous les carnivores ne sont pas forcément des prédateurs. La hyène est bonne chasseuse, mais elle consomme aussi des charognes – animaux tués par d'autres ou morts de mort naturelle.

COUP D'ŒIL SUR LES MÂCHOIRES ET LES GRIFFES

Les carnivores prédateurs ont quatre carnassières, molaires pointues et coupantes capables d'entamer peau, chair et os. Le masséter, muscle très puissant, donne aux mâchoires assez de force pour briser les os et étrangler. Les griffes jouent aussi un rôle important chez certains carnivores. Les lions et autres félins s'en servent pour s'accrocher à leur victime, se défendre ou courir sans déraper.

Griffes acérées de lion

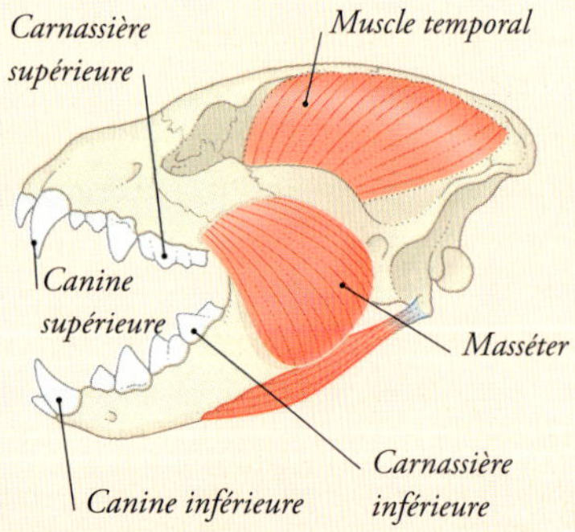

UN CRÂNE DE HYÈNE

Panthère des neiges
Panthera uncia

- **Longueur** 1-1,30 m
- **Poids** 25-75 kg
- **Répartition** C., S. et E. Asie

La panthère des neiges, espèce menacée, possède une queue presque aussi longue que le corps, qui lui sert de balancier quand elle grimpe parmi les rochers en quête de bouquetins ou de mouflons.

Petit panda
Ailurus fulgens

- **Longueur** 50-64 cm
- **Poids** 3-6 kg
- **Répartition** S. à S.-E. Asie

Le petit panda n'est pas un panda, ni même un ours, mais un proche parent du raton laveur. Comme le panda géant, il se nourrit surtout de bambou. C'est un animal solitaire, farouche, qui passe le plus clair de son temps caché dans les arbres, où il trouve de quoi manger, se mettre à l'abri des prédateurs et, par temps froid, se chauffer au soleil. Dans son habitat naturel, les forêts tempérées de moyenne montagne, l'hiver peut être rude.

Belette
Mustela nivalis

- **Longueur** 16,5-24 cm
- **Poids** 35-70 g. Max. 250 g
- **Répartition** Amérique du Nord, Europe à N., C. et E. Asie

La belette mange surtout des souris et des campagnols, qu'elle pourchasse dans les hautes herbes et sous la neige. Elle est assez petite pour se glisser dans une souricière. Dans les zones septentrionales, sa robe bicolore – brun et blanc – devient en hiver totalement blanche pour servir de camouflage dans la neige.

Lion
Panthera leo

- **Longueur** 1,70-2,50 m
- **Poids** 150-250 kg
- **Répartition** Afrique subsaharienne et S. Asie

Le lion est le seul grand félin à vivre en groupe. Une troupe peut comprendre jusqu'à dix lionnes et leurs petits pour deux ou trois mâles. Les lionnes chassent souvent ensemble pour nourrir tout le monde.

Blaireau d'Eurasie
Meles meles

- **Longueur** 56-90 cm
- **Poids** 10-12 kg
- **Répartition** Europe et E. Asie

Le blaireau vit en groupe dans un terrier à galeries qu'il creuse avec ses griffes robustes. Bien que nocturne, il ne voit pas très bien. Aussi est-ce surtout à l'odeur qu'il détecte ses proies, principalement les lombrics.

Panda géant
Ailuropoda melanoleuca

- **Longueur** 1,60-1,90 m
- **Poids** 70-125 kg
- **Répartition** C. Chine

Le panda géant ne peut être confondu avec aucun autre animal, mais on ne le rencontre que rarement, car il n'en reste plus que 1 600 à l'état sauvage.

Loup gris
Canis lupus

- **Longueur** 1-1,50 m
- **Poids** 16-60 kg
- **Répartition** Amérique du Nord, E. Europe et Asie

Le loup gris, dont descendent tous les chiens domestiques sans exception, est le plus grand des canidés. Il chasse en meute pour pouvoir s'attaquer à de gros animaux. Chaque meute possède son territoire, marqué et défendu contre les autres meutes par des hurlements.

Tigre
Panthera tigris

- **Longueur** 1,40-2,80 m
- **Poids** 100-300 kg
- **Répartition** S. et E. Asie

Le tigre chasse à l'affût, notamment les cervidés et le bétail, dont il s'approche sans bruit dans les hautes herbes, camouflé par ses rayures. D'un bond, il saute sur sa proie, la plaque au sol et la tue en lui brisant la nuque ou en la mordant à la gorge.

Ours brun
Ursus arctos

- **Hauteur** 2-3 m
- **Poids** 100-1 000 kg
- **Répartition** N. Amérique du Nord, N. Europe et N. Asie

L'ours brun se nourrit de fruits des bois – nucules et baies – et de petits animaux, comme le saumon d'eau douce. La femelle peut attaquer pour protéger ses petits.

Les amphibiens

Les amphibiens – anoures, urodèles et cécilies – débutent en général leur existence dans l'eau, équipés de branchies. Ce n'est qu'à l'âge adulte, une fois les poumons apparus, qu'ils se risquent sur la terre ferme, où ils respirent aussi par la peau. Ils vivent dans les lieux humides, ne retournant dans l'eau qu'en période de reproduction.

▲ PEAU TRANSLUCIDE *Les grenouilles ont la peau très fine. Celle des centrolénidés est si peu pigmentée qu'on voit au travers.*

Branchies, poumons et peau
Certaines salamandres passent toute leur vie dans l'eau et gardent, même adultes, leurs branchies larvaires, en plus des poumons. D'autres, à l'inverse, sont exclusivement terrestres, mais ne développent pas de poumons. L'oxygénation du sang se fait dans ce cas par absorption cutanée, la peau devant alors toujours rester humide.

EN BREF

- On compte environ 6000 espèces d'amphibiens.
- Les amphibiens sont des animaux à sang froid, sans poils ni écailles.
- Les amphibiens adultes, presque tous carnivores, mangent insectes, vers, oiseaux ou reptiles. Les têtards sont végétariens.
- Presque tous les amphibiens sont ovipares, certains ne pondant qu'un ou deux œufs à la fois, d'autres jusqu'à 50000.

DE L'ŒUF À L'ADULTE

Le jeune amphibien, ici une grenouille, éclôt sous la forme d'un têtard. À mesure qu'elle se développe, cette larve, dont l'aspect diffère de celui de l'adulte, subit une série de transformations.

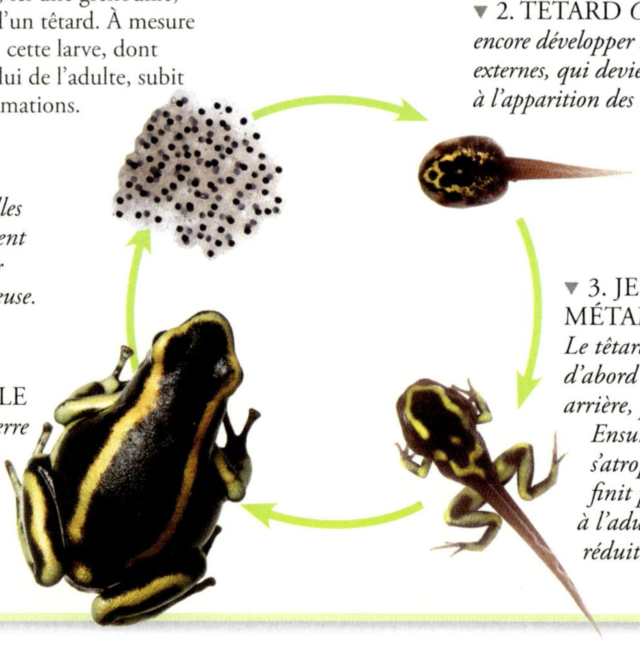

▸ 1. FRAI
Les œufs de grenouilles et de crapauds forment un amas protégé par une matière gélatineuse.

▾ 2. TÊTARD *Ce têtard doit encore développer ses branchies externes, qui deviendront internes à l'apparition des membres.*

▾ 3. JEUNE MÉTAMORPHOSÉ
Le têtard développe d'abord des pattes arrière, puis avant. Ensuite, sa queue s'atrophie, et il finit par ressembler à l'adulte, en modèle réduit.

▸ 4. GRENOUILLE
L'adulte vit sur la terre ferme, mais se plaît aussi dans l'eau. Il a des poumons, mais respire aussi par la peau.

Couleurs vives en guise d'avertissement

▲ POISON! *Certains amphibien sécrètent par la peau des toxines, parfois mortelles, qui dissuadent les prédateurs. Les neurotoxines des dendrobatidés servent à fabriqu des flèches empoisonnées.*

Phyllobate terrible

Phyllobates terribilis

- **Longueur** 3-3,5 cm
- **Poids** 3-5 g
- **Répartition** Colombie, Amérique du Sud

La couleur vive de cette grenouille, qui peut être orange, jaune ou verte, est un sérieux avertissement. De tous les poisons produits par les vertébrés, la substance sécrétée par les glandes cutanées du phyllobate terrible est le plus mortel. Les prédateurs évitent donc soigneusement tout contact avec l'animal.

Grenouille rousse

Rana temporaria

- **Longueur** 5-10 cm
- **Poids** 25-35 g
- **Répartition** Europe

La grenouille rousse, commune en Europe, vit et se reproduit dans les mares et les lieux humides. Dans les régions aux hivers froids, elle peut hiberner plusieurs mois dans un terrier, sous une souche ou dans la vase. Elle se nourrit de petits animaux – limaces, vers et insectes – qu'elle happe de sa langue gluante.

Salamandre tigrée

Ambystoma tigrinum

- **Longueur** 18-35 cm
- **Poids** 100-150 g
- **Répartition** Amérique du Nord

Comme la plupart des amphibiens, cette grande salamandre commence sa vie dans l'eau. À la métamorphose, elle se mue généralement en animal terrestre, mais certains individus restent dans l'élément originel. À terre, elle vit dans les prairies ou en lisière de bois, chassant insectes, vers et même petits amphibiens.

Sonneur oriental

Bombina orientalis

- **Longueur** 3-5 cm
- **Poids** 20-30 g
- **Répartition** Chine, Russie et Corée

Par ses splendides couleurs, ce crapaud met les prédateurs en garde contre les glandes à venin qu'il a au niveau de la peau. Hôte des forêts humides, il passe le plus clair de son temps dans les eaux peu profondes. Sa vue lui permettant uniquement de détecter les mouvements, une proie, si elle reste immobile, peut lui échapper.

Salamandre Mandarin

Tylototriton shanjing

- **Longueur** 17 cm
- **Poids** Poids exact inconnu
- **Répartition** Province du Yunnan, Chine

Ce beau triton est menacé d'extinction en raison de la chasse qui lui est faite pour la chair et l'usage médicinal traditionnel. L'adulte vit sur la terre ferme, mais retourne à sa mare d'origine pour se reproduire et pondre. Les œufs sont déposés sur des plantes aquatiques. Le mot *shanjing* signifie en mandarin « esprit de la montagne ».

Cécilie

Gymnopis multiplicata

- **Longueur** 50 cm
- **Poids** Poids exact inconnu
- **Répartition** Forêts tropicales

Cette bête étrange sans yeux ni pattes appartient au groupe des amphibiens appelés cécilies, numériquement le plus faible. Ces animaux passent leur vie à fouir le sol et la litière humides des forêts tropicales à la recherche de vers de terre, qu'ils repèrent à l'odeur grâce à des petits tentacules sensibles aux signaux chimiques émis par les lombrics. Les cécilies sont vivipares. À la naissance, les petits ressemblent à des adultes en miniature.

COUP D'ŒIL SUR LES PIEDS

Les amphibiens recherchent généralement l'ombre et l'humidité afin de garder leur peau hydratée. L'aptitude qu'ils ont à nager, marcher, sauter, grimper et même planer leur autorise divers modes de vie. Les grenouilles ci-contre se distinguent notamment par leurs pieds, adaptés à différents habitats.

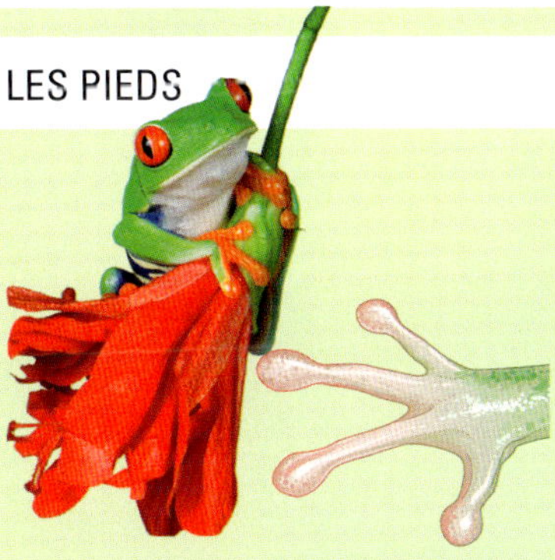

▲ PIEDS COLLANTS *Les rainettes ont des pelotes digitales visqueuses qui les aident à grimper.*

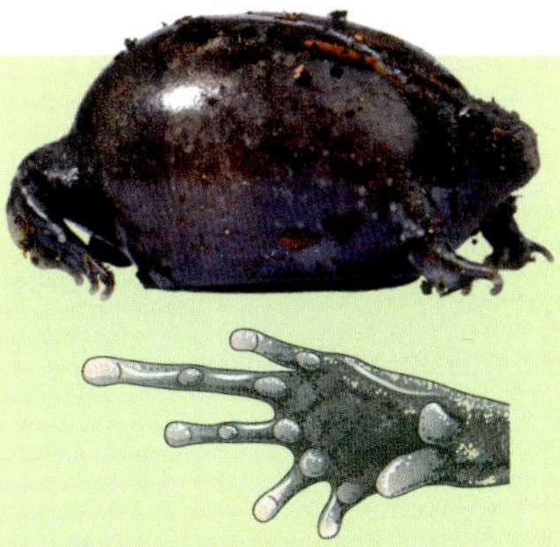

▲ PIEDS SALES *Les grenouilles fouisseuses ont des pieds robustes pour remuer et creuser la terre.*

▲ PIEDS PALMÉS *Les grenouilles communes ont les pieds arrière palmés, en forme de nageoires.*

Les reptiles

Les reptiles sont des vertébrés à sang froid et à peau épaisse couverte d'écailles de kératine – matière que l'on retrouve dans les poils et les plumes d'autres animaux. Il en existe près de 8 000 espèces, réparties en quatre ordres, dont celui des squamates, le plus important.

Caméléon-panthère
Furcifer pardalis

Reptile

Crotale diamantin de l'Ouest
Crotalus atrox

DES CROCHETS REDOUTABLES

Certains serpents ont des crochets à venin dont ils se servent pour tuer leurs proies ou se défendre. En les montrant, ils cherchent à effrayer l'adversaire.

Boa émeraude (juvénile)
Corallus caninus

INSTANTANÉ

Couleuvre dione *(Elaphe dione)* entamant sa mue. Les serpents changent de peau jusqu'à huit fois par an.

UN CORPS SOUPLE

Les serpents ont la colonne vertébrale très flexible. Le boa se repose ou guette enroulé autour d'une branche, la vipère en quête de fraîcheur se love dans une fissure de rocher, et le serpent à sonnette avance de biais en ondulant.

Moloch hérissé
Moloch horridus

BIEN CAMPÉ

Les reptiles ont les pattes placées à angle droit par rapport au corps (contrairement aux mammifères et aux oiseaux), ce qui leur donne une démarche très stable au sol.

DES ŒUFS DE REPTILE

Sauf quelques espèces ovovivipares, chez qui les œufs éclosent dans le corps de la femelle, les reptiles pondent. Parfois dure et arrondie, comme chez les oiseaux, la coquille est le plus souvent molle et coriace. Les nouveau-nés la déchirent avec leur « dent d'éclosion » qui tombe par la suite.

◄ SERPENT *Les bébés serpents se pelotonnent dans leur coquille, certains pouvant atteindre une longueur sept fois supérieure à celle de l'œuf.*

▲ LÉZARD *Le gecko-léopard pond dans son terrier deux œufs allongés et visqueux.*

◄ TORTUE *Les grandes tortues, comme la tortue-léopard, pondent des œufs quasi sphériques.*

LES SERPENTS

Bien que dépourvus de pattes, les serpents sont de redoutables prédateurs. On en compte environ 2900 espèces, dont 300 venimeuses. D'autres, dits constricteurs, s'enroulent autour de leurs proies et serrent pour les étouffer.

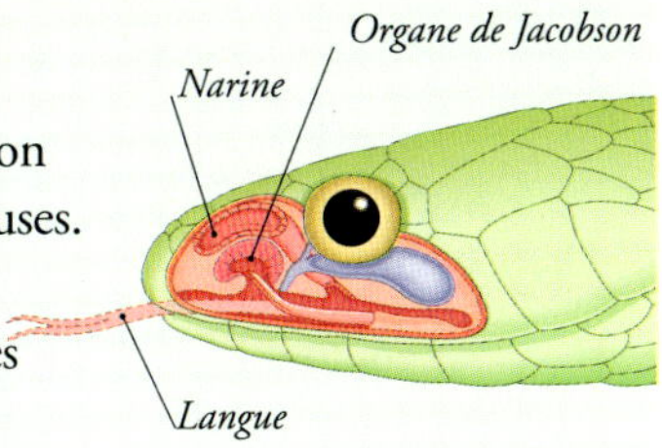

▲ L'ORGANE DE JACOBSON *Les serpents chassent souvent à l'odorat, grâce au nez et à la langue. L'information est analysée par l'organe de Jacobson.*

◀ UNE ÉTREINTE MORTELLE *Python de Seba tuant une gazelle*

LES LÉZARDS

Il existe 4500 espèces de lézards, de l'énorme varan de Komodo jusqu'au minuscule caméléon nain. La plupart sont pourvus d'une longue queue. Certains, notamment les scinques, ont une tactique de défense originale : lorsqu'un prédateur les attrape par la queue, celle-ci se détache et repousse ensuite.

◀ LE PLUS PETIT & LE PLUS GROS ▶ *Le varan de Komodo peut atteindre 3 m de long, soit 60 fois plus que le caméléon nain, qui ne mesure que 5 cm.*

LES CROCODILES ET LES ALLIGATORS

Les crocodiliens, dont on dénombre 23 espèces, sont des animaux à corps plat et large, à queue puissante et à mâchoires redoutables. Leurs yeux sont situés sur le dessus de la tête et les narines sur le dessus du museau, ce qui leur permet de voir et de respirer tout en restant immergés, à l'affût. Les poissons et les mammifères qui s'approchent de l'eau pour boire sont leurs principales cibles. Saisis à pleines dents, les mammifères sont attirés vers le fond et noyés. Les crocodiles peuvent rester gueule béante sous l'eau, car un repli de peau leur barre le fond de la gorge.

▲ PIÉGÉS ! *Les crocodiles de la Grumeti River, en Tanzanie, profitent de la migration des gnous, obligés de traverser la rivière.*

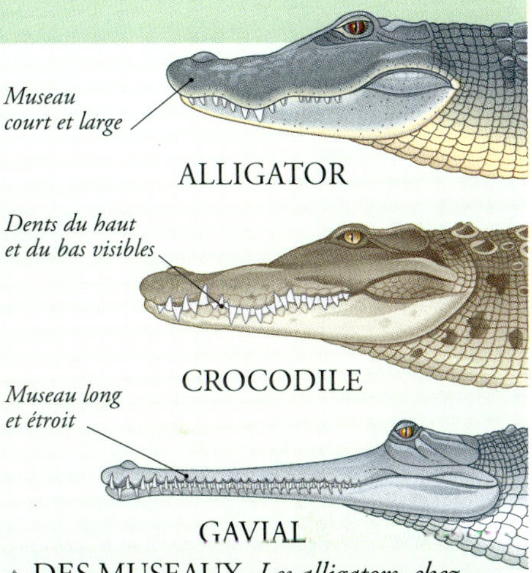

▲ DES MUSEAUX *Les alligators, chez qui, gueule fermée, seules les dents du haut apparaissent, ont le museau plus court et plus large que les crocodiles. Celui des gavials est le plus étroit.*

LES TORTUES

Les tortues, dont on dénombre près de 300 espèces, se reconnaissent à leur carapace. Trop lentes pour être prédatrices, la plupart sont herbivores. C'est chez les tortues aquatiques qu'on trouve le plus grand nombre d'espèces carnivores. Tapies au fond de l'eau, elles attendent le passage d'un poisson à happer.

▲ TERRE ET MER *Certaines tortues vivent sur la terre ferme, d'autres dans l'eau.*

◀ UN LONG COU *La tortue à cou de serpent étend son long col pour attraper ses proies.*

LES SPHÉNODONS

Sans être des lézards, les sphénodons, dont il existe deux espèces, cantonnées à un archipel au large de la Nouvelle-Zélande, ressemblent à des iguanes. Depuis l'extinction de leurs lointains ancêtres, il y a 100 millions d'années, ils ont très peu changé, sortant toujours de leur terrier de nuit en quête d'insectes.

Hattéria
Sphenodon punctatus

Les oiseaux

Les oiseaux, dont il existe environ 10 000 espèces, sont, comme les mammifères, des vertébrés à sang chaud, mais ils sont couverts de plumes. La plupart peuvent voler et tous pondent des œufs.

MONDE DU VIVANT

DES PLUMES POUR VOLER

Les plumes, constituées de kératine – matière protéique qu'on retrouve chez l'homme dans les poils et les ongles –, n'ont pas pour seule fonction de tenir chaud. En conférant aux ailes et à la queue une forme adéquate, elles jouent aussi un rôle clé dans l'aptitude à voler.

Buse à queue rousse
Buteo jamaicensis

Pic-vert

Barbu

barbacou (tamatia)

Les formes de bec

À la place des dents et des mâchoires, les oiseaux ont un bec. Cet organe, constitué de kératine dure et cornée, a plusieurs fonctions : l'animal peut s'en servir comme d'une arme pour poignarder ou déchirer, ou bien comme d'un outil pour sonder, écraser, forer, filtrer ou se lisser les plumes.

Les os des oiseaux

Chez les oiseaux, contrairement à d'autres animaux, les os sont vides. Allégés par l'absence de moelle, ils sont néanmoins résistants, car garnis de travées.

LES OISEAUX NON VOLANTS

Les oiseaux ne volent pas tous. Le fait, pour un oiseau, de ne pas voler peut indiquer qu'il a, comme les kiwis, peu de prédateurs naturels. Pour d'autres, très gros, comme l'autruche, les nandous, les émeus ou les casoars, voler demanderait trop d'énergie. Courir suffit, d'autant que la plupart des prédateurs s'attaquent rarement à d'aussi grosses proies.

Autruche mâle
Struthio camelus

WAOUH !

Tous les oiseaux pondent. L'une des raisons en est que la femelle aurait du mal à voler avec des petits dans le ventre. L'incubation des œufs passe en général par la couvaison. Il est rare qu'il soit pondu plus d'un œuf par ponte.

Y VOIR PLUS CLAIR

Les principaux des 29 ordres d'oiseaux :

- **Apodiformes** Martinets, hémiprocnés et colibris (436 espèces).
- **Psittaciformes** Perroquets, perruches et cacatoès (352 espèces).
- **Struthioniformes** Autruches, émeus, casoars, nandous et kiwis (13 espèces).
- **Charadriiformes** Mouettes, macareux, sternes, pluviers, bécasses… (343 espèces).
- **Galliformes** Poules, faisans, paons, tétras, pintades… (280 espèces).
- **Ciconiiformes** Hérons, ombrettes, cigognes et flamants (134 espèces).
- **Ansériformes** Canards, oies et cygnes (170 espèces).
- **Strigiformes** Chouettes (194 espèces).

Colibri à gorge rubis

Archilochus colubris

- **Longueur** 7-9 cm
- **Envergure** 8-11 cm
- **Poids** 2-6 g
- **Répartition** Amérique du Nord et centrale

Ce minuscule oiseau possède un bec adapté pour boire le nectar des fleurs tubulaires. Il vole sur place, battant des ailes jusqu'à 50 fois par seconde. Les colibris sont parmi les plus petits animaux à sang chaud.

Ara hyacinthe

Anodorhynchus hyacinthinus

- **Longueur** 100 cm
- **Envergure** 130 cm
- **Poids** 1,5-2 kg
- **Répartition** C. Amérique du Sud

Ce perroquet, le plus grand du monde – bien que le kakapo de Nouvelle-Zélande soit plus lourd –, est aussi l'un des plus rares. Longtemps capturé pour servir d'animal de compagnie, il pâtit aujourd'hui de la déforestation liée à l'industrie du bois et à l'agriculture.

Nandou de Darwin

Pterocnemia pennata

- **Hauteur** Plus de 100 cm
- **Poids** 20 kg
- **Répartition** Amérique du Sud

Les nandous, version américaine de l'autruche, fréquentent les milieux ouverts, où ils peuvent voir venir le danger. Durant la période des amours, le mâle s'accouple à plusieurs femelles et s'occupe lui-même des œufs, rassemblés en un nid communautaire.

Macareux moine

Fratercula arctica

- **Longueur** 30 cm
- **Envergure** 60 cm
- **Poids** 450 g
- **Répartition** De l'océan Glacial Arctique à la Méditerranée

Maladroits dans les airs et piètres marcheurs, les macareux sont d'excellents nageurs, capables de pourchasser les poissons. Hors période de reproduction, ils passent tout leur temps en mer.

Paon bleu

Pavo cristatus

- **Longueur** Mâle 1,80-2,30 m Femelle 1 m
- **Envergure** 1,4-1,6 m
- **Poids** 4-6 kg
- **Répartition** Inde et Pakistan

Le paon mâle est bien connu en raison de sa magnifique queue, qu'il déploie pour faire étalage de sa santé et de sa vigueur. La femelle, plus discrète, a le plumage brun et la queue courte. Les paons mangent des graines, des fleurs et des insectes.

Flamant nain

Phoenicopterus minor

- **Hauteur** 80-90 cm
- **Envergure** 100 cm
- **Poids** 2 kg
- **Répartition** Afrique

Le spectacle des flamants nains venant par milliers se reproduire sur les lacs alcalins de la vallée du Rift est inoubliable. Chaque couple fabrique un nid de boue séchée, dans lequel est déposé l'œuf unique. Les flamants se nourrissent de micro-algues, qu'ils filtrent avec leur bec à fanons.

Dendrocygne d'Eyton

Dendrocygna eytoni

- **Longueur** 40-60 cm
- **Poids** 0,5-1,5 kg
- **Répartition** Australie, Indonésie et Papouasie Nouvelle-Guinée

Le dendrocygne d'Eyton se reconnaît aux grandes plumes qui ornent ses flancs et à son cri qui rappelle le sifflement produit lorsqu'on souffle sur un brin d'herbe coincé entre les pouces. Il se nourrit d'herbes et de plantes aquatiques.

Pied palmé

Petit duc d'Irène

Otus ireneae

- **Longueur** 16-18 cm
- **Poids** 50 g
- **Répartition** Kenya et Tanzanie

Ce hibou, l'un des plus petits du monde, s'est spécialisé dans la chasse aux coléoptères et autres insectes, qu'il attrape de nuit. Le jour, il se cache dans les fourrés. La destruction de son habitat fait peser sur lui la menace de l'extinction.

Les manchots

Les manchots compensent leur inaptitude au vol par une agilité et une rapidité remarquables dans l'eau. Ils chassent le poisson, le krill et les céphalopodes dans les eaux de l'hémisphère Sud, venant à terre aux beaux jours, en grandes colonies, pour se reproduire.

Manchot Adélie

Pygoscelis adeliae

16

- **Hauteur** 40-75 cm
- **Poids** 4-5,5 kg
- **Répartition** Antarctique

Le manchot Adélie, l'un des plus communs et des plus petits, passe la saison froide en mer. L'été, il vient à terre pour se reproduire. Les couples bâtissent leur nid en grandes colonies de manière à empêcher les prédateurs, tels les labbes (oiseaux marins), de s'emparer des œufs.

La nage

Le manchot empereur fend l'eau de son corps lisse et aérodynamique, doté d'ailerons aplatis. Son plumage dense et sa couche de graisse lui permettent de supporter les eaux glaciales de l'Antarctique.

Le blottissement

À sept semaines, les petits manchots empereurs se rassemblent en « crèche », blottis l'un contre l'autre pour se tenir chaud. Leur duvet gris vaporeux piège la chaleur, les isolant des vents froids de l'Antarctique.

Manchot antipode

Megadyptes antipodes

23

- **Hauteur** 66-70 cm
- **Poids** 5,5 kg
- **Répartition** Nouv.-Zélande

Ce manchot très rare, dont on dénombre moins de 4000 individus, vit sur les îles du sud de la Nouvelle-Zélande. Il se distingue par son trait oculaire jaune.

Gorfou sauteur

Eudyptes chrysocome

10

- **Hauteur** 50 cm
- **Poids** 2,5 kg
- **Répartition** Subantarctique

Ce petit manchot à aigrettes, qui vit en colonies dans les îles subantarctiques, doit son nom à la façon qu'il a de faire des petits bonds parmi les rochers.

Manchot empereur

Aptenodytes forsteri

20

- **Hauteur** 110 cm
- **Poids** 35-40 kg
- **Répartition** Antarctique

Le manchot empereur se reproduit en hiver. L'unique œuf est laissé à la charge du mâle, qui le couve pendant environ deux mois et demi, coincé entre ses pattes et son ventre.

Les rapaces

Ces oiseaux spectaculaires, comptant parmi les plus redoutables prédateurs, ont pour la plupart de grands yeux, l'ouïe fine et un bon odorat, toutes choses bien utiles pour chasser. Alors que les plus petits se contentent d'insectes, les grands rapaces, comme les aigles, peuvent capturer de jeunes cervidés.

Balbuzard pêcheur

Pandion haliaetus

25

- **Hauteur** 50-60 cm
- **Poids** 1,5 kg
- **Régime** Poisson
- **Répartition** Monde entier (sauf Antarctique)

Cet impressionnant oiseau de proie vit près des cours d'eau et des lacs ainsi que dans les zones côtières, où abonde sa nourriture favorite : le poisson.

@ Oiseau

MAÎTRE PÊCHEUR

Habile chasseur, le balbuzard est bien adapté à la capture du poisson.

1. SURVEILLANCE AÉRIENNE *Planant ou volant sur place à plus de 70 m au-dessus de la surface, le balbuzard examine une étendue d'eau.*

2. PAR ICI LA BONNE SOUPE! *Le balbuzard, qui a repéré une proie près de la surface, plonge et la saisit par les côtés avec ses longues serres recourbées.*

3. À TABLE! *Le balbuzard retourne au nid avec son butin. C'est souvent le mâle qui se charge d'apporter leur pitance à la femelle et aux petits.*

Faucon pèlerin

Falco peregrinus

15

- **Longueur** 34-50 cm
- **Poids** 0,5-1,5 kg
- **Régime** Petits oiseaux
- **Répartition** Monde entier (sauf Antarctique)

Ce faucon, capable d'atteindre 360 km/h en piqué pour attraper une proie, est le rapace le plus rapide.

Vautour fauve

Gyps fulvus

?

- **Longueur** 94-109 cm
- **Poids** 6-10 kg
- **Régime** Charognes
- **Répartition** Afrique du Nord, S. Europe et Asie

Le vautour fauve ne tue pas. C'est un nécrophage, qui se nourrit de charognes – terminant souvent les reliefs des repas des prédateurs.

Pygargue à tête blanche

Haliaeetus leucocephalus

20

- **Longueur** 71-96 cm
- **Poids** 3-6,5 kg
- **Régime** Poisson, petits mammifères, oiseaux, charognes
- **Répartition** Amérique du N.

Les pygargues, excellents pêcheurs, descendent en plané pour attraper les poissons nageant près de la surface – quand ils ne volent pas le butin d'autres rapaces.

Les poissons

Les poissons, groupe de vertébrés le plus ancien et le plus nombreux, furent les premiers animaux à développer une colonne vertébrale, il y a 500 millions d'années. On en compte 25 000 espèces, toutes à sang froid et dotées d'un corps adapté à la vie aquatique.

CLASSIFICATION

Trois principales classes de poissons :

- Les **agnathes**, lamproies et myxines, ont la bouche en ventouse et le corps sans écailles, supporté par une notochorde, rachis rudimentaire semblable à un bâton souple.
- Les **chondrichtyens** – requins et raies – ont le squelette fait de cartilage et des écailles qui ressemblent à des petites dents.
- Les **ostéichtyens**, dont le squelette est osseux, comprennent tous les autres poissons.

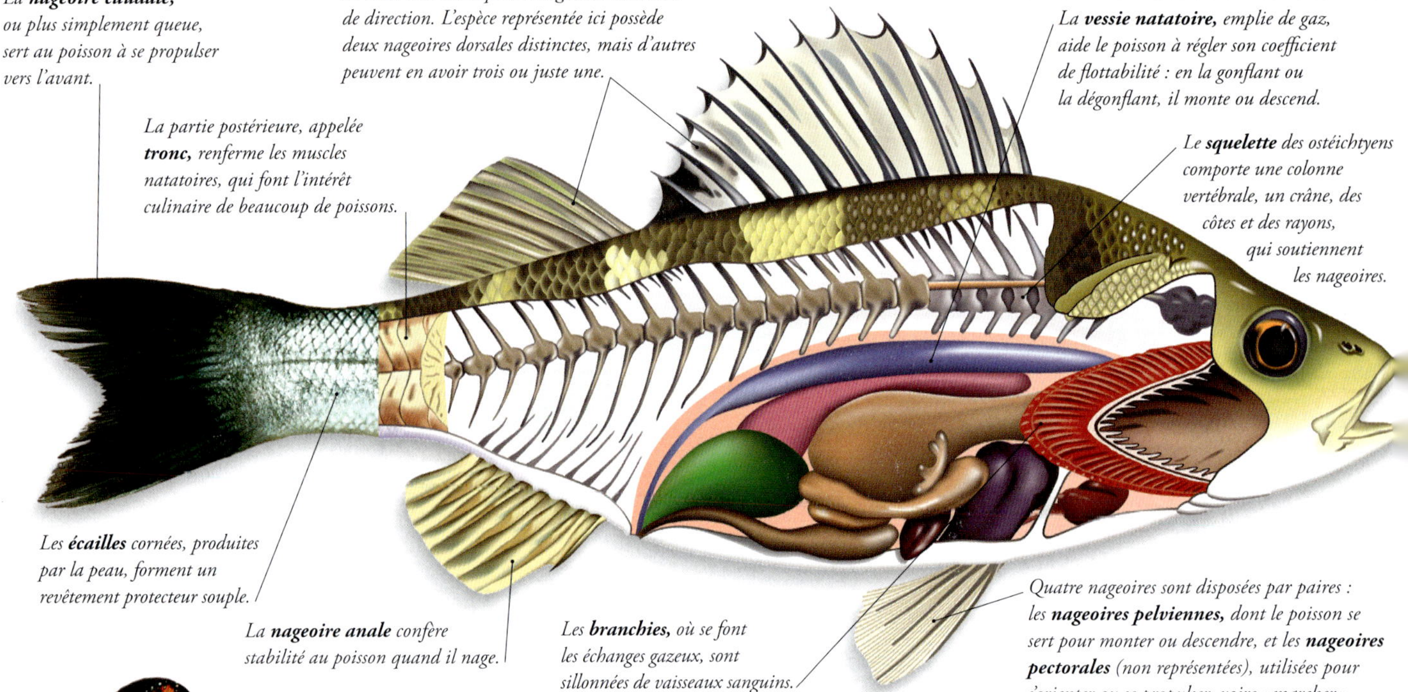

LA REPRODUCTION

◀ UN PAPA POULE *La femelle hippocampe pond dans la poche ventrale du mâle, qui porte ainsi les œufs jusqu'à éclosion.*

Certains poissons s'accouplent, et les œufs éclosent dans le ventre de la femelle. Chez les autres, la grande majorité, la fécondation est externe. Les œufs sont pondus en lieu sûr pour la progéniture à venir, puis ensemencés par le mâle.

▲ LES LARVES *Chez certaines espèces, les petits éclosent déjà développés ; chez d'autres, ce sont des larves vouées à se métamorphoser.*

▲ LA PONTE *Chez beaucoup d'espèces, la femelle pond des milliers d'œufs à la fois pour augmenter les chances de réussite.*

COUP D'ŒIL SUR LES BRANCHIES

Les poissons respirent au moyen de branchies. L'eau, qui pénètre par la bouche, passe dans ces organes et ressort par les opercules, sur les côtés de la tête. En général, les chondrichtyens n'ont pas d'opercules.

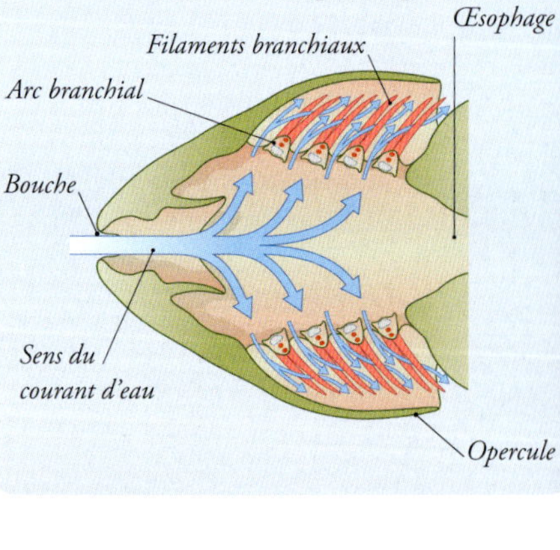

Pastenague mouchetée

Taeniura lymma

- **Longueur** 70 cm ; plus de 2 m queue comprise
- **Poids** Jusqu'à 30 kg
- **Profondeur** 0-20 m
- **Répartition** Océan Indien, Pacifique O., mer Rouge

Ce poisson assez commun vit près des côtes et des récifs tropicaux, où il se nourrit de mollusques et de crustacés dénichés dans le sable. Comme la plupart des raies, il « vole » dans l'eau par des mouvements ondulatoires de ses nageoires pectorales, qui lui donnent sa forme discoïde. Sa longue queue porte un aiguillon défensif.

Anoplogaster

Anoplogaster cornuta

- **Longueur** 15-18 cm
- **Poids** Inconnu
- **Profondeur** 500-5 000 m
- **Répartition** Tous les océans

@ Poisson

Ce poisson abyssal, d'aspect monstrueux, vit très profond, où la lumière ne parvient pas. Il détecte ses proies, surtout des poissons, grâce à ses organes de la ligne latérale, sensibles aux vibrations, qui lui permettent de percevoir les remous dans l'eau.

Mérou géant du Pacifique

Stereolepis gigas

- **Longueur** 2,50 m
- **Poids** 400 kg
- **Profondeur** 5-45 m
- **Répartition** Pacifique Est, de la Californie au Mexique, et Japon

Ce très gros poisson passe son temps à rôder à proximité des côtes rocheuses accidentées et couvertes d'algues. Il peut vivre jusqu'à cent ans, mais se reproduit si lentement qu'il lui faut des décennies pour compenser les pertes liées à la surpêche.

Poisson-clown à trois bandes

Amphiprion ocellaris

- **Longueur** 8-11 cm
- **Profondeur** Jusqu'à 15 m
- **Répartition** Asie du Sud-Est et N. Australie

Ce petit poisson vivement coloré vit dans les lagons peu profonds formés par les récifs coralliens. Il s'abrite des prédateurs en se cachant parmi les tentacules des anémones, dont les autres poissons fuient les piqûres mortelles. Nul ne sait au juste pourquoi lui ne les craint pas. À leur naissance, les poissons-clowns sont tous mâles et changent de sexe une fois atteint une certaine taille.

Diodon

Diodon sp.

- **Longueur** 90 cm
- **Poids** Poids exact inconnu
- **Profondeur** 2-50 m
- **Répartition** Atlantique tropical et subtropical, Pacifique et océan Indien

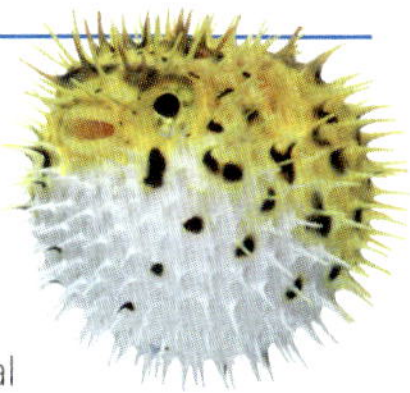

Gonflé

Dégonflé

Lorsqu'ils sont menacés, les diodons gonflent leur corps de manière à former une boule épineuse difficile à avaler. Même les très gros prédateurs évitent de s'y attaquer, car, en plus d'être exécrables au goût, ils sont toxiques.

Murène à bandes brunes

Gymnothorax rueppellii

- **Longueur** 80 cm
- **Poids** Poids exact inconnu
- **Profondeur** 1-40 m
- **Répartition** Océans Indien et Pacifique

Ce poisson, comme toutes les murènes, est un redoutable chasseur à l'affût. Caché le jour dans les rochers, il se poste la nuit à l'entrée de son antre, attendant le passage d'un poisson ou d'un crustacé à happer.

Protoptère africain

Protopterus annectens

- **Longueur** Jusqu'à 2 m
- **Poids** Jusqu'à 17 kg
- **Répartition** O. et C. Afrique

Les dipneustes vivent dans les marécages formés par les rivières boueuses. En cas d'assèchement complet après la saison des pluies, ils peuvent survivre plusieurs mois reclus dans un cocon de boue séchée, respirant grâce à leurs poumons rudimentaires.

Piranha rouge

Pygocentrus nattereri

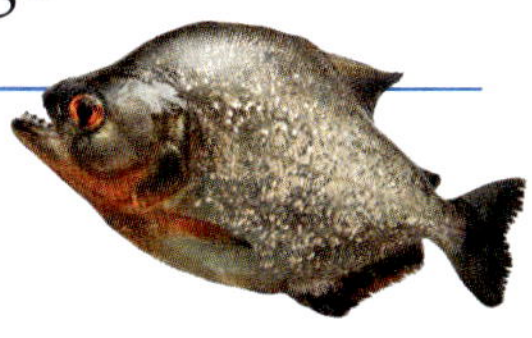

- **Longueur** 33 cm
- **Poids** 1 kg
- **Répartition** Amérique du Sud

Ce poisson d'eau douce comestible, bien connu pour sa puissante mâchoire et ses dents acérées, vit en grands bancs. Ses proies ordinaires sont les poissons et les invertébrés aquatiques, mais il n'hésite pas à s'attaquer à d'autres animaux. Son ouïe fine et ses organes de la ligne latérale lui permettent de détecter aux remous une proie en train de se débattre.

Grand requin blanc

Carcharodon carcharias

- **Longueur** Jusqu'à 7 m
- **Poids** Peut dépasser 3 tonnes
- **Profondeur** 0-1 300 m
- **Répartition** Tous les océans

Le requin blanc, probablement l'hôte des océans le plus craint, est aujourd'hui protégé en raison de la surpêche de ces dernières décennies. Il chasse les gros poissons, les calamars et les phoques.

Les invertébrés

Présents aussi bien sur la terre que dans les mers, les airs et même notre corps, les invertébrés, dont on estime le nombre à environ 5 millions d'espèces, soit 95 % du règne animal, sont de tous les animaux ceux qui ont le mieux réussi à s'adapter.

Invertébré

Il y a une immense diversité chez les invertébrés
Les différences ne concernent pas simplement l'aspect, mais aussi la façon de se comporter et de se déplacer.

COUP D'ŒIL SUR LES INVERTÉBRÉS

Les invertébrés n'ont ni colonne vertébrale ni véritable mâchoire.

QU'EST-CE QU'UN INVERTÉBRÉ ?

Sont dits invertébrés tous les animaux dépourvus de colonne vertébrale et de squelette interne. Certains ont une carapace dure (comme les crustacés ou les coléoptères) ou vivent dans une coquille (comme les escargots ou les moules). D'autres sont divisés en segments mous (par exemple les vers).

▲ LES ÉPONGES, *dépourvues de tête et de cerveau, sont des invertébrés extrêmement simples…*

… tandis que les poulpes sont très intelligents. Une femelle en captivité a appris à ouvrir un bocal en imitant son soigneur.

▲ LES FOURMIS *sont des animaux sociaux qui coopèrent pour survivre…*

… tandis que les mygales vivent et chassent seules.

▲ LES CORAUX, *rivés aux fonds marins, ressemblent à des plantes et bougent à peine…*

… tandis que le gran monarque peut parcouri 4 000 km lors de sa migratio annuelle

La mue
Carapaces et cuticules ne croissent pas. Quand l'animal à l'intérieur devient trop grand, il lui faut s'en débarrasser et en refaire de nouvelles.

Crabe, pinces dressées

LES CLASSES D'INVERTÉBRÉS

Il n'y a pas, dans la classification du règne animal (👁 p. 84-85), de groupe appelé invertébrés. Le terme s'oppose juste à celui de vertébrés, un sous-groupe du phylum des chordés, divisé en mammifères, oiseaux, etc. Les « non-vertébrés » appartiennent à plus de 30 phylums différents dont :

◂ MOLLUSQUES – ***céphalopodes, gastéropodes et bivalves*** *(50 000 espèces) La plupart de ces animaux ont une coquille et une radula – « langue » rubanée, râpeuse, couverte de denticules chitineux.*

◂ ÉCHINODERMES – ***astéries, oursins et holothuries*** *(7 000 espèces) Presque tous ces animaux vivent sur les fonds marins. Leur corps, épineux, est généralement divisé en cinq parties égales.*

◂ LES ANNÉLIDES – ***vers de terre, sangsues et polychètes*** *(12 000 espèces) Ces animaux ont le corps divisé en segments.*

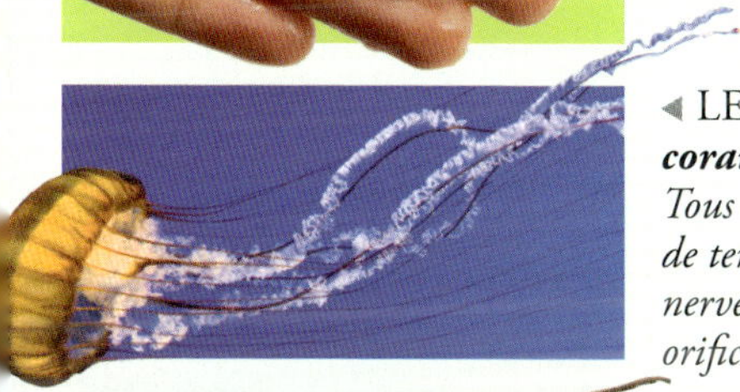

◂ LES CNIDAIRES – ***méduses, coraux et hydres*** *(8 000-9 000 espèces). Tous ont un corps simple pourvu de tentacules urticants, d'un système nerveux rudimentaire et d'un seul orifice : la bouche.*

◂ LES ARTHROPODES – ***insectes, arachnides et crustacés*** *(1 000 000 espèces). Les arthropodes, comme le coléoptère ci-contre, sont protégés par une cuticule, enveloppe externe rigide. Leur corps est divisé en plusieurs parties.*

◂ LES ÉPONGES *(5 000-10 000 espèces) On pensait jadis que les éponges étaient des végétaux. Il s'agit en réalité d'animaux très simples, fixés aux fonds marins. Elles s'alimentent en filtrant l'eau qui les traverse.*

Une question de sens

Les invertébrés simples, comme les anémones, ont des sens rudimentaires : ils détectent la présence de nourriture (s'étirent) et sentent le danger (se rétractent). Les invertébrés plus évolués disposent de sens supérieurs. Grâce à leurs yeux composés, les mouches voient très bien et perçoivent tous les mouvements ; les criquets ont des tympans dans l'abdomen.

▾ LES PAPILLONS *perçoivent grâce aux récepteurs chimiques situés sur leurs pattes le goût de ce sur quoi ils se posent. Ils savent ainsi s'il s'agit de quelque chose de buvable, comme du nectar.*

SANS LES INVERTÉBRÉS,

plus de vie sur Terre. Le krill (petits crustacés) est la base de la chaîne alimentaire en mer polaire. Certains insectes, tels les fourmis ou les coléoptères (et leurs larves), font place nette dans la nature. D'autres, comme les abeilles, assurent la pollinisation (👁 p. 90-91).

▴ LE KRILL
Sans le krill, nombre de poissons s'éteindraient. Ces animaux minuscules forment la base de l'alimentation de beaucoup d'animaux marins, dont le requin-baleine, le plus gros poisson du monde.

▸ LES FOURMIS
Les décomposeurs, comme les fourmis, décomposent animaux et végétaux morts. Les débris laissés sont plus facilement absorbés par le sol et libèrent des nutriments assimilables par les plantes.

▾ LES BOUSIERS
Sans les bousiers, les déjections animales envahiraient maints endroits, comme les savanes africaines ou les pâturages australiens. Moins de déjections, c'est autant de mouches en moins, donc une diminution du risque de maladies.

D'étonnants arthropodes

Avec plus de 1 million d'espèces, les arthropodes sont le principal phylum (ou embranchement) du règne animal. Ils ont été les premiers à conquérir la terre ferme, il y a plus de 400 millions d'années.

WAOUH!

Il y a autant d'arthropodes sur Terre que tous les autres animaux réunis.

LES INSECTES

Les insectes ont trois paires de pattes et le corps divisé en trois parties : tête, thorax et abdomen. Ils forment le plus grand groupe d'arthropodes. Plus de 90 % des animaux sont des insectes. Punaises, papillons, abeilles et coléoptères en font partie.

▸ LES MOTIFS *peuvent servir de camouflage contre les prédateurs.*

LES ARACHNIDES

Les arachnides, dont le corps est en deux parties, n'ont pas d'antennes. Ils ont huit pattes et deux paires de pièces buccales, l'une ressemblant à des pattes ou des griffes, pour saisir les proies, l'autre à des pinces ou des crochets pour transpercer et tuer. Araignées, scorpions, tiques et acariens sont des arachnides.

▴ LE SCORPION EMPEREUR *utilise son dard pour se défendre et ses pinces pour saisir ses proies.*

LES MYRIAPODES

Ces arthropodes ont le corps composé d'une multitude de petits segments, comptant chacun une paire de pattes chez les chilipodes et deux chez les diplopodes. Communément appelés mille-pattes, les myriapodes, selon l'espèce, possèdent en réalité d'une dizaine de pattes à 750.

◂ *La morsure de la* SCOLOPENDRE GÉANTE *est venimeuse et douloureuse.*

LES CRUSTACÉS

Les crustacés – parmi lesquels crabes, homards et crevettes – vivent en général dans l'eau, mais certains, tels les cloportes, préfèrent la terre ferme. Leur aspect varie beaucoup selon l'espèce : le homard bleu peut atteindre 1 m de long, contre 15 mm de diamètre pour certaines balanes.

▸ LES HOMARDS VIVANTS *sont pour la plupart brun bleuté. C'est en cuisant qu'ils deviennent rouges.*

LES MÉROSTOMES

Bien qu'elles ressemblent à des crustacés, les limules sont en fait plus proches des arachnides : elles ont huit pattes, deux paires de pièces buccales et pas d'antennes. Cet animal n'a pratiquement pas changé depuis 300 millions d'années.

▴ LES LIMULES *sont apparentées au trilobites, aujourd'hui éteints.*

LES PYCNOGONIDES

Les pycnogonides, animaux marins proches des araignées par l'aspect, ont en général huit pattes, mais certaines espèces en comptent dix ou douze. Leurs yeux sont au nombre de quatre.

▸ LES PYCNOGONIDES *se rencontrent au fond des mers.*

UNE ATTAQUE CIBLÉE

Il existe plus de 40 000 espèces d'araignées, et toutes sont venimeuses, généralement sans danger pour l'homme, mais mortelles pour leurs proies.

Arthropode

Mygale Mexicaine

Euathlus smithi

30

- **Longueur** 10 cm
- **Longueur des pattes** 18 cm
- **Proies** Insectes, petits mammifères, lézards
- **Répartition** O. Mexique central

La mygale à genoux rouges, qui chasse de nuit, capte odeurs, saveurs et vibrations par des organes situés au bout des pattes. La femelle peut vivre 30 ans, le mâle de 3 à 6 ans.

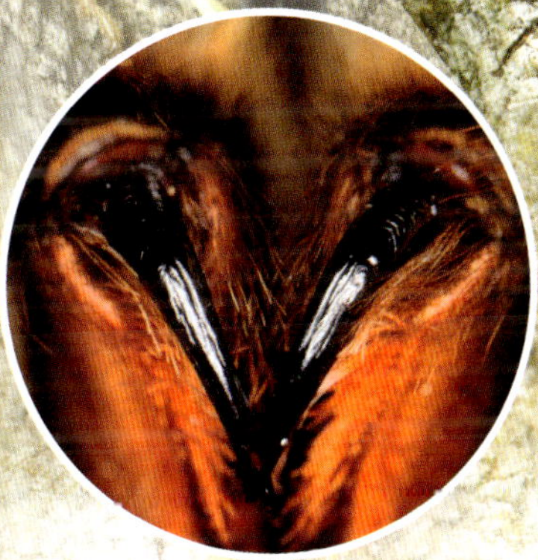

▲ UNE MORSURE FATALE *Les mygales ont des crochets creux avec lesquels elles injectent dans leurs proies un venin paralysant.*

GARE À L'ARAIGNÉE

Piégé! Plutôt que de courir après, beaucoup d'araignées préfèrent piéger leurs proies. Avec un fil de soie gluant sécrété par une glande de leur abdomen, elles tissent une toile où l'insecte vient se prendre. La victime est ensuite tuée par morsure.

Prière de ne pas déranger Habituellement, les araignées n'attaquent pas l'homme, mais certaines peuvent mordre quand elles sont dérangées. La veuve noire européenne possède assez de venin pour tuer quelqu'un, la femelle étant souvent la plus dangereuse.

Épeire carrée

Araneus quadratus

- **Longueur** 8-17 mm
- **Longueur des pattes** 7 cm
- **Proies** Petits insectes volants
- **Répartition** Europe et Asie

Les épeires tissent leur toile dans les herbes ou la broussaille. Pour se camoufler, la femelle change de couleur.

Mygale ornementale saphire

Poecilotheria metallica

12

- **Longueur** 6 cm
- **Longueur des pattes** 18 cm
- **Proies** Insectes, oisillons, lézards
- **Répartition** S. Inde

Cette araignée arboricole de couleur bleue est en danger d'extinction imminente du fait de la destruction de son habitat. La femelle peut vivre jusqu'à 12 ans, le mâle 3 ou 4 ans.

Dolomède des marécages

Dolomedes plantarius

- **Longueur** Femelle 17-22 mm
Mâle 13-18 mm
- **Longueur des pattes** Jusqu'à 9 cm
- **Répartition** Europe

Cette araignée court sur l'eau après ses proies, dont elle perçoit les mouvements par des récepteurs situés sur ses pattes.

Drôles d'insectes

Les insectes comptent le plus grand nombre d'espèces. On en connaît plus de 1 million, mais, d'après les scientifiques, il existerait le double, voire le triple d'espèces. Beaucoup d'autres organismes vivants en dépendent : la plupart des plantes ont besoin d'eux pour la pollinisation, et nombre d'animaux sont insectivores.

MAIS ENCORE ?

Le corps des insectes se compose de trois parties – tête, thorax et abdomen – reliées par la cuticule externe, le système circulatoire, les tissus mous et les nerfs commandant les fonctions organiques.

*Le **thorax** renferme les muscles qui actionnent les pattes et les ailes.*

*La **tête** contient organes sensoriel tels les yeux ou les antennes.*

*L'**abdomen** renferme l'appareil reproducteur et une grande partie de l'appareil digestif.*

*Les insectes ont deux **antennes,** dont ils se servent de diverses façons pour explorer leur environnement : par voie tactile, olfactive, gustative et même auditive (puisqu'elles permettent de percevoir les vibrations de l'air).*

*Les insectes ont souvent deux paires d'**ailes.** L'abeille a les ailes antérieures et postérieures soudées. Chez les coléoptères et beaucoup d'hémiptères, les antérieures, ou élytres, forment une carapace couvrant les postérieures.*

*Les insectes adultes respirent par des **spiracles,** petits orifices situés le long du thorax et de l'abdomen.*

Insecte

COUP D'ŒIL SUR LA BOUCHE

Les insectes peuvent avoir des régimes alimentaires très différents les uns des autres, ce qui explique la grande variété des pièces buccales. Certains ont des mandibules en forme de pinces pour tuer leurs proies ou de petits sécateurs pour couper les feuilles. Chez d'autres, cette bouche peut être remplacée par un organe plus spécialisé.

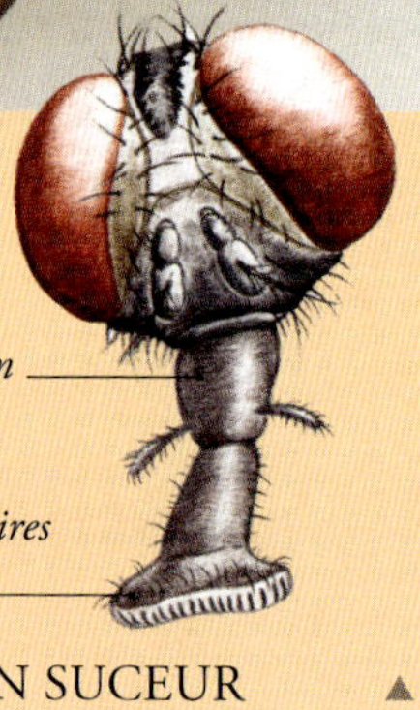

▲ UN SUCEUR LABIAL *Les mouches absorbent les aliments liquides par un tube spongieux.*

▲ UN SUCEUR MAXILLAIRE *Les papillons déroulent leur fine trompe et s'en servent comme d'une paille pour aspirer le nectar.*

▲ UN PIQUEUR-SUCEUR *Les moust ont des pièces buccales pointues pour transper la peau.*

LE CYCLE DE VIE D'UNE COCCINELLE

1. LA PONTE *Les insectes sont ovipares. Après l'accouplement, la femelle coccinelle pond sur une feuille et, environ une semaine après, les œufs éclosent.*

2. L'ÉCLOSION *Les larves, très différentes de leurs parents, ont une enveloppe externe souple, appelée cuticule, qui bientôt durcit et fonce.*

3. LE DÉVELOPPEMENT *La larve doit beaucoup manger pour se développer. Durant quatre semaines environ, elle dévore des centaines de pucerons suceurs de sève.*

4. LA NYMPHOSE *Lorsqu'elle est prête à se transformer en pupe, la larve se fixe sous une feuille et mue. La cuticule nymphale met environ une semaine à durcir et foncer. Durant ce temps, la larve ne bouge pas.*

5. L'ÉMERGENCE *Une semaine plus tard, la cuticule se fend et la coccinelle adulte émerge. Le corps et les élytres sont tout d'abord mous. La couleur vive et les points caractéristiques n'apparaissent qu'ensuite.*

6. L'ÂGE ADULTE *Les élytres croissent et se muent en une carapace protectrice. Elles foncent et les points apparaissent. Le cycle peut alors recommencer.*

Des couleurs d'avertissement

Pour se protéger des prédateurs, nombre d'insectes stockent en eux des substances toxiques, signalées de l'extérieur par des couleurs vives, généralement rouge, orange ou jaune. Le grand monarque et le vice-roi affichent tous deux des couleurs qu'on peut interpréter comme : « Je ne suis vraiment pas bon ! »

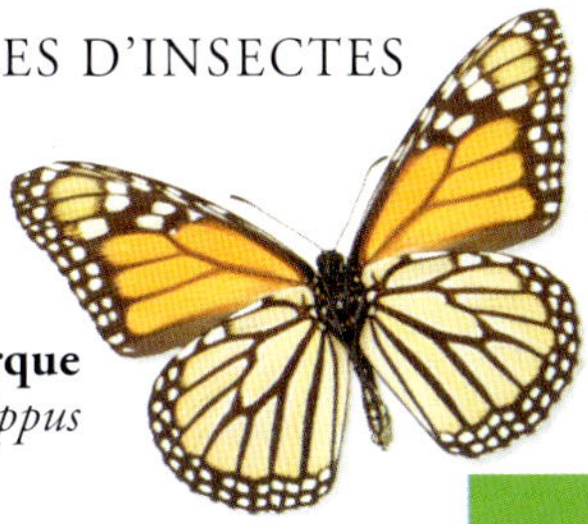

Grand monarque *Danaus plexippus*

Vice-roi *Limenitis archippus*

Le camouflage

Se rendre invisible est un autre moyen d'échapper aux prédateurs. Beaucoup d'insectes, passés maîtres dans l'art du camouflage, se confondent totalement avec l'environnement, comme ici ce papillon de nuit.

Sphinx rustique *Manduca rustica*

GUÊPE OU ABEILLE ?

Ces insectes d'aspect similaire présentent de nombreuses différences :

- Il existe environ 20 000 espèces d'abeilles.
- Les abeilles sociales vivent en colonie dans des nids de cire.
- Les abeilles se nourrissent de nectar et de pollen.
- Les abeilles sont plus velues que les guêpes.
- L'abeille ne pique qu'une seule fois, car son dard, prisonnier, s'arrache de l'abdomen, entraînant la mort de l'insecte.

- Il existe plus de 75 000 espèces de guêpes.
- Les guêpes sociales vivent dans des nids en pâte de cellulose, qu'elles fabriquent en mastiquant du bois.
- Les guêpes sont insectivores.
- Les guêpes sont plus vivement colorées que les abeilles.
- La guêpe peut réutiliser son dard. Comme chez l'abeille, seule la femelle en est munie, car il s'agit d'une transformation de la tarière, tube servant à la ponte.

Les abeilles se nourrissent de nectar…

… tandis que les guêpes sont insectivores.

Hémiptères *et* coléoptères

L'ordre des hémiptères compte 82 000 espèces. Celui des coléoptères en totalise 370 000, ce qui représente un tiers de tous les insectes connus. Hémiptères et coléoptères se caractérisent par l'épaisseur de leurs ailes antérieures, qui forment, surtout chez les seconds, comme une carapace.

Fulgore
Phrictus quinquepartitus

HÉMIPTÈRES

Punaise du cotonnier
Dysdercus decussatus

Cigale
Angamiana aetherea

WAOUH !
Ces insectes sont grandeur nature. Le grand léthocère, le plus grand des hémiptères, paraît petit à côté du dynaste Hercule.

Réduve
Eulyes illustris

Nèpe
Nepa sp.

Corée marginée
Coreus marginatus

Grand léthocère
Lethocerus grandis

Punaise des lits (grossie 2 fois)
Cimex lectularius

Cicadelle ver
Cicadella viridis

COMMENT RECONNAÎTRE UN HÉMIPTÈRE ?

Les hémiptères ont deux paires d'ailes et un rostre pour transpercer les tissus et aspirer la nourriture.

◂ *Pentatome s'attaquant à une chenille*

Les hémiptères ont une métamorphose incomplète. Le jeune, ou nymphe, ressembl à l'adulte, ailes et organes reproducteurs en moins.

COLÉOPTÈRES

Coccinelle à sept points
Cocinella septempuntacta

Calligraphe
Calligrapha dislocata

Charançon
Eupholus bennetti

Dynaste Hercule
Dynastes hercules

Anthie à dix taches
Thermophilum decemguttatum

Lucane cerf-volant
Lucanus cervus

Casside
Eugenysa regalis

Dytique bordé
Dytiscus marginalis

Arlequin de Cayenne
Acrocinus longimanus

…phidie …uatre taches
…phidium …drimaculatum

Taupin
Chalcolepidius limbatus

Coléoptère

COMMENT RECONNAÎTRE UN COLÉOPTÈRE ?

Chrysomèle

Les coléoptères ont les élytres jointes. On parle d'élytres à propos des ailes antérieures, lorsque celles-ci sont dures et recouvrent les postérieures.

Les coléoptères ont une métamorphose complète : ils débutent sous forme de larve, se transforment en pupe, puis en adulte, changeant à chaque fois d'aspect.

Larve de lucane…

… pupe…

… et lucane adulte

Les invertébrés marins

Nombre d'invertébrés vivent dans la mer. Certains, tels les coraux ou les éponges, sont fixés, tandis que d'autres, comme les méduses ou les céphalopodes, nagent en pleine eau. Les astéries et les crabes rampent ou marchent sur les fonds marins, des plus proches de la surface jusqu'aux abysses obscurs.

Poulpe de récif

Octopus cyanea

- **Taille** Corps : 16 cm ; bras : 80 cm
- **Répartition** Zone indo-pacifique

Chose rare chez les poulpes, cet animal chasse de jour, changeant de motifs pour se camoufler. Il affectionne les palourdes, les crevettes, les crabes et les poissons.

L'ANATOMIE D'UNE PIEUVRE

Les pieuvres ou poulpes, mollusques céphalopodes, sont probablement les invertébrés les plus intelligents. Certains céphalopodes ont une coquille externe, d'autres une coquille interne. Chez le poulpe, la tête contient la plupart des organes, y compris les organes digestifs et les branchies.

Les huit bras, ou tentacules, du poulpe sont garnis de ventouses lui servant à adhérer aux rochers ainsi qu'à immobiliser ses proies.

@ Invertébré

► LES PIEUVRES *rampent souvent au sol, mais se servent aussi de leurs bras et d'un système de propulsion à jet pour nager en pleine eau.*

COUP D'ŒIL SUR LES TRAITS COLORISTIQUES

Les poulpes peuvent changer de couleur rapidement et utiliser différents motifs pour exprimer leurs émotions ou se fondre avec les fonds marins afin d'échapper aux prédateurs. Lorsqu'ils sont démasqués, ils émettent un jet d'encre pour faire écran et s'échapper plus facilement.

▲ AVEUGLÉ *Poulpe aspergeant d'encre un ennemi potentiel*

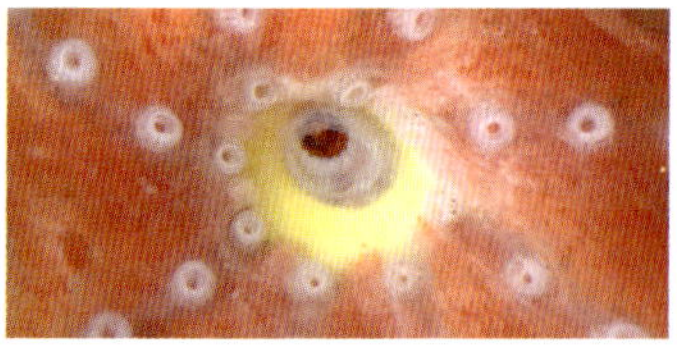

▲ LA BOUCHE *La bouche des poulpes est un orifice circulaire extensible cachant un bec corné avec lequel l'animal déchiquette ses proies.*

Étoile rouge géante

Protoreaster linckii

- **Diamètre** Jusqu'à 30 cm
- **Répartition** Océan Indien

Comme la plupart des astéries, cette étoile de mer est prédatrice. Dotée de centaines de podions terminés en ventouses, elle déambule sur les récifs et les rochers en quête de bivalves, vers tubicoles, éponges et autres invertébrés peu mobiles. La proie, sur laquelle elle se fixe, est dévorée de l'extérieur par retournement de l'estomac hors de la bouche (située au centre).

Crabe-fantôme

Ocypode ceratophthalmus

- **Largeur** 6-8 cm
- **Répartition** Océans Indien et Pacifique

Les crabes-fantômes fréquentent les plages de sable, se nourrissant des matières organiques laissées par la marée. Ils courent et creusent si vite qu'ils semblent parfois disparaître.

Éponge tubulaire jaune

Aplysina fistularis

- **Hauteur** Jusqu'à 61 cm
- **Répartition** Mers chaudes

Les spongiaires sont des organismes très simples. Les éponges tubulaires ont le corps en forme de tuyau d'orgue, garni de pores, par où l'eau est aspirée, et soutenu par un squelette souple. Chez d'autres espèces, l'armature est plus rigide.

Nudibranche

Chromodoris kuniei

- **Longueur** 5 cm
- **Répartition** Pacifique Ouest

Les nudibranches, gastéropodes marins carnivores dépourvus de coquille, rampent sur les récifs coralliens à la recherche de proies incapables de leur échapper, telles les éponges, les pouces-pieds ou les coraux.

Homard commun

Homarus gammarus

- **Longueur** 60-100 cm
- **Répartition** Côtes européennes

Tapi le jour dans son antre rocheux, cet imposant cousin de la crevette et du crabe chasse la nuit petits invertébrés et poissons, qu'il détecte avec ses antennes et attrape avec ses grosses pinces. Comme tout crustacé, le homard change régulièrement de carapace en grandissant.

Corail corne d'élan

Acropora palmata

- **Taille** Jusqu'à 3 m
- **Répartition** Mer des Antilles

Cette structure cassante n'est pas un seul animal, mais une colonie composée de milliers de polypes se développant sur une base osseuse commune. Chacun de ces organismes, en forme de sac, possède à son sommet une bouche entourée de petits tentacules.

Dahlia de mer

Urticina felina

- **Diamètre** 25-35 cm
- **Répartition** Eaux côtières de l'hémisphère Nord

Cette anémone de mer se développe sur les rochers et autres surfaces dures, sans pouvoir en bouger. Ses tentacules sont garnis de cellules urticantes qui paralysent les petits animaux. La proie piégée est amenée jusqu'à la bouche.

Crinière de lion

Cyanea capillata

- **Diamètre** Jusqu'à 2 m
- **Répartition** Mers boréales

Cet animal des mers froides, souvent échoué sur les plages après tempête, doit son nom à la masse brune formée par les festons de ses bras. Malgré l'absence de cerveau, les méduses se maintiennent avec succès depuis 500 millions d'années, grâce à un « design » simple et efficace.

Que fais-tu là ?

Des oiseaux qui ne savent pas voler et des reptiles qui semblent pouvoir le faire ; des serpents qui vivent dans la mer et des poissons hors de l'eau… Les animaux ne sont pas toujours là où on les attend !

DANS L'AIR

Seuls les oiseaux, les chauves-souris et les insectes sont vraiment capables de voler, mais plusieurs autres animaux ont développé une aptitude au vol plané.

▼ LE GECKO VOLANT
Replis cutanés, pieds palmés et queue aplatie permettent à ce gecko de planer d'arbre en arbre.

▲ LE SERPENT « VOLANT »
En ouvrant sa cage thoracique, cet étonnant serpent se transforme en un ruban volant.

SUR TERRE

Parfois la terre ferme est la meilleure option, même pour des animaux qu'on s'attendrait plutôt à voir dans les airs ou dans l'eau.

◄ L'ÉMEU
L'émeu australien a des pattes très puissantes, mais pas d'ailes.

À LA SURFACE DE L'EAU

La surface de l'eau est une barrière infranchissable pour beaucoup d'espèces, mais certains animaux s'en servent pour échapper à leurs prédateurs ou surprendre une proie distraite.

▲ LE POISSON VOLANT
Les exocets rasent les flots à une vitesse de 60 km/h, laissant peu de chances à leurs prédateurs.

◄ LE BASILIC
Ses grands pieds et une vélocité rare permettent à ce léza[rd] de courir sur l'eau stagnante.

DANS L'EAU

Beaucoup d'animaux à respiration aérienne fréquentent le monde aquatique, où la nourriture abonde. Certains, comme les manchots, se reproduisent à terre, tandis que d'autres n'ont pas besoin de quitter l'eau.

▼ LES MANCHOTS
Les manchots ne volent plus, mais se sont perfectionnés dans l'art de la nage.

COUP D'ŒIL DE LA MER À L'ARBRE

Le crabe des cocotiers est le plus grand arthropode terrestre. Grimpeur habile mais prudent, il se hisse au haut des palmiers et fait tomber les noix de coco fraîches, qu'il ouvre avec ses énormes pinces afin d'en extraire la chair.

Crabe des cocotiers
Birgus latro

UNE APPROCHE DIFFÉRENTE

Nous associons certains animaux à certains types d'environnement, mais dans la lutte pour la survie, nombre d'entre eux trouvent avantage à sortir des sentiers battus. Leur comportement extravagant peut s'expliquer par le besoin de trouver de la nourriture, d'échapper à des prédateurs ou de s'adapter à une nouvelle donne.

◀ LE PÉTAURISTE
Le repli de peau le long des flancs de cet écureuil tient lieu de parachute dirigeable.

◀ LA GRENOUILLE VOLANTE
La grenouille volante a les pieds en parasol. Ses doigts, longs et robustes, sont unis par une membrane de peau.

◀ LE CASOAR
Le casoar, oiseau forestier, utilise ses gros pieds pour courir et se battre.

◀ LE GOBIE
Le gobie traverse les estrans en se traînant sur le sable avec ses nageoires.

EN SOUS-SOL

Beaucoup d'animaux passent tout ou partie de leur vie sous terre, où les prédateurs sont peu nombreux. Certains peuvent survivre à des conditions extrêmes, comme la sécheresse, en s'enfouissant.

◀ LA CIGALE DIX-SEPT ANS
Les larves de cette cigale vivent sous terre avant d'émerger toutes ensemble, au bout de 13 à 17 ans.

▶ LE DIPNEUSTE AFRICAIN
Lorsque les rivières tropicales s'assèchent, cet étonnant poisson s'aménage un cocon dans la boue séchée, où il peut respirer.

◀ L'ARAIGNÉE D'EAU
Les poils de l'argyronète piègent l'air, ce qui lui permet de respirer sous l'eau. C'est comme plonger avec des bouteilles.

▶ LE LAMENTIN
Cet animal doux vit et se reproduit dans les mers chaudes, en eau peu profonde.

◀ LE SERPENT MARIN
Les serpents marins passent leur vie dans l'eau, souvent à des centaines de kilomètres des côtes.

La vie microscopique

Certains êtres vivants, comme l'éléphant ou le chêne, passent difficilement inaperçus, alors que d'autres sont beaucoup plus difficiles à percevoir. Tout autour de nous – dans l'air, sur terre, dans l'eau et même sur notre corps – vivent des milliers d'organismes microscopiques !

@ Vie microscopique

QU'Y A-T-IL DANS L'EAU ?

En plus des poissons et autres créatures marines, les océans, rivières et lacs regorgent de plancton, organismes microscopiques dérivant au gré du courant. On distingue le zooplancton, animal, du phytoplancton, végétal. Des écosystèmes entiers sont dépendants du plancton, car nombre d'animaux aquatiques sont planctivores.

◂ *Le* KRILL, *composé de minuscules crustacés planctivores, est un élément-clé de la chaîne alimentaire marine, puisque de gros animaux, dont les baleines, s'en nourrissent.*

◂ LES ALGUES *Le plancton se compose en grande partie d'algues, la plupart unicellulaires, comme ces diatomées.*

COUP D'ŒIL SUR LES ALGUES

Les algues unicellulaires appartiennent au groupe des protistes. Comme les plantes, elles fabriquent leur nourriture par photosynthèse en utilisant la lumière du Soleil (👁 p. 87).

◂ EFFLORESCENCE *Le bloom algal, signe de déséquilibre écologique, masque la lumière du Soleil, consomme des nutriments et affame ou empoisonne plantes et animaux aquatiques.*

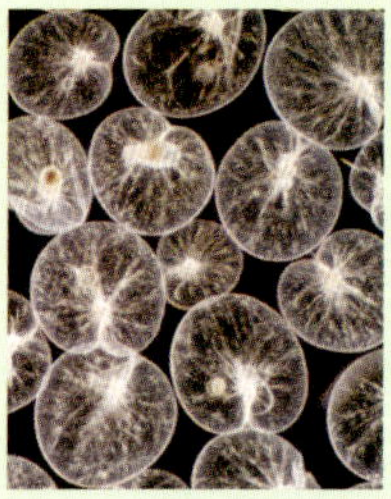

◂ LUMIÈRE *Plusieurs algues, bioluminescentes, luisent quand elles sont dérangées. L'algue* Noctiluca *peut donner à la mer des reflets verts scintillants.*

BACTÉRIE ET BACTÉRIE

Les bactéries sont indispensables à la vie. Certaines vivent dans le sol et libèrent des nitrates, sans lesquels les plantes ne croîtraient pas et la chaîne alimentaire s'effondrerait. D'autres participent à la digestion des aliments dans notre intestin. Mais il en existe aussi de nuisibles, pouvant provoquer des maladies chez les plantes, les animaux et les êtres humains.

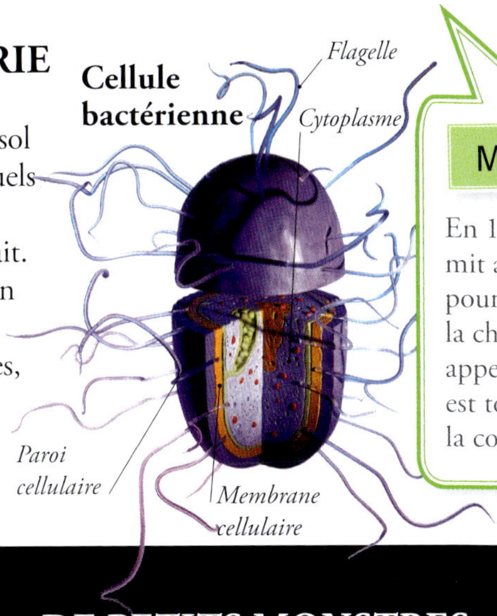

MAIS ENCORE ?

En 1862, Louis Pasteur mit au point un procédé pour tuer les bactéries par la chaleur. Cette méthode, appelée pasteurisation, est toujours utilisée pour la conservation du lait.

▲ LA PUISSANTE PÉNICILLINE
Quand on est malade, il arrive que le médecin nous prescrive de la pénicilline. C'est un antibiotique – médicament qui tue les bactéries. En 1928, le biologiste écossais Alexander Fleming constata sur une culture bactérienne la présence de pénicillium. Là où la moisissure s'était développée, les bactéries étaient mortes. C'est ainsi que la pénicilline fut découverte.

◀ LARVE DE CRABE
Beaucoup d'animaux débutent sous forme de larve microscopique. La larve de crabe s'installe dans un lieu, où, après métamorphose, le jeune pourra atteindre le stade adulte.

DE PETITS MONSTRES

Les tiques et les acariens, qui, comme les araignées, font partie de la classe des arachnides, sont des parasites. Ils vivent aux dépens de leur hôte – plante ou animal. Certains détruisent les récoltes, tandis que d'autres sont vecteurs de maladies.

WAOUH !

Il y a environ 30 000 espèces d'acariens et de tiques, mesurant généralement moins de 1 mm de long. On les trouve dans les aliments, comme la farine ou le fromage, les déjections, sur la peau et parmi les poils. Ils se nourrissent de plantes ou de la peau et du sang de leurs hôtes.

▶ L'ACARIEN DE LA FARINE
Nombre d'aliments que nous mangeons contiennent des déchets d'acariens comme celui-ci, qui se nourrissent de produits céréaliers, tels la farine ou les flocons d'avoine.

◀ PULLULATION
Noctiluca *est aussi en cause dans les « marées rouges », généralement provoquées par le rejet d'eaux usées ou d'engrais. Ces proliférations peuvent tuer d'autres formes de vie.*

Demodex fulliculorum
Bien qu'il soit impossible de le voir ni même de le sentir, nous l'hébergeons tous sur notre visage. Cet acarien de 0,02 mm de long s'accroche à la base des cils, où il se nourrit de cellules de peau morte. Mais pas d'inquiétude : il est inoffensif.

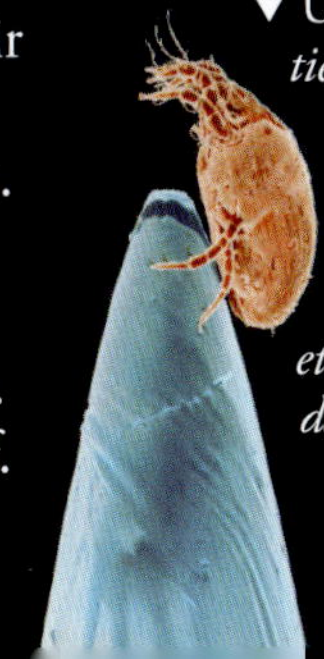

▼ UN ACARIEN
tient sur la pointe d'une aiguille. Il se nourrit de fragments de peau morte et de poils trouvés dans la poussière.

Les animaux du passé

Les animaux préhistoriques les plus connus sont sans conteste les dinosaures, mais ils sont apparus des milliers d'années après les premières formes de vie. On pense que la vie sur Terre a commencé il y a environ 3,8 milliards d'années. Il s'agissait de procaryotes unicellulaires, comme les cyanobactéries qui vivent encore aujourd'hui.

@ Dinosaure

QU'EST-CE QU'UN DINOSAURE ?

Le mot dinosaure signifie « lézard terrible ». Ces animaux ont régné en maîtres sur la Terre pendant plus de 160 millions d'années, jusqu'à leur disparition, il y a environ 65 millions d'années. Mais tous n'étaient pas féroces ni même gros : beaucoup étaient herbivores et certains de la taille d'un poulet.

▶ PETIT DINOSAURE
Le lésothosaure, animal herbivore, fut probablement le plus petit des dinosaures.

WAOUH !
Au précambrien, les colonies de procaryotes s'étendaient en tapis, absorbant la lumière pour photosynthétiser. Plusieurs milliards d'années plus tard, on trouve leurs restes fossilisés, notamment au large de la côte nord-ouest de l'Australie, sous la forme de plaques calcaires appelées stromatolites.

CHRONOLOGIE DE LA VIE SUR TERRE

L'histoire de la vie est divisée en grandes périodes. MA = *million d'années*

PRÉCAMBRIEN Il y a 4 600-545 MA	CAMBRIEN Il y a 545-490 MA	ORDOVICIEN Il y a 490-445 MA	SILURIEN Il y a 445-415 MA	DÉVONIEN Il y a 415-355 MA	CARBONIFÈ Il y a 355-290
Apparition des procaryotes unicellulaires, premières formes de vie sur Terre	Développement des premiers organismes pluricellulaires durs, dont les mollusques et certains arthropodes, tels les trilobites	Apparition des premiers crustacés et agnathes	Apparition des premiers poissons à mâchoires ainsi que des euryptérides, ancêtres des arachnides actuels	Appelé « âge des poissons » du fait de la diversification rapide de ces animaux. Arrivée des amphibiens à partir de poissons, premiers vertébrés terrestres	Période chaude dominée, sur la terre ferme, par les reptiles ; insectes volants et amphibiens dans les forêts marécageuses

UNE QUESTION DE BASSIN

On distingue deux types de dinosaures, selon la forme de l'os coxal : les ornithischiens (à bassin d'oiseau) et les saurischiens (à bassin de lézard). Curieusement, les oiseaux descendent des seconds et non des premiers (p. 244).

Ornithischien
Iguanodon

Saurischien
T. rex

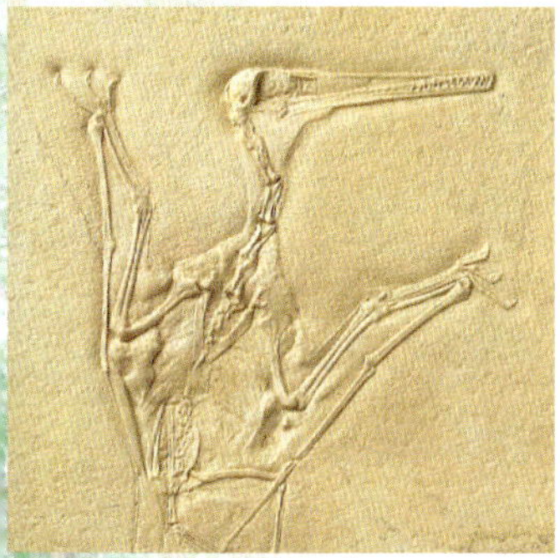

Fossile de *Pterodactylus*

Qu'est-ce qu'un fossile ?

Les fossiles, étudiés par les paléontologues pour connaître les formes de vie disparues, se forment en général lorsque les restes d'un animal ou d'une plante se trouvent prisonniers des sédiments (sable ou boue). Avec le temps, ces restes sont remplacés par des éléments minéraux conservant la forme initiale.

EN BREF

- Les scientifiques qui étudient l'histoire de la vie sur Terre sont appelés paléontologues.
- Le terme « dinosaure » fait uniquement référence à un certain type de reptiles terrestres. Ceux qui volaient ou vivaient dans la mer sont appelés autrement.
- On compte environ 700 espèces de dinosaures.
- Les premiers restes de dinosaure trouvés, en Angleterre dans les années 1820, étaient des dents et os d'iguanodon.
- Les premiers squelettes complets de dinosaures, exhumés en 1878 dans une mine de charbon en Belgique, étaient ceux de 32 iguanodons.
- En 1824, le mégalosaure a été le premier dinosaure à recevoir un nom.
- Les plus vieux fossiles de dinosaures jamais découverts remontent à 230 millions d'années.

Tyrannosaurus rex

« Roi des lézards tyranniques »

- **Longueur** 12 m
- **Époque** Fin du crétacé
- **Répartition** Amérique du Nord

Comme tous les êtres vivants, les dinosaures ont un nom scientifique, formé de racines latines évoquant soit leur aspect, soit l'une de leurs caractéristiques. *T. rex* désigne le plus grand et le plus féroce des dinosaures carnassiers.

Dimorphodon

« Deux formes de dents »

- **Envergure** 1,2-2,50 m
- **Époque** Début du jurassique
- **Répartition** Europe et Amérique du Nord

Dimorphodon n'était pas un dinosaure, mais un ptérosaure : un reptile volant. Il avait un crâne énorme et des dents de tailles différentes – grandes et pointues devant, petites derrière. Il se nourrissait de poissons, insectes et petits animaux. Nul ne sait s'il les attrapait en volant ou en courant sur ses quatre pattes.

Dimetrodon

« Dents de deux types »

- **Longueur** Jusqu'à 3,50 m
- **Époque** Début du permien
- **Répartition** Europe et Amérique du Nord

Dimetrodon, du groupe des synapsides, avait une grande voile dorsale, probablement pour réguler sa température. Bien qu'à écailles et sang froid, comme les reptiles, il est l'ancêtre des mammifères.

RMIEN 290-250 MA	TRIAS Il y a 250-200 MA	JURASSIQUE Il y a 200-140 MA	CRÉTACÉ Il y a 140-65 MA	TERTIAIRE Il y a 65-1,6 MA	QUATERNAIRE Il y a 1,6 MA à nos jours
parition des apsides à voile rsale	Apparition des premiers dinosaures, des mammifères et des grenouilles	Développement, à partir d'un dinosaure, du premier oiseau : *Archeopteryx*	Disparition des dinosaures. Les premiers mammifères modernes prennent la relève.	Apparition d'animaux actuels, des canidés jusqu'aux éléphants en passant par les félins et les singes	Apparition et développement de l'espèce humaine

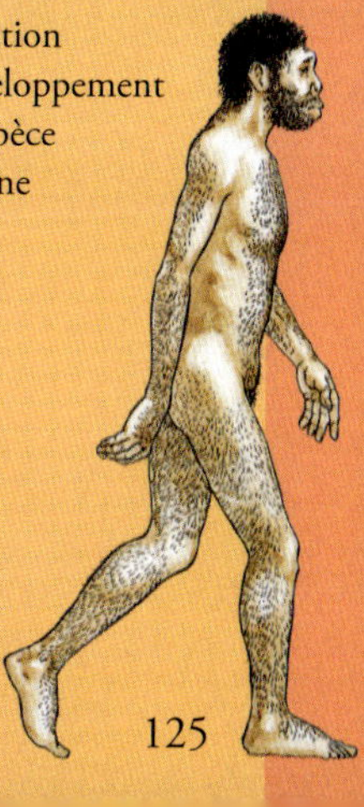

CONTINENTS DU MONDE

- Tous les continents sont peuplés, excepté un, l'Antarctique.
- L'Arctique n'est pas un continent. C'est un océan glacé.
- L'Asie, le plus grand continent, s'étend du cercle polaire Arctique à l'équateur.
- L'Amérique a été nommée ainsi en hommage à l'explorateur italien Amerigo Vespucc
- L'Afrique comprend 53 pays (y compris les îles) : plus qu'aucun autre continent.

À quelle occasion un cow-boy éprouve-t-il ses aptitudes ?
À découvrir pages 132-133

Quels sont le pays les plus riches du monde ?
À découvrir pages 144-145

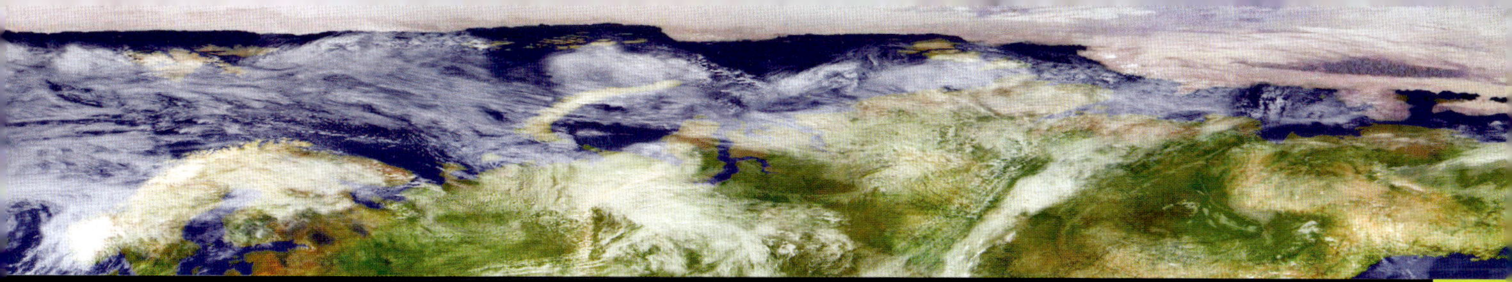

La planète compte six grandes masses terrestres, ou **continents** : l'Amérique, l'Afrique, l'Europe, l'Asie, l'Australasie et l'Antarctique.

L'Europe abrite le plus petit pays du monde : la Cité du Vatican, en Italie (0,44 km^2).

Le plus vaste pays d'Amérique du Sud, le Brésil, occupe plus de la moitié de ce continent.

Quand la Terre s'est formée, tous les continents n'en formaient qu'un seul.

Il existe des déserts sur chacun des continents.

Excepté l'Antarctique, l'Australasie est le continent le moins densément peuplé.

Dans quelles montagnes ›urrais-tu voir des mas? *À découvrir ıges 136-137*

Où pratique-t-on ainsi la danse? *À découvrir pages 148-149*

Notre monde

Géographie

La terre ferme n'occupe qu'un tiers de la surface de notre planète ; le reste est couvert d'eau. La partie émergée se divise en six grandes masses ou continents, indiqués sur cette carte.

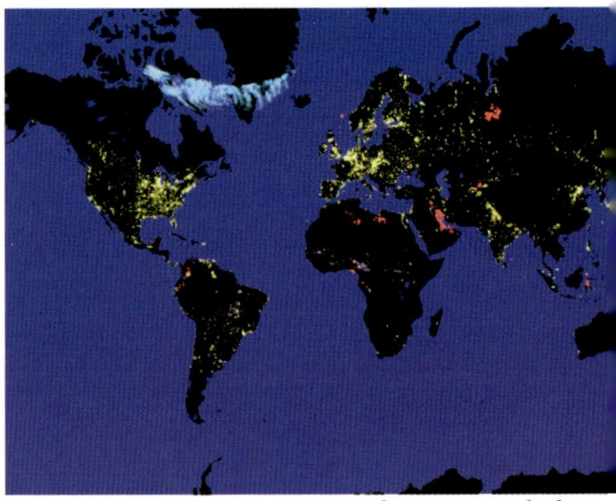

▲ LA TERRE *Cette carte de nuit révèle les z*
du monde consommant le plus d'électricité.

EN BREF

- Population mondiale : 6,756 millions (en janvier 2009)
- Pays indépendants : 193
- Territoires dépendants : 50
- Continents : 6, parfois 7 si l'on distingue Amérique du Nord et du Sud
- Océans : 5
- Plus grand continent : Asie
- Plus petit continent : Australasie

LÉGENDES

- Capitale du pays
- Capitale d'un État fédéré
- Frontière
- Côte
- Cours d'eau
- Montagne

N Nord

0 km 500

Échelle

Seules les langues principales sont indiquées.

Amérique du Nord

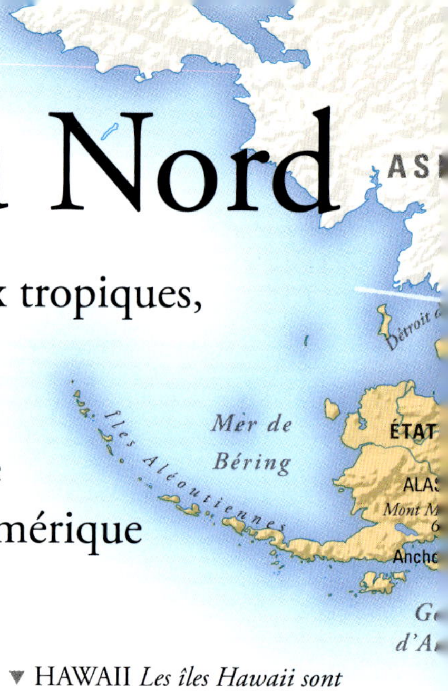

S'étirant du cercle polaire Arctique aux tropiques, l'Amérique du Nord est une partie du continent américain. Le Canada et les États-Unis occupent la majeure partie de l'Amérique du Nord qui comprend aussi le Mexique, sept pays d'Amérique centrale et les îles des Antilles.

INFOS +

- **L'Amérique du Nord** s'étend sur environ 16,5 % de la superficie des terres émergées.
- **Nombre de pays** 23
- **Plus grand pays** Canada
- **Plus petit pays** Saint-Kitts-et-Nevis
- **Langues** Anglais, espagnol, français
- **Population** Estimée à 529 millions
- **Plus grande ville** Mexico, Mexique
- **Point culminant** Mont McKinley (ou Denali) en Alaska, É.-U., 6 194 m d'altitude
- **Plus long fleuve** Le Mississippi-Missouri, aux États-Unis, est long de 6 210 km
- **Plus grand lac** Le lac Supérieur, à cheval entre le Canada et les États-Unis, est le lac d'eau douce le plus vaste du monde.

Combien d'habitants ?

Environ 529 millions de personnes vivent en Amérique du Nord, dont plus de la moitié aux États-Unis. La Barbade est le pays le plus densément peuplé, avec 640 habitants/km^2.

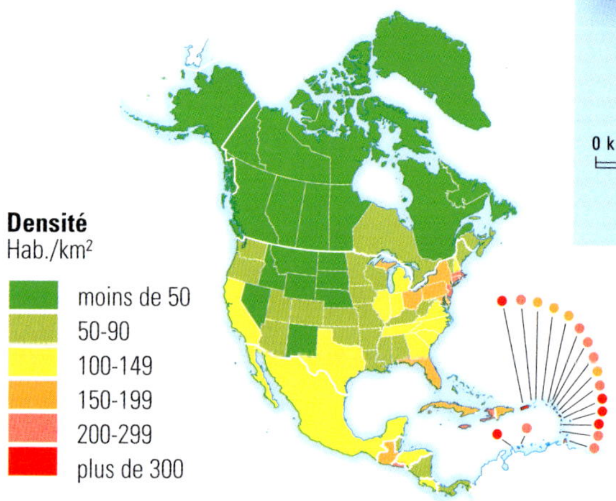

▼ HAWAII *Les îles Hawaii sont situées au milieu de l'océan Pacifique mais font partie des États-Unis.*

▼ LES INUITS *vivent dans la région arctique depuis des siècles en pêchant et en chassant les phoques, les morses et les baleines. De nos jours, ils vivent pour la plupart dans des villes ou des villages.*

LA RÉGION POLAIRE

Le climat de l'Arctique est rude : l'hiver, la température moyenne peut descendre à – 40 °C. En plein hiver, le soleil ne se lève jamais. Certaines zones sont couvertes de glace en permanence. Pourtant, l'Arctique abrite de nombreux animaux, dont des ours polaires et des phoques.

@ Amérique du Nord

LIMITES DE L'ARCTIQUE

En plus de l'océan glacé entourant le pôle Nord, la région arctique comprend le Groenland, le nord du Canada et l'Alaska, ainsi que les régions les plus au nord de l'Europe et de l'Asie.

Le détroit de Béring, qui sépare l'Amérique du Nord de l'Asie, n'est large que de 85 km.

LIEUX CÉLÈBRES

- Les Rocheuses sont la plus haute et la plus longue chaîne de montagnes d'Amérique du Nord. Elles s'étirent sur 4 800 km à travers le Canada et les États-Unis.
- La Vallée de la Mort, entre Nevada et Californie (É.-U.), est l'endroit le plus bas et le plus chaud du continent.
- La faille de San Andreas, en Californie (É.-U.), marque la jonction entre deux des plaques formant la croûte terrestre. Leurs mouvements provoquent des séismes fréquents.

La baie d'Hudson, dans le nord du Canada, est, par la longueur de son rivage, la plus grande baie au monde.

Les Antilles
La mer des Antilles baigne plus de 7 000 îles, îlots et récifs. La plupart sont trop petits pour être habités, mais les plus vastes forment treize états et plusieurs territoires dépendants. À la fin de l'été, les Antilles subissent souvent d'énormes tempêtes tropicales, appelées cyclones, qui peuvent causer d'importants dégâts.

◀ L'OCÉAN ARCTIQUE *est en grande partie recouvert par de la glace de mer flottante. L'eau de mer gèle en effet dès que la température tombe à -1,8 °C environ.*

Le canal de Panamá permet aux navires de circuler entre l'Atlantique et le Pacifique sans contourner l'Amérique du Sud.

Vivre en Amérique du Nord

Les premiers habitants sont venus d'Asie il y a des milliers d'années. La population nord-américaine actuelle mêle leurs descendants à ceux des colons européens arrivés dès le XVIe siècle et à ceux des esclaves africains déportés ici jusqu'au XIXe siècle.

L'élevage de bétail
Les cow-boys étaient employés pour conduire les grands troupeaux de bovins pâturant librement dans l'Ouest. On élève toujours du bétail pour la viande aux États-Unis et au Canada.

▲ RANCH *Le bétail est élevé dans de grandes fermes, ou ranchs – ici, dans l'Alberta canadien.*

◄ RODÉO *Un rodéo consiste en une série d'épreuves, comme chevaucher un cheval ou un taureau qui rue, destinées à éprouver les aptitudes des cow-boys.*

@ Amérique du Nord

L'INDUSTRIE

Des entreprises nord-américaines ont mis au point la puce de silicium, le microprocesseur, l'iPod et bien d'autres innovations informatiques.

LE PAYSAGE

L'Amérique du Nord offre une grande variété de paysages et de nombreuses attractions touristiques.

INSTANTANÉ

Le Grand Canyon est une gorge très profonde située dans l'Arizona, aux États-Unis. Il a été creusé dans la roche par le Colorado.

INSTANTANÉ

Chaque année, quelque 20 millions de gens viennent voir les chutes du Niagara, à la frontière entre le Canada et les États-Unis

CÉLÉBRITÉS

- **Barack Obama** (né en 1961) Premier président afro-américain des États-Unis, élu en 2008 après avoir promis de changer la politique de son pays.
- **Amelia Earhart** (1897-1937) Pionnière américaine de l'aviation, première femme à avoir survolé seule l'Atlantique (en 1928).
- **Frida Kahlo** (1907-1954) Artiste mexicaine, célèbre pour ses autoportraits, aux couleurs vibrantes.
- **Sir Frederick Banting** (1891-1941) et **Charles Best** (1899-1978) Scientifiques canadiens, découvreurs de l'insuline, utilisée depuis pour traiter des millions de gens souffrant du diabète.

▼ MANHATTAN *New York est la plus gran ville des États-Unis.*

LA MUSIQUE

Les États-Unis sont le berceau de plusieurs des styles de musique les plus populaires du monde, parmi lesquels le jazz, le rock and roll, le blues, le hip-hop et la country. Jazz, blues et rock sont issus du mélange des musiques africaines et européennes des communautés du sud des États-Unis.

Au basket, deux quipes de cinq ueurs tentent de cer le ballon dans n anneau placé à une hauteur de 3 m.

LE SPORT

Les sports réunissant le plus vaste public en Amérique du Nord sont le basket-ball, le base-ball, le football américain et le hockey sur glace. Les footballs américain et canadien obéissent à des règles différentes du football européen. Le Mexique, en revanche, préfère la version européenne.

Le football américain est un sport de contact, aussi les joueurs portent-ils des casques et des protections rembourrées pour éviter les blessures.

CULTURE AUTOMOBILE

Les habitants des États-Unis et du Canada possèdent en général plus d'une voiture par foyer. En 2007, 19 millions de véhicules neufs ont été vendus. Beaucoup sont construits à Detroit, dans le Michigan, bien que l'industrie automobile américaine ait perdu du terrain face à ses concurrents étrangers ces dernières années.

Les villes américaines, avec leur quadrillage de rues, sont conçues pour la voiture.

PEUPLES AUTOCHTONES

Les Amérindiens sont les descendants des premiers habitants de l'Amérique du Nord. Ils ne sont plus qu'environ 2 millions aux États-Unis et 1 million au Canada.

Quand les Européens sont arrivés en Amérique du Nord au XVe siècle, ils pensaient être en Asie. Aussi ont ils appelé « Indiens » les populations qui vivaient là.

LE SAVIEZ-VOUS ? INFOS ÉTONNANTES

1 Avec 243 000 km de côtes, le Canada est le pays qui possède le plus long littoral au monde.

2 L'Alaska appartenait jadis à la Russie. Les États-Unis l'ont acheté en 1867 aux Russes pour seulement 2 cents de dollar l'acre (0,004 km^2) : une affaire !

3 L'Amérique a été ainsi nommée en hommage à l'Italien Amerigo Vespucci, le premier explorateur à reconnaître qu'il s'agissait d'un continent inconnu des Européens.

4 Les cinq grands lacs, entre Canada et États-Unis, forment le plus grand groupe de lacs d'eau douce du monde. Ils couvrent une superficie aussi vaste que le Royaume-Uni.

5 Le chocolat était consommé au Mexique et en Amérique centrale il y a 1 600 ans, sous forme d'une boisson sacrée et amère appelée *xocolatl*.

Amérique du Sud

L'Amérique du Sud, la partie méridionale du continent américain, abrite la plus vaste forêt pluviale, la plus longue chaîne de montagnes, le désert le plus aride et la plus haute chute d'eau du monde. Avec une faune très riche et une flore variée, elle compte aussi 382 millions d'habitants.

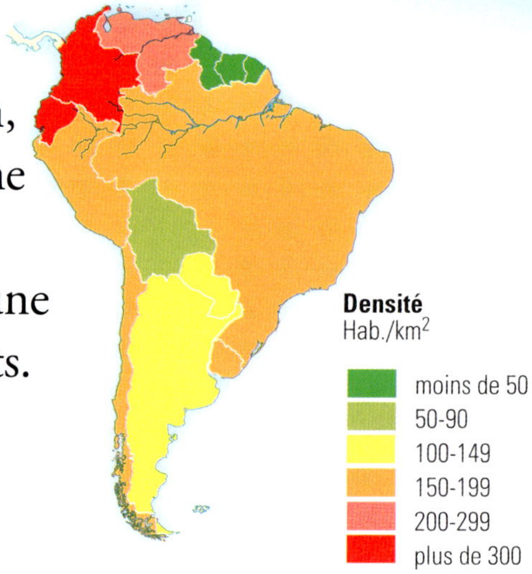

INFOS +

- **L'Amérique du Sud** s'étend sur environ 12 % des terres émergées.
- **Nombre de pays** 12
- **Plus grand pays** Brésil
- **Plus petit pays** Suriname
- **Langues** Espagnol, portugais, français, néerlandais et langues amérindiennes
- **Population** Estimée à 382 millions
- **Plus grande ville** São Paulo, Brésil
- **Point culminant** Aconcagua, en Argentine, à 6 959 m d'altitude
- **Plus long fleuve** L'Amazone s'écoule sur environ 7 000 km.
- **Plus grand lac** Le lac Titicaca, partagé entre le Pérou et la Bolivie

L'AMAZONE

L'Amazone est le deuxième plus long fleuve du monde et le plus important par le volume d'eau. Elle déverse tant d'eau dans l'Atlantique qu'on peut puiser de l'eau douce dans l'océan à plus de 1 km de l'embouchure du fleuve.

Combien d'habitants ?

Environ 6 % de la population mondiale vit en Amérique du Sud. Le Brésil est le plus grand pays et a la population la plus nombreuse, tandis que la Colombie et l'Équateur sont les pays les plus densément peuplés.

▲ LA FORÊT *L'Amazone traverse la plus grande forêt pluviale tropicale de la Terre, qui abrite une faune et une flore très variées ainsi que plusieurs groupes d'Amérindiens.*

▲ L'ÉLEVAGE DE BÉTAIL *De vastes pans de la forêt sont abattus et défrichés au fil des ans pour créer des élevages de bovins, ce qui menace le fragile écosystème de la région.*

ZONES MENACÉES

La superficie totale de la forêt amazonienne qui a été détruite mesure au moins 587 000 km² : c'est plus grand que la France.

▶ CLIMAT *Dans la forêt pluviale, il fait chaud et humide toute l'année.*

ANIMAUX DE L'AMAZONIE

Une espèce connue sur dix d'animaux ou de plantes vit dans la forêt pluviale d'Amazonie, qui compte :

- 40 000 espèces de plantes
- 3 000 espèces de poissons
- 1 294 espèces d'oiseaux
- 427 espèces de mammifères
- 428 espèces d'amphibiens
- 378 espèces de reptiles

La zone entourant le lac Maracaïbo, au Venezuela, est riche en pétrole.

L'Orénoque, long de 2 160 km, est l'un des plus longs fleuves d'Amérique du Sud (bien qu'aucun cours d'eau du continent ne puisse rivaliser en longueur avec l'Amazone).

Les hautes terres de Colombie comptent parmi les endroits les plus arrosés de la planète. La ville de Tutunendo reçoit en moyenne 11 394 mm de pluie par an.

Le désert d'Atacama
Ce désert s'étire sur la côte ouest du Chili. C'est l'endroit le plus aride de la Terre. Dans certaines parties, on n'a jamais enregistré la moindre précipitation.

La Pampa est une vaste plaine herbeuse qui s'étend dans le nord de l'Argentine et en Uruguay.

LIEUX CÉLÈBRES

- Le cap Horn est la pointe la plus au sud de l'Amérique du Sud. Des vents violents, des vagues énormes et des courants puissants y rendent la mer dangereuse.
- S'étirant sur près de 8 000 km, les Andes sont la plus longue chaîne de montagnes du monde. Elles s'étendent sur sept pays.
- Le lac Titicaca (entre Bolivie et Pérou) se trouve à 3 812 m d'altitude, ce qui en fait le lac navigable le plus haut du monde.

▲ MACHU PICCHU *Le peuple inca construisit cette ville dans les Andes il y a cinq cents ans. On l'appelle la « Cité perdue des Incas », car elle avait sombré dans l'oubli, jusqu'à ce que Hiram Bingham la redécouvre en 1911.*

Vivre en Amérique du Sud

Paysages grandioses, villes animées, musique, danses, carnavals exubérants et foules passionnées de football font partie de ce que l'on peut découvrir en Amérique du Sud.

@ Amérique du Sud

▸ LE LOUP À CRINIÈRE *habite la pampa.*

▴ LES LAMAS *Les habitants des Andes élèvent les lamas pour leur laine et le transport de lourdes charges.*

LE PAYSAGE

L'Amérique du Sud offre tous les types de paysages, y compris la forêt pluviale, la prairie, le désert et la montagne.

INSTANTANÉ

Plongeant de 979 m d'un *tepuy*, une montagne au sommet plat, les chutes de Salto Ángel, au Venezuela, sont les plus hautes du monde.

FAUNE SAUVAGE

L'Amérique du Sud abrite une formidable diversité d'animaux, des perroquets et des serpents de la forêt pluviale aux ours et aux condors des Andes, en passant par les fourmiliers et les cabiais.

CÉLÉBRITÉS

- **Eva Perón** (1919-1952) Surnommée Evita, l'épouse du président argentin Juan Domingo Perón a aidé les gens pauvres et fait campagne pour l'amélioration des conditions de travail des ouvriers.
- **Pelé** (né en 1940) Ancien joueur de foot brésilien, souvent considéré comme le meilleur footballeur de tous les temps.
- **Gabriel García Marquez** (né en 1927) Romancier colombien, récompensé par le prix Nobel de littérature en 1982.
- **Simón Bolívar** (1783-1830) Né au Venezuela, il joua un rôle décisif dans la lutte qui aboutit à l'indépendance du Pérou, du Venezuela, de la Colombie, de l'Équateur et de la Bolivie.

▴ FAVELAS *Beaucoup d'habitants de Rio de Janeiro vivent pauvrement dans des bidonvilles, appelés* favelas.

◂ RIO DE JANEIRO *Célèbre pour son cadre grandiose, au bord de l'Atlantique, la deuxième plus grande ville du Brésil est dominée par une statue géante du Christ.*

L'ALIMENTATION

L'*asado,* ou barbecue sud-américain, de saucisses, de steaks et de poulet, est une tradition au Paraguay, en Uruguay et en Argentine, pays d'élevage. Du sud du Brésil au Chili, on boit volontiers du maté, une infusion servie dans une calebasse et aspirée à l'aide d'une pipette en métal.

LE PANAMA

Malgré son nom, ce chapeau souple tressé de palmes ne vient pas du Panamá, mais est bel et bien fabriqué en Équateur.

L'AGRICULTURE

Près du tiers du café mondial est cultivé au Brésil. Bananes, cacao et cannes à sucre sont d'autres grandes cultures. Le Chili et l'Argentine sont d'importants producteurs de vin.

LE TOURISME

Beaucoup de gens se rendent à Rio pour assister au carnaval ou se détendre sur les plages. Les chutes d'Iguaçu, entre Brésil et Argentine, et le Machu Picchu, au Pérou, sont d'autres destinations appréciées.

L'INDUSTRIE

Le Venezuela possède d'importantes réserves de pétrole et de gaz, et l'industrie pétrolière assure 80 % de ses exportations. Au Brésil, de nombreuses voitures roulent à l'éthanol, extrait de la canne à sucre.

LE FOOTBALL

Dans les pays sud-américains, le football est une passion, pour les enfants qui jouent dans la rue comme pour les supporters des clubs de quartier. Le football brésilien est réputé pour son jeu rapide, fluide et offensif. L'équipe nationale a remporté cinq fois la Coupe du monde : un record.

LA MUSIQUE

La samba, le tango et la bossa nova ne sont que quelques-uns des styles musicaux et des danses célèbres venus d'Amérique du Sud. Ce couple danse le tango, né dans les quartiers pauvres de Buenos Aires, en Argentine.
Le tango se joue avec un bandonéon, une sorte de petit accordéon, parfois accompagné de piano et de violon.

LE SAVIEZ-VOUS ? INFOS ÉTONNANTES

1 Le Chili est le pays le plus long et le plus étroit du monde. Il s'étire sur 4 000 km du nord au sud mais sa largeur maximale n'est que de 200 km.

2 Aucune ville au monde n'est plus au sud qu'Ushuaia. Celle-ci est située en Terre de Feu, à la pointe méridionale de l'Argentine.

3 Le Brésil compte près de 137 millions de catholiques : plus que dans tout autre pays.

4 La Paz, en Bolivie, est la capitale la plus haute du monde. Elle se trouve à 3 658 m d'altitude.

5 L'Argentine a été nommée ainsi par les premiers colons espagnols, venus y chercher de l'argent et de l'or. Son nom vient du mot latin *argentum,* signifiant argent.

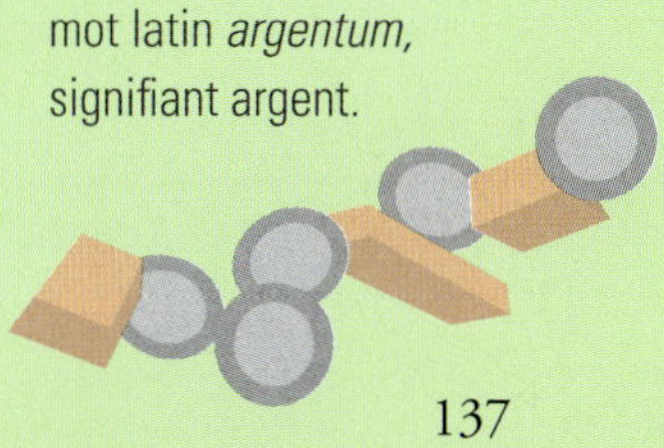

Afrique

L'Afrique est le berceau de l'humanité. Les premiers hominidés y sont en effet apparus il y a des millions d'années, bien que l'homme tel que nous le connaissons aujourd'hui ait émergé il y a environ 200 000 ans seulement. Un huitième de la population mondiale actuelle vit en Afrique.

INFOS +

- **L'Afrique** s'étend sur environ 20 % des terres émergées.
- **Nombre de pays** 53
- **Plus grand pays** Soudan
- **Plus petit pays** Les Seychelles
- **Langues** 1 000
- **Population du continent** Estimée à 778 millions
- **Plus grande ville** Le Caire, en Égypte
- **Point culminant** Kilimandjaro, en Tanzanie, 5 895 m d'altitude
- **Plus long fleuve** Le Nil traverse l'Ouganda, le Soudan et l'Égypte avant de se jeter dans la mer Méditerranée, après 6 671 km.
- **Plus grand lac** Lac Victoria, à la frontière de la Tanzanie, de l'Ouganda et du Kenya. Il compte plus de 3 000 îles, dont beaucoup sont inhabitées.

Combien d'habitants ?
On estime que la population de l'Afrique représente environ 14 % de la population mondiale. Le Nigeria est le pays le plus peuplé du continent.

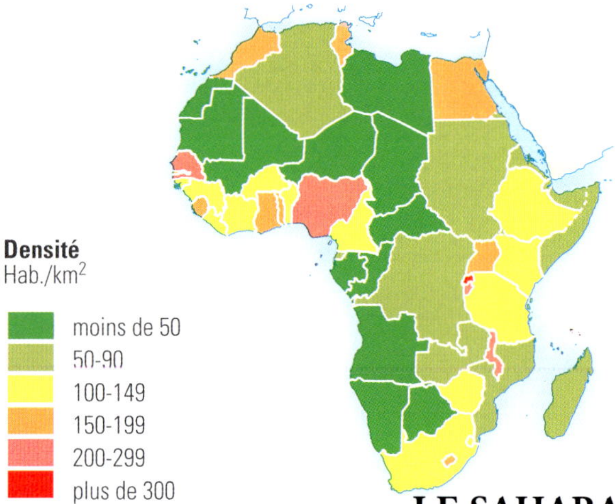

LE SAHARA

Le mot « sahara » vient du terme arabe signifiant désert. Le Sahara s'étend sur l'Afrique du Nord et couvre en partie onze États. Il comprend d'immenses mers de sable, où s'élèvent des dunes pouvant atteindre 180 m de haut.

◄ OASIS *Environ 90 grandes oasis sont dispersées dans le Sahara. Ce sont des endroits où l'eau souterraine remonte en surface, ce qui permet aux plantes de pousser.*

▲ MAMMIFÈRE DU DÉSERT *Le fennec évacue la chaleur par ses très grandes oreilles, ce qui lui permet de garder de la fraîcheur.*

PAYSAGES VARIÉS

L'Afrique comprend trois déserts : le Sahara (le plus vaste de la Terre), en Afrique du Nord, et le Kalahari et le Namib dans le Sud-Ouest. Elle abrite aussi de vastes forêts et d'immenses prairies (la savane).

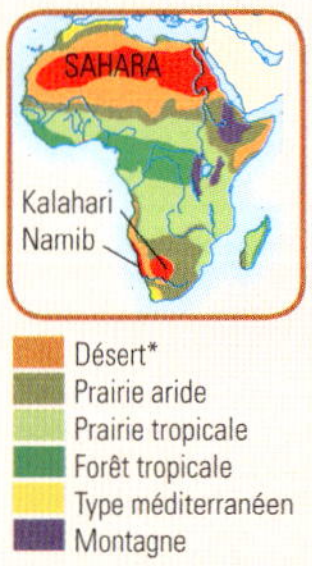

*Les zones en rouge indiquent l'extension des déserts.

La mer Rouge sépare l'Afrique de l'Asie. À son extrémité nord, le canal de Suez permet aux navires de circuler entre océan Indien et Méditerranée.

La partie la plus à l'est du continent est appelée « Corne de l'Afrique » en raison de sa forme.

Le Rift est-africain
Cette immense vallée entaille l'Afrique de l'Est, de l'Éthiopie au Mozambique. Elle recèle une série de grands lacs, dont le Tanganyika, le Victoria et le Malawi, parmi les plus profonds du monde.

LIEUX CÉLÈBRES

- La température la plus élevée jamais enregistrée au monde a été mesurée à El Aziziyah, en Libye, en 1922. Elle était de 57,8 °C.
- Le cratère du Ngorongoro, au Kenya, forme une vallée circulaire, cernée par des parois abruptes. C'est le vestige d'un ancien volcan. Il abrite une grande variété d'animaux.
- L'Okavango ne s'écoule pas dans la mer. Il se termine au Botswana, dans un vaste marécage formant un delta intérieur.

Madagascar est la quatrième plus grande île du monde. Elle abrite de nombreux animaux qu'on ne trouve nulle part ailleurs, comme les fossas et certains lémuriens.

Vivre en Afrique

Abritant le plus long fleuve et le plus grand désert du monde, les plus anciennes pyramides du monde et des paysages sauvages grandioses, l'Afrique est un continent fascinant.

LE PAYSAGE

Des montagnes coiffées de neige aux déserts torrides, l'Afrique offre des paysages très variés. L'Afrique du Nord est surtout désertique alors que plus au sud s'étendent savane et forêt pluviale dense.

INSTANTANÉ

La plus haute montagne d'Afrique est le Kilimandjaro (5 895 m) en Tanzanie. Son sommet est couvert de neiges éternelles.

INSTANTANÉ

Le lac Victoria est le plus grand d'Afrique et le deuxième plus grand lac d'eau douce au monde.

CÉLÉBRITÉS

- **Nelson Mandela** (né en 1918) Militant anti-apartheid, prisonnier politique, devenu le premier président d'Afrique du Sud élu démocratiquement, en 1994.
- **Kofi Annan** (né en 1938) Secrétaire général des Nations unies de 1997 à 2007 ; prix Nobel de la Paix en 2001.
- **Desmond Tutu** (né en 1931) Ancien archevêque du Cap en Afrique du Sud, militant anti-apartheid.
- **Hailé Gébrésélassié** (né en 1973) Coureur de fond éthiopien, qui a battu de nombreux records du monde.

Villages traditionnels africains
La plupart des Africains vivent hors des villes. Beaucoup de maisons, comme celles de ce village shona, sont en boue séchée. Les gens y vivent très simplement, souvent sans électricité.

▸ BEAUCOUP *d'Africains vivent de l'agriculture ou de l'élevage. Ici, au Kenya, un éleveur du peuple samburu.*

▾ NAIROBI *Seul un Africain sur cinq environ habite une grande ville comme Nairobi, la capitale du Kenya.*

Afrique

L'AGRICULTURE

Environ 60 % des travailleurs africains se consacrent à l'agriculture vivrière. Ils cultivent sur leurs terres du millet, du manioc, du maïs, du sorgho ou des patates douces pour nourrir leurs familles. Le café, le coton, le cacao ou l'hévéa, qui donne le caoutchouc naturel, sont cultivés dans des grandes exploitations commerciales.

Dans certains endroits d'Afrique, on utilise des éoliennes pour pomper l'eau dans le sous-sol car beaucoup de zones ne sont pas reliées au réseau électrique national.

FAUNE SAUVAGE

L'Afrique est célèbre pour ses zèbres, ses girafes, ses lions et ses autres grands mammifères. Mais elle abrite bien d'autres animaux, depuis les 500 espèces de poissons du lac Malawi jusqu'aux colonies de manchots d'Afrique du Sud.

Diamants Environ la moitié de tous les diamants viennent du sud de l'Afrique, surtout d'Afrique du Sud et du Botswana. Le plus gros diamant jamais découvert, le Cullinan, fut extrait en Afrique du Sud en 1905.

L'ALIMENTATION

La plupart des plats africains ont pour principaux ingrédients les plantes cultivées localement : maïs, manioc, igname, riz ou haricots. S'y ajoutent des légumes variés. Le riz Jollof, préparé dans toute l'Afrique de l'Ouest, est un plat de riz mijoté avec des tomates, des oignons, du piment et autres épices, et servi avec de la viande ou du poisson.

L'INDUSTRIE

Les principales industries sont l'extraction de l'or, du diamant, du cuivre et du pétrole. Les plus importants producteurs de pétrole sont le Nigeria et la Libye.

LE TOURISME

Chaque année, environ 3 millions de personnes visitent les pyramides de Gizeh, en Égypte, attraction touristique numéro un en Afrique. Beaucoup de gens viennent aussi en safari pour observer la faune de ce continent.

LA MUSIQUE

Les percussions créent les rythmes complexes de la musique traditionnelle africaine mais peuvent aussi jouer la mélodie. S'y ajoutent flûte et instruments à corde comme la *kora*.

▸ MBIRA *Le musicien fait sonner les lamelles métalliques, fixées sur une caisse de résonance en bois, en les soulevant avec ses doigts.*

LE SAVIEZ-VOUS ? INFOS ÉTONNANTES

1 L'une des courses les plus difficiles au monde est le marathon des Sables, qui se déroule chaque année au Maroc. Les participants parcourent 254 km dans le désert en six jours.

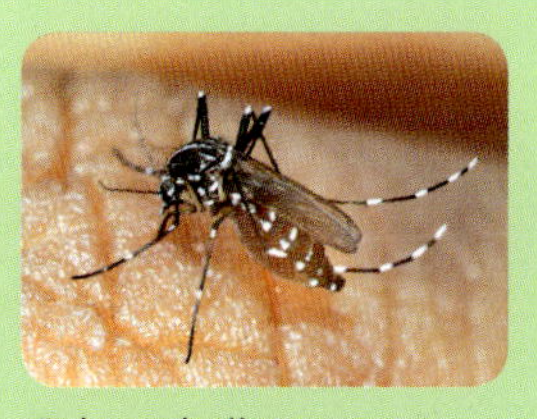

2 Le paludisme, une maladie transmise par la piqûre d'un moustique, tue chaque année des milliers d'Africains.

3 De nombreux enfants africains n'ont pas la chance d'aller à l'école. Au Mali, en Afrique de l'Ouest, par exemple, seul un enfant sur trois fréquente l'école primaire. Souvent, les autres travaillent.

4 Le Nil, considéré comme le plus long fleuve du monde, s'écoule vers le nord à travers dix pays africains.

5 Quatre des cinq animaux les plus rapides de la planète peuplent l'Afrique. Ce sont le guépard, le gnou, le lion et la gazelle de Thomson. S'y ajoute l'antilope pronghorn, d'Amérique du Nord.

Europe

À la différence de la plupart des autres continents, l'Europe n'est pas une masse terrestre isolée : elle est unie à l'Asie. Sa frontière orientale est formée par les monts Oural et la mer Caspienne. La Russie s'étend à la fois sur l'Europe et sur l'Asie.

INFOS +

- **L'Europe** s'étend sur environ 7 % des terres émergées.
- **Nombre de pays** 46
- **Plus grand pays** Russie (ce pays s'étend aussi en partie sur l'Asie)
- **Plus petit pays** Cité du Vatican
- **Langues** Plus de 50
- **Population du continent** Estimée à 731 millions
- **Plus grande ville** Moscou, en Russie
- **Point culminant** Mont Elbrouz, en Russie, d'une altitude de 5 642 m
- **Plus long fleuve** La Volga, en Russie, s'écoule sur 3 690 km.
- **Plus grand lac** Lac Ladoga, en Russie

Combien d'habitants ?

Les 731 millions d'Européens représentent 11 % de la population mondiale. La Russie a la population la plus nombreuse, et les Pays-Bas sont le pays le plus densément peuplé.

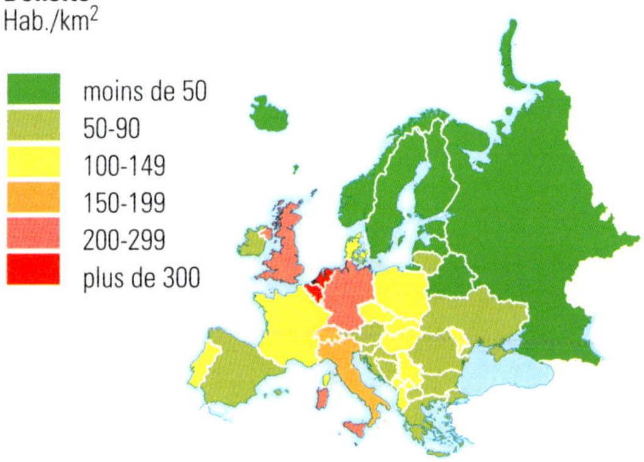

▲ SAINT-BASILE *Cette magnifique cathédrale, aux dômes en bulbes, se dresse sur la place Rouge, à Moscou, en Russie.*

LES ALPES

S'étendant sur sept pays, les Alpes sont le plus grand système montagneux d'Europe. Elles attirent de nombreux touristes été comme hiver, pour la pratique du ski, de l'alpinisme et de la randonnée.

▼ LES ALPES *Culminant à 4 810 m, le mont Blanc est le plus haut sommet des Alpes.*

SAUVETEUR

Des bergers allemands spécialement entraînés sont utilisés dans les Alpes pour retrouver les personnes prises dans les avalanches.

LIEUX CÉLÈBRES

- Surtsey, au large de l'Islande, est née de l'éruption d'un volcan sous-marin, entre 1963 et 1968. Cela fait d'elle l'une des îles les plus jeunes du monde.
- La Belgique et les Pays-Bas sont si bas qu'une partie de leur territoire se trouve sous le niveau de la mer et doit être protégée par d'énormes digues.

La Scandinavie, la partie nord-est de l'Europe, comprend la Norvège, la Suède, le Danemark et la Finlande.

L'Islande est une île volcanique très active. Elle abrite plusieurs volcans et de nombreux geysers.

L'Etna, sur l'île de Sicile, est le plus grand volcan actif d'Europe. Presque continuellement en éruption, c'est l'un des volcans les plus actifs du monde.

Istanbul, la plus grande ville de Turquie, est la seule ville qui s'étende sur deux continents : l'Europe et l'Asie.

La mer Méditerranée
L'Europe est séparée de l'Afrique par la Méditerranée, une mer presque fermée. Le seul passage vers l'océan Atlantique est le détroit de Gibraltar, large seulement de 14 km.

Vivre en Europe

L'Europe est à peine plus vaste que les États-Unis mais elle est plus de deux fois plus peuplée. Elle se divise en de nombreux pays : ils sont 46 sur ce petit continent.

Europe

L'UNION EUROPÉENNE

L'Union européenne (UE) est une union politique et économique rassemblant vingt-sept pays. Elle fonctionne comme un marché unique : les personnes, les marchandises et l'argent peuvent circuler librement entre les pays membres. Seize d'entre eux ont une monnaie commune, l'euro. L'UE a son propre Parlement, sa cour de justice et sa banque centrale.

Le cercle étoilé du drapeau de l'UE symbolise l'unité de ses membres.

CÉLÉBRITÉS

- **Mère Teresa** (1910-1997) Religieuse catholique albanaise, célèbre pour son action humanitaire auprès des pauvres.
- **Albert Einstein** (1879-1955) Prix Nobel de physique d'origine allemande, l'un des plus célèbres scientifiques.
- **Pablo Picasso** (1881-1973) Peintre et sculpteur espagnol, l'un des artistes les plus influents du XXe siècle.
- **Louis Braille** (1809-1852) Inventeur français du braille, permettant aux aveugles et mal-voyants de lire et écrire.
- **Marie Curie** (1867-1934) Scientifique franco-polonaise, deux fois Prix Nobel pour ses recherches sur la radioactivité.

INSTANTANÉ

Chambord est l'un des plus somptueux châteaux français bâtis dans la vallée de la Loire, qui en compte plus de 300.

INSTANTANÉ

Le cercle de pierres levées de Stonehenge a été érigé pendant la préhistoire, dans la plaine de Salisbury, au Royaume-Uni.

▼ À ROME, *bâtiments anciens et modernes témoignent de la longue histoire de la ville.*

L'ALIMENTATION

Pâtes, pizza, croissant, moussaka et goulash sont quelques spécialités originaires d'Europe, aujourd'hui répandues dans le monde entier.

Camembert

Saucisses allemandes

Tapas espagnoles

Pâtes italiennes

PAYS RICHES

Même les Européens les plus pauvres gagnent plus que les habitants des pays du Sud, mais le coût de la vie est beaucoup plus élevé en Europe et la pauvreté s'y développe de plus en plus. Les six pays les plus riches du monde sont pourtant européens.

UN CONTINENT BONDÉ

L'Europe est densément peuplée. En moyenne, on compte 70 habitants/km^2, à comparer avec une densité de 23 habitants/km^2 en Amérique du Nord. Trois Européens sur quatre habitent en ville.

Londres (Grande-Bretagne)

LA MUSIQUE

▲ MOZART *(1756-1791)*

L'Europe est le berceau de la musique classique, de l'opéra et de l'orchestre symphonique moderne. Les salles de concerts et d'opéras où sont jouées les œuvres sont souvent des bâtiments grandioses. Parmi les compositeurs européens célèbres figurent Bach, Haydn, Mozart, Beethoven, Berlioz, Verdi, Puccini et Debussy.

LE SPORT

Football, tennis, cricket, golf et rugby sont aujourd'hui pratiqués partout dans le monde, mais tous ces sports sont nés en Europe. Le rugby, par exemple, est une variante du football inventée dans une école anglaise au début du XIXe siècle.

LE TOURISME

Avec près de 82 millions de visiteurs en 2007, la France est le pays le plus visité au monde. L'Europe séduit par ses nombreux monuments, ses villes historiques, ses plages et son climat tempéré.

Tour Eiffel, Paris

LE SAVIEZ-VOUS ? INFOS ÉTONNANTES

1 Le Danube traverse dix pays européens et quatre capitales européennes : Vienne, Bratislava, Budapest et Belgrade.

2 La population européenne diminue et vieillit. Le nombre moyen de naissances par femme est de 1,52. On estime que, d'ici à 2050, les Européens ne représenteront plus que 7 % de la population mondiale (contre 11 % actuellement).

3 L'Europe porte le nom d'un personnage de la mythologie grecque. La princesse phénicienne Europa fut enlevée par le dieu Zeus, transformé en taureau blanc.

4 Les Suisses mangent plus de chocolat que les habitants de tout autre pays. Chacun dévore une moyenne de 11,6 kg de chocolat par an.

5 Les trois plus petits États d'Europe sont la Cité du Vatican (900 habitants), Saint-Marin (25 000 hab.) et Monaco (30 000 hab.). Le Vatican s'étend sur seulement 0,44 km^2.

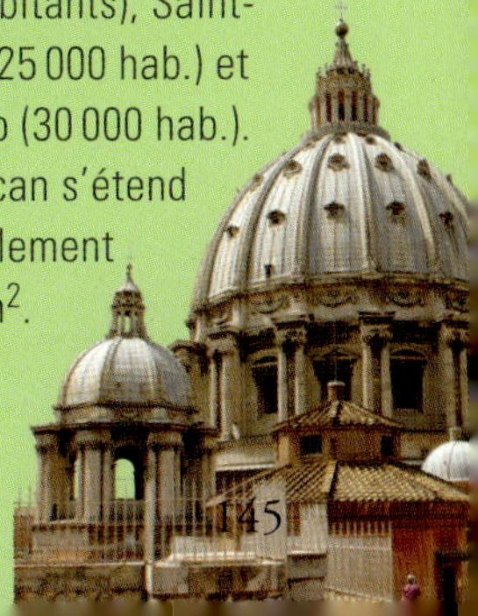

Asie

Asie

S'étendant sur un tiers environ des terres émergées, l'Asie est le plus vaste continent. C'est aussi le plus peuplé, et on y trouve le plus grand pays du monde ainsi que la plus haute montagne et le plus grand lac.

LIEUX CÉLÈBRES

- Le Pinatubo, un volcan actif des Philippines, a explosé en 1991 au cours d'une des plus importantes éruptions jamais enregistrées.
- La mer Morte, située à la frontière entre Israël et la Jordanie, est en fait un lac extrêmement salé. À 400 m sous le niveau de la mer, c'est l'endroit le plus bas de la planète.
- Le K2 est le deuxième sommet le plus haut de la Terre, après l'Everest. Il se dresse au Pakistan.

INFOS +

- **L'Asie** s'étend sur environ 30 % des terres émergées.
- **Nombre de pays** 50
- **Plus grand pays** Russie (ce pays s'étend aussi en partie sur l'Europe)
- **Plus petit pays** Îles Maldives
- **Langues** Plus de 200
- **Population du continent** Plus de 4 milliards (plus de 60 % de la population mondiale)
- **Plus grande ville** Tokyo, au Japon
- **Point culminant** Everest, à la frontière entre Népal et Chine, d'une altitude de 8 848 m
- **Plus long fleuve** Le Yangzi Jiang, en Chine, parcourt 5 980 km.
- **Plus grand lac** Mer Caspienne.

Combien d'habitants ?
Plus de 4 milliards de personnes peuplent l'Asie, ce qui représente environ deux humains sur trois. Avec 1,3 milliard d'habitants, la Chine est le pays le plus peuplé.

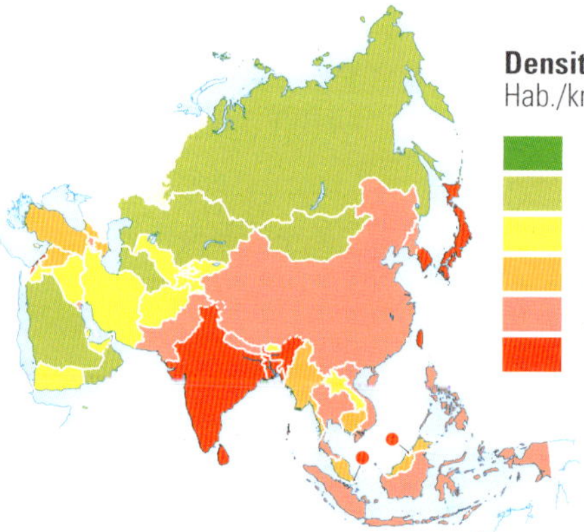

LE DELTA
Cette photo satellitaire montre le delta du Gange, au Bangladesh. Cette zone, très basse, est souvent inondée.

LE GANGE

Le Gange est le plus long fleuve du sous-continent indien. Chaque année, des milliers de pèlerins se rendent à Bénarès et dans d'autres villes saintes bordant ce fleuve, sacré pour les hindous.

▼ SE BAIGNER *dans le Gange est considéré comme un moyen de se purifier.*

Les monts Oural, en Russie, forment la frontière entre l'Asie et l'Europe.

La Sibérie est la partie asiatique de la Russie. Un froid extrême y règne l'hiver.

DUBAI, *la plus grande ville des Émirats arabes unis, a été construite, en grande partie, dans les quarante dernières années.*

Des milliers d'îles s'égrènent du sud-est de l'Asie jusqu'en Australie. L'Indonésie compte à elle seule plus de 13 500 îles.

Vivre en Asie

L'Asie réunit les extrêmes : richesse et extrême pauvreté, modernité et traditions très anciennes, déserts vides et villes surpeuplées, agriculture vivrière et industrie de très haute technologie.

LE TOURISME

La Grande Muraille de Chine et le Tadj Mahall, en Inde, sont les monuments les plus visités d'Asie. Dubai propose des attractions plus modernes. La ville abrite l'hôtel le plus haut du monde.

INSTANTANÉ

Ces pitons de calcaire, près de Yanshou, en Chine, ont été sculptés par la pluie qui a peu à peu érodé la roche tendre environnante.

CÉLÉBRITÉS

- **Benazir Bhutto** (1953-2007) Femme politique pakistanaise. Deux fois Premier ministre, elle fut la première femme élue à la tête d'un pays musulman, mais fut assassinée en 2007.
- **Iouri Gagarine** (1934-1968) Cosmonaute russe, premier homme à voyager et à tourner autour de la Terre.
- **Tenzing Norgay** (1914-1986) Montagnard du Népal, il fut l'un des deux premiers à atteindre le sommet du mont Everest, en 1953.
- **Gandhi** (1869-1948) Figure spirituelle et politique indienne, il libéra l'Inde de sa dépendance vis à vis de la Grande-Bretagne.

INSTANTANÉ

Le mont Fuji est un volcan proche de Tokyo, au Japon. Montagne sacrée pour les Japonais, il figure souvent sur leurs peintures.

▼ BOMBAY *est la plus grande ville d'Inde. C'est le centre économique du pays, où se trouvent les studios de cinéma de Bollywood.*

Asie

LE PÉTROLE

Environ 80 % du pétrole le plus facile d'accès sur la planète se trouve au Moyen-Orient. L'argent tiré du commerce du pétrole a rendu certains pays de cette région extrêmement riches.

USINES DU MONDE

Des vêtements aux voitures, bien des produits vendus dans les pays occidentaux proviennent des usines d'Asie. Les ouvriers y sont beaucoup moins payés et peu protégés socialement.

MUSIQUE ET DANSE

Cette jeune femme exécute une danse indienne classique. Ce type de danse s'inspire souvent des récits traditionnels de l'hindouisme. La danseuse raconte l'histoire par ses mouvements et ses gestes.

ANCIEN ET MODERNE

Les styles de vie diffèrent beaucoup sur ce continent. De nombreux Asiatiques habitent de grandes villes modernes, comme Tokyo ou Pékin. Mais certaines populations vivent encore presque comme leurs ancêtres il y a des siècles. Beaucoup de Bédouins, par exemple, se déplacent encore avec leurs tentes.

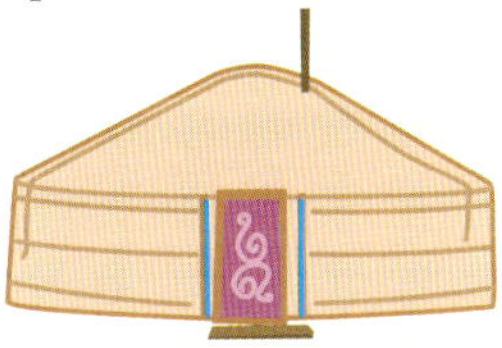

En Mongolie, les éleveurs nomades vivent dans des yourtes, des tentes en feutre.

Au Japon, de nombreux habitants vivent dans des immeubles modernes.

L'ALIMENTATION

Le riz est la nourriture de base de beaucoup d'Asiatiques. Sauté ou à la vapeur, il accompagne de nombreux plats chinois, thaïlandais et indiens.

FAUNE SAUVAGE

Présents dans l'est et le sud de l'Asie, les tigres sont aujourd'hui gravement menacés d'extinction, car des zones importantes de leur habitat ont été détruits, et on les chasse souvent pour leur pelage.

LA TECHNOLOGIE

Le Japon domine le marché mondial des téléviseurs, lecteurs de musique, consoles de jeux et autres appareils électroniques. L'Inde exporte beaucoup de services et de logiciels informatiques.

L'AGRICULTURE

Près d'un Asiatique sur deux cultive la terre pour vivre. Le riz est la première culture. Comme cette céréale a besoin d'humidité, elle pousse dans des champs inondés.

LE SAVIEZ-VOUS ? INFOS ÉTONNANTES

1 L'Himalaya abrite quatorze sommets de plus de 8 000 m d'altitude : on ne trouve nulle part ailleurs dans le monde de montagnes plus hautes.

2 L'Asie est le berceau des grandes religions du monde. Le bouddhisme, l'hindouisme, le christianisme, l'islam et le judaïsme y sont nés.

3 Profond de 1 620 m, le lac Baïkal, en Russie, est le plus profond du monde. Il contient plus d'eau que les cinq Grands Lacs nord-américains.

4 Le Japon abrite 10 % des volcans actifs du monde. Il compte environ 40 volcans en activité et 48 autres en sommeil.

5 Avec plus de 1,6 million d'employés, les chemins de fer d'Inde sont le premier employeur au monde.

Australasie et Océanie

L'Australasie comprend l'Australie, la Nouvelle-Zélande et la Papouasie-Nouvelle-Guinée. L'Australie est si vaste qu'elle forme à elle seule un continent. À l'est, les milliers d'îles disséminées dans le Pacifique constituent l'Océanie.

Australasie

INFOS +

- **La région** s'étend sur environ 6 % des terres émergées.
- **Nombre de pays** 14 États indépendants et 16 territoires dépendants
- **Plus grand pays** L'Australie, qui est aussi un continent
- **Langues** 25 langues officielles
- **Population de la région** Estimée à environ 30 millions
- **Plus grande ville** Sydney, en Australie (4,3 millions de personnes)
- **Point culminant** Mont Wilhelm, en Papouasie-Nouvelle-Guinée, 4 509 m d'altitude.
- **Plus long fleuve** Le Murray-Darling coule sur 3 750 km en Australie.
- **Plus grand lac** Lac Eyre, en Australie

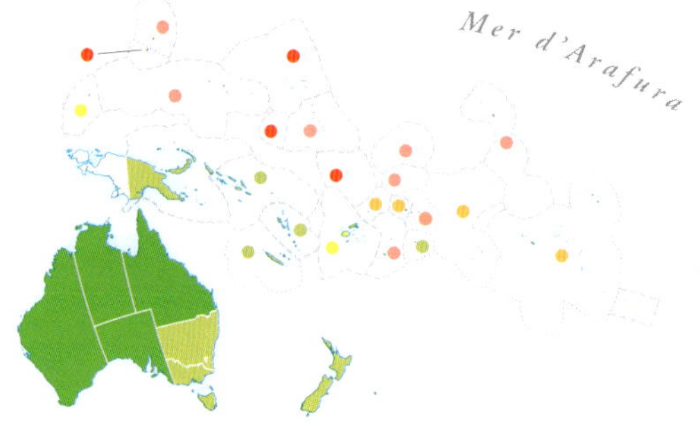

Densité
Hab./km²

- moins de 50
- 50-90
- 100-149
- 150-199
- 200-299
- plus de 300

Combien d'habitants ?
Seulement 0,5 % de la population mondiale vit en Australasie et en Océanie. Sur un total d'environ 30 millions de personnes, 21 millions habitent l'Australie.

Océanie

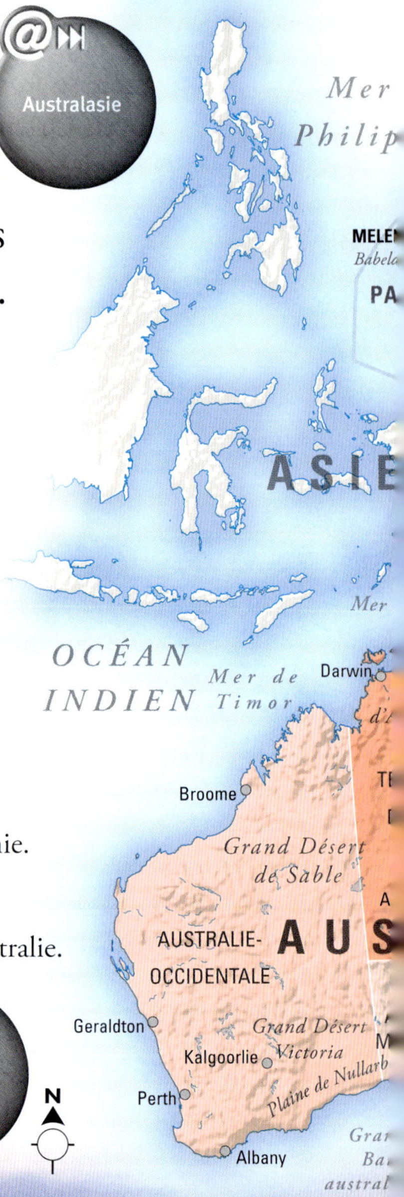

L'*OUTBACK*

L'intérieur de l'Australie (*« outback »* en anglais) se confond avec une plaine aride et chaude. Très peu de gens y vivent, mais on y trouve de nombreux animaux sauvages (kangourous, dingos, wombats, émeus…) ainsi que d'immenses élevages de moutons et de vaches.

▼ ULURU, *qu'on appelle aussi Ayers Rock, est un imposant affleurement de grès, au centre de l'Australie. C'est un site sacré pour les Aborigènes.*

Le mot Micronésie signifie « petites îles ». Ce groupe est composé de récifs ou d'atolls coralliens.

Île de Huahiné, Tahiti, Polynésie

Les îles du Pacifique

Les milliers d'îles de l'océan Pacifique se répartissent en trois grands groupes : la Mélanésie, la Micronésie et la Polynésie. Certaines de ces îles ont pour origine des volcans sous-marins, d'autres sont des récifs coralliens circulaires, ou atolls.

LIEUX CÉLÈBRES

- La Grande Barrière de corail, au nord-est de l'Australie, est le plus grand récif corallien du monde (👁 p. 76). Elle s'est édifiée sur des milliers d'années.
- La ville de Rotorua, dans l'île du Nord, en Nouvelle-Zélande, est célèbre pour ses geysers et ses mares de boue bouillonnantes, dus à l'activité volcanique souterraine.

La Polynésie (« îles nombreuses ») compte plus d'un millier d'îles.

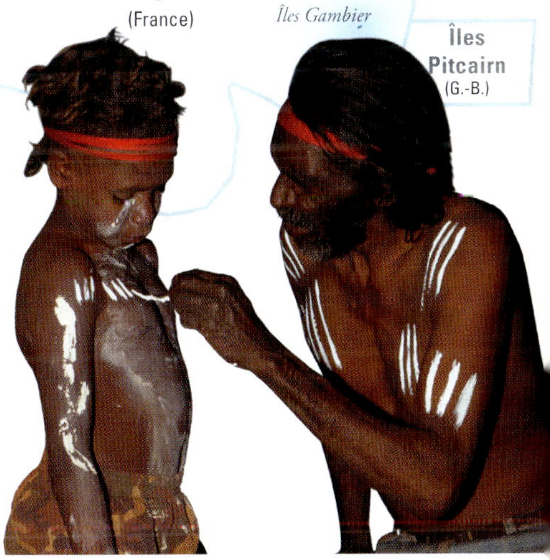

▸ LES ABORIGÈNES *sont les premiers habitants de l'Australie. Dans les communautés de l'outback, ils perpétuent leurs traditions.*

La Nouvelle-Zélande est un des pays les plus isolés du monde. Elle se situe à environ 2 000 km de son plus proche voisin, l'Australie.

▸ LA FAUNE
Les kangourous vivent dans l'outback, où ils broutent les graminées. Ils sont surtout actifs tôt le matin et le soir, quand il fait plus frais.

▸ LE DINGO *descend du chien domestique amené par l'homme en Australie.*

Vivre en Australasie et en Océanie

▲ LE KOALA *Ce marsupial tire presque toute l'eau dont il a besoin des feuilles qu'il mange.*

Cette région est l'une des dernières à avoir été occupée par les humains. Les Maoris, par exemple, sont arrivés en Nouvelle-Zélande il y a mille ans seulement. La région est toujours très peu peuplée, avec une moyenne de 4 habitants/km^2.

CÉLÉBRITÉS

- **Howard Florey** (1898-1968) Pharmacologue d'origine australienne, prix Nobel pour avoir contribué à la découverte de la pénicilline, un antibiotique.
- **Cathy Freeman** (née en 1973) Sprinteuse australienne, première Aborigène à remporter une médaille d'or, aux jeux Olympiques de Sydney, en 2000.
- **Ernest Rutherford** (1871-1937) Scientifique néo-zélandais, prix Nobel, dont les recherches ont révélé la structure de l'atome.
- **Jonah Lomu** (né en 1975) Rugbyman néo-zélandais. Il détient le record absolu d'essais marqués en Coupe du monde.

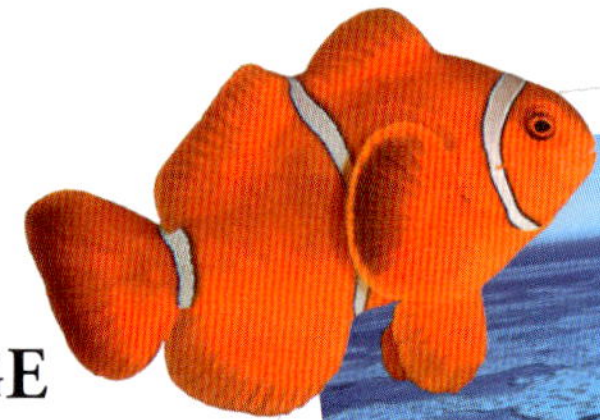

FAUNE SAUVAGE

Parmi la faune unique de cette région figurent les marsupiaux (mammifères à poche) et des oiseaux ne pouvant voler comme les émeus et les kiwis.

INSTANTANÉ

La Grande Barrière de corail abrite plus de 1 500 espèces de poissons et 400 espèces de coraux, ainsi que des milliers d'algues.

Kiwi

INSTANTANÉ

La côte sud-ouest de la Nouvelle-Zélande est entaillée de fjords, des bras de mer longs et étroits. Le plus célèbre est Milford Sound.

Australasie

▼ SYDNEY *La plus grande ville d'Australie est bâtie autour d'une vaste baie. Le Harbour Bridge (« pont du port ») est l'un des plus célèbres monuments du pays.*

Océanie

LA MUSIQUE

Le *didgeridoo,* instrument à vent des Aborigènes, est fait à partir d'un tronc d'arbre creux. Il produit une sorte de bourdonnement.

▲ LES *DIDGERIDOOS sont traditionnellement en bois d'eucalyptus.*

LE SPORT

Les sports les plus populaires en Australie et en Nouvelle-Zélande sont le cricket et le rugby. La Nouvelle-Zélande est aussi réputée pour les sports extrêmes tels que le saut à l'élastique et le rafting.

▲ LES *ALL BLACKS*
Les « tout noirs » sont les membres de l'équipe de rugby néo-zélandaise. Avant chaque match, ils exécutent une intimidante danse maorie, le haka.

LE TOURISME

L'Australasie est prisée pour les activités de plein air : plongée sur la Barrière de Corail, surf et planche à voile le long des côtes australiennes ou randonnée dans les montagnes néo-zélandaises.

L'ÉLEVAGE

La laine et la viande de mouton comptent parmi les principales exportations de l'Australie et de la Nouvelle-Zélande. En Australie, il y a environ cinq fois plus de moutons que de personnes.

LE SAVIEZ-VOUS ? INFOS ÉTONNANTES

1 L'Australie est le continent le plus plat. Son point culminant, le mont Kościuszko, ne se dresse qu'à 2 228 m d'altitude – soit un quart de la hauteur de l'Everest.

2 Nul ne sait combien il y a d'îles exactement dans l'océan Pacifique. Les estimations varient de 20 000 à 30 000.

3 La Nouvelle-Zélande est la terre d'origine du saut à l'élastique. Un des pionniers de ce sport, le Néo-Zélandais A.J. Hackett, en fit une démonstration en 1987 en s'élançant du haut de la tour Eiffel, à Paris.

4 Une des araignées les plus venimeuses du monde, *Atrax robustus,* vit en Australie. La morsure de cette mygale est mortelle, mais un sérum antivenimeux a été mis au point dans les années 1980. Il doit être administré très vite.

5 Quelque 820 langues sont parlées en Papouasie-Nouvelle-Guinée.

▼ HOMMES *d'une tribu de Papouasie-Nouvelle-Guinée.*

Drapeaux

Chaque État du monde a son drapeau. C'est un des symboles de l'identité du pays.

■ **Religion** On retrouve la croix chrétienne sur le drapeau de plusieurs pays européens et les quatre couleurs de l'islam (rouge, blanc, vert et noir) sur les drapeaux de nombreux pays musulmans.

■ **Régions** Certains pays mettent en avant leurs composantes. Les croix de Saint-George, de Saint-Patrick et Saint-André qui figurent sur celui du Royaume-Uni représentent l'Angleterre, l'Irlande et l'Écosse.

■ **Tricolores** De nombreux drapeaux sont constitués de trois bandes verticales de couleurs différentes. Ils s'inspirent du drapeau bleu-blanc-rouge de la France, adopté pendant la Révolution française.

CULTURE

- Le christianisme, religion la plus répandue, compte plus de 2,1 milliards de fidèles
- Les peintures de la grotte de Lascaux, en France, ont plus de 30 000 ans.
- La peinture la plus chère à ce jour a été achetée, en 2006, 140 millions de dollars.
- Alors qu'on parle 230 langues différentes en Europe, il en existe 2 197 en Asie.
- Mozart commença à composer de la musique alors qu'il n'avait que 5 ans.

? Pourquoi la méditation est-elle importante pour les bouddhistes? *À découvrir pages 160-161*

? Avec quoi les Romains construisaient-ils leurs bâtiments? *À découvrir pages 180-181*

Par leurs croyances religieuses ou la musique qu'ils écoutent, les groupes humains sont différents. La **culture** reflète la façon dont les gens vivent.

- Le premier studio de cinéma d'Hollywood fut créé en 1911 dans une ancienne taverne.
- La danse la plus ancienne au monde est la danse du ventre.
- L'idée d'écrire et de jouer des pièces de théâtre a vu le jour dans la Grèce antique…
- … tout comme les premiers jeux Olympiques, en 776 av. J.-C.
- La devise des jeux Olympiques est « plus vite, plus haut, plus fort ».

Où et quand la salsa est-elle née ?
À découvrir pages 176-177

Combien y a-t-il de musiciens dans un orchestre symphonique ?
À découvrir pages 174-175

Religion

Religions du monde

Une religion est un ensemble de croyances qui explique l'origine du monde, définit un au-delà après la mort et indique comment il faut conduire sa vie. Les fidèles d'une même religion se rassemblent pour célébrer leur culte et leurs fêtes.

▲ ICÔNE D'ABRAHAM, *église du Saint-Sépulcre, à Jérusalem*

Mêmes racines
Le judaïsme, le christianisme et l'islam ont une source commune. Ces trois religions considèrent Abraham comme l'un des pères de leur foi. Le christianisme et l'islam se sont propagés dans le monde entier grâce aux invasions et aux migrations.

MAIS ENCORE ?

La grande majorité des habitants de la planète se reconnaît dans une tradition religieuse. Environ un tiers de la population mondiale est chrétien, un cinquième musulman. Seulement 12 % environ des gens se déclarent sans religion.

Les six religions comptant le plus de fidèles sont :

Christianisme

Islam

LE JUDAÏSME

Le judaïsme apparut il y a plus de 3 500 ans au Moyen-Orient, au sein de la tribu des Hébreux. Les juifs croient en un Dieu unique, qui a créé le monde et continue de veiller sur celui-ci.

▲ LA TORAH *est le texte sacré que les juifs croient avoir été dicté par Dieu à Moïse sur le mont Sinaï. Il comprend les Dix Commandements, indiquant aux croyants la manière juste de se comporter. La Torah forme avec d'autres textes saints le Tanakh.*

▼ LA *KIPPA*
Les hommes juifs pratiquants portent une calotte, ou kippa, *pour manifester leur respect envers Dieu.*

▶ LA *MENORAH* *Les bougies de ce chandelier à neuf branches, appelé* menorah, *sont allumées pour Hanoukka, la fête des Lumières. La bougie centrale sert à allumer les autres : une chaque jour que dure Hanoukka.*

COUP D'ŒIL SUR PESSAH

▲ LE *SEDER*
C'est un repas spécial de la Pâque, au cours duquel on place sur un plat, au milieu de la table, des mets symboliques dont un œuf, symbole de renaissance, et des herbes amères, représentant la souffrance.

Pessah, la Pâque juive, est une fête célébrant le départ d'Égypte des Hébreux qui y avaient été réduits en esclavage. Les juifs croient que Dieu envoya dix fléaux contre les Égyptiens ; le dernier tua tous les premiers-nés, enfants ou animaux. Les Hébreux avaient marqué leurs maisons avec du sang d'agneau et Dieu les épargna. Ensuite, Pharaon libéra les Hébreux.

LE CHRISTIANISME

Les chrétiens croient que Jésus-Christ, un homme de religion juive né à Bethléem au début de notre ère, était le fils du Dieu unique. Selon la tradition chrétienne, il fut mis à mort par les autorités civiles et religieuses mais ressuscita trois jours plus tard. La Bible chrétienne se compose du Tanakh juif, appelé Ancien Testament, et d'écritures plus récentes, le Nouveau Testament.

◂ LE CALICE
La Sainte Communion est un rite chrétien commémorant le sacrifice de Jésus par la consommation de vin et de pain. Le vin, consacré dans un calice, symbolise le sang du Christ.

▴ LE REPAS D'EMMAÜS
Ce vitrail représente Jésus, ressuscité d'entre les morts, partageant un repas avec deux disciples.

Le catholicisme

Le christianisme compte plusieurs branches, dont la plus importante est le catholicisme. Le chef de l'Église catholique romaine est le pape. Les catholiques le considèrent comme le successeur de saint Pierre, à qui Jésus confia avant sa mort la direction de l'Église chrétienne.

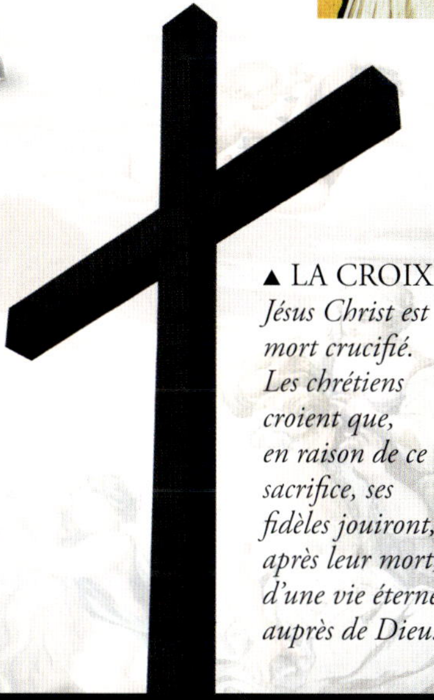

▴ LA CROIX
Jésus Christ est mort crucifié. Les chrétiens croient que, en raison de ce sacrifice, ses fidèles jouiront, après leur mort, d'une vie éternelle auprès de Dieu.

Les **saints** sont des hommes ou des femmes qui ont vécu des vies particulièrement exemplaires. Certains saints sont associés à un pays ou à une cause en particulier.

Hindouisme **Bouddhisme** **Sikhisme** **Judaïsme**

L'ISLAM

L'islam fut fondé en Arabie au VIIe siècle de notre ère par Mahomet. Les musulmans croient en un Dieu unique, Allah, qui envoya 25 prophètes sur la Terre, le dernier étant Mahomet. Avant lui étaient venus Abraham, Moïse et Jésus.

Le Coran Les enseignements de Dieu, dictés à Mahomet, sont consignés dans un livre sacré, le Coran. Les musulmans s'efforcent de vivre conformément aux règles du Coran. Ils doivent respecter les cinq piliers de leur foi :

- proclamer sa foi ;
- prier cinq fois par jour ;
- pratiquer la charité ;
- jeûner pendant le Ramadan ;
- faire le pèlerinage à La Mecque.

Le mois de ramadan est le neuvième du calendrier islamique, pendant lequel le Coran fut révélé à Mahomet. Durant ce mois, les musulmans ne doivent ni manger ni boire de l'aube au crépuscule. Cela les aide à comprendre la pauvreté et à se concentrer sur la prière et la lecture du Coran. Le ramadan s'achève avec l'Aïd el-Fitr, la rupture du jeûne. Les croyants se réunissent à la mosquée puis partagent un repas en famille.

▸ LA MECQUE,
en Arabie saoudite, est la ville la plus sainte de l'Islam : Mahomet y est né. Les musulmans se tournent en direction de La Mecque chaque fois qu'ils prient, où qu'ils se trouvent.

L'hindouisme, le bouddhisme et le sikhisme ont leurs racines en Asie du Sud et de l'Est. Au cours du XXe siècle, ces religions se sont répandues dans le monde, y compris en Occident, à la faveur des migrations de populations. Dans de nombreuses régions du monde, des religions traditionnelles, moins largement diffusées, sont toujours pratiquées.

@ Religion

L'HINDOUISME

L'hindouisme émergea en Inde vers 2500 avant notre ère. Les hindous croient que l'âme de chaque être vivant renaît après la mort et que les actes de la vie présente déterminent une bonne ou une mauvaise renaissance. Le but du croyant est de se libérer du cycle des renaissances.

▲ LE CULTE
L'hindouisme compte de multiples dieux, comme le dieu à tête d'éléphant Ganesha (ci-dessus), *identifié au savoir et à l'intelligence. Mais la plupart des hindous distinguent un dieu, tels Vishnou ou Shiva, comme créateur et sauveur du monde.*

▲ VACHE SACRÉE *En Inde, tuer une vache, animal sacré dans l'hindouisme, est interdit, et les vaches peuvent se promener là où bon leur semble, même en plein milieu des rues.*

▲ *DIWALI est la fête hindoue des lumières. Elle marque le début de la nouvelle année du calendrier hindou. Les familles allument à cette occasion des lampes à huile pour inviter Lakhsmi, déesse de la Prospérité, dans leur maison.*

LE SIKHISME

Le sikhisme fut fondé au XVe siècle par Guru Nanak, dans l'actuel Pakistan. Les sikhs croient en un Dieu tout-puissant, que l'on comprend mieux par la méditation. Le livre saint des sikhs est le *Guru Granth Sahib,* qui rassemble les enseignements des premiers chefs spirituels, les dix Gurus.

◄ LE TEMPLE D'OR
d'Amritsar, dans le Pendjab indien, est le lieu le plus saint pour les sikhs.

► LE NOM DE DIEU
Un Indien sikh étudie une version manuscrite du Guru Granth Sahib. *Ce livre saint est traité avec le plus grand respect : il est placé sur un trône et on agite un fouet sacré au-dessus de lui lorsqu'on le lit.*

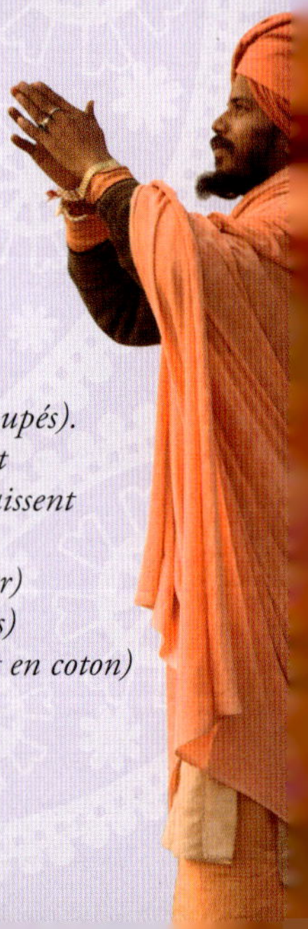

▼ LES CINQ K
Les adeptes du sikhisme manifestent leur foi en gardant sur eux cinq symboles dont le nom commence par « k ».

- Kesh *(cheveux non coupés). Les sikhs ne se coupent pas les cheveux et se laissent pousser la barbe.*
- Kara *(bracelet en acier)*
- Kanga *(peigne en bois)*
- Kacch *(sous-vêtement en coton)*
- Kirpan *(poignard à lame d'acier)*

LE BOUDDHISME

Le bouddhisme fut fondé en Inde vers 500 av. J.-C. Les bouddhistes ne vénèrent pas de dieu mais suivent les enseignements d'un homme, le Bouddha (« l'Éveillé »), qui a compris la vraie nature de la réalité. Le Bouddha a enseigné à ses disciples comment échapper au cycle des renaissances et à la souffrance par une conduite juste et par la méditation.

▼ STATUES DU BOUDDHA
Les statues du Bouddha le figurent souvent en train de méditer, jambes croisées. Le Grand Bouddha de l'île de Koh Samui, en Thaïlande, érigé en 1972, est haut de 15 m. On le voit à des kilomètres à la ronde.

▲ MOULINS À PRIÈRE
Les bouddhistes tibétains utilisent des moulins à prière sur lesquels sont inscrits des mantras, des formules favorisant la compréhension spirituelle. Le mantra est répété à mesure que la roue tourne.

▲ TEMPLES BOUDDHISTES
Les temples bouddhistes abritent des moines et des nonnes, qui ont choisi de mener une vie juste, consacrée à la méditation. Les temples sont bâtis de façon à symboliser les cinq éléments : la terre, l'air, le feu, l'eau et la sagesse, représentée par la flèche couronnant le toit.

Les religions traditionnelles

LE CHAMANISME

Le chamanisme est une religion ancienne largement répandue qui croit que le monde est peuplé d'esprits invisibles, bons ou mauvais. Des personnes ayant reçu une formation spécifique, les chamans, peuvent communiquer avec ces esprits grâce à des rituels. Chez les Tchouktches, un peuple de Sibérie orientale, les chamans appellent les esprits au moyen de tambours.

LE CONFUCIANISME

Confucius (551 av. J.-C.-479 av. J.-C.), un philosophe chinois, soulignait la nécessité de respecter les gens plus âgés, d'accomplir son devoir envers sa famille et l'État et d'honorer les ancêtres. Parmi ses écrits, le *Yi Qing* sert à prédire l'avenir.

LA RELIGION ABORIGÈNE

Les Aborigènes d'Australie croient traditionnellement que la terre, l'océan, les animaux, les plantes et les hommes ont été créés par des esprits considérés comme des ancêtres. Ces esprits, qui vivent dans un monde caché appelé le Temps du Rêve, continuent de donner vie à notre monde. Les récits et les chants du Temps du Rêve se sont transmis d'une génération à l'autre depuis des milliers d'années.

Les fêtes

Les fêtes occupent une place très importante dans les vies religieuse, sociale et familiale. Elles rassemblent les gens ; ce sont des moments que l'on attend et, en général, des occasions de réjouissance.

Fête

MAIS ENCORE ?

Le calendrier chinois Dans le calendrier chinois, chaque année porte le nom d'un des douze animaux du zodiaque chinois : rat, buffle, tigre, lièvre, dragon, serpent, cheval, chèvre, singe, coq, chien et cochon.

CARÊME

■ Le Carême est une période du calendrier chrétien qui dure 40 jours et 40 nuits et prépare la fête de Pâques. Traditionnellement, c'est une période de jeûne et de prière, pendant laquelle les chrétiens commémorent les 40 jours passés dans le désert par Jésus.

FÊTES FAMILIALES

■ La famille est un élément important de la vie. À travers le monde, les familles se réunissent pour célébrer des événements comme l'arrivée d'un nouveau-né, les anniversaires ou les mariages.

NOUVEL AN CHINOIS

■ **Où ?** En Chine et dans toutes les communautés chinoises
■ **Quand ?** La fête commence à la nouvelle lune, le premier jour de la nouvelle année, qui tombe en janvier ou février, et s'achève à la pleine lune, 15 jours plus tard.
■ **Que fait-on ?** On accroche des lanternes aux fenêtres. On assiste à des danses du dragon dans les rues. Les familles se partagent un repas de fête et honorent leurs ancêtres. On porte des vêtements rouges, couleur du bonheur.
■ **Que fête-t-on ?** Un nouveau début et les semailles qui donneront de nouvelles récoltes.

DIWALI

■ **Où ?** En Inde et partout où il y a des hindous dans le monde
■ **Quand ?** Au cours des mois d'Asvina et de Karika (octobre-novembre)
■ **Que fait-on ?** Diwali étant la fête des Lumière, les gens allument de petites lampes à huile *(diyas)* dont ils entourent les maisons et les jardins. On s'offre des friandises. Des feux d'artifice sont tirés.
■ **Que fête-t-on ?** Le retour d'exil du dieu Rama et son couronnement comme roi. Selon la légende, le peuple avait allumé des lampes pour éclairer son parcours nocturne. Les lampes symbolisent aussi l'âme des personnes.

CARNAVAL DE RIO

■ **Où ?** Rio de Janeiro, au Brésil
■ **Quand ?** Le carnaval se déroule sur quatre nuits, en février, avant le début du Carême.
■ **Que fait-on ?** Les gens descendent costumés dans la rue et dansent. Certains défilent sur d'énormes chars décorés. Les grands moments du carnaval sont la compétition entre écoles de samba et le défilé dans le sambodrome, dans des costumes époustouflants.
■ **Que fête-t-on ?** On s'amuse avant le Carême.

FASNACHT (CARNAVAL)

- **Où ?** En Autriche, Allemagne, Alsace et dans certaines parties de la Suisse
- **Quand ?** La veille du mercredi des Cendres, soit le dernier mardi avant le Carême
- **Que fait-on ?** Les familles se réunissent pour un repas festif, et des défilés célèbrent l'arrivée du printemps. Des personnalités de la ville revêtent les costumes du Prince carnaval et parfois du Paysan carnaval. Tous les habitants se déguisent aussi, en clown, en sorcière, en fruit… tout est permis !
- **Que fête-t-on ?** C'est un temps de fête avant le Carême. Mais la tradition du carnaval est antérieure au christianisme : déjà on chassait les mauvais esprits de l'hiver et on appelait le printemps, dans l'espoir de bonnes récoltes.

TOUSSAINT ET JOUR DES MORTS

- **Où ?** Au Mexique
- **Quand ?** 1er et 2 novembre
- **Que fait-on ?** On installe des autels couverts de photos et de biens ayant appartenu aux morts, pour les guider vers les maisons. On dépose des offrandes sur les tombes.
- **Que fête-t-on ?** Les proches défunts mais encore dans les mémoires. Les Mexicains croient que, le Jour des Morts, il est plus facile pour les âmes de rendre visite aux vivants.

CARNAVAL D'HIVER AU QUÉBEC

- **Où ?** Ville de Québec, au Canada
- **Quand ?** Du dernier week-end de janvier jusqu'à la mi-février
- **Que fait-on ?** C'est le plus grand carnaval d'hiver au monde. On se rend en famille ou entre amis aux défilés nocturnes, aux concerts, aux courses de chiens de traîneaux et aux concours de sculpture sur neige.
- **Que fête-t-on ?** C'est une occasion de manger, de boire, de chahuter et de s'amuser avant le début du Carême.

THANKSGIVING

- **Où ?** États-Unis
- **Quand ?** 4e mardi de novembre
- **Que fait-on ?** Les familles se réunissent pour un repas traditionnellement composé de dinde farcie et de tourte au potiron.
- **Que fête-t-on ?** Ce jour est férié aux États-Unis, dont les habitants célèbrent la première bonne récolte, en 1621, des premiers colons européens établis dans le pays. Les Amérindiens leur avaient appris comment cultiver, chasser et pêcher, et partager l'abondance naturelle de la Terre avec les autres êtres vivants…

▲ PREMIER THANKSGIVING *Indiens et colons de Nouvelle-Angleterre autour d'un repas*

NOËL

- **Où ?** En Amérique du Nord, en Europe, en Australasie, et communautés chrétiennes du monde
- **Quand ?** 25 décembre
- **Que fait-on ?** Les familles se réunissent pour aller à l'église et partager un repas composé de mets traditionnels, comme le *panettone* en Italie.
- **Que fête-t-on ?** La naissance de Jésus-Christ

Panettone

HALLOWEEN

- **Où ?** Aux États-Unis, au Canada et en Europe
- **Quand ?** 31 octobre
- **Que fait-on ?** Les enfants frappent aux portes, déguisés pour faire peur, et réclament des friandises. On creuse des citrouilles pour y placer une bougie.
- **Que fête-t-on ?** Halloween puise ses origines dans les coutumes païennes des Celtes, qui allumaient des feux de joie avant l'hiver. Elle se fête aujourd'hui le soir précédant la Toussaint chrétienne.

L'art

L'art nous apprend beaucoup sur l'histoire et la culture des peuples. Les œuvres nous renseignent sur la vie quotidienne des gens, leurs vêtements, leurs croyances religieuses, leurs savoir-faire ou encore les sports qu'ils pratiquent.

Art

INSTANTANÉ

L'art aborigène australien remonte à des milliers d'années et se perpétue aujourd'hui. Il exprime les croyances sur le Temps du Rêve. Cette œuvre est une fresque moderne que l'on peut voir sur le mur d'une ville.

L'ART DANS L'ANTIQUITÉ

De nombreux témoignages artistiques, parfois vieux de quatre mille ans, ont été découverts dans les tombeaux des pharaons. Ils nous donnent un aperçu de la vie des anciens Égyptiens.

L'art des Aztèques
Au xve siècle, les Aztèques fondèrent un empire qui fut détruit peu après l'invasion espagnole de 1519. Ils produisaient des bijoux en or, en jade et en turquoise, ainsi que des sculptures, de la céramique et des textiles aux motifs géométriques complexes.

Galeries d'art souterraines
La série de peintures du paléolithique ornant la grotte d'Altamira, en Espagne, fut réalisée par plusieurs générations d'artistes préhistoriques, durant plus de vingt mille ans.

Une armée en terre cuite

En 1974, des paysans découvraient en Chine une extraordinaire armée de guerriers chinois en terre cuite. Au fil du temps, les archéologues ont mis au jour plus de 8 000 statues grandeur nature, qui gardaient la tombe du premier empereur de Chine, Qin Shi Huangdi, qui régna de 221 à 210 avant notre ère. Certains guerriers ont même été représentés avec leurs chevaux.

▸ SCULPURE ANTIQUE
La sculpture de la Grèce antique a profondément influencé l'art romain. Ce marbre romain, Le Discobole, *est une copie d'une sculpture grecque en bronze.*

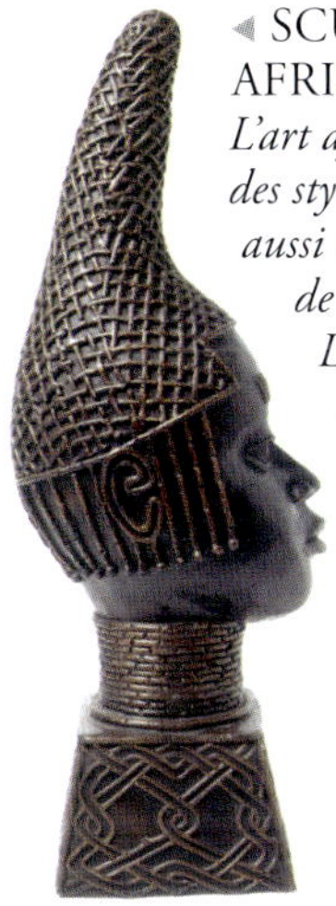

◂ SCULPTURE AFRICAINE
L'art africain déploie des styles et des techniques aussi variés que les cultures de ce continent. Les représentations sculpturales de l'homme varient beaucoup sur ce continent.

La sculpture

Dès la préhistoire, les hommes tiraient des formes de la roche. Si les premiers peuples sculptaient des ornements et des images religieuses, les Grecs, eux, créèrent des statues pleines de vie.

Imiter la vie

Les Grecs de l'Antiquité s'intéressaient à l'idéal : leurs statues figurent des corps parfaits. Les Romains, bien qu'influencés par l'art grec, s'intéressaient davantage au portrait : leurs statues représentent des personnes particulières, souvent célèbres. Ils croyaient que donner une bonne image du visage d'un mort apaisait son âme.

L'art religieux

De nombreuses œuvres d'art sont d'inspiration religieuse. Elles figurent des personnages ou des symboles d'une religion. Les artistes utilisaient souvent pour ce type d'art de fines feuilles d'or et des rouges intenses.

ICONES RUSSES
Les icônes, représentant des personnages de la tradition chrétienne, sont souvent peintes dans le style symbolique de l'art byzantin.

ART BOUDDHIQUE
Les motifs des thangkas *(toiles que l'on déroule) et des* mandalas *(diagrammes) visent à transmettre des idées spirituelles aux méditants.*

COUP D'ŒIL SUR LES COULEURS ISSUES DE LA NATURE

Longtemps, les artistes ont tiré leurs couleurs de la nature. Ils écrasaient des roches, des minéraux, des plantes ou des insectes puis mélangeaient la poudre ou le jus obtenu avec du jaune d'œuf ou de la graisse animale. Ils ont ainsi mis au point des couleurs parfaites de façon souvent étrange.

Blanc – tiré de la craie
Noir – tiré du charbon de bois
Jaune indien – obtenu à partir d'urine de vaches nourries aux feuilles de mangue
Rouge carmin – parfois obtenu à partir des corps séchés et broyés de cochenilles femelles (insectes de l'espèce *Dactylopius coccus*)
Vert – tiré du jus de fleurs de persil
Marron – obtenu à partir de l'écorce interne du chêne noir *(Quercus tinctoria)*
Violet foncé – tiré du jus de baies de sureau
Marron foncé – obtenu à partir de l'encre de seiche, un animal marin *(Sepia officinalis)*

L'art moderne

Quatre Danseuses en scène **d'Edgar Degas**

Il est difficile de définir l'art contemporain, car on peut qualifier ainsi aussi bien une peinture à l'huile abstraite que l'acte d'emballer dans du tissu un bâtiment. Néanmoins, des styles spécifiques ont émergé ; beaucoup ont suscité des débats acharnés.

L'IMPRESSIONNISME
Dans les années 1870, un groupe d'artistes rompait avec la peinture de sujets religieux et historiques pour peindre plutôt des instantanés de la vie réelle, dans un style nouveau. Ces impressionnistes peignaient souvent dehors, cherchant à rendre l'impression de lumière. Le groupe comprenait, entre autres, Édouard Manet, Claude Monet et Edgar Degas.

◂ LA TECHNIQUE
De courtes touches de couleurs pures produisaient un effet de taches, de flou et de spontanéité suggérant le côté éphémère du moment saisi.

LE POINTILLISME Georges Seurat inventa le pointillisme. Il posait sur la toile des points de couleur pure qui, lorsqu'on se tient devant l'œuvre, semblent se mélanger pour donner de nouvelles couleurs. On parle de mélange optique.

Art mode

◂ LA TECHNIQUE
Vu à distance, le chapeau de cette femme semble rouge. En réalité, il est composé de points rouges, verts, jaunes et bleus.

Un dimanche après-midi à la Grande Jatte, **de Georges Seurat**

CHRONOLOGIE DE L'ART MODERNE

1860-1890
L'impressionnisme naît en France quand des artistes tentent de saisir l'instant.

1880-1905
Les post-impressionnistes comme Paul Gauguin, Paul Cézanne et Vincent Van Gogh peignent des toiles vibrantes, audacieuses et souvent très personnelles.

1880
Le pointillisme est un nouveau style de peinture utilisant des points de couleur.

1880-1890
Les œuvres des artistes expressionnistes, dont Edvard Munch, expriment les sentiments des gens, leur joie ou leur chagrin par exemple.

1907-1920
Le cubisme est un art qui montre simultanément différentes perspec- d'un objet.

LE CUBISME

Pablo Picasso, l'un des plus célèbres représentants de l'art moderne, fit des expériences sur la représentation de l'espace en le décomposant en formes méconnaissables. Ses *Trois Musiciens* évoquent un collage mais on voit clairement quels instruments les personnages jouent. Ce style est appelé cubisme. Une scène est montrée de plusieurs points de vue en même temps.

***Trois Musiciens* de Pablo Picasso**

LE POP ART

Dans les années 1950 et 1960, une nouvelle culture populaire a émergé, avec la télévision, la musique pop et le cinéma. Les représentants du pop art impriment et retravaillent avec des couleurs vives des images populaires pour les reproduire à de nombreux exemplaires.

▲ DANS LES ANNÉES 1960, *Andy Warhol a produit une série de portraits de célébrités sérigraphiés sur toile – ici, celui de Marilyn Monroe. Warhol a créé des portraits semblables d'Elizabeth Taylor, Elvis Presley et Jackie Kennedy.*

L'ART D'AUJOURD'HUI

Aujourd'hui, les artistes repoussent les frontières de l'art et explorent de nouvelles techniques. L'Art des Nouveaux Médias met en scène des objets quotidiens et enregistre les réactions des spectateurs au moyen des technologies digitales.

◄ NOUVEAU MÉDIA *Davis Hockney a pris plusieurs clichés puis les a assemblés pour produire une image plus grande.*

▲ INSTALLATION *Tracey Emin a déplacé dans une galerie d'art la cabane où elle rencontra son ami.*

1910-1950

L'art abstrait déforme les contours et les couleurs des sujets. Pour réaliser ses œuvres, Jackson Pollock projette la peinture sur la toile.

1920

Les surréalistes, dont Salvador Dalí et René Magritte, peignent dans un style évoquant les rêves. Cet autoportrait de Magritte est intitulé *Le Fils de l'Homme*.

1950-1960

Le pop art détourne les idées et les images de la culture populaire, comme les emballages alimentaires, les bandes dessinées ou les photos de stars.

1970-AUJOURD'HUI

L'art contemporain expérimente les nouveaux médias. Gilbert et George Del se mettent en scène dans leurs œuvres, en « sculptures vivantes ».

Écrit et imprimerie

Écriture

Que serait une vie sans livres, sans presse, sans bandes dessinées, sans lettres ou e-mails : ce serait un monde bien différent. L'écrit nous informe, nous distrait, rend compte de l'histoire et surtout diffuse de nouvelles idées. L'imprimerie permet aux pensées d'une personne d'être transmises à des millions de gens en même temps.

ÉCRITURES ANCIENNES

Les premières écritures utilisaient des pictogrammes : des symboles représentant chacun un son ou un mot. Les pictogrammes égyptiens, appelés hiéroglyphes, sont vieux de cinq mille ans. Non loin, en Mésopotamie, les scribes commençaient à la même époque à tenir le compte des récoltes et des impôts grâce à l'écriture cunéiforme, dessinée sur des tablettes d'argile.

▼ *Les pictogrammes mésopotamiens, tracés dans de l'argile au moyen d'un roseau taillé, se simplifièrent en signes formant des coins : le cunéiforme.*

◂ *Hiéroglyphes dans le temple d'Hathor, en Égypte*

Méthodes d'écriture

Les caractères japonais s'écrivent encore avec un pinceau et de l'encre, mais bien des méthodes anciennes, telle la plume d'oie trempée dans l'encre pour écrire sur un parchemin – une peau d'animal –, ont disparu. Les Romains utilisaient des crayons en plomb il y a deux mille ans, mais ceux en graphite qu'on utilise aujourd'hui ont été inventés en Angleterre au xve siècle.

COUP D'ŒIL SUR LES LANGUES ÉCRITES

De nos jours, on parle environ 6 800 langues sur notre planète, et beaucoup possèdent leur propre système d'écriture. Toutefois, cinq grands types dominent dans le monde.

▸ LE CYRILLIQUE, *sans doute issu de l'écriture grecque, est utilisé par de nombreux peuples slaves d'Europe de l'Est et par les Russes.*

◂ L'ALPHABET ARABE *ne comprend que des consonnes. Les voyelles sont indiquées par des signes placés sur ou sous les consonnes.*

▴ LE CHINOIS, *l'une des langues écrites les plus anciennes, s'écrit avec des sinogrammes.*

▴ L'ALPHABET LATIN *s'est développé il y a environ 2 600 ans. C'est le plus répandu dans le monde.*

▴ LE BENGALI *utilise un alphabet syllabique, avec des symboles pour les consonnes et les voyelles.*

L'IMPRIMERIE

Les Chinois ont inventé la xylographie au VIIe siècle. Les caractères d'un texte ou d'une phrase étaient creusés dans un bloc de bois que l'on trempait dans l'encre pour l'imprimer sur un tissu. On pouvait imprimer plusieurs fois le même texte, mais toujours à la main.

▲ EN PROGRÈS *En 1045, l'imprimeur hinois Pi Sheng inventa les caractères mobiles. Jn seul caractère était taillé par bloc, puis l'on ssemblait les caractères selon le texte. Mais e chinois compte des milliers de caractères !*

◀ LA PRESSE DE GUTENBERG *L'Allemand Gutenberg inventa vers 1440 une presse mécanique qui utilisait des caractères mobiles métalliques. Pour la première fois en Europe, on pouvait imprimer des livres en série. La Bible fut l'un des premiers ouvrages à être imprimé.*

WAOUH!

Chaque jour, des millions de journaux sont imprimés dans le monde. Le journal japonais *Yomiori Shimbun* est le plus diffusé : on estime que 10 millions de personnes le lisent quotidiennement.

Comment fonctionne une presse ?

Les presses utilisent des blocs taillés en relief pour que les lettres retournées s'impriment à l'endroit. Ces caractères d'imprimerie sont placés dans un cadre et imprégnés d'encre, puis le papier est pressé mécaniquement sur le cadre.

Impression couleur

Combien de couleur vois-tu sur cette page ? Techniquement, il n'y en a que quatre : du cyan, du magenta, du jaune et du noir. Tandis que le papier passe sur les rouleaux d'impression, de l'encre de chaque couleur se dépose sur le papier. En bout de course, les couches d'encre superposées produisent toutes les teintes.

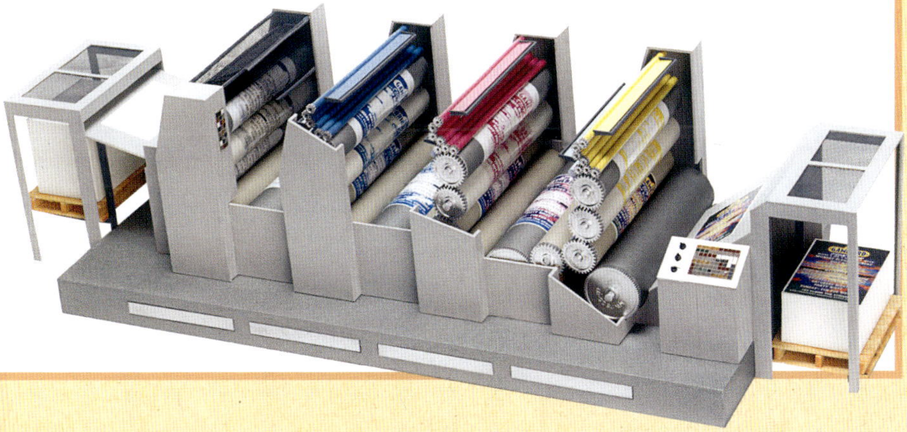

« BEST-SELLERS »

On appelle *best-sellers* les livres les plus vendus au monde.

- Le plus grand *best-seller* de tous les temps est la Bible, avec un nombre d'exemplaires estimé à 6 milliards. La Bible est traduite en 2 000 langues.
- Les *Citations du Président Mao Zedong* ont été vendues à 900 millions d'exemplaires.
- Les sept tomes de *Harry Potter*, de JK Rowling, ont atteint à ce jour 500 millions d'exemplaires dans le monde.
- *Le Petit Prince*, d'Antoine de Saint-Exupéry, totalise plus de 80 millions d'exemplaires vendus dans le monde.
- *Le Conte de Pierre Lapin*, de Beatrix Potter, a été vendu à 45 millions d'exemplaires dans le monde.

L'enseignement

Transmettre le savoir à la génération suivante constitue une part essentielle de la culture. Dans la plupart des pays, c'est à l'école que l'on enseigne ce savoir. Ce que l'on apprend en classe permet d'acquérir les connaissances nécessaires pour exercer une profession. Sans instruction, on ne pourrait pas lire ce livre.

▲ UNIFORME D'ÉCOLIER *Beaucoup d'écoles dans le monde ont des uniformes très semblables. Certaines y ajoutent des accessoires inhabituels : ces enfants, qui habitent près du volcan Sakurajima, au Japon, doivent porter des casques pour aller à l'école, car, tous les jours, le volcan projette de la roche volcanique sur la ville.*

À L'ÉCOLE

Les archéologues ont découvert un bâtiment scolaire dans l'ancienne cité d'Our (dans l'actuel Irak), disparue il y a 2500 ans! L'école n'a pas tellement changé depuis. Partout dans le monde, les écoliers s'assoient encore en classe pour recevoir l'enseignement d'un instituteur ou d'un professeur.

@ Enseignement

MAIS ENCORE ?

Des millions d'enfants ne peuvent pas aller à l'école. Dans les régions les plus pauvres, il n'y a pas toujours d'écoles ou d'enseignants. Et puis certaines familles n'ont pas les moyens de payer pour l'éducation de leurs enfants, qui doivent travailler.

UNE CLASSE ISOLÉE *Alors que dans les écoles françaises, les élèves peuvent avoir accès à des ordinateurs, cette école primaire du Sénégal, en Afrique, n'a pas l'électricité.*

INSTANTANÉ

Cela semble évident d'avoir des livres et des stylos. Mais dans les pays pauvres, il n'y a parfois pas même un livre par classe.

Emploi du temps Un peu partout dans le monde, les enfants apprennent à lire et à compter, comme en France. Les autres matières enseignées diffèrent selon la culture. Par exemple, certains garçons de Mongolie fréquentent les écoles des monastères bouddhistes pour devenir moines. Ils y étudient la religion mais aussi la médecine, l'art et la biologie.

▲ LE *HAKA* *Les étudiants de Nouvelle-Zélande apprennent une danse maorie, le* haka.

L'école à la maison De nombreux enfants s'instruisent à la maison. En Amérique, environ 1 million d'enfants sont scolarisés chez eux, mais dans certains pays, comme le Brésil ou l'Allemagne, la loi interdit de ne pas aller dans une école institutionnelle. En Australie, des centaines d'enfants âgés de 4 à 12 ans qui vivent dans les régions les plus reculées, trop loin de la plus proche école, ne peuvent pas aller en classe. Ils s'instruisent à la *School of the Air* (l'École de l'Air), contactant leur enseignant par Internet ou par radio.

▲ L'ÉCOLE DE L'AIR *À l'écoute d'une leçon donnée à distance sur Internet*

COUP D'ŒIL SUR L'APPRENTISSAGE DES TRADITIONS

Les traditions culturelles sont transmises principalement en dehors de l'école, par les membres de la famille ou de la communauté.

▲ LE TISSAGE *Chez les Arabes des marais du sud de l'Irak, une mère apprend à ses filles à tisser des vêtements et des tapis.*

▲ L'ÉLEVAGE *Chez les Nenets de Sibérie, les garçons passent trois mois par an dans leur communauté pour y élever des rennes.*

Tout est apprentissage L'éducation ne se résume pas à épeler et à compter : on apprend bien d'autres choses à l'école. Quand on fait du sport, on apprend à entretenir sa forme, à faire partie d'une équipe et à se dépasser. L'étude de la géographie et de l'histoire permet d'élargir ses connaissances sur les peuples du monde et leurs modes de vie. Quant aux relations avec les autres personnes, elles relèvent de l'éducation que donnent les parents.

▲ L'ÉDUCATION PHYSIQUE *Ces enfants n'apprennent pas seulement les règles du football mais aussi comment rester en forme et en bonne santé.*

WAOUH!

Une personne sur sept ne sait pas lire. Pourtant, l'éducation peut aider les gens à sortir de la pauvreté : les enfants fréquentant l'école ont plus de chances d'avoir un travail plus intéressant et mieux rémunéré, d'être en meilleure santé et de vivre plus longtemps.

Et après ? Le moment où l'on doit penser à ce que l'on aimerait faire plus tard comme métier arrive bien vite. Certaines professions, par exemple avocat ou architecte, exigent de longues études et des diplômes supérieurs. Pour d'autres, comme mécanicien ou coiffeuse, il faut suivre un apprentissage, c'est-à-dire qu'en plus des cours l'élève doit se former auprès d'un professionnel qui exerce ce métier.

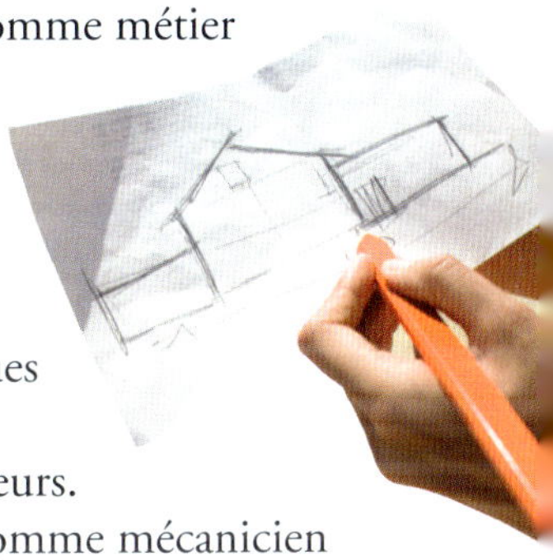

Ça ne s'arrête pas là ! Poursuivre des études supérieures améliore les chances d'avoir un travail, mais ça ne s'arrête pas là. Beaucoup de gens suivent des formations professionnelles ou des cours du soir pour réactualiser des compétences anciennes ou bien en acquérir de nouvelles. Apprendre en permanence maintient le cerveau actif.

La musique

Tout le monde apprécie la musique, que l'on joue d'un instrument, que l'on chante ou que l'on en écoute simplement. La musique rassemble les gens.

▲ MUSIQUE ANCIENNE *Il existe des représentations figurant des instruments de musique datant de l'Antiquité, comme cette fresque égyptienne.*

LA NOTATION

Le système d'écriture musicale le plus courant est la notation sur cinq lignes, utilisant des ovales pour les notes, d'autres symboles et des abréviations. Cette notation a pour base un système développé par les moines d'Europe occidentale au xe siècle.

Le degré détermine si une note est aiguë ou grave. Les notes sont groupées par octaves de huit degrés, et écrites sur une portée de cinq lignes.

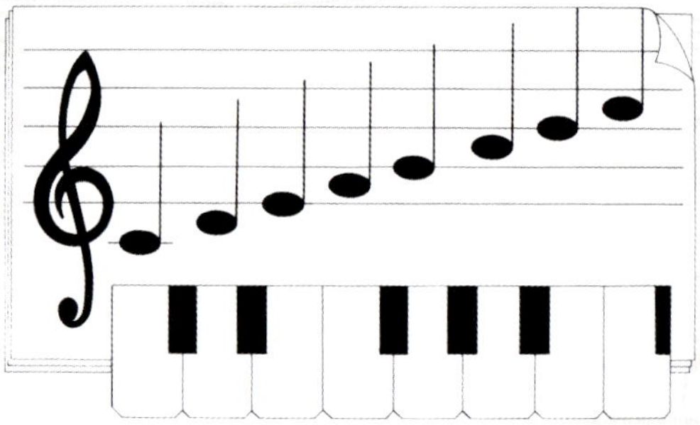

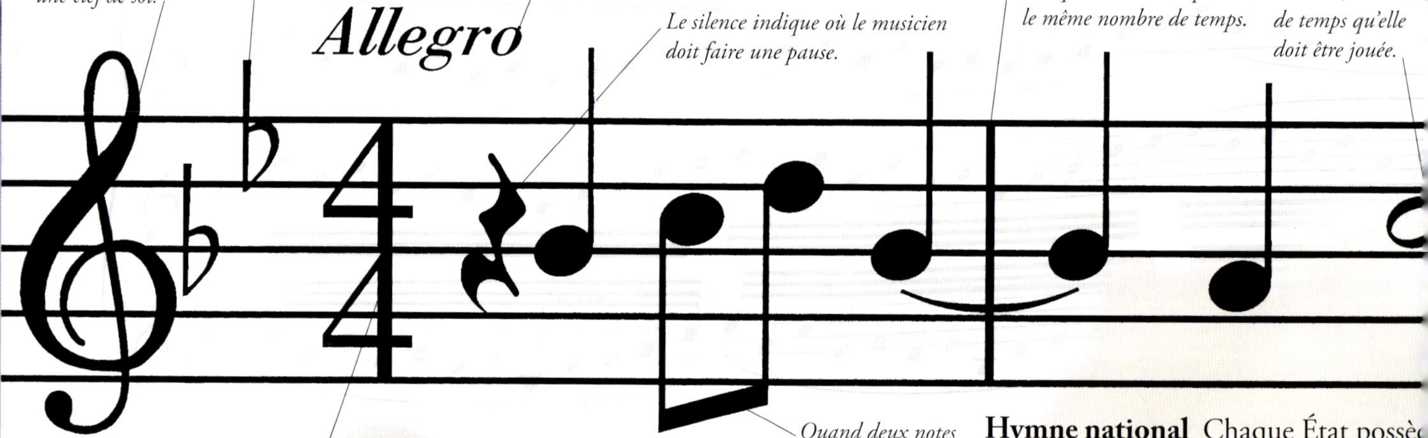

Hymne national Chaque État possè son hymne national, une chanson qui le représente comme le drapeau, et que l'on chante lors d'événements nationaux, y compris sportifs.

MAIS ENCORE ?

Au sein d'un orchestre, les musiciens doivent s'assurer de jouer leurs notes au bon moment. Le chef d'orchestre les dirige au moyen de gestes clairs compris par chacun d'entre eux ; il fait respecter le tempo et les nuances.

Musique

► L'HYMNE DE L'AFRIQUE DU SUD *se compose de paroles dans cinq des onze langues officielles de ce pays : xhosa, zoulou, sesotho, afrikaans et anglais.*

◂ LA MUSIQUE FOLKLORIQUE, *parfois dansée, fait partie des anciennes traditions d'un pays ou d'une population.*

▸ LA MUSIQUE SACRÉE *La musique est très présente dans les cultes religieux. Elle peut être chantée, comme par cette choriste chrétienne, ou jouée, comme le font ces moines bouddhistes.*

LES SONS DU MONDE

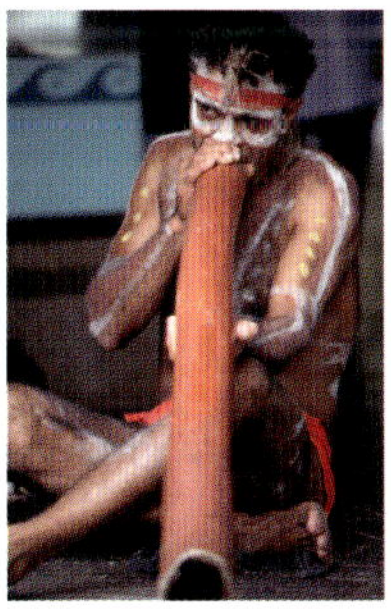

Certains types de musique sont propres à la culture d'un peuple.

■ **Le didgeridoo**, instrument des Aborigènes, est considéré comme l'un des plus anciens instruments à vent au monde. Il est souvent utilisé dans les cérémonies aborigènes.

■ **Le sitar**, instrument à corde, est le plus caractéristique de la musique indienne. Des cordes additionnelles, sous les cordes principales, produisent, en vibrant, une résonnance très douce.

■ **Le djembé** est un tambour en bois en forme de calice recouvert d'une peau tendue que les mains frappent. Originaire d'Afrique de l'Ouest, il joue toujours un rôle important dans la culture des pays de cette région. Il rythme souvent les danses.

STYLES MUSICAUX

La musique évolue sans cesse. Elle est le reflet de ce que chaque génération ressent et de ses réactions face à un monde changeant.

■ **La musique classique** désigne globalement la musique écrite pour être jouée et chantée par un orchestre, un chœur ou des chanteurs d'opéra dans une salle de concert.

■ **Le R&B**, ou rythm and blues, est né dans les années 1940. C'était à l'origine un mélange de gospel (chants religieux) et de blues (musique mélancolique) joué par les Noirs américains. Le R&B a évolué en pop music influencée par la soul et le funk.

■ **Le jazz** a vu le jour au début du XXe siècle en Amérique quand les Noirs américains se sont mis à jouer la musique des anciens esclaves avec des instruments européens, surtout le saxophone, la trompette et la contrebasse.

■ **Le rock'n'roll** Dans les années 1940 et 1950, apparaît en Amérique un son complètement nouveau, mêlant guitares électriques, guitares basses et percussions. C'est le rock'n'roll.

■ **La musique rock** a émergé vers 1960. Ce terme englobe des styles très différents, du punk au heavy métal.

■ **Le reggae** est né en Jamaïque dans les années 1960. Caractérisé par une rythmique lente, il est souvent associé à la religion rastafarie.

■ **La country music** est un mélange des musiques traditionnelles du sud des États-Unis et de rock'n'roll. C'est l'un des styles qui est bien apprécié encore aujourd'hui.

■ **La Dance** L'avènement de l'informatique et d'appareils produisant des sons électroniques a donné naissance à ce genre destiné surtout aux discothèques. Les DJs, mixant en direct à partir de platines, sont des stars.

■ **La pop music**, en français « musique populaire », ne désigne pas un style particulier, mais la musique la plus diffusée à la radio ou rassemblant du monde dans les concerts. La pop music est conçue pour être vendue et figurer aux premières places des classements.

L'orchestre symphonique

Un orchestre est un ensemble d'une centaine de musiciens jouant différents instruments, regroupés en familles : cordes, bois, cuivres et percussions. Chaque instrument ou famille d'instruments joue une partie donnée de l'œuvre proposée.

UN COMPOSITEUR

Antonio Vivaldi (1678-1741), originaire de Venise, en Italie, composait de la musique de style baroque. Son œuvre la plus célèbre est *Les Quatre Saisons*, dans laquelle il a tenté de rendre l'atmosphère de chaque saison.

LES PERCUSSIONS

■ Les instruments à percussion peuvent être frappés, grattés ou secoués. Quand on frappe une percussion, sa surface vibre, ce qui fait résonner l'air. Le son peut être amplifié par une caisse, comme celle du tambour. Il souligne le rythme ou produit un effet dramatique. Les cymbales, que l'on frappe l'une contre l'autre, vibrent souvent au moment du *tutti*, quand tout l'orchestre joue en même temps.

LES BOIS

■ Les instruments à vent de la famille des bois produisent un son par vibration de l'air que l'on souffle. Le musicien peut modifier ce son en bouchant des trous avec les doigts ou en abaissant des clefs métalliques qui recouvrent les trous que les doigts ne peuvent atteindre. La clarinette fait partie de cette famille ; il en existe plus de douze types, dont certains ne sont toutefois plus utilisés. Celle-ci est une clarinette basse, qui donne un son chaud et doux.

Orchestre

CULTURE

LE CHEF

■ Figure incontournable de la plupart des orchestres, le chef d'orchestre dirige les musiciens par des gestes des bras et des mains.

COUP D'ŒIL SUR LA PARTITION

Chaque membre de l'orchestre a devant lui la partie qu'il doit jouer, écrite sur une partition. La notation moderne sur cinq lignes, qui s'est répandue au XVIIe siècle, a été développée à partir d'un système de points utilisés par les moines chrétiens au Xe siècle. Le solfège consiste en l'apprentissage de la lecture des partitions.

▲ PARTITION MANUSCRITE
Ceci est la partition originale de la Sonate au clair de lune *composée par Beethoven et achevée en 1801.*

LES CUIVRES

■ Les instruments de la famille des cuivres consistent en de longs tubes s'ouvrant à une extrémité en forme d'entonnoir. Le musicien produit des sons en soufflant dans l'embouchure. Ce sont donc aussi des instruments à vent. Les tubes longs, comme celui du tuba (ci-contre), donnent des sons graves, les tubes plus courts, comme celui du cor, des sons plus aigus.

LES CORDES

■ Les cordes des instruments de cette famille peuvent être pincées ou frottées au moyen d'un archet. La contrebasse *(ci-contre)* donne les sons les plus graves. La corde la plus épaisse produit les notes les plus basses.

En scène

Spectacle

Le spectacle d'une pièce de théâtre, d'un opéra, d'un film ou d'une danse ne laisse jamais indifférent. Ces arts du spectacle ont en commun d'établir une communication entre les gens et d'être le reflet d'une époque et d'une culture.

EN BREF

- La plus ancienne pièce de théâtre fut écrite par Thespis d'Icare, il y a 2500 ans.
- Molière, *alias* Jean-Baptiste Poquelin, a écrit et interprété, au XVIIe siècle, des pièces, qui sont encore jouées de nos jours.
- Les premiers dessins animés furent réalisés à la fin des années 1920. En 1928, Mickey apparaissait dans *Steamboat Willie.*
- *L'Anneau du Nibelung,* un cycle d'opéras composés par l'Allemand Richard Wagner, dure dix-huit heures.
- Au Moyen Âge, on croyait que la danse aidait à soigner les crises d'épilepsie ou les piqûres d'araignée.

LA DANSE

Les gens du monde entier adorent danser. Divertissement, performance artistique ou rituel religieux, la danse se synchronise en général avec une musique ou une base rythmique.

▸ LA SALSA
Cette forme de danse populaire est sans doute née à Cuba au milieu du XXe siècle.

La street dance (« danse de rue ») désigne une danse créée spontanément plutôt que formellement chorégraphiée. Le breakdance en est une forme récente.

Danse religieuse Le *bharatanatyam* est une danse de tradition hindoue, exécutée par des femmes. C'est la danse classique de l'Inde. Les danseuses enchaînent avec une grande précision des mouvements complexes des pieds, des mains, des bras, du cou, de la tête et même des yeux !

Le ballet exige une grande force musculaire, du talent et de la grâce. Dans les ballets classiques, comme *Le Lac des Cygnes* ou *Giselle,* les postures et les mouvements sont très codifiés tandis que les ballets modernes *(à droite)* sont souvent plus libres et plus expressifs.

Les danses rituelles accompagnent la vie gens dans de nombreuses cultures. Elles so souvent exécutées au rythme des tambour Il existe des danses spécifiques pour les cérémonies religieuses, pour la récolte et l chasse, et parfois même pour préparer la g

.E THÉÂTRE

.es hommes montent sur scène epuis des milliers d'années, pour onner toutes sortes de spectacles : omédie ou tragédie théâtrale, antomime, opéra ou comédie ıusicale. C'est dans la Grèce ntique que furent représentées, n plein air, les premières pièces de ıéâtre, intégrant chants et danses.

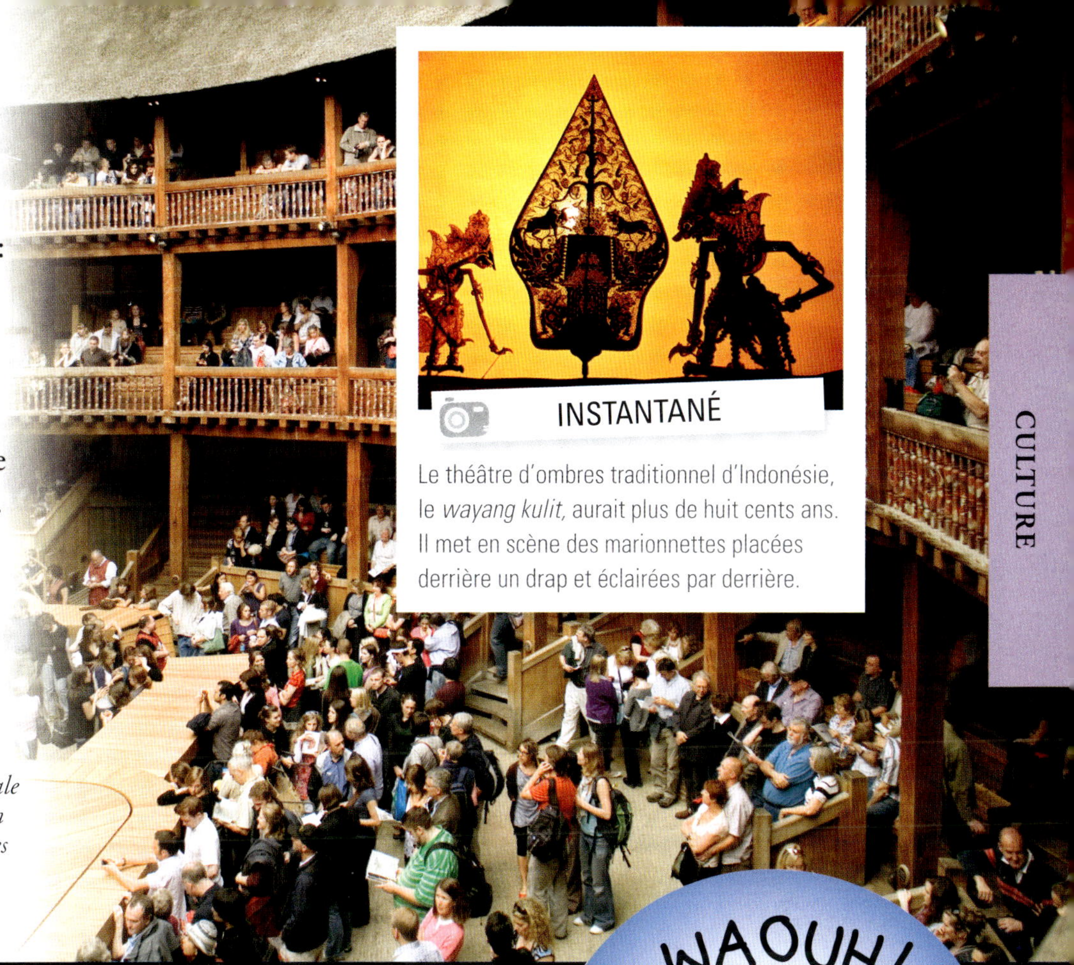

INSTANTANÉ

Le théâtre d'ombres traditionnel d'Indonésie, le *wayang kulit*, aurait plus de huit cents ans. Il met en scène des marionnettes placées derrière un drap et éclairées par derrière.

◂ LE ROI LION *est une comédie musicale inspirée du film d'animation des Studios Disney.*

MAGES EN MOUVEMENT

En 1895, les frères Lumière, des Français, stupéfiaient es spectateurs avec leurs premiers « films ». Depuis, le cinéma est devenu un divertissement rès populaire. Les films consistent en une série l'images fixes, se succédant rapidement (24 images oar seconde) pour donner l'impression de mouvement.

WAOUH !

Un film de long métrage produit à Hollywood dure en moyenne un peu plus de cent minutes et requiert près de 3 km de pellicule.

IOLLYWOOD est un quartier de Los Angeles, ux États-Unis, où s'est installée l'industrie inématographique américaine. Les films oroduits par les studios d'Hollywood ont projetés dans le monde entier, ventuellement doublés dans la langue locale.

Les films d'arts martiaux asiatiques ont fait la réputation de stars comme Bruce Lee. Ils offrent des scènes de combat, des cascades et des effets spéciaux spectaculaires.

Bollywood est le nom donné à l'industrie indienne du film, basée à Bombay. Environ 1 000 films, réalisés en hindi, sont produits chaque année. Ils comprennent en général de fastueuses scènes musicales.

Le sport

Le sport est bon pour la santé mais surtout, c'est un élément fédérateur qui rassemble les gens dans un esprit de compétition normalement amicale. Après tout, tout le monde aime gagner !

@ Sport

JEUX DE BALLES ET BALLONS

Le football est un sport d'équipe : onze joueurs coopèrent pour mettre le ballon dans les buts adverses.

▲ LE FOOTBALL *est sans aucun doute le sport le plus populaire au monde. On y joue sur toute la planète, dans les écoles, dans les rues, sur la plage, partout où c'est possible. Des milliards de spectateurs suivent la Coupe du monde de football, tous les quatre ans, et ce sport fait désormais partie de la culture de nombreux pays. Les supporters sont farouchement loyaux à leur équipe locale ou nationale.*

- **Les matchs de tennis** opposent deux joueurs, en simple, ou deux équipes de deux joueurs, en double.
- **Le basket-ball**, très pratiqué, oppose deux équipes de cinq joueurs. Il existe de nombreuses compétitions dans le monde.
- **Le tennis de table**, ou ping-pong, est devenu sport olympique en 1988. Il est pratiqué par quelque 300 millions de personnes dans le monde.
- **Le football américain** diffère du football européen. Le ballon est de forme ovale ; les joueurs portent des protections et ont le droit de faire des passes à la main.
- **Le rugby** aussi se joue avec un ballon ovale. Une équipe compte quinze joueurs.

▲ AU GOLF, *on se sert d'un club pour propulser la balle dans un trou en un minimum de coups.*

▲ LE VOLLEY-BALL, *inventé dans les années 1890, oppose deux équipes de six joueurs de part et d'autre d'un filet.*

SPORTS DE CONTACT

- **L'escrime** se pratique avec une lame (fleuret, épée ou sabre) à contact électrique. Chaque touche allume une lampe rouge ou verte quand elle est valable.
- **La lutte**, combat à mains nues, est pratiquée depuis l'Antiquité.

▶ LE KARATÉ *est un art martial japonais. Les coups, mobilisant différentes parties du corps, ne sont pas portés.*

▶ LA LUTTE SUMO, *sport traditionnel du Japon, faisait jadis partie de l'entraînement des guerriers samouraïs. Chaque combattant tente de mettre son adversaire au sol ou de le projeter hors du cercle de combat de 4,50 m de diamètre.*

◀ LA BOXE *exige beaucoup de force dans le haut du corps. Les boxers portent des gants rembourrés.*

- **Le judo**, inventé au Japon à la fin du XIXe siècle, s'inspire de techniques de combat très anciennes.
- **Le kung-fu tao lu**, ou *wushu*, est le sport national de la Chine.

SPORTS EXTRÊMES

▲ PARACHUTISME *Les parachutistes sautent en général d'un petit avion et tombent en chute libre avant d'ouvrir leur parachute pour atterrir en sécurité. Il y a dans le monde 450 zones de parachutage. Certains parachutistes sautent depuis des hélicoptères ou des montgolfières.*

- **Le surf** Le surfer se tient debout sur une planche légère à l'avant d'une déferlante, qui le pousse.
- **Le saut à ski** exige de descendre une forte pente avant de sauter… puis d'atterrir sur ses deux skis.
- **Le deltaplane**, une aile de forme triangulaire, permet de planer de longues heures en utilisant les colonnes d'air ascendantes.
- **Le saut à l'élastique** consiste à tomber en chute libre depuis une hauteur avant d'être retenu par une corde élastique fixée aux chevilles.

◀ L'ESCALADE EXTRÊME *se pratique sur des parois de glace et de roche peu accessibles et dangereuses.*

◀ LE BICROSS, *ou cross à bicyclette, comprend des sauts et des figures aériennes sidérantes.*

COURSES

- **La course d'accélération** est le sport terrestre le plus rapide. Née aux États-Unis, elle aligne deux dragsters, au moteur gonflé.
- **Un patineur de vitesse** peut atteindre 65 km/h.
- **Les courses hippiques** alignent des chevaux de race sur terrain plat ou sur parcours d'obstacles.
- **Des yachts** de toutes tailles rivalisent dans les courses nautiques.

▲ LA FORMULE UN (F1) *Les courses de Grand Prix se déroulent à un rythme effréné.*

▶ LES COUREURS CYCLISTES *couvrent chaque jour de longues distances, comme lors du Tour de France.*

▲ LES COURSES DE HAIE *sont des épreuves importantes des concours d'athlétisme. Les concurrents doivent franchir dix haies échelonnées sur une distance donnée. Le sprint se court sur 100 m pour les femmes, 110 m pour les hommes. Une course plus longue s'effectue sur 400 m. La course de haie est également populaire dans les écoles.*

◀ LES ANNEAUX OLYMPIQUES *Les anneaux entrelacés des jeux Olympiques symbolisent le rassemblement d'athlètes du monde entier.*

LES JO

Les jeux Olympiques (JO), organisés tous les quatre ans, sont un événement sportif planétaire. Les JO de Pékin, en 2008, ont réuni les athlètes de 204 pays. Les vainqueurs reçoivent une médaille d'or.

Les premiers JO se tinrent en 776 avant notre ère, à Olympie, en Grèce. Les premiers JO des temps modernes se sont déroulés en 1896, à Athènes, dans le même pays. Pour rappeler les origines de l'événement, des athlètes se relaient pour porter une torche d'Olympie jusque dans le pays accueillant les JO. Elle sert à allumer la flamme olympique.

▶ LE HOCKEY SUR GLACE *fait partie des 300 sports olympiques.*

L'architecture

L'architecture est la conception de bâtiments et d'autres ouvrages, comme les ponts. Le travail de l'architecte consiste à créer une structure sûre, agréable et adaptée à sa destination : un théâtre a besoin d'espace pour une scène et des loges, par exemple. L'architecte cherche aussi à lui donner une apparence intéressante et pleine de sens.

LA PRÉPARATION

Pour concevoir un bâtiment, les architectes ont besoin de savoir quelle sera sa fonction, où il sera construit et combien d'argent peut être dépensé. Il leur faut ensuite déterminer quels matériaux ils vont utiliser, l'emplacement et les mesures de chaque mur, porte et fenêtre, ce qu'ils reportent en détail sur des plans. Parfois, ils réalisent une maquette du bâtiment tel qu'ils l'ont imaginé.

▲ ANTONI GAUDÍ *était un architecte espagnol au style très personnel. Son ouvrage le plus célèbre est la Sagrada Familia, cathédrale inachevée de Barcelone.*

HISTOIRES DE STYLE

Chaque période de l'histoire se caractérise par son style architectural. Cela reflète l'évolution des goûts comme des techniques et des matériaux de construction. Dans la plupart des villes coexistent des bâtiments anciens et modernes, de styles très divers.

▲ SUR PILOTIS *Certaines populations vivant au bord de l'eau rehaussent leurs maisons pour qu'elles ne soient pas inondées.*

► EN BAMBOU *Les Gamos, un peuple d'Éthiopie, construisent leurs maisons en bambous recouverts de chaume.*

L'habitation idéale Traditionnellemen[t] les gens habitent des maisons adaptées à leur environnement, construites avec des matériaux locaux comme le bois, la pierre ou les briques d'argile. Certaines sont aménagées dans des grottes naturelles. Faute d'autres matériaux, les Inui[t] de l'Arctique édifient des abris temporaires en gla[ce], les igloos.

CHRONOLOGIE D'ARCHITECTURE

ÉGYPTE ANCIENNE

2590-2500 av. J.-C.
Pyramides de pierre, tombeaux des pharaons, dans la vallée du Nil

GRÈCE ANTIQUE

700-44 av. J.-C.
Les temples de la Grèce antique respectent des proportions bien déterminées. On parle de style classique.

ROME ANTIQUE

200 av. J.-C.-500 apr. J.-C.
De nombreux édifices romains sont construits en béton.

BYZANCE

330-1453
Le style byzantin se caractérise par des dômes arrondis sur des bases carrées et des arches portées par des colonnes.

GOTHIQU[E]

1100-1500
Arcs brisés, voût[es à] nervures et arcs-[boutants] soutenant de hau[ts murs] sont typiques de[s] monuments du [Moyen] Âge, telles les ca[thédrales]

BÂTIMENTS EN VERRE

De nombreux édifices modernes font largement usage du verre. Bien que ce soit un matériau fragile, de nouvelles techniques de construction utilisant des ossatures en acier ou en béton armé ont permis aux architectes de concevoir des bâtiments à la fois légers et résistants.

La Pyramide du Louvre, à Paris

COUP D'ŒIL SUR LES STYLES ARCHITECTURAUX

Chaque grande ville possède des bâtiments ou des monuments célèbres, immédiatement identifiables grâce à leur style architectural, associé à la période à laquelle ils ont été construits.

▲ TADJ MAHALL
Ce mausolée en marbre est l'un des chefs-d'œuvre de l'architecture indienne du XVIIe siècle.

▲ WESTMINSTER
Après avoir brûlé en 1834, ce palais britannique fut reconstruit dans le style gothique.

▲ MUSÉE DES BEAUX-ARTS, CANADA
Ce musée est une étonnante structure moderne en verre et en granite.

Lignes modernes Les ordinateurs permettent aux architectes de concevoir des bâtiments jadis inimaginables. Les programmes informatiques déterminent rapidement si une forme peut être construite et offrent une promenade virtuelle dans le bâtiment avant qu'il soit construit.

▼ LA SILHOUETTE
du musée Guggenheim, dans le port espagnol de Bilbao, évoque celle d'un bateau.

@ Architecture

AROQUE
50-1750
style baroque, s orné et andiose, npose en lie, en France en Espagne.

GRATTE-CIEL

1890
Les premiers gratte-ciel sont bâtis à Chicago, aux États-Unis, suite à l'invention de l'ascenseur.

ARCHITECTURE ORGANIQUE
1900-1940
L'architecture organique, dont les lignes courbes s'inspirent de la nature, est promue par l'Américain Frank Lloyd Wright.

Opéra de Sidney, Australie

BAUHAUS
1919-1933
L'école allemande du Bauhaus met l'accent sur les lignes épurées, les formes cubiques et les toits plats.

ÉCOHABITAT
À partir de 1980
Maisons conçues pour être plus économes en énergie, utilisant des matériaux plus écologiques.

HISTOIRE

- Il y a environ 1 million d'années, les premiers hommes quittaient l'Afrique.
- Vers 3 000 avant notre ère, l'Égypte devint le premier empire.
- En 117 apr. J.-C., l'Empire romain s'étendait sur l'ouest de l'Europe et en Asie.
- La civilisation chinoise est la plus ancienne : elle existe depuis quatre mille ans.
- En 622, Mahomet créait un État musulman dans la péninsule Arabique.

Pourquoi la Russie fut-elle renommée Union des républiques socialistes soviétiques?
À découvrir page 213

Quelle construction fut consolidée et agrandie sous la dynastie des Ming
À découvrir pages 194-195

L'**histoire** étudie la vie des peuples et l'action des gouvernements et des dirigeants dans le passé, à partir des sources écrites.

- La Déclaration d'indépendance des États-Unis d'Amérique fut signée le 4 juillet 1776.
- Vers 1900, l'Empire français comprenait un tiers des pays d'Afrique.
- La Première Guerre mondiale s'acheva en 1918, à 11 heures, le 11ᵉ jour du 11ᵉ mois.
- En août 1945, les Américains bombardaient à l'arme atomique deux villes du Japon.
- L'Organisation des Nations unies, fondée en 1945, vise à instaurer la paix mondiale.

? Quand La Mecque est-elle devenue le centre de l'Islam ?
À découvrir pages 196-197

? Quelles régions du monde reviennent souvent dans l'actualité ?
À découvrir pages 214-215

Les témoignages du passé

L'histoire est l'étude du passé à partir de sources écrites jusqu'à des événements assez récents. Un peu à la manière de détectives en quête d'indices, les historiens cherchent des témoignages directs du passé, qu'on appelle des sources primaires.

Les fouilles Le travail des archéologues aide les historiens à en savoir plus. Lorsqu'ils fouillent un site archéologique, les archéologues mettent au jour des bâtiments et des objets anciens – fabriqués autrefois –, qu'ils étudient. L'archéologie est la source essentielle de connaissances sur l'Antiquité et la préhistoire.

Un site archéologique Après avoir étudié une région, depuis les airs puis en surface, les archéologues délimitent un site. Ils y enlèvent la terre couche après couche, délicatement, enregistrant la moindre découverte d'objets ou de structures.

▼ RUINES MAYAS *La civilisation maya s'est épanouie en Amérique centrale de 200 à 900 environ. Les archéologues ont découvert de nombreuses pyramides à étages avec des escaliers qui menaient à un temple où l'on pratiquait les sacrifices humains.*

L'ÉTUDE DES OBJETS ANCIENS

- **En quoi est fait cet objet?** L'objet témoigne des matériaux disponibles et des capacités des artisans de l'époque.
- **Qui utilisait cet objet?** L'objet peut fournir des indices sur le statut de son propriétaire dans la société.
- **À quoi servait cet objet?** À partir de l'objet, les archéologues et les historiens peuvent se faire une idée de la culture et du mode de vie du peuple qui lui est associé.

Pendentif de l'âge de bronze

Statue du Moyen-Orient, du Xe siècle avant notre ère

Vase de la Grèce antique

COUP D'ŒIL SUR LES SOURCES ÉCRITES

Depuis l'Antiquité, des registres officiels recensent les naissances, les mariages et les décès, comme les rentrées d'impôts.

▲ *DOMESDAY BOOK*
En 1086, Guillaume le Conquérant, roi d'Angleterre, ordonna un recensement de chaque domaine et village du pays.

De nombreux témoignages évoquent les événements de la vie des gens célèbres ou non.

▲ JOURNAL D'UN SOLDAT
Dans ce journal, un soldat américain raconte comment il a vécu la guerre de Sécession (1861-1865).

Les journaux intimes et les courriers personnels sont d'autres sources précieuses.

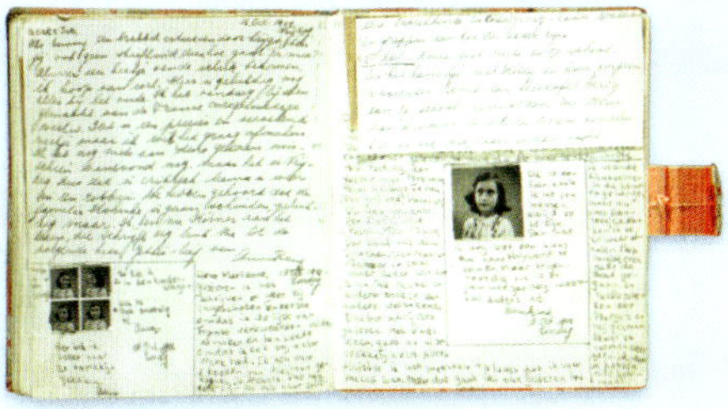

▲ JOURNAL D'ANNE FRANK
De 1942 à 1944, alors qu'elle se cachait avec sa famille à Amsterdam, cette toute jeune fille juive tenait un journal intime.

▼ TRAVAIL ET LOISIR
Ces photographies révèlent un mode de vie ainsi que l'évolution des vêtements, des outils et des machines.

Tracteur utilisé dans la France des années 1920

Appareil photo à soufflet du début des années 1900

Photos anciennes Depuis le milieu des années 1800, la photographie n'a cessé de se diffuser, offrant aux historiens des témoignages visuels directs. L'invention des appareils d'enregistrement du son a aussi permis l'accès à des sources orales, comme les récits de gens racontant leur vie ou réagissant à des événements.

Archéologie

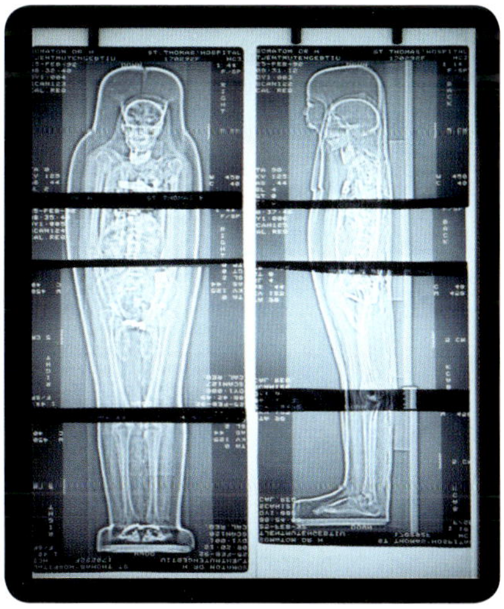

Radiographie d'une momie égyptienne

Nouvelles technologies
La datation au radiocarbone, les rayons X ou l'imagerie thermique peuvent révéler aux historiens des détails jusqu'alors insoupçonnés sur des objets déjà connus.

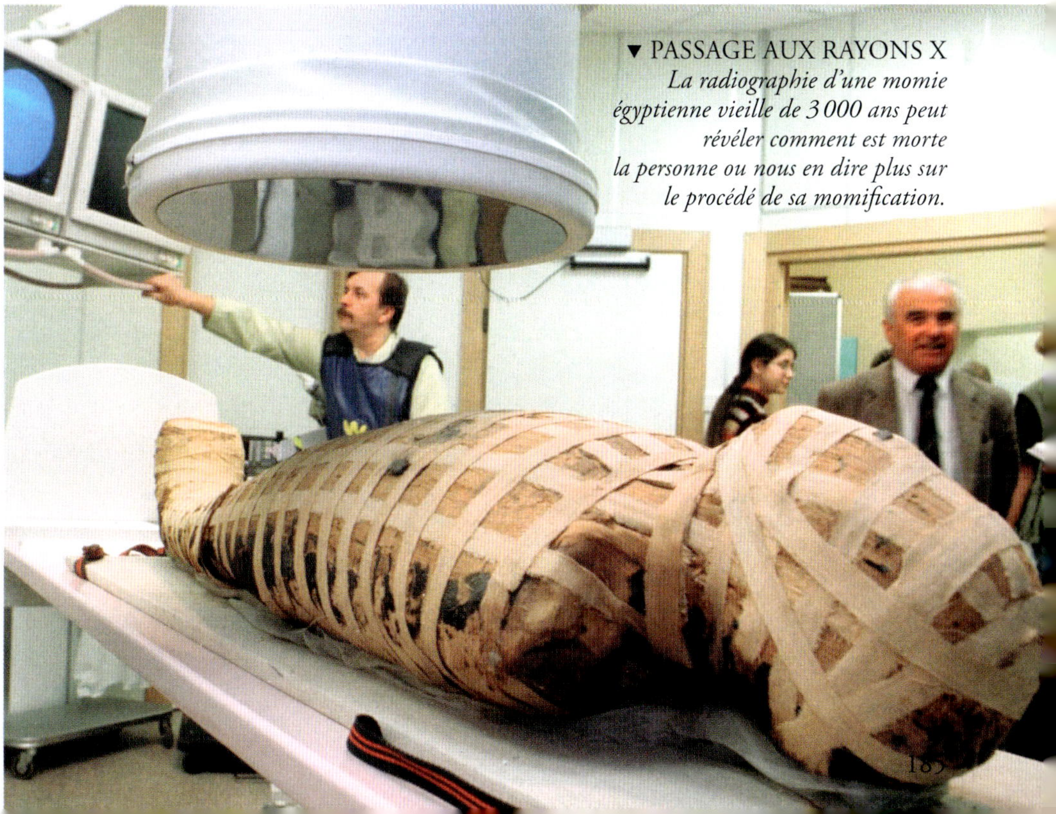

▼ PASSAGE AUX RAYONS X
La radiographie d'une momie égyptienne vieille de 3000 ans peut révéler comment est morte la personne ou nous en dire plus sur le procédé de sa momification.

Les premiers hommes

Ne disposant que de témoignages fossiles limités, les spécialistes des origines de l'homme ne peuvent qu'élaborer des hypothèses sur nos lointains ancêtres. On sait qu'ont existé de nombreuses espèces d'hominidés différents, c'est-à-dire de grands singes marchant sur leurs deux jambes. Entre 7 et 3 millions d'années, plusieurs familles d'hominidés évoluèrent, classées entre préhumains d'une part et australopithèques d'autre part. Nous sommes de l'espèce *Homo sapiens,* apparue il y a 200 000 ans, seuls représentants encore vivants du genre *Homo* issu des préhumains.

Préhistoire

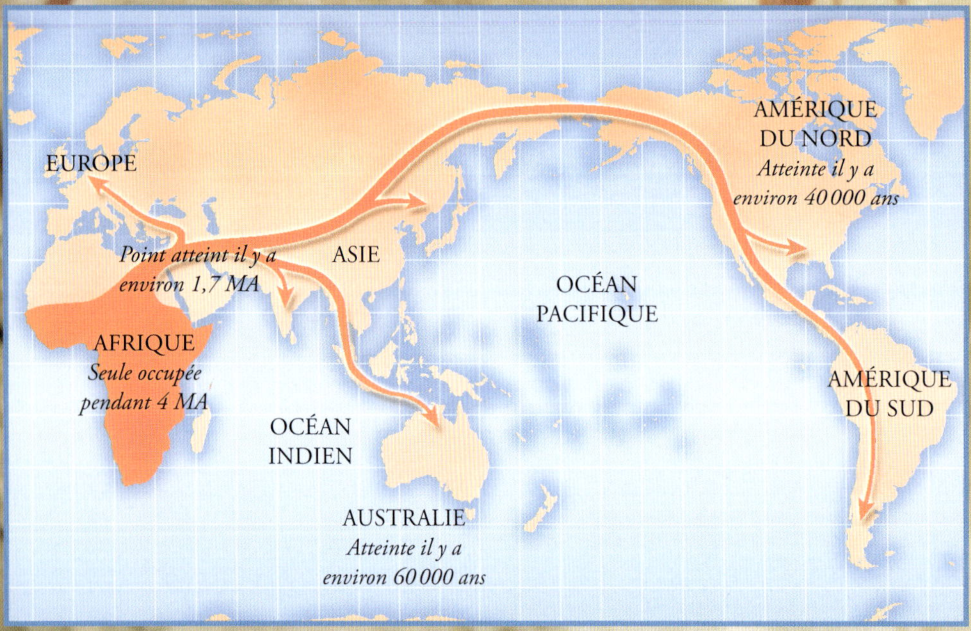

ÉVOLUTION

De nombreux chercheurs pense qu'il y a 10 millions d'années (MA) environ, à cause d'un changement climatique, les for d'Afrique reculèrent au profit de grandes plaines herbeuses. Les grands singes s'adaptèrent e apprirent à marcher debout, ce qui leur permit de voir plus loi et de porter des objets. Ils pure aussi acquérir de nouvelles compétences. Il y a environ 1,7 MA, les premiers hommes se dispersèrent hors d'Afrique.

CHRONOLOGIE DES HOMINIDÉS

L'évolution humaine n'est pas linéaire. Cette chronologie présente les espèces les plus connu sans notion de parenté directe entre elles.

AUSTRALOPITHECUS AFARENSIS

Datation : 4 à 1 MA
Fossiles africains, au front très bas et à la face projetée vers l'avant

HOMO HABILIS

Datation : 2,5 à 1,6 MA
Outils découverts avec des fossiles au crâne volumineux

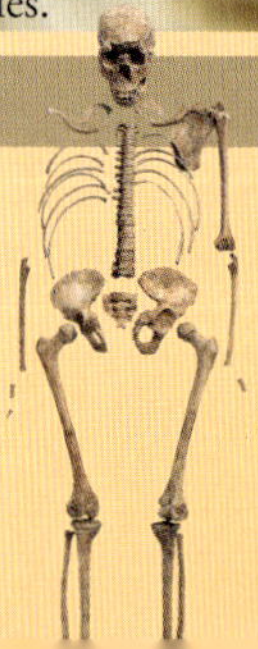

HOMO ERECTUS

Datation : 1,9 MA à 300 000 ans
Fossiles en Afrique, en Europe et en Asie, aux crânes longs et bas et aux grosses molaires

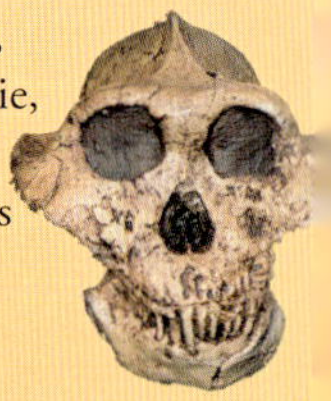

QUI SONT-ILS ?

- **Lucy** Squelette d'une australopithèque de 25 ans, mesurant environ 107 cm, découvert en Éthiopie. Lucy aurait vécu il y a 3,2 MA.
- **Cro-Magnon** C'est ainsi que l'on nomme l'homme moderne fossile. Il s'agit du nom de la grotte (*cro* en périgourdin) de M. Magnon où furent découverts ces fossiles dans le Périgord.
- **Homme de Pékin** Un des 40 individus mis au jour dans un site chinois. Il aurait vécu il y a 300 000 à 500 000 ans.
- **L'homme de la Chapelle-aux-Saints** Squelette d'un homme de Neandertal de 30 à 40 ans découvert en Corrèze. On estime qu'il vivait il y a 50 000 ans et mesurait 1,68 m.

▶ L'HOMME DE PÉKIN *Des éléments indiquent que l'homme de Pékin et ses compagnons, tous* Homo erectus, *vivaient à l'entrée de grottes, fabriquaient des outils et utilisaient le feu pour se chauffer et cuire leur nourriture.*

MAIS ENCORE ?

En avançant vers le nord, les premiers hommes furent confrontés à un climat plus froid et durent survivre à la période glaciaire. Leurs vêtements étaient en peaux et en fourrures d'animaux.

COUP D'ŒIL SUR LA PRÉHISTOIRE

- **Paléolithique** Les humains se déplaçaient, suivant le parcours des animaux qu'ils chassaient avec des gourdins et des pierres tranchantes.
- **Mésolithique** Les humains, toujours nomades, fabriquaient des arcs et des flèches pour la chasse et des paniers pour récolter les fruits et les noix.
- **Néolithique** Les humains devinrent des agriculteurs produisant leur nourriture, ce qui favorisa un mode de vie sédentaire. Ils fabriquaient des outils agricoles en bois et en pierre, des poteries et tissaient la laine.

▼ PREMIERS OUTILS *En enlevant des éclats sur les blocs de silex, on obtenait un bord coupant.*

Percuteur pour la taille du silex

▶ OUTILS DE CUEILLEURS *Des éclats de silex fixés sur des manches en bois servaient à déterrer les racines comestibles et à couper du bois pour le feu.*

On allumait le feu en frappant une pierre ferreuse contre un silex.

Écorce pour récolter fruits et noix

Plumes

◀ OUTILS DE CHASSEURS *Les pointes de flèches étaient trempées dans du poison tiré de larves de coléoptères.*

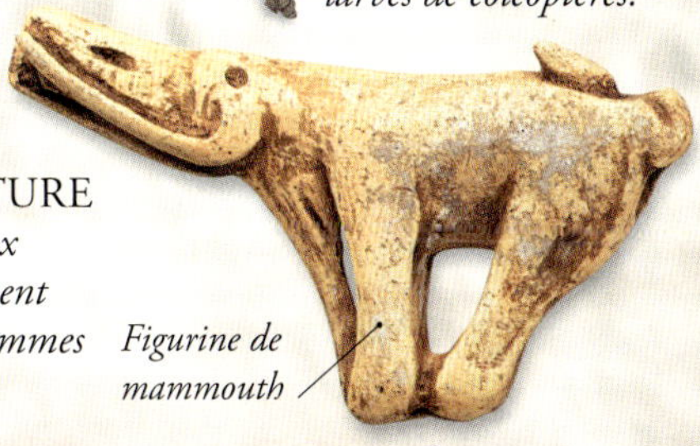

▶ LA SCULPTURE *Les os d'animaux sculptés témoignent du talent des hommes préhistoriques.*

Figurine de mammouth

HOMO NEANDERTHALENSIS

Datation : 150 000 à 30 000 ans
Fossiles en Europe et au Moyen-Orient, aux mâchoires proéminentes, au front fuyant et au menton peu marqué

HOMO SAPIENS

Datation : 200 000 ans à nos jours
Crânes découverts partout dans le monde, au front haut, au menton proéminent, à la structure osseuse légère pouvant contenir un cerveau développé

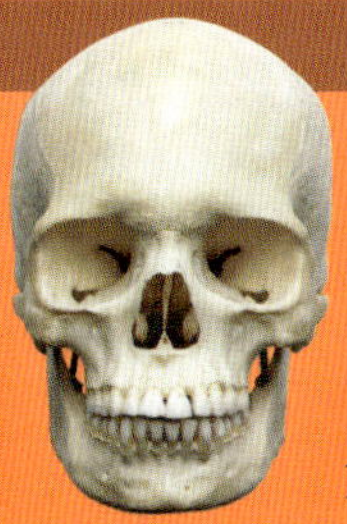

L'Égypte ancienne

Il y a environ 6 000 ans, des villes furent bâties au bord des grands fleuves du Proche-Orient. C'est là que virent le jour les premières civilisations en Mésopotamie (Irak actuel) et en l'Égypte au bord du Nil. Vers 3000 avant notre ère, l'Égypte, est le premier empire.

Le Nil C'est grâce à ce fleuve que les premier Égyptiens purent établir des villages d'agriculteurs dans ce pays désertique. Sa crue annuelle fertilisait les terres environnantes et irriguait les cultures.

Tombeaux des pharaons
D'imposants tombeaux furent bâtis sur ordre des pharaons afin qu'ils puissent accomplir vers l'au-delà le voyage faisant d'eux des dieux. Il fallut vingt ans pour édifier la plus grande pyramide, celle de Kheops (vers 2600 av. J.-C.).

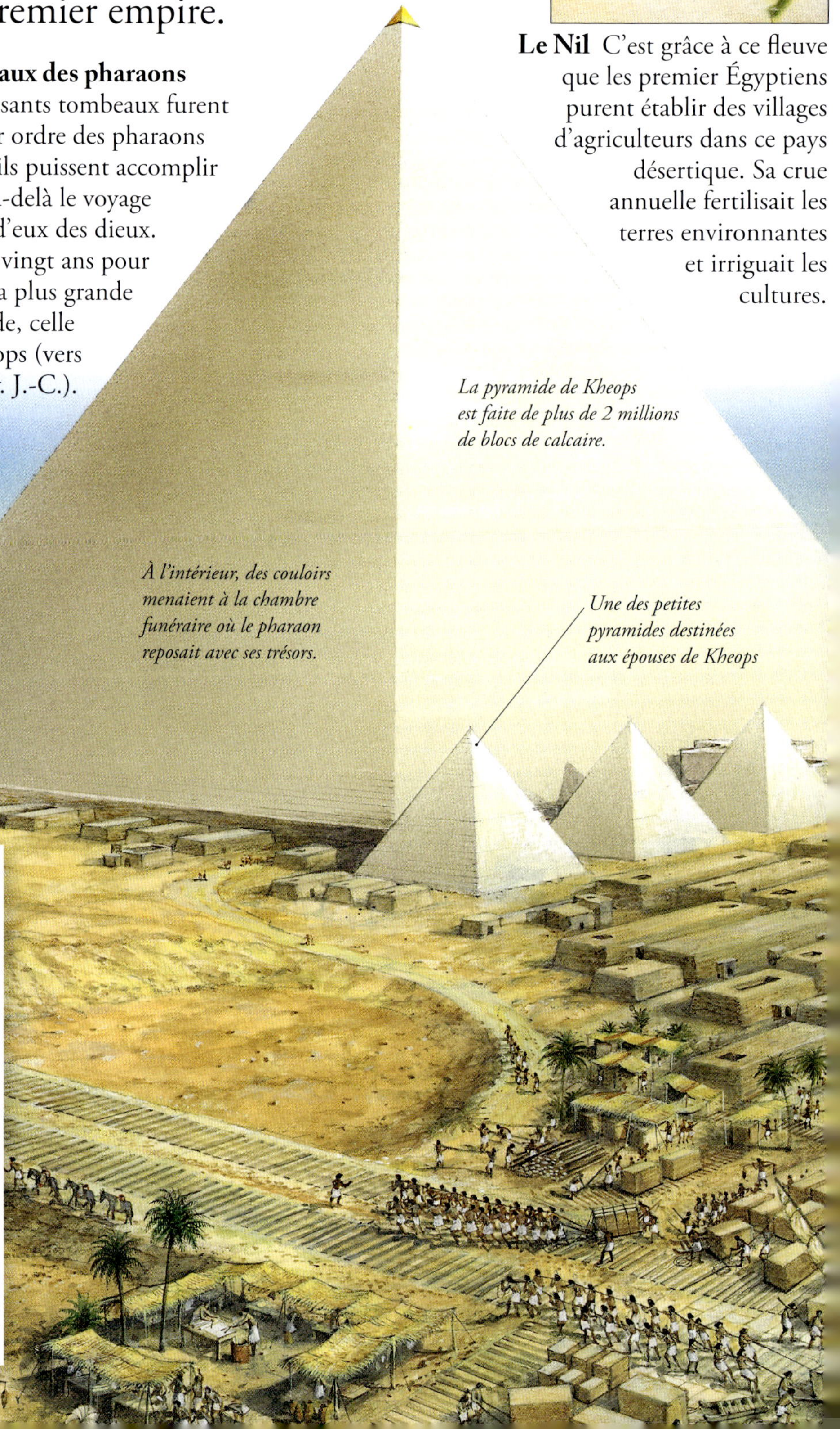

Égypte ancienne

INSTANTANÉ

Les pyramides de Gizeh, près du Caire, ont été construites il y a plus de 4 000 ans. La Grande Pyramide est la seule des Sept Merveilles du Monde encore debout.

DIEUX ET DÉESSES D'ÉGYPTE

■ **Un panthéon peuplé** Les Égyptiens de l'Antiquité croyaient que chacune de leurs divinités jouait un rôle précis pour assurer la prospérité du pays.

■ **Dieu vivant** Les premiers pharaons étaient considérés comme des incarnations du dieu Horus, dieu du Ciel à tête de faucon, protecteur des pharaons.

■ **Fresques** Des scènes figurant la rencontre dans l'au-delà des divinités et du pharaon étaient peintes sur les murs des tombeaux des pharaons.

▼ MASQUE D'OR
Le corps embaumé, ou momie, de Toutankhamon a été mis au jour, recouvert d'un somptueux masque mortuaire en or.

QUI SONT-ILS ?

■ **Hatshepsout** (r : 1520-1484 av. J.-C.)
Elle assuma le rôle de pharaon à la place de son jeune beau-fils.

■ **Toutankhamon** (r : 1354-1346 av. J.-C.)
Le splendide tombeau de ce jeune pharaon fut découvert en 1922.

■ **Ramsès II** (r : 1304-1236 av. J.-C.)
Sous son long règne, l'Égypte connut la paix et la prospérité.

■ **Cléopâtre VII** (r : 51-30 av. J.-C.)
Le dernier pharaon d'Égypte fut une femme, célèbre pour ses amours avec les Romains Jules César et Marc Antoine.

Pyramide sociale Au sommet, le pharaon contrôlait la terre, les gens et les biens ; le vizir, son principal conseiller, supervisait l'exécution de ses projets. Tout en bas, les paysans produisaient les récoltes, collectées au titre de l'impôt pour nourrir toute la population. Pendant la crue du Nil, ils se joignaient aux artisans sur les chantiers de construction.

Paysans (environ 80 % de la population)

COUP D'ŒIL SUR LES OBJETS DE L'ÉGYPTE ANCIENNE

Les historiens ont reconstitué en grande partie la vie des Égyptiens de l'Antiquité à partir des inscriptions et des objets mis au jour par les archéologues.

▲ ANKH *Ce hiéroglyphe signifiant « vie » est souvent associé aux dieux et aux pharaons.*

▲ SCARABÉE *Symbole sacré signifiant « renaissance », associé au dieu Khépri, qui poussait le Soleil dans le ciel.*

▲ PAPYRUS *On utilisait la moelle de cette plante des bords du Nil pour fabriquer du « papier ».*

L'empire d'Alexandre le Grand
Alexandre III de Macédoine (356 av. J.-C.-323 av. J.-C.) contrôla les cités-États de Grèce à partir de 336 avant notre ère. Il mena une campagne militaire de douze ans contre l'Empire perse et conquit la Syrie et l'Égypte avançant jusqu'en Inde.

Les Grecs

Grèce ancienne

La civilisation de la Grèce antique fut l'une des plus avancées de l'Antiquité. Elle est bien connue, grâce à ses écrits et à ses objets anciens, et à l'influence de la culture grecque sur les autres nations.

▼ LE PARTHÉNON
Une imposante statue en or et en ivoire d'Athéna, déesse protectrice d'Athènes, se dressait dans ce temple, le monument le plus important de l'Acropole.

POLITIQUE

- Jusqu'à Alexandre le Grand, la Grèce était formée de cités-États indépendantes.
- Quand une cité-État avait besoin de s'agrandir, ses habitants fondaient une colonie sur les bords de la Méditerranée.
- Les Grecs ont inventé la démocratie. Mais seuls les hommes libres avaient le droit d'élire les dirigeants.

L'ACROPOLE D'ATHÈNES
La célèbre Acropole se situait au cœur de la cité-État d'Athènes.

On entrait dans l'Acropole par les Propylées.

L'ACROPOLE

- **Site** Une acropole est un ensemble de monuments en hauteur dédié au dieu de la cité.
- **Bâtiments** Les principaux bâtiments religieux et publics se situaient dans l'Acropole.
- **Date** Les édifices de l'acropole d'Athènes datent pour la plupart du milieu du Ve siècle avant notre ère.

CHRONOLOGIE

1250 avant notre ère
Grecs et Troyens s'opposent au cours d'une guerre légendaire de dix ans.

492-449 avant notre ère
Au terme d'une guerre de cinquante ans, les cités-États grecques battent une armée d'invasion perse.

431-404 avant notre ère
La guerre du Péloponnèse oppose les cités-États rivales d'Athènes et de Sparte, et leurs alliées : presque tout le monde grec.

334-323 avant notre ère
Alexandre le Grand conquiert la Perse et diffuse la culture grecque.

Les Romains

Les Romains, qui étaient à l'origine les habitants d'une petite ville fondée en 753 avant notre ère, finirent par conquérir un vaste empire grâce à une impressionnante puissance militaire.

@ Rome ancienne

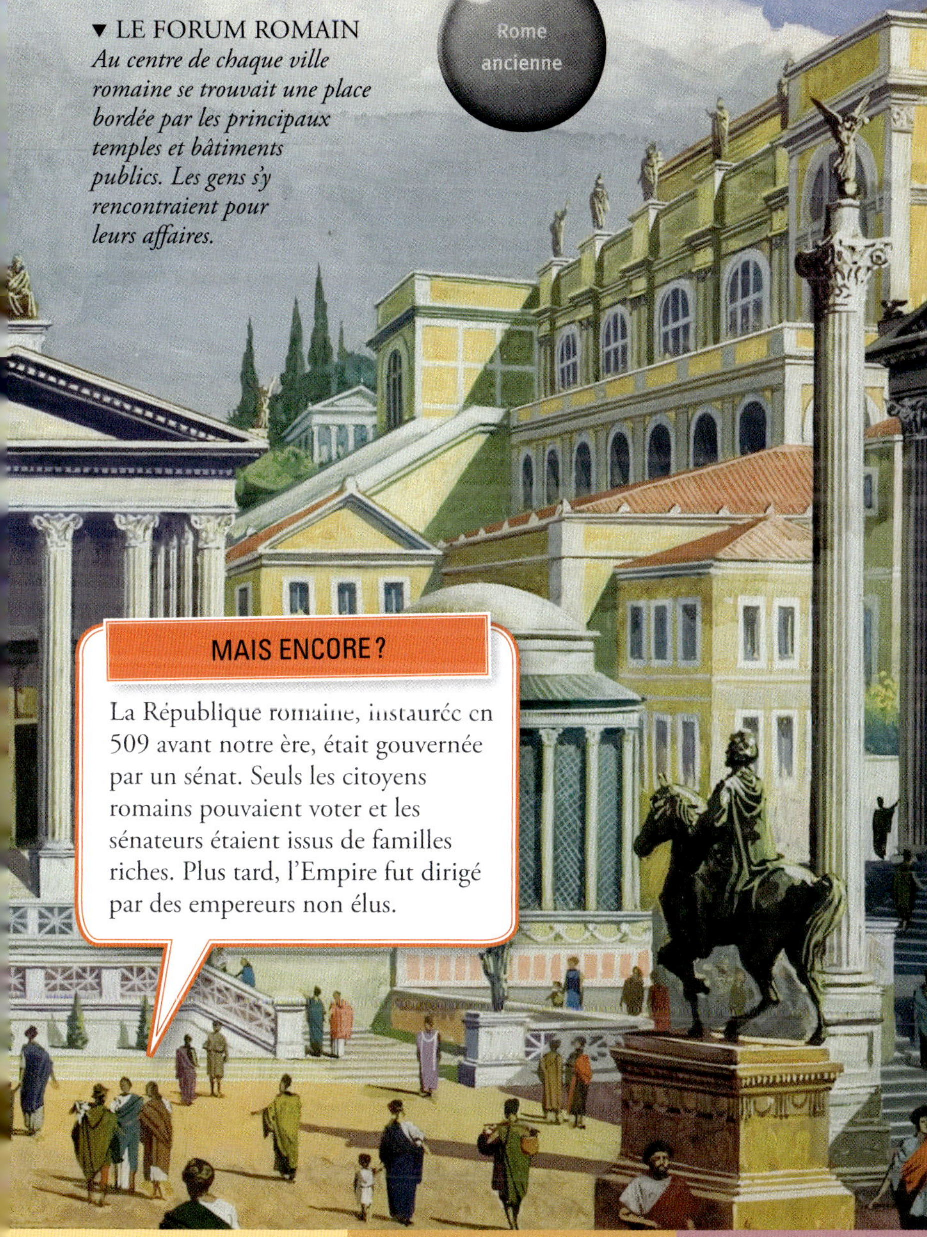

▼ LE FORUM ROMAIN *Au centre de chaque ville romaine se trouvait une place bordée par les principaux temples et bâtiments publics. Les gens s'y rencontraient pour leurs affaires.*

L'Empire romain En 117 apr. J.-C., il s'étendait tout autour de la Méditerranée : en Europe jusqu'en Grande-Bretagne et sur une partie de l'Asie et de l'Afrique. Au IIIe siècle de notre ère, il fut partagé entre deux empereurs pour un meilleur contrôle.

MAIS ENCORE ?

La République romaine, instaurée en 509 avant notre ère, était gouvernée par un sénat. Seuls les citoyens romains pouvaient voter et les sénateurs étaient issus de familles riches. Plus tard, l'Empire fut dirigé par des empereurs non élus.

INSTANTANÉ

L'aqueduc du pont du Gard, en France, est un exemple des grandes infrastructures construites par les Romains dans leur empire.

148 avant notre ère

Au terme de la quatrième guerre macédonienne, la République romaine défait les Grecs.

58-50 avant notre ère

Jules César, chef militaire de la République romaine, conquiert la Gaule (ouest de l'Europe).

27 avant notre ère

Auguste transforme la République en Empire et devient le premier empereur de Rome.

476

Les attaques des barbares provoquent l'effondrement de l'Empire romain.

Le Moyen Âge

Le Moyen Âge, ou période médiévale, couvre plus de mille années, de la chute de l'Empire romain (ve siècle) à la Renaissance (xvie siècle). Durant ce temps, en Europe, tout tourne autour de qui possède la terre et la force militaire et donc, détient le pouvoir.

Le système féodal Dans de nombreuses régions d'Europe, le roi, qui possédait toutes les terres, se trouvait au sommet de la hiérarchie sociale. Puis venaient les barons et les évêques, ensuite les petits seigneurs (les chevaliers) et enfin la masse des paysans.

INSTANTANÉ

Le jour de Noël de l'an 800, Charlemagne (742-814) fut couronné empereur d'Occident par le pape Léon III. Charlemagne préfigure une Europe moderne : il établit un gouvernement central, institua des écoles dans les monastères et diffusa le christianisme.

Certaines villes avaient acquis libertés et privilèges du roi ou d'un seigneur et s'administraient elles-mêmes.

▲ ARCHITECTURE DÉFENSIVE

À une époque où la terre était gage de pouvoir, les villes, construites autour du château du seigneur, étaient défendues par de hauts murs et un fossé.

1. *Lever le pont et fermer les* ***portes*** *ralentissait les assaillants.*
2. *Toute grande ville devait avoir sa* ***cathédrale****.*
3. *Le seigneur pouvait se réfugier dans les tours du* ***château****.*

◀ ARMOIRIES *Chaque guilde avait ses armoiries. Voici celles des Aventuriers marchands de la ville de York. Ces marchands anglais faisaient le commerce de textile dans tout le monde connu.*

Le pouvoir du nombre Pouvoir et influence n'étaient pas l'exclusivité des nobles. Les artisans et les marchands formaient des guildes pour protéger leurs affaires, s'assurer des revenus élevés et interdire la concurrence. Les guildes bâtissaient de grands bâtiments pour accueillir leurs activités (à gauche, le London Guildhall) et exerçaient une forte influence sur la vie de la cité.

Lutte pour le contrôle L'Europe du Moyen Âge ne ressemblait pas à celle d'aujourd'hui. Par exemple, l'actuelle Espagne était divisée en quatre royaumes et des régions de France étaient sous la tutelle de différents rois et princes – y compris de la couronne anglaise. Les guerres pour le contrôle de nouveaux territoires n'étaient pas rares. La plus longue opposa la France à l'Angleterre.

▶ LA GUERRE DE CENT ANS *Cette série de batailles entre la France et l'Angleterre dura en fait cent seize ans, de 1337 à 1453.*

COUP D'ŒIL SUR UNE ÉPOQUE DE CHANGEMENT

Tandis que les guerres médiévales modifiaient les frontières des pays, bien d'autres événements, au Moyen Âge, transformèrent l'Europe.

▲ ARMES DE GUERRE *Les rois combattaient souvent aux côtés de leurs chevaliers lors des grandes batailles.*

▲ LA PESTE *Dans les années 1340, la Grande Peste tua un tiers de la population européenne.*

▲ LE NOUVEAU MONDE *L'exploration maritime ouvrit de nouvelles routes commerciales.*

L'ÉGLISE

LA RÉFORME

- Au Moyen Âge, l'Église chrétienne, dirigée par le pape, était très puissante dans toute l'Europe.
- Mais tout le monde n'appréciait pas la puissance de l'Église. Les opposants se nommèrent eux-mêmes protestants.
- En 1517, un moine allemand, Martin Luther, dénonça la corruption des dignitaires de l'Église. Ulrich Zwingli, en Suisse, et Jean Calvin, en France, voulaient aussi réformer l'Église.
- Des églises protestantes s'établirent dans le nord de l'Europe, ce qui mit fin au pouvoir total de l'Église catholique.

Chine dynastique

LA CHINE *fut unifiée en 221 av. J.-C. par Qin Shi Huangdi.*

La Chine peut revendiquer la civilisation la plus ancienne à ce jour, puisque celle-ci dure depuis au moins quatre mille ans. Depuis les premières cités-États nées le long du Yangzi Jiang, la Chine s'est agrandie sous une succession de monarques, jusqu'en 1912. L'histoire et la vie politique du pays ont été modelées par l'alternance de périodes d'unité et de division.

QUI SONT-ILS ?

- **Confucius** (551-479 av. J.-C.) Philosophe dont les enseignements ont influencé la société chinoise.
- **Qin Shi Huangdi** (r : 221-206 av. J.-C.) Il se proclama premier empereur de Chine après l'avoir unifiée.
- **Wu Zetian** (r : 690-705) Seule femme qui régna comme impératrice, sans doute grâce à de nombreux meurtres.
- **Hongwu** (r : 1368-1398) Fondateur de la dynastie Ming après avoir défait les Mongols.
- **Puyi** (r : 1908-1912) Dernier empereur de Chine, il abdiqua à six ans.

@ Chine impériale

▼ DES TOURS DE GUET *ponctuent la Grande Muraille.*

LA GRANDE MURAILLE DE CHINE

Il y eut en fait plusieurs grandes murailles de Chine, construites pour protéger la frontière nord des invasions des peuples voisins. Ce fut Qin Shi Huangdi, le premier empereur, qui ordonna de relier les fortifications déjà existantes pour ériger une grande muraille. Toutefois, les sections de remparts qui s'étirent aujourd'hui sur 6 400 km furent réparées, renforcés et étendues sous la dynastie Ming.

CHRONOLOGIE DES DYNASTIES

DYNASTIES

L'histoire de la Chine, pour la plus grande partie, peut être divisée en périodes correspondant aux familles ayant régné successivement.

221-206 AV. J.-C. QIN

Sous le court règne de cette dynastie, les croyances de Confucius sont bannies et ses écrits brûlés.

206-220 APR. J.-C. HAN

La Route de la soie, route commerciale reliant la Chine et la Méditerranée, est établie.

265-420 JIN

Le papier et l'encre se diffusent, la calligraphie se perfectionne.

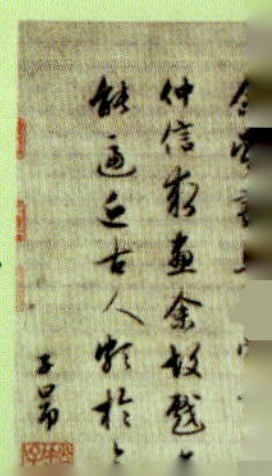

中国

Empire du Milieu Le terme *Zhongguo,* « pays du milieu », fut utilisé pour la première fois par la dynastie Zhou (1050-771 av. J.-C.) pour désigner la Chine : pour ces dirigeants, le pays était « le centre de la civilisation ». Au cours de l'histoire chinoise, ce terme a pris divers sens et provoqué des conflits entre les dynasties. Ce n'est que depuis 1911 qu'il désigne officiellement la Chine.

La Cité Interdite En 1420, l'empereur Ming et sa cour emménageaient dans un vaste palais impérial à Pékin, la capitale. Les dignitaires de la Cour et les membres de la famille impériale y étaient autorisés, mais seul l'empereur avait un accès illimité à tous les bâtiments.

▼ 980 BÂTIMENTS *subsistent, cernés par un mur haut de 7,90 m.*

▲ LOURD TRIBUT *Des millions de soldats, de prisonniers et d'habitants furent enrôlés pour bâtir la Grande Muraille. Des milliers d'entre eux périrent en la construisant.*

INSTANTANÉ

Qin Shi Huangdi ordonna qu'une armée de milliers de guerriers grandeur nature en terre cuite, avec chevaux et chars, soit fabriquée pour garder sa tombe et l'aider à diriger son empire dans l'au-delà (p. 165).

618-907 TANG

Les femmes obtiennent de nombreux droits. Une femme cultivée, Wu Zetian, devient impératrice.

1279-1368 YUAN

La poudre à fusil, inventée plus tôt, est améliorée pour être utilisée par de puissants canons.

1368-1644 MING

Production accrue de la très prisée porcelaine bleue et blanche, à motifs de paysages

1644-1911 QING

Les hauts dignitaires portent des robes ornées d'un dragon céleste, représentation de l'empereur comme « fils du Ciel ».

L'âge d'or de l'Islam

Au VIIe siècle, Mahomet établit un État musulman dans la péninsule Arabique. Dans les siècles qui suivirent sa mort, l'Empire musulman s'agrandit rapidement, propageant la foi et les lois de l'Islam fondées sur ses enseignements.

MAIS ENCORE ?

En 661, les musulmans se divisèrent quant au choix de leur nouveau chef religieux. Les chiites obéirent aux descendants d'Ali (gendre de Mahommet), appelés imams ; les sunnites choisirent pour dirigeants les Omeyyades, portant le titre de califes.

LA MECQUE

Mahomet est né à La Mecque (dans l'actuelle Arabie saoudite). Chassé de la ville à cause de ses enseignements, il y revint huit ans plus tard avec une armée et en prit le contrôle. La Mecque devint le centre religieux de l'Islam.

◂ PROPHÈTE DE L'ISLAM
Mahomet eut la première de ses nombreuses révélations sur le nom de Dieu à l'âge de quarante ans. Ses enseignements s'étendirent rapidement aux aspects politiques et sociaux d'un État.

COUP D'ŒIL SUR DES OBJETS ISLAMIQUES ANCIENS

La civilisation islamique élabora son propre style artistique et architectural et fit de grandes avancées en mathématiques, en astronomie et en médecine.

▴ ART ISLAMIQUE
Calligraphies et mosaïques de carreaux de faïence décoraient les bâtiments.

▴ ASTROLABE
Les musulmans développèrent cet instrument permettant de calculer sa position en mer à partir des astres.

▴ VASE OTTOMAN
Fleurs et grandes feuilles étaient des motifs ornementaux très répandus.

CHRONOLOGIE DE L'EMPIRE MUSULMAN

622-632 MAHOMET

Mahomet prend le contrôle de La Mecque et fonde la civilisation islamique.

661-750 DYNASTIE OMEYYADE

Les califes de la famille des Omeyyades agrandissent l'Empire musulman (en vert).

750-1258 DYNASTIE ABBASSIDE

Bagdad devient la capitale de l'Islam et le centre mondial du commerce, du savoir et de la culture.

Bassine en arg[ent] et en cuivr[e]

QUI SONT-ILS ?

- **Mahomet** (570-632) Fondateur de la religion musulmane et premier dirigeant politique de l'Islam.
- **Ali** (599-661) Gendre de Mahomet, devenu le premier imam en 656.
- **Harun al-Rachid** (766-809) Cinquième calife abbasside, personnage central des récits des *Mille et Une Nuits*.
- **Saladin** (1137-1193) Sultan (gouverneur musulman) d'Égypte, de Syrie, du Yémen et de la Palestine, qui reprit Jérusalem aux Croisés en 1187.

▲ QIBLA *Conformément aux instructions de Mahomet, les musulmans prient tournés vers la Kaba, à La Mecque. Cet instrument servait à déterminer cette direction –* qibla *en arabe.*

Le minaret est une haute tour dépassant les autres bâtiments de la mosquée. Traditionnellement, un muezzin appelle les musulmans à la prière depuis le minaret.

La Grande Mosquée de La Mecque

@ Empire islamique

▼ KABA *Dans la tradition de l'Islam, ce monument cubique de La Mecque est la maison de Dieu. Tout musulman (adepte de l'islam) doit normalement s'y rendre au moins une fois dans sa vie.*

INSTANTANÉ

Achevée en 691, la mosquée du Dôme du Rocher, à Jérusalem, est l'un des plus anciens monuments islamiques au monde.

1258 ESSOR DES SULTANS

Les envahisseurs mongols prennent Bagdad et se convertissent à l'islam. Des chefs locaux, appelés sultans, gouvernent l'Égypte, la Syrie et la Palestine.

1370-1507 EMPIRE TIMOURIDE

Tamerlan, un guerrier turco-mongol, conquiert les territoires musulmans. Un de ses descendants fonde l'Empire moghol dans le nord de l'Inde.

1516-1922 EMPIRE OTTOMAN

Les Turcs ottomans règnent sur un empire musulman qu'ils étendent jusque dans l'est de l'Europe (en vert).

Les Aztèques

À la fin du XIIe siècle, une tribu de chasseurs-cueilleurs du nord du Mexique migrait vers le sud pour s'établir, au XIIIe siècle, comme agriculteurs sur les îles du lac Texcoco, dans le centre du Mexique.

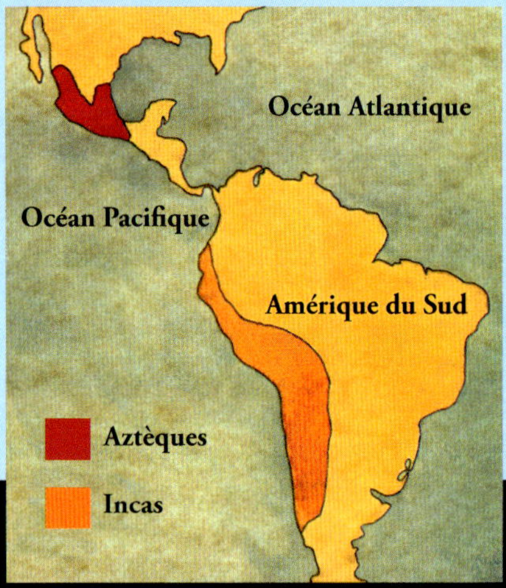

La carte des empires À l'apogée de leur empire, les Aztèques régnaient sur 6 millions de personnes, dans le centre et le sud du Mexique, et les Incas sur plus de 12 millions de personnes, sur la côte Pacifique et dans les Andes.

Tenochtitlán Vers 1325, les Aztèques entreprirent de bâtir leur capitale, Tenochtitlán, sur une île centrale du lac Texcoco. Plusieurs chaussées reliaient la ville à la terre ferme. En son centre s'élevaient des temples entourés de palais et d'écoles militaires. Il y avait aussi un terrain de jeu de balle.

1300 L'ÉTABLISSEMENT DES CULTURES *Les tribus aztèque et inca fondent des communautés sédentaires, la population augmente.*

Les Incas

Une tribu de paysans conduite par son chef, Manco Cápac, s'installa à Cuzco, sur les hautes terres du Pérou, au XIIe siècle. Les Incas allaient former une puissante nation guerrière.

EN BREF

- Les rois incas s'appelaient cápac.
- Les Incas parlaient le quechua et les Aztèques le nahuatl.
- Les deux civilisations offraient des sacrifices humains à leurs dieux.
- Le commerce inca portait sur des biens et des services, les Aztèques échangeaient objets et fèves de cacao.

▲ MANCO CÁPAC *Premier chef des Incas*

Amérique précolombienne

▲ L'OR *L'Amérique du Sud recelait de nombreux métaux précieux, comme l'or, que les artisans travaillaient.*

▲ LE *QUIPU* *Les Incas tenaient la comptabilité de l'empire au moyen de cordelettes et de nœuds de tailles différentes.*

◀ LE CACAO *Une boisson amère au chocolat était extraite des fèves du cacaoyer, un arbuste.*

▲ MASQUE D'UN DIEU
Masque décoré d'une mosaïque de turquoises

Moctezuma Ier

QUI SONT-ILS ?

- **Acamapichtli** (r : 1376-1396) Membre de la famille régnante d'un État voisin, il devint le premier roi des Aztèques.
- **Moctezuma Ier** (r : 1440-1469) Ce roi étendit beaucoup l'Empire aztèque par le commerce et les conquêtes.
- **Moctezuma II** (r : 1502-1520) L'Empire aztèque atteignit son extension maximale sous son règne, puis la conquête espagnole débuta.
- **Hernán Cortés** (1485-1547) Conquistador espagnol qui détruisit l'Empire aztèque en 1521 et déclara le Mexique territoire de la couronne d'Espagne.

▲ COUTEAU SACRIFICIEL
Les prêtres aztèques arrachaient le cœur encore battant des prisonniers, à l'aide de ces couteaux, pour l'offrir en sacrifice à leurs dieux.

La construction d'un empire

Les Aztèques devinrent riches et puissants grâce à leur génie pour obtenir de bonnes récoltes. Ils pouvaient ainsi nourrir leur armée et devinrent des guerriers redoutés. Leurs marchands commerçaient avec des territoires éloignés, accroissant la richesse de l'empire.

L'arrivée de Cortés

Conquête espagnole

En 1519, Hernán Cortés fut accueilli à Tenochtitlán par Moctezuma II avec les honneurs dus à un invité de marque. Mais Cortés fit arrêter le roi par ses hommes. Deux ans plus tard, il détruisait la ville et l'Empire aztèque.

1400 L'EXPANSION DES EMPIRES
Les Aztèques et les Incas étendent leur contrôle sur d'autres tribus et de nouveaux territoires.

1500 LA CONQUÊTE ESPAGNOLE
Les Empires aztèque et inca sont détruits par les conquistadors espagnols.

◀ MACHU PICCHU
Ville montagnarde édifiée par Cápac Yupanqui

Conquêtes incas

L'expansion de l'Empire inca commença sous Cápac Yupanqui (de 1438 à 1431). Des routes reliaient tout l'empire.

▶ LES LAMAS
fournissaient la laine et la viande et transportaient les marchandises.

Francisco Pizarro

Venu chercher des métaux précieux en Amérique du Sud, l'Espagnol Francisco Pizarro découvrit les Incas. En 1538, il prit le contrôle de Cuzco et revendiqua le territoire au nom de l'Espagne.

MAIS ENCORE ?

Bien que n'ayant qu'une modeste armée, Pizarro s'empara d'Atahualpa le 16 novembre 1532, après que le dirigeant inca eut refusé de se soumettre à l'Espagne chrétienne.

Rencontre de Pizarro et d'Atahualpa

L'Amérique coloniale

Amérique du Nord

Au début du XVIIe siècle, de plus en plus d'Européens traversaient l'Atlantique pour s'établir dans l'est de l'Amérique du Nord. Ces colonies n'allaient plus cesser de se développer.

Reconstitution du *Mayflower*.

MAIS ENCORE ?

En novembre 1620, des protestants anglais débarquaient en Amérique du Nord après un épuisant voyage de 66 jours, à bord du *Mayflower*. Ils fondèrent Plymouth, dans le Massachusetts.

▸ POCAHONTAS
Jeune fille, Pocahontas contribua à établir la paix entre les colons de Jamestown et sa tribu amérindienne.

Les colons de Plymouth
Les passagers du *Mayflower*, appelés Pères pèlerins, fuyaient les persécutions religieuses. Leur nouvelle vie dans le Nouveau Monde était rude, et la moitié du groupe mourut le premier hiver. Mais la plupart des Amérindiens se montrèrent accueillants et leur apprirent à cultiver les plantes locales !

WAOUH !

La fête de *Thanksgiving*, célébrée aujourd'hui en novembre aux États-Unis, trouve ses origines dans le repas offert à l'automne 1621 par les Pères pèlerins aux Amérindiens pour célébrer leur première bonne récolte.

CHRONOLOGIE

1607
La colonie de Jamestown, en Virginie, est le premier établissement anglais permanent en Amérique du Nord.

1608
La ville de Québec est fondée par les Français sur les bords du fleuve Saint-Laurent.

162
Les Pèlerins du *Mayflower* établissent une colonie à Plymouth (Massachusetts).

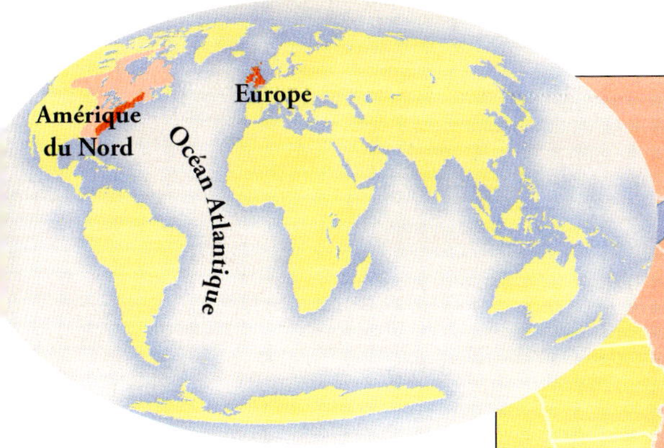

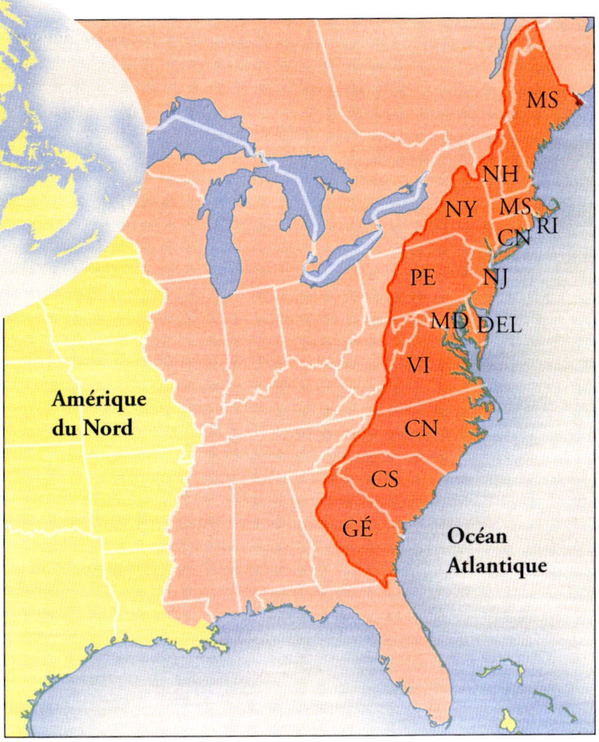

Treize premières colonies

Autres territoires britanniques

MS	Massachusetts
NH	New Hampshire
RI	Rhode Island
CN	Connecticut
NY	New York
NJ	New Jersey
PE	Pennsylvanie
MD	Maryland
DEL	Delaware
VI	Virginie
CN	Caroline du Nord
CS	Caroline du Sud
GÉ	Géorgie

Les colonies britanniques
En 1733, il y avait, sur la côte est de l'Amérique du Nord, treize colonies rattachées à la Grande-Bretagne. En 1763, les Français cédèrent leurs territoires à cette dernière. La Grande-Bretagne commença à lever des impôts sur ses colonies américaines. Mais les colons contestaient de plus en plus son autorité.

INSTANTANÉ

Williamsburg devint la capitale de la Virginie en 1698. Aujourd'hui restaurée, la vieille ville recrée l'atmosphère coloniale.

▸ INDÉPENDANCE *Le 4 juillet 1776, le Congrès des colonies américaines publiait la Déclaration d'Indépendance, signée par les représentants des treize colonies, unies. Celles-ci devenaient des États libres et indépendants.*

Révolution américaine En 1773, les lourdes taxes sur le thé décidées par le gouvernement britannique provoquèrent la révolte des colons américains. De 1775 à 1783, ceux-ci se battirent contre l'armée britannique avec l'aide de la France et l'emportèrent. Les Britanniques durent reconnaître l'indépendance des États-Unis d'Amérique, nés de leurs colonies.

663
Des compagnies sont créées pour le commerce des produits américains avec l'Europe.

1763
La France cède ses colonies d'Amérique du Nord à la Grande-Bretagne.

1773
Des colons américains déguisés en Indiens organisent la « Tea party » de Boston pour protester contre les taxes britanniques en détruisant une cargaison de thé.

1775-1783
La révolution américaine débouche sur l'indépendance des anciennes colonies britanniques.

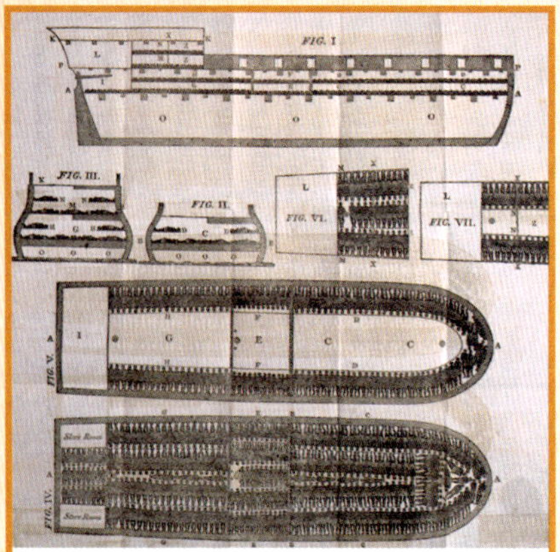

▲ LE *BROOKS* *Ce bateau négrier était conçu pour transporter 450 esclaves, mais on y entassait plus de 600 personnes, enchaînées ensemble !*

La traite des Noirs

L'esclavage était pratiqué dans de nombreuses sociétés anciennes, à Rome par exemple. Il prit des dimensions mondiales avec le commerce transatlantique des esclaves africains. En 1470, les Portugais transportaient les premiers esclaves vers l'île de Madère. Quand l'esclavage fut aboli, quatre cents ans plus tard, environ 12 millions d'Africains avaient été déportés vers le Nouveau Monde.

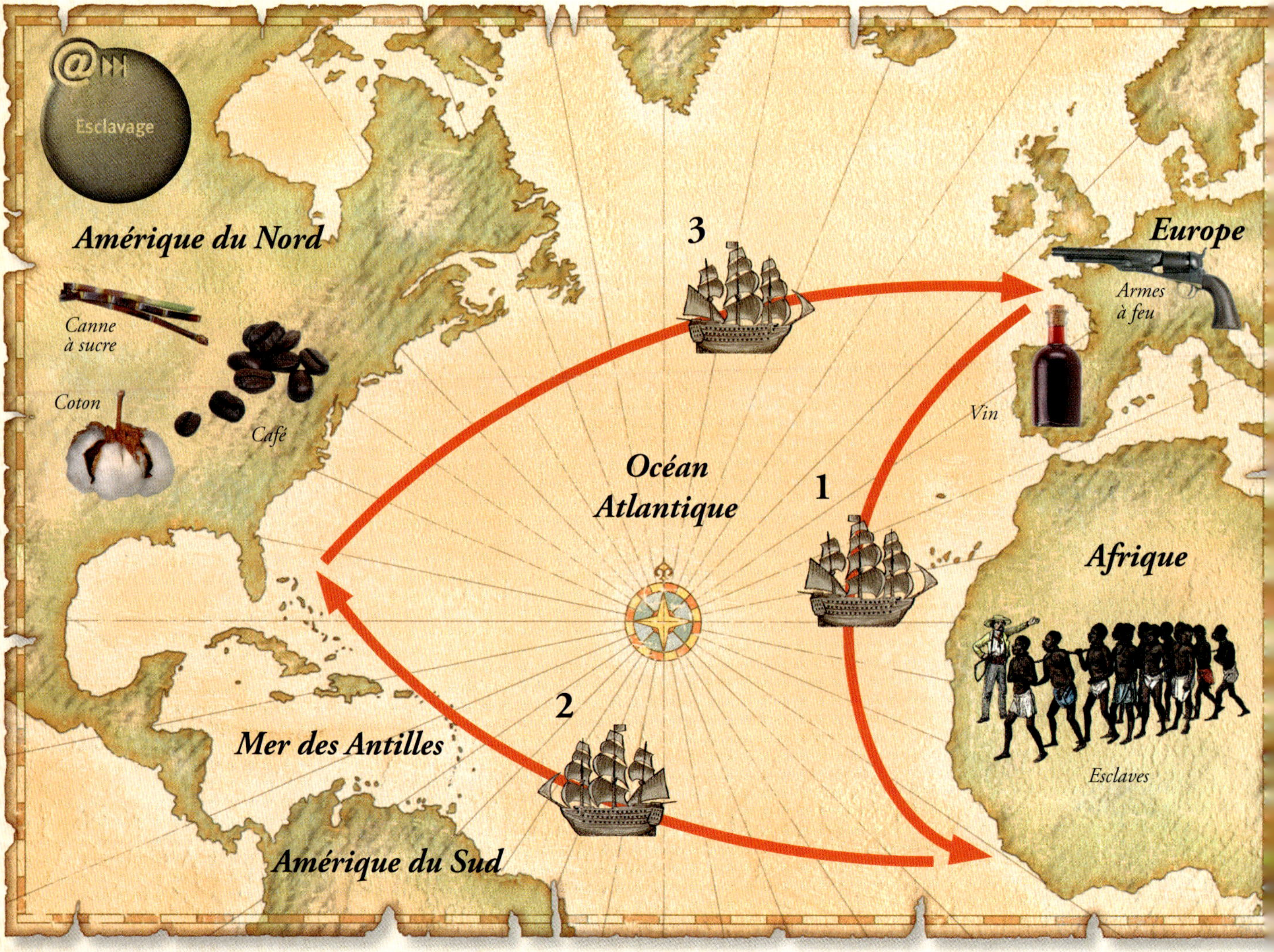

LE COMMERCE TRIANGULAIRE

Les marchands européens exportaient leurs produits vers l'Afrique. Puis, pour gagner plus d'argent, ils chargeaient dans les navires des êtres humains, mis au travail forcé dans les plantations d'Amérique du Nord et du Sud et des Antilles.

1 EUROPE-AFRIQUE
Les Européens troquaient cuivre, fer, textiles, vin et armes à feu contre des esclaves auprès de chefs africains.

2 AFRIQUE-AMÉRIQUES
Les Africains, capturés dans les villages, étaient embarqués de force et transportés dans des conditions inhumaines. Beaucoup mouraient pendant la traversée.

3 AMÉRIQUES-EUROPE
Les navires rapportaient en Europe sucre, riz, coton, café, tabac et rhum, produits dans les plantations où travaillaient les esclaves.

Chaîne de cheville

ESCLAVES À VENDRE

À leur arrivée dans le Nouveau Monde, les esclaves étaient vendus aux enchères sur des marchés. Ils étaient ensuite marqués au fer rouge – brûlés –, à la marque de leur nouveau propriétaire. Hommes, femmes, garçons et filles étaient mis en vente sans distinction.

▲ PAS D'ISSUE *Dès la capture en Afrique, les négriers fixaient au cou et aux chevilles des prisonniers des anneaux et des chaînes, les fers. Les esclaves étaient enchaînés ensemble de sorte qu'ils ne puissent s'échapper.*

◄ LE COTON *était cultivé par les esclaves dans le sud des États-Unis.*

Travail forcé Dans les plantations des colons européens, la vie des esclaves était très dure : longues journées de travail sans salaire, alimentation réduite et coups fréquents. Les enfants nés d'esclaves devenaient eux-mêmes les esclaves du propriétaire de la plantation, qui pouvait les envoyer travailler loin de leur famille ou bien les vendre.

▲ « LE MOÏSE DE SON PEUPLE » *Harriet Tubman, esclave évadée, aida des centaines d'autres esclaves à s'échapper en prenant de grands risques. Elle devint l'une des grandes figures de l'abolitionnisme.*

DE L'ESCLAVAGE À LA GUERRE CIVILE

Général confédéré

Un mouvement de lutte contre l'esclavage vit le jour à la fin du XVIIIe siècle.

- **La loi d'abolition de l'esclavage** fut adoptée en 1807 en Grande-Bretagne et en 1848 en France, mais l'esclavage ne disparut dans l'empire britannique qu'en 1833 et aux États-Unis qu'en 1865.
- Le combat pour l'abolition fut l'une des causes de la **guerre de Sécession** (1861-1865) : les États confédérés du Sud ne voulaient pas mettre fin à l'esclavage, à la différence des Unionistes du Nord.
- **Abraham Lincoln** fut l'une des grandes figures abolitionnistes des États-Unis. Quand les Confédérés déclarèrent la guerre, il décida de libérer les esclaves.

Soldat unioniste

L’ère des empires

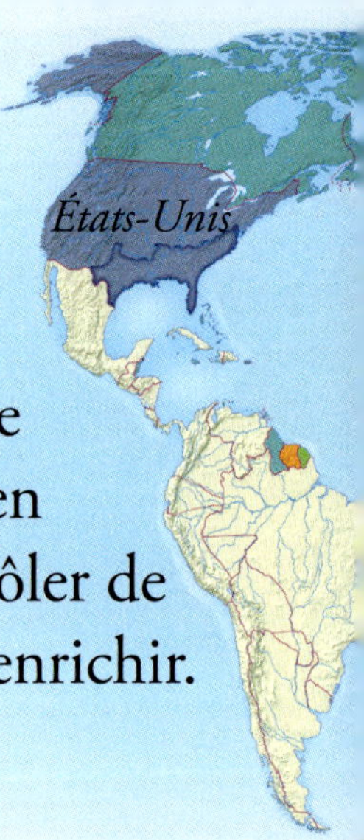

Ayant conquis des territoires et étendu leur influence dans le monde depuis le XVIIe siècle, les grandes puissances européennes entrèrent en compétition à partir du milieu du XIXe siècle. Chacun voulait contrôler de nouveaux marchés et agrandir son empire colonial pour s’enrichir.

L’Amérique du Nord
Beaucoup d’Européens émigrèrent aux États-Unis et au Canada pour fuir la misère dans leur pays. Ce fut le cas des Irlandais frappés par la Grande Famine (1846-1848). L’afflux de ces nouveaux venus entraîna l’exploration puis la colonisation de l’intérieur du continent américain.

MAIS ENCORE ?

En 1805, Meriwether Lewis et William Clark découvrirent un itinéraire à travers les Rocheuses et atteignirent les territoires de l’Ouest américain. D’autres explorateurs, des marchands et des colons suivirent à leur tour leur exemple.

Colonisation

IMPORTATIONS ET EXPORTATIONS

Les pays européens importaient des matières premières de leurs colonies et exportaient vers celles-ci des produits manufacturés.

▶ LE CHEMIN DE FER *Un vaste réseau de chemin de fer fut construit pour transporter les marchandises à travers les pays et les continents.*

▶ L’AMÉRIQUE DU SUD *Au XIXe siècle, de nombreux pays d’Amérique du Sud devinrent indépendants. Seuls les Britanniques, les Français et les Néerlandais y avaient encore des colonies, et de grandes plantations.*

▶ L’AFRIQUE DU SUD *La découverte de diamants au milieu du XIXe siècle transforma cette colonie pauvre en un territoire très convoité et déclencha des conflits dans la région.*

▲ GUERRE DES BOERS *En 1899, une guerre éclata dans le sud de l’Afrique entre colons néerlandais – les Boers – et les Britanniques au sujet de terres riches en minerais.*

La « course à l’Afrique »
À partir des années 1870, les pays européens rivalisèrent pour contrôler le plus de territoires possibles en Afrique. Les explorateurs y avaient en effet découvert de précieuses matières premières comme l’or et les diamants, et ni la terre ni les bras ne manquaient pour y établir des plantations.

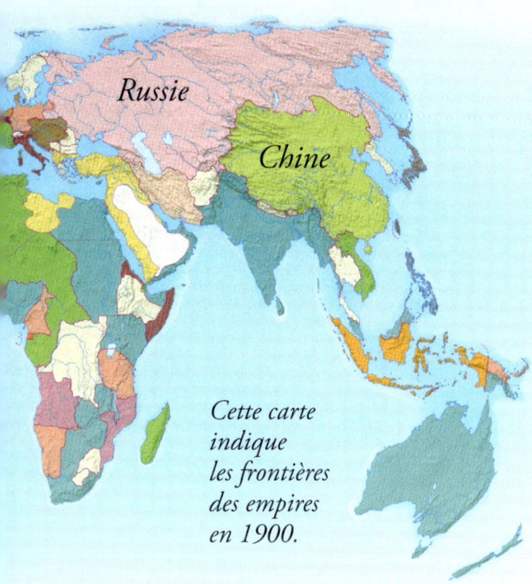

Cette carte indique les frontières des empires en 1900.

Des bâtisseurs d'empires
Les principales puissances coloniales européennes étaient la Grande-Bretagne, la France, les Pays-Bas et le Portugal. À la fin du XIXe siècle, l'Empire britannique couvrait un quart des terres émergées.

- *Grande-Bretagne*
- *France*
- *Espagne*
- *Portugal*
- *Italie*
- *Pays-Bas*
- *Allemagne*
- *Empire ottoman*

L'INDÉPENDANCE

Les Jeux du Commonwealth

Après la Seconde Guerre mondiale, de nombreuses colonies luttèrent pour leur indépendance. La plupart l'obtinrent entre les années 1940 et les années 1960, parfois au terme d'une guerre, comme en Algérie (1954-1962). Beaucoup de nations ont encore des liens avec l'ancienne puissance coloniale. Le Commonwealth rassemble ainsi 53 États jadis parties de l'Empire britannique.

COUP D'ŒIL

L'accès aux matières premières était vital pour les pays européens qui s'industrialisaient. Il était plus profitable de s'approprier les pays d'où elles venaient que de négocier avec les dirigeants locaux. La population était souvent forcée de travailler dans les mines et les plantations.

Coton **Caoutchouc**

▼ L'ÉGYPTE
Inauguré en 1869, le canal de Suez ouvrait une route maritime plus rapide et plus facile vers l'Inde.

▶ LA MALAISIE
La Grande-Bretagne y établit des mines d'étain et des plantations de caoutchouc très rentables.

▶ L'INDONÉSIE
Le gouvernement néerlandais prit le contrôle des territoires dominés aux XVIIe et XVIIIe siècles par la riche Compagnie néerlandaise des Indes orientales, pour y établir de vastes plantations de café et d'épices.

▲ L'AUSTRALIE
La découverte d'or à Victoria, dans les années 1850, entraîna une ruée vers l'or. La population européenne augmenta très vite.

L'Inde
En 1900, la Grande-Bretagne gouvernait l'Inde. Administrateurs et marchands britanniques y menaient une vie privilégiée. Les propriétaires des plantations de thé s'enrichissaient, alors que les travailleurs locaux, eux, vivaient pauvrement.

L'Australie
Les Britanniques peuplèrent de condamnés à la prison leurs premières colonies en Australie. Puis des colons libres s'installèrent à partir de 1793. Les Aborigènes furent chassés de leurs terres ancestrales et repoussés dans l'*outback,* une région inhospitalière dont les colons ne voulaient pas.

◀ LA MARINE BRITANNIQUE
débarqua, en 1788, des condamnés à Botany Bay, en Australie.

La révolution industrielle

Entre 1750 et 1850, le développement de machines utilisant de nouvelles sources d'énergie transforma la vie de la population britannique d'abord, des autres Européens et des Américains ensuite. Cette période est appelée la révolution industrielle.

@ Révolution industrielle

Le travail des enfants
Les enfants travaillaient à l'usine jusqu'à 12 ou 14 heures par jour, avec peu de temps de repos. Ils se blessaient avec les machines, parfois mortellement. En 1841, le travail des moins de huit ans fut interdit en France.

La combustion du charbon pour faire fonctionner les machines à vapeur produit une fumée asphyxiante.

WAOUH!

Avant la révolution industrielle, la plus grande partie de la population cultivait la terre. On filait et on tissait à la maison. Puis des milliers de travailleurs en quête de meilleurs revenus s'installèrent en ville pour se faire employer dans les nouvelles usines.

▲ LES USINES *À partir des années 1790, les machines à vapeur remplacèrent les machines mues par la force de l'eau. Dans les usines, le bruit était assourdissant. La fumée rendait les villes sales et insalubres.*

CHRONOLOGIE DES INVENTIONS INDUSTRIELLES

1712

Thomas Newcomen construit la première machine à vapeur qui soit un succès commercial. Elle pompe l'eau dans les mines.

1764

La « spinning jenny » de **James Hargreaves**, une machine à filer hydraulique, produit huit fils de coton à la fois.

1779

De nombreuses filature achètent la machine à file hydrauliqu de **Samue Crompton**

MAIS ENCORE ?

La révolution industrielle provoqua beaucoup d'agitation sociale. L'introduction de métiers à tisser que pouvaient faire fonctionner des ouvriers non qualifiés, donc moins payés, menaçait les emplois des ouvriers qualifiés du textile. En Angleterre, les Luddistes détruisirent les machines dans les filatures.

INSTANTANÉ

On construisit des canaux pour le transport des lourdes cargaisons industrielles. Les ascenseurs à bateaux du canal du Centre, en Belgique, témoignent du génie technique de l'époque.

Égreneuse de coton Les États-Unis devinrent le premier producteur mondial de coton grâce à l'invention de Eli Whitney. Son égreneuse de coton séparait rapidement les fibres de coton des graines, ce qui prenait un temps considérable à la main.

QUI SONT-ILS ?

- **James Watt** (1736-1819) Ingénieur écossais qui perfectionna la machine à vapeur en 1769. Les machines pouvaient dès lors tourner sans la force de l'eau.
- **Eli Whitney** (1765-1825) Inventeur américain, il mit au point l'égreneuse de coton tandis qu'il se trouvait dans une plantation du Sud.
- **George Stephenson** (1781-1848) Ingénieur anglais qui construisit la première voie de chemin de fer publique.
- **Marc Seguin** (1786-1875) Ingénieur français qui inventa la chaudière tubulaire et l'adapta aux locomotives.
- **Gustave Eiffel** (1832-1923) Ingénieur français qui conçut de nombreux ouvrages metalliques (ponts et viaducs) ainsi que la célèbre tour construite en 1889.

L'essor du chemin de fer En 1804, le Britannique Richard Trevithick ajoutait des roues à sa machine à vapeur pour la faire rouler sur des rails. En France, en 1827, s'ouvrait la première ligne de chemin de fer Saint-Étienne-Andrézieux pour le charbon, et trois ans plus tard, pour les voyageurs, entre Saint-Étienne et Lyon.

785

Le tissage est beaucoup plus ide grâce au métier mécanique d'**Edmund Cartwright**.

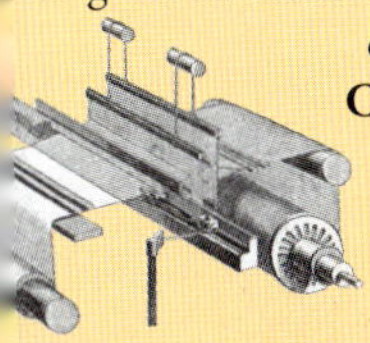

1793

L'égreneuse d'**Eli Whitney** accélère la production de coton.

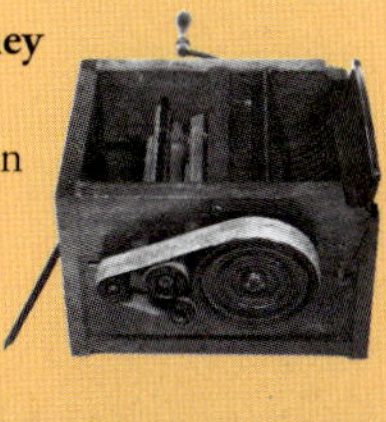

1801

Le métier à tisser de **Joseph-Marie Jacquard** est le premier à utiliser des cartes perforées – une idée que reprendra l'informatique.

1830

Premier chemin de fer pour le transport de passagers en Grande-Bretagne

La Première Guerre mondiale

Au début du xxe siècle, les tensions politiques et militaires étaient grandes entre divers pays d'Europe. L'assassinat de l'héritier du trône d'Autriche-Hongrie fut l'étincelle qui déclencha une guerre mondiale.

QUI SONT-ILS ?

- Deux groupes de pays s'opposaient : la Triple Entente (France, Grande-Bretagne et Russie) et les Empires centraux (Allemagne, Autriche-Hongrie et Turquie).
- France et Grande-Bretagne enrôlèrent dans leurs armées beaucoup d'hommes originaires de leurs empires coloniaux.
- Au total, près de 30 pays furent amenés à prendre part aux combats.
- Les États-Unis entrèrent en guerre en 1917.

TRANSPORT MILITAIRE

- **Aviation** Des biplans et triplans survolaient les lignes ennemies pour observer les mouvements.
- **Véhicules** Les moteurs remplacèrent peu à peu les chevaux pour le transport des hommes et du matériel sur le front.
- **Tanks** Les premiers tanks mis en service en 1916 n'étaient pas très fiables, mais un an plus tard, ils menaient des assauts contre les tranchées ennemies.
- **Navires de guerre** Des navires de guerre protégeaient les navires civils des sous-marins allemands.

Triplan allemand

Ambulance hippomobile

- **Triple Entente**
- **Empires centraux** (dont Italie en 1914, entre en guerre en 1915 avec la Triple Entente)
- **États neutres** (dont Belgique en 1914 mais envahie par l'Allemagne)
- ✕ **Batailles décisives**

Le monde en guerre Si l'essentiel des combats eut lieu en Europe, des batailles se déroulèrent aussi au Proche-Orient, en Afrique et dans les colonies allemandes en Chine et dans le Pacifique.

CHRONOLOGIE DE LA GRANDE GUERRE

1914

L'assassinat de l'archiduc François-Ferdinand, le 28 juin 1914 à Sarajevo, provoque la déclaration de guerre de l'Autriche-Hongrie contre la Serbie. Les pays européens prennent parti. En août, la Grande Guerre commence.

1915

Les zeppelins allemands bombardent les villes britanniques et françaises la nuit.

LE FRONT

Après une rapide guerre de mouvement et la course à la mer pour tenter de doubler les positions adverses, fin 1914, un réseau de tranchées zigzaguait des côtes belges jusqu'à la frontière suisse sur le front Ouest. Exposée au feu des mitrailleuses et des canons, la bande de terre séparant les tranchées alliées et allemandes (le *no man's land*) était infranchissable. On entra dans une longue guerre de positions.

▸ FRANCHIR LE *NO MAN'S LAND*
Les tentatives d'assaut étaient en général menées à l'aube ou au crépuscule.

@ Première Guerre mondiale

Arme chimique
En 1915, près d'Ypres, en Belgique, les Allemands utilisèrent pour la première fois un gaz asphyxiant toxique, à base de chlore.

INSTANTANÉ

Plus de la moitié des 65 millions d'hommes envoyés au combat furent tués ou blessés. Environ 6,6 millions de civils périrent.

1916

Les batailles du Jütland (navale) et de Verdun marquent cette année.

1917

Les États-Unis rejoignent les Alliés à la suite des attaques des sous-marins allemands contre leurs navires dans l'Atlantique.

1918

À 11 heures, le 11e jour du 11e mois (novembre), l'armistice (ou cessez-le-feu) prend effet. Des traités de paix seront signés plus tard.

La Seconde Guerre mondiale

MAIS ENCORE ?

Adolf Hitler, à la tête du Parti national socialiste, accéda au pouvoir lors des élections de 1933. Hitler avait promis au peuple allemand de mettre fin au chômage et à la misère et de restaurer la fierté nationale et la puissance militaire du pays.

Le traité de paix signé en 1919 à Versailles obligeait l'Allemagne vaincue à céder une grande partie de son territoire et de ses richesses et à réduire son armée. Vingt ans plus tard, le Parti nazi avait reconstruit la puissance militaire allemande. Son chef, Hitler, était déterminé à dominer l'Europe.

Adolf Hitler (1889-1945) Né en Autriche, Hitler devint un homme politique influent en Allemagne. Une fois chancelier, en 1933, il instaura une dictature, appuyée sur un parti unique : il était tout-puissant.

Ravages Les bombardements des Alliés et des pays de l'Axe (Allemagne, Italie et Japon) causèrent d'énormes destructions en Europe, en URSS et dans l'est de l'Asie. Les raids aériens étaient censés viser des cibles stratégiques (usines, ports, aérodromes, voies ferrées) mais ils détruisaient souvent des habitations et tuaient leurs occupants.

EN BREF

- Les dirigeants Winston Churchill (Grande-Bretagne), Joseph Staline (URSS) et Franklin Roosevelt (États-Unis) se rencontrèrent deux fois pour parler stratégie.
- Dans les pays occupés, des résistants aidaient les Alliés en transmettant des informations et en faisant du sabotage.

▲ MASQUE À GAZ
Par peur d'attaques chimiques, les habitants de nombreux pays reçurent des masques à gaz. Ils ne servirent jamais.

CHRONOLOGIE DE LA IIe GUERRE

1939

1er septembre : l'armée allemande envahit la Pologne. La France et la Grande-Bretagne déclarent la guerre à l'Allemagne.

1940

Mai-juin : déroute française ; armistice signé le 22 juin
Juin à octobre : bataille dans le ciel britannique

1941

7 décembre : le Japon attaque la base américaine de Pearl Harbor. Les États-Unis entrent en guerre.

1942

Août : début de la bataille de Stalingrad en Union soviétiq[ue]. Elle durera six mois.

LE MONDE EN GUERRE

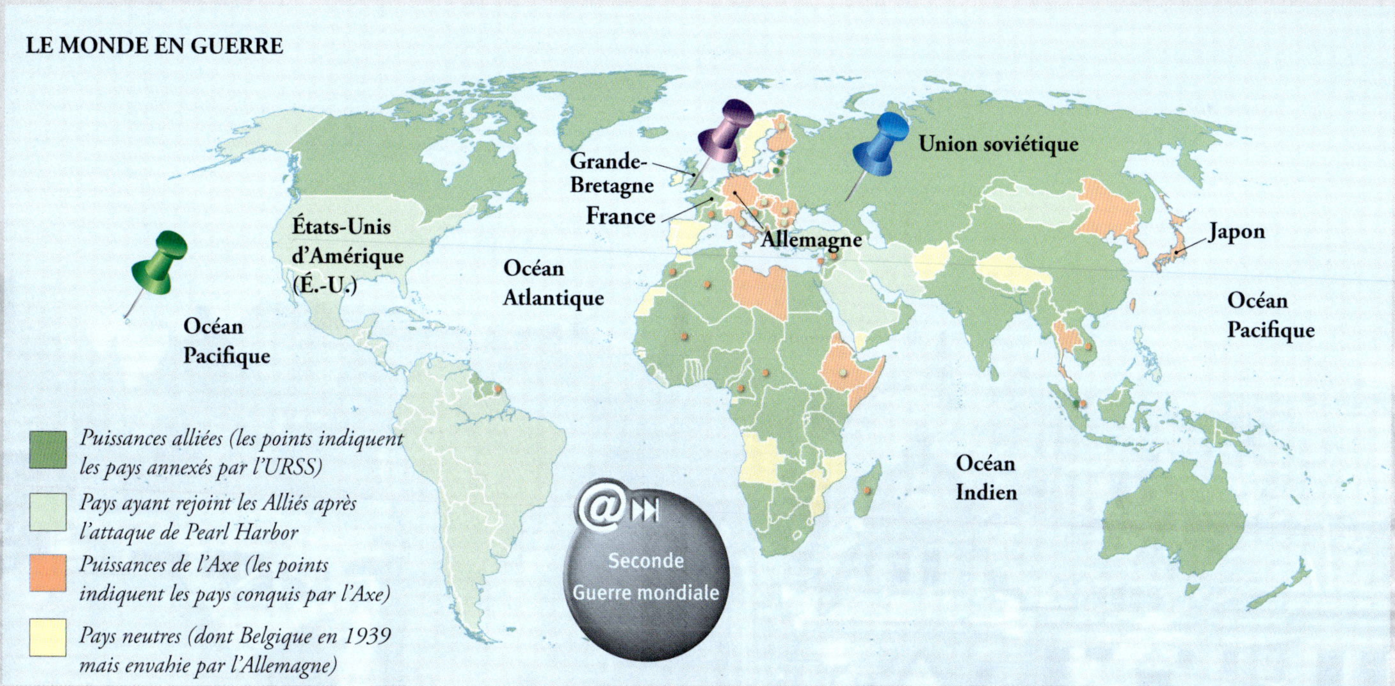

Acteurs Jusqu'à la mi-1941, la guerre opposa les pays de l'Axe (Allemagne, Italie et quelques pays d'Europe de l'Est) et les Alliés (France, Grande-Bretagne et leurs empires). Après l'invasion de l'URSS par l'Allemagne et les premières attaques japonaises, les combats s'étendirent.

BATAILLE D'ANGLETERRE

Après avoir conquis la France en juin 1940, l'Allemagne voulait prendre la Grande-Bretagne. Mais l'aviation allemande ne put vaincre les forces aériennes britanniques.

STALINGRAD

L'Allemagne envahit l'URSS en 1941. Les deux camps perdirent beaucoup d'hommes, surtout lors de la bataille de Stalingrad, où en 1943, l'armée allemande, très affaiblie, se rendit.

PEARL HARBOR

Le raid inattendu de l'aviation japonaise contre cette base navale américaine à Hawaii détruisit 19 navires et tua 2403 soldats. Les États-Unis déclarèrent aussitôt la guerre aux pays de l'Axe.

▼ LES CAMPS DE LA MORT *Le camp d'Auschwitz, en Pologne, était l'un des huit camps d'extermination équipés de chambres à gaz.*

La *Shoah* Victimes de la haine antisémite des nazis, les juifs durent porter une étoile jaune et, à partir de 1942, furent déportés dans des camps. Des millions d'entre eux y moururent de maladie, de faim, d'épuisement ou asphyxiés dans des chambres à gaz.

LA GUERRE FROIDE

INSTANTANÉ

Après la guerre, les relations entre URSS et États-Unis se tendirent. L'Europe de l'Est fut coupée de l'Europe de l'Ouest. En 1989, l'effondrement du mur de Berlin, en Allemagne, symbolisa la fin de la guerre froide.

l'armée de
en Afrique
ord se rend
lliés.

1944

6 juin (*« D-Day »*) : débarquement allié sur les plages françaises de Normandie.
Les forces de l'Axe reculent.

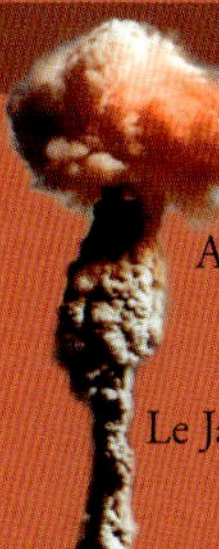

1945

8 mai : l'Allemagne se rend.
Août : les Américains lancent deux bombes atomiques sur Hiroshima et sur Nagasaki.
Le Japon capitule en septembre.

Révolution !

À plusieurs reprises dans l'histoire mondiale, un peuple s'est soulevé, révolté par la misère, et a renversé les dirigeants au pouvoir. Chaque fois, un nouveau régime politique fut établi, dans l'espoir d'une vie meilleure.

FIGURES RÉVOLUTIONNAIRES

- **Lénine** (1870-1924) Chef du parti ouvrier social-démocrate de Russie puis du parti bolchevique, premier dirigeant de l'URSS.
- **Ghandi** (1869-1948) Considéré comme le père de l'Inde.
- **Mao Zedong** (1893-1976) Dirigeant communiste chinois, fondateur de la République populaire de Chine.
- **Fidel Castro** (né en 1926) Révolutionnaire cubain, Premier ministre de Cuba en 1959, puis chef de l'État de 1976 à 2008.

Le printemps des peuples

Une vague d'agitation politique se répandit dans de nombreux pays européens en 1848. Les manifestants exprimaient un fort sentiment national. Bien que les révoltes furent réprimées, elles contribuèrent aux réformes politiques ultérieures.

Révolution

▼ EN MARS, *une manifestation pacifique à Vienne, en Autriche, fut réprimée violemment.*

1789

«LIBERTÉ, ÉGALITÉ, FRATERNITÉ»
Alors que la France subissait une grave famine et manquait d'argent, le roi Louis XVI et son épouse, la reine Marie-Antoinette, menaient une vie luxueuse et furent incapables de réformer l'État pour répartir les contributions entre les classes de la société.

1799

«TRAVAILLEURS DE TOUS LES PAYS, UNISSEZ-VOUS!»
En 1848, le penseur politique allemand, Karl Marx, publia ses idées sur le communisme.

1848

La prise de la Bastille

Le 14 juillet 1789, le peuple de Paris, affamé, craignant la dissolution des États généraux par le roi Louis XVI et une nouvelle hausse des impôts, prit d'assaut la prison de la Bastille, symbole de l'arbitraire royal.

▼ LOUIS XVI
Exécuté en 1793

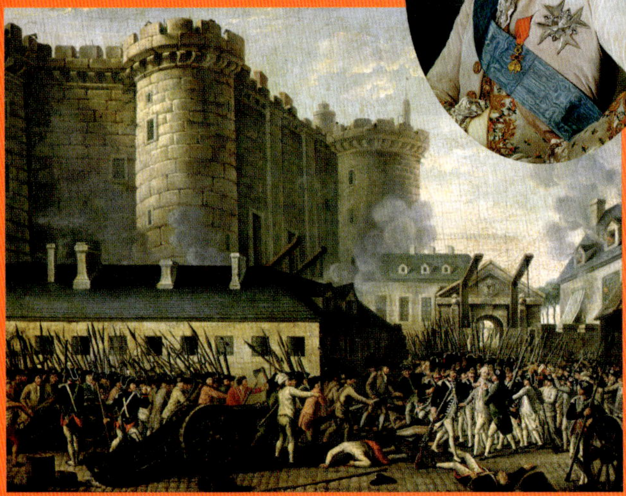

▼ NAPOLÉON
écrivit quelque 33 000 lettres.

La Révolution française

Après la mort de Louis XVI, la France devint une république, mais les révolutionnaires au pouvoir firent régner la terreur, faisant guillotiner des milliers de gens. En 1799, le général Napoléon Bonaparte s'empara du pouvoir et établit un régime autoritaire.

▶ GUERRES NAPOLÉONIENNES
Napoléon se couronna lui-même empereur en 1804. À la tête de la Grande Armée, il mena des campagnes militaires victorieuses à travers l'Europe.

Révolution pacifique Revenu d'Afrique du Sud en Inde en 1914, Ghandi entama une campagne incitant les Indiens à boycotter les tribunaux et les écoles contrôlés par les Britanniques et à démissionner de l'administration coloniale. En 1930, il conduisit une marche de 386 km contre l'impôt sur le sel.

Le Mahatma Gandhi, figure politique et spirituelle, en 1947 : l'année où l'Inde, colonisée par la Grande-Bretagne, obtint son indépendance.

Révolution cubaine Fidel Castro lutta deux ans, à la tête d'un groupe de rebelles et de paysans, contre le dictateur Fulgencio Batista et son imposante armée. Quand il prit le pouvoir en janvier 1959, il lança de nombreuses réformes, améliorant le système éducatif et sanitaire cubain.

Che Guevara était l'un des chefs des rebelles castristes.

Fidel Castro

1914-1947 « SOYEZ LE CHANGEMENT QUE VOUS VOULEZ VOIR DANS LE MONDE. » *Gandhi promut la désobéissance civile, non-violente.*

1917

1956-1958 « ÉCRASEZ L'ANCIEN MONDE, ÉTABLISSEZ UN NOUVEAU MONDE » *Ce message de Mao fut imposé aux Chinois par les gardes rouges.*

1966-1976

▲ *Ouvriers et soldats mutinés manifestant dans les rues de Petrograd (Saint-Pétersbourg)*

Deux révolutions Poussés par le parti bolchevique, les Russes, affamés et épuisés par la guerre, manifestèrent contre le très impopulaire tsar Nicolas II, en février 1917. Celui-ci ayant abdiqué, les bolcheviques renversèrent en octobre le nouveau gouvernement pour établir le premier État communiste.

▲ LA FAUCILLE ET LE MARTEAU *En 1922, la Russie fut renommée Union des républiques socialistes soviétiques (URSS). Son emblème symbolisait l'unité des ouvriers et des paysans.*

La révolution culturelle En 1966, le chef du Parti communiste chinois, Mao Zedong, lança une campagne pour faire de la Chine une société sans classes. Des millions d'habitants, parmi les plus éduqués et privilégiés, furent contraints au travail manuel ; des milliers furent tués.

▼ TOUT LE MONDE *devait avoir et lire le « Petit Livre rouge » de Mao.*

Mao réaffirmant son pouvoir

À la une

Information

L'histoire se fait chaque jour. Les événements affectant la vie des gens et influençant la politique des États du monde sont relatés dans les journaux, à la télévision, à la radio ou sur Internet.

EN BREF

- Le 11 septembre 2001, des terroristes d'al-Qaida détournaient des avions pour les faire s'écraser sur des bâtiments aux États-Unis. En réaction, le pays a engagé une « guerre contre la terreur » des fondamentalistes musulmans.
- Fondée en 1945, l'Organisation des Nations unies, internationale, vise à développer une paix mondiale.

LA FIN DE L'URSS

En 1991, l'Union des républiques socialistes soviétiques (URSS) s'effondrait, et certains de ses territoires devenaient des pays indépendants. La Fédération de Russie est le plus grand de ces nouveaux États.

MANIFESTATIONS *En 2008, la population manifeste alors que l'armée russe a pénétré sur le territoire de l'État indépendant de Géorgie.*

Depuis, d'autres régions de l'ex-Union soviétique ont revendiqué leur indépendance, ce qui a parfois entraîné des conflits, comme par exemple en Tchétchénie où l'armée russe est intervenue contre les rebelles indépendantistes. En 2008, la Russie et la Géorgie se disputaient le contrôle de l'Abkhazie et de l'Ossétie du Sud.

▲ TCHÉTCHÉNIE *Le taux de chômage atteint 90 % en Tchétchénie. Escalader des ruines pour récupérer des matériaux constitue l'un des rares moyens de gagner sa vie dans ce pays détruit par l'armée russe.*

LA GUERRE EN AFGHANISTAN

Le mouvement des Talibans, des fondamentalistes musulmans, a dirigé l'Afghanistan de 1996 à 2001. Après le 11 septembre 2001 *(voir En Bref)*, les États-Unis et leurs alliés ont attaqué l'Afghanistan, où les chefs d'al-Qaida étaient soupçonnés de se cacher. Les forces alliées ont renversé le pouvoir taliban, mais les soldats talibans continuent à se battre contre le nouveau gouvernement élu d'Afghanistan et les troupes alliées toujours dans le pays.

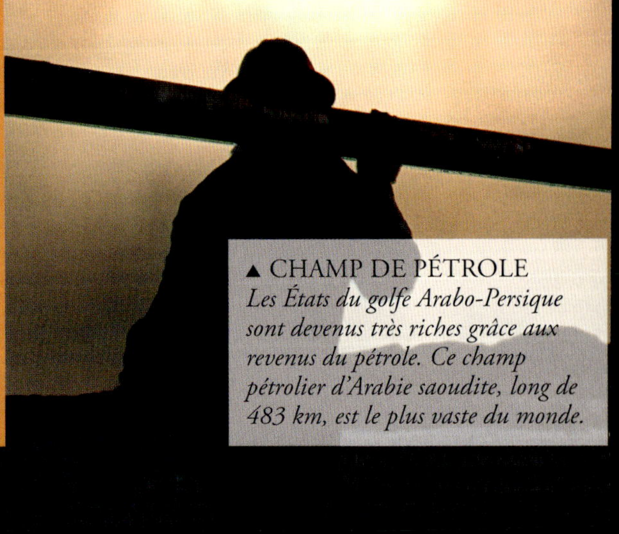

▲ CHAMP DE PÉTROLE *Les États du golfe Arabo-Persique sont devenus très riches grâce aux revenus du pétrole. Ce champ pétrolier d'Arabie saoudite, long de 483 km, est le plus vaste du monde.*

ISRAËL ET LA PALESTINE

En 1948, l'État d'Israël fut créé pour le peuple juif. Mais les Palestiniens vivaient déjà sur les mêmes terres et réclament toujours le droit d'y créer aussi leur État. Plusieurs guerres ont opposé Israël et les pays arabes voisins. Le conflit entre Israël et les Palestiniens a pris la forme de raids militaires et d'attentats.

La Cisjordanie et la bande de Gaza sont des territoires palestiniens autonomes, séparés. Les Israéliens ont construit autour de ces zones un réseau de hauts murs de béton, de clôtures et de tranchées…

▲ ABATTRE LES MURS *Les Palestiniens de la bande de Gaza ont plusieurs fois tenté d'abattre le mur les séparant de l'Égypte pour s'y approvisionner.*

LA RÉGION DU GOLFE

La région bordant le golfe Arabo-Persique – qui s'ouvre sur l'océan Indien – est la première source de pétrole du monde. Tout conflit dans cette région menace aussitôt l'approvisionnement pétrolier mondial. Aussi les autres pays sont-ils prompts à intervenir pour garantir la stabilité de la région et leur propre approvisionnement.

Les troupes de la coalition sont restées stationnées en Irak pour soutenir le processus démocratique et la reconstruction du pays. Mais la situation demeure instable.

La guerre en Irak
En 2003, les États-Unis, soupçonnant à tort que l'Irak développait des armes biologiques et chimiques, prirent la tête d'une force multinationale qui conquit l'Irak sans mandat de l'ONU. L'ancien dictateur Saddam Hussein a été remplacé par un gouvernement élu.

AFRIQUE CENTRALE ET DE L'EST

Dans plusieurs pays du centre et de l'est de l'Afrique, des combats entre rebelles et armées gouvernementales ont obligé des milliers de personnes à fuir leurs foyers. La zone est aussi vulnérable aux catastrophes naturelles (sécheresses, inondations).

Les réfugiés, abrités dans des camps, dépendent de l'aide alimentaire internationale.

INSTANTANÉ

L'Organisation des Nations unies vise à développer de bonnes relations entre les pays du monde. Elle les réunit pour tenter de résoudre les problèmes économiques, sociaux, culturels et humanitaires internationaux.

Les gouvernements

Gouvernement

Un gouvernement réunit des hommes et des femmes qui ont la charge de diriger un pays. Il décide, en accord avec les représentants élus dans les démocraties, des impôts que paie la population et de la façon dont cet argent est dépensé, pour financer par exemple les hôpitaux, les écoles ou la construction de routes.

L'ÉTAT À PARTI UNIQUE

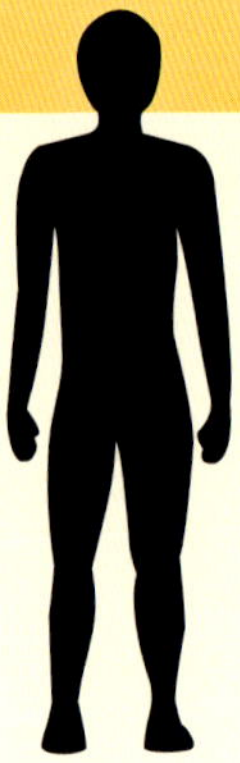

Dans certains pays, un seul parti politique est autorisé. Les autres partis sont interdits. Lors des élections, les électeurs n'ont le choix qu'entre des candidats choisis par le parti unique.

▶ RÉPUBLIQUE DE CUBA *Le parti communiste cubain est le seul parti politique autorisé à Cuba.*

LA MONARCHIE

Dans de nombreux pays, comme la Grande-Bretagne, un roi ou une reine se trouve à la tête de l'État, mais le pays est dirigé par un gouvernement élu. Dans quelques pays, le monarque gouverne et détient tout le pouvoir. Ces « monarques absolus » ne sont pas élus et, quand ils meurent, le trône revient à leur héritier.

▲ LE ROYAUME DE BRUNEI *Le sultan de Brunei détient un pouvoir absolu.*

QUI SONT-ILS ?

- **Président** Chef de l'État dans une république, doté de pouvoirs étendus (France) ou limités (Allemagne).
- **Premier ministre** Chef du gouvernement dans une démocratie parlementaire.
- **Dictateur** Dirigeant exerçant un pouvoir absolu.
- **Monarchie** Règne héréditaire d'une personne. Un monarque absolu exerce son pouvoir sans contrôle, un monarque constitutionnel détient un pouvoir limité.
- **Opposition** Partis politiques ne participant pas au gouvernement, qui peuvent être en désaccord avec celui-ci.
- **Sénat** Chambre haute du Parlement (assemblée qu vote les lois).
- **Gouvernement** Groupe de ministres qui dirigent chacun une administration.
- **Député** Personne élue pour représenter le peuple lors de l'élaboration et du vote des lois à l'Assemblée nationale.

LE RÉGIME MILITAIRE

Il arrive que l'armée s'empare du pouvoir pour former un gouvernement non élu contrôlé par une junte militaire : un groupe d'officiers, souvent dirigé par un général. Comme dans le régime de parti unique, les opposants n'ont pas le droit de s'exprimer.

◀ L'UNION DU MYANMAR *Depuis 1962, à la suite d'un coup d'État militaire, une junte dirige la Birmanie, rebaptisée Myanmar. Les conflits entre la junte et les peuples minoritaires comme les Karen et les Mong se poursuivent. La principale figure de l'opposition, le Prix Nobel de la paix Aung San Suu Kyi, n'a pas le droit de quitter son domicile.*

NON DÉMOCRATIQUE

LA DÉMOCRATIE MULTIPARTITE

▲ LES CANDIDATS *Les candidats aux élections sont choisis par les différents partis. La personne ou la liste de personnes qui recueille le plus de voix est élue et le parti ayant le plus de candidats élus forme le gouvernement.*

COUP D'ŒIL SUR LE VOTE

Dans une démocratie, tous les adultes majeurs ont le droit de vote. Le jour de l'élection, les électeurs reçoivent des bulletins portant les noms des différents candidats. Après avoir fait leur choix, ils glissent leur bulletin dans une urne électorale verrouillée. À la clôture du vote, les bulletins sont dépouillés, les voix comptées et les résultats annoncés publiquement.

LES SYSTÈMES DE GOUVERNEMENT

La constitution est un document écrit ou un ensemble de coutumes qui établit les règles d'organisation politique d'un pays. La démocratie constitutionnelle peut prendre la forme d'une république, comme en France ou aux États-Unis, ou d'une monarchie, comme en Grande-Bretagne ou en Espagne. Selon l'équilibre des pouvoirs, le système est présidentiel (É.-U.), parlementaire (G.-B.) ou semi-présidentiel (France).

▼ MANIFESTATIONS *Si la population est en désaccord avec une loi ou une décision, elle a le droit de manifester pour exprimer son point de vue.*

LES TYPES DE GOUVERNEMENTS DÉMOCRATIQUES

Constitution de la France

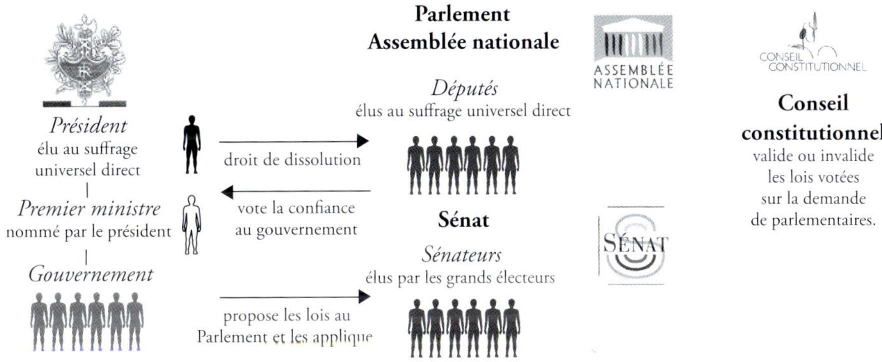

▲ FRANCE *la Constitution de 1958 donne au président, élu pour cinq ans, de larges pouvoirs exécutifs. Le Parlement (Assemblée nationale et Sénat) vote les lois sur proposition du gouvernement désigné par le président sur proposition du premier ministre qui conduit la politique du pays.*

MONARCHIE CONSTITUTIONNELLE DE GRANDE-BRETAGNE

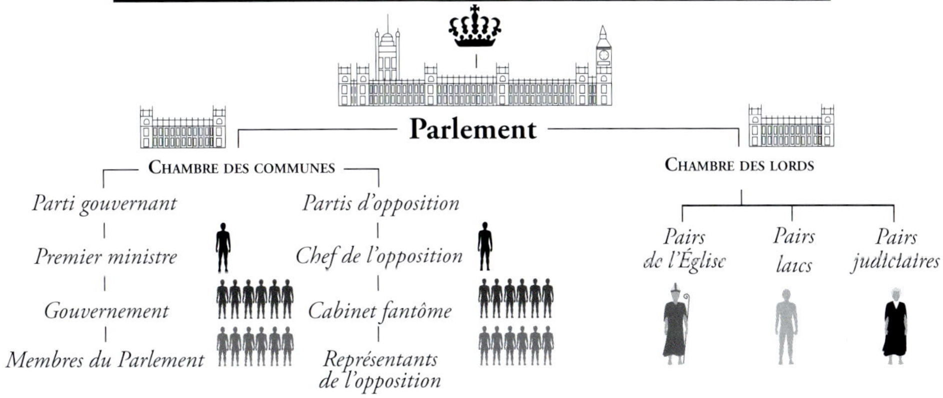

▲ GRANDE-BRETAGNE (G.-B.) *Le monarque est le chef de l'État, mais c'est le Parlement qui élabore et vote les lois, ce qui exige l'approbation de la majorité à la fois des représentants élus à la Chambre des communes et des pairs de la Chambre des lords, qui ne sont pas élus.*

DÉMOCRATIQUE

SCIENCE

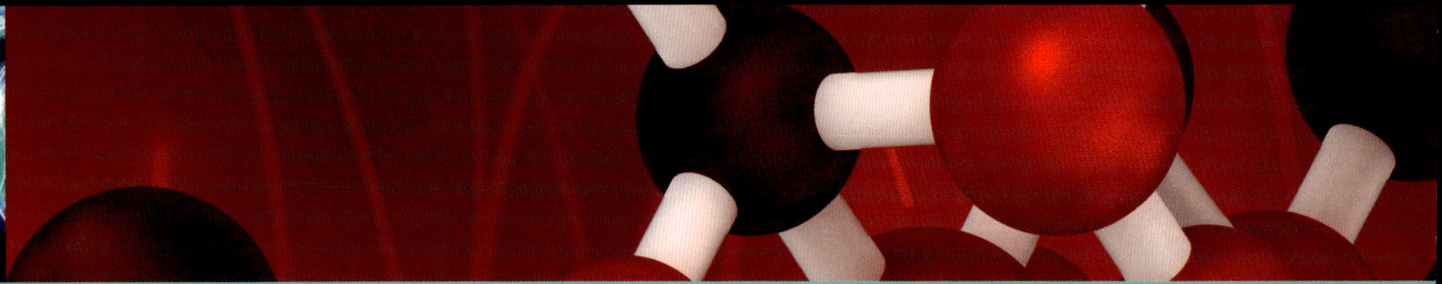

- Le mot science vient du latin *scientia,* qui signifie savoir.
- On trouve déjà des notions scientifiques chez Aristote, qui vécut au IVe siècle av. J.-C.
- Les ondes sonores d'une fréquence de 20 000 Hz ou plus sont appelées ultrasons.
- L'Univers a environ 13,7 milliards d'années, et son expansion ne cesse de s'accélérer.
- Le noyau terrestre est une boule de fer dur entourée d'une couche de fer en fusion.

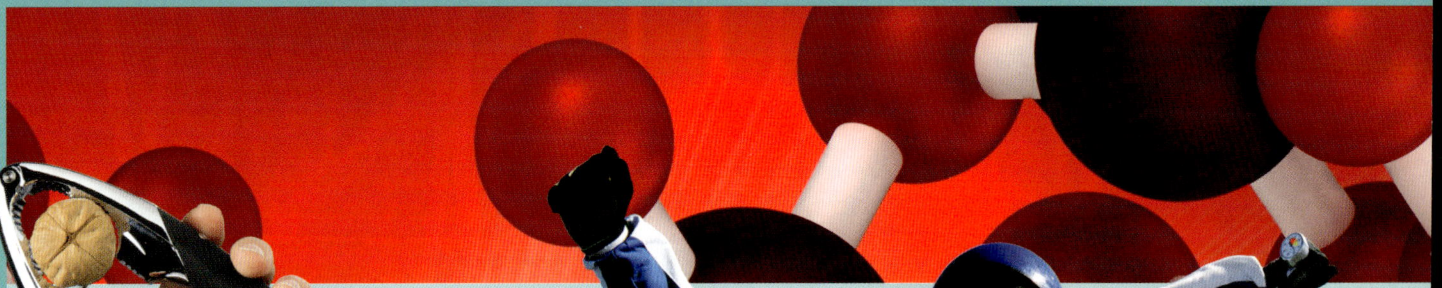

Comment les casse-noix fonctionnent-ils? *À découvrir page 233*

Qu'est-ce que la vitess terminale de chute en saut en chute libre? *À découvrir pages 234-235*

La science nous permet de comprendre comment fonctionne le monde qui nous entoure. Elle repose sur l'observation, l'expérimentation et la vérification des hypothèses.

La célèbre formule d'Einstein $E = mc^2$ explique qu'énergie et matière sont la même chose.

Le climat se réchauffe sous l'effet du gaz carbonique produit par l'activité humaine.

L'ADN des cellules compte environ 25 000 gènes, fixant les caractères de l'individu.

En 1514, Copernic démontre pour la première fois que la Terre tourne autour du Soleil.

Le son se déplace dans l'air sec par 0 °C de température à une vitesse de 1 190 km/h.

? Pourquoi les objets immergés paraissent-ils déformées vus de la surface? *À découvrir page 241*

? Comment obtient-on de l'électricité à partir de panneaux solaires? *À découvrir page 231*

Qu'est-ce que la science ?

La science est un mode d'acquisition de connaissances reposant sur l'expérience et la vérification des hypothèses.

SELON UNE LÉGENDE *japonaise, les dieux ont créé la première île en remuant l'océan.*

AVANT LA SCIENCE

Jadis, la réponse aux grandes questions, comme l'origine de la vie, le pourquoi de la course du Soleil ou ce qui se trouve au-delà des mers, passait par les mythes. Ces récits étaient souvent empruntés aux textes religieux ou avaient été révélés en songe à des sages. Comme ils n'étaient jamais vérifiés, les variantes se multiplièrent, et chaque peuple ou civilisation eut sa propre version de ce qui passait pour être la vérité.

COUP D'ŒIL SUR COPERNIC

■ L'une des plus grandes théories scientifiques jamais conçues fut celle proposée par l'astronome polonais Nicolas Copernic en 1507, selon laquelle la Terre tourne autour du Soleil, et non l'inverse. L'idée fut d'abord rejetée comme contraire à l'évidence des sens, mais Copernic démontra que l'impression de rotation du Soleil autour de la Terre était une illusion liée à la rotation de la Terre sur elle-même.

▲ LE SYSTÈME COPERNICIEN *Cette illustration est l'une des premières à représenter le Soleil au centre de l'Univers.*

Le fonctionnement de la science
La science est née lorsqu'on a voulu vérifier les affirmations au sujet du monde. L'un des premiers à l'avoir fait est le médecin anglais William Gilbert (1544-1603), qui réalisa plusieurs expériences sur le magnétisme et finit par démontrer que la Terre est comme un gros aimant.

◀ UNE VIEILLE BOUSSOLE *Gilbert a montré que les boussoles indiquent le nord grâce au magnétisme terrestre.*

La vérification des hypothèses
Les savants formulent une hypothèse. Supposons que nous ayons un rhume et que, ayant bu du jus d'orange, nous allions mieux. L'hypothèse sera alors que le jus d'orange soigne le rhume. Pour vérifier, on en donne à plusieurs sujets enrhumés. S'ils guérissent plus vite que les autres malades, l'hypothèse est confirmée.

Jus d'orange

La preuve de véracité
On peut prouver qu'une hypothèse es fausse, mais non qu'une théorie est vraie dans son ensemble. Même quan tout semble le laisser croire, un éléme nouveau peut toujour venir la démen intégralement ou en partie. Le propre d'une théorie est de pouvoir évoluer.

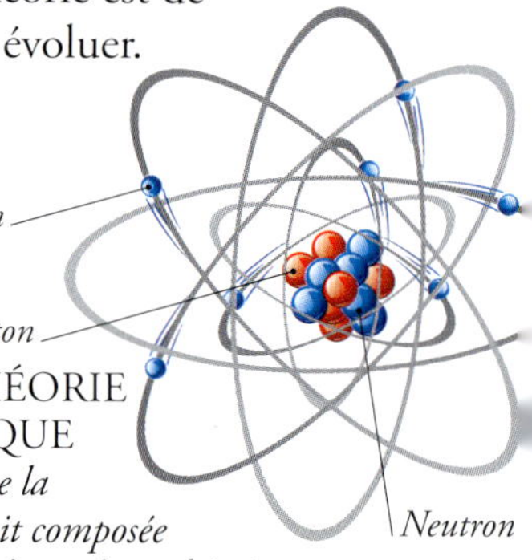

▶ LA THÉORIE ATOMIQUE *Le fait que la matière soit composée d'atomes n'est qu'une théorie.*

CHRONOLOGIE DE LA SCIENCE

Vers 350 av. J.-C.	1543	1665	1687	1730-1880
Aristote est considéré par beaucoup comme le premier savant. Ses idées sont à l'origine des sciences modernes, comme la physique, la chimie ou la biologie.	**André Vésale,** médecin flamand, publie un traité d'anatomie humaine en sept volumes.	**Robert Hooke,** savant anglais, découvre au moyen d'un microscope rudimentaire que tous les êtres vivants sont constitués de cellules.	**Isaac Newton,** savant anglais, propose une théorie révolutionnaire sur la gravité et le mouvement.	Plusieurs générations de savants travaillent sur l'électricité et son utilisation comme source d'énergie.

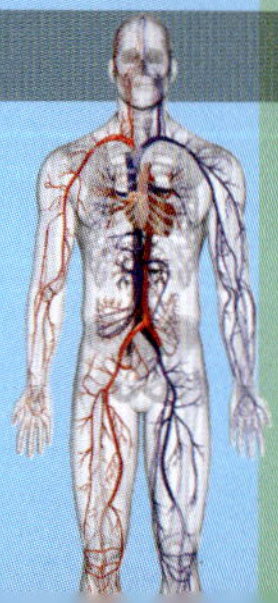

LES SCIENCES

Depuis les débuts de la science, il y a plus de deux mille ans, nous avons énormément progressé dans la connaissance du monde. Elle a conduit à de nombreuses découvertes qui ont transformé la société, notamment dans le domaine de la médecine, et a permis des avancées technologiques majeures : téléphone, télévision, fusées spatiales, ordinateur…

La médecine

La médecine est la science qui a pour but de soigner. On pensait jadis que les maladies dont on souffrait étaient une punition pour s'être mal comporté. Or, chacun sait maintenant que la plupart sont dues à des micro-organismes, aux gènes ou à un système immunitaire déficient.

La chimie

Toute matière, qu'elle soit solide, liquide ou gazeuse, est faite de substances chimiques. Les chimistes étudient la façon dont les atomes sont liés l'un à l'autre pour former des molécules et comment celles-ci se séparent pour se recombiner et former de nouvelles substances.

La biologie

La biologie est l'étude scientifique du vivant. Ses branches, dont la botanique (étude des végétaux) et la zoologie (étude des animaux), s'attachent aux différentes formes de vie. La théorie de l'évolution par sélection naturelle, expliquant comment les êtres vivants en sont venus à avoir la forme qui est la leur aujourd'hui, fut le tournant majeur de la biologie moderne.

▸ UN FOSSILE
Les restes fossilisés d'êtres vivants ont aidé les savants à comprendre l'évolution.

L'astronomie

La Terre est une miette dans un immense univers composé de planètes, d'étoiles et de galaxies, séparées par de grands espaces vides. L'astronomie étudie ce gigantesque domaine. Grâce aux fusées, les astronomes peuvent désormais se rendre dans l'espace, au contact de leur objet.

La physique

Les physiciens étudient l'énergie et le mouvement, les infimes particules matérielles composant les atomes ainsi que les choses immatérielles, comme le temps, la lumière, la gravité ou l'espace. Leur travail a conduit à la découverte des ondes radio, qui ont rendu possibles la télévision et le téléphone portable.

La géologie

La géologie est l'étude de la Terre et de ce qu'elle renferme. Les géologues s'intéressent à la façon dont les roches se forment à partir d'éléments chimiques appelés minéraux et comment elles se dégradent ou se transforment en d'autres types de roche, à ce qui se passe sous la croûte terrestre, aux phénomènes tels que les séismes ou le volcanisme et à l'évolution du relief.

1869
Dimitri Mendeleïev, chimiste russe, jette, avec son tableau périodique des éléments, les bases de la chimie moderne.

1890-1956
La façon dont les atomes s'agencent et se séparent ayant été découverte, des savants élaborent la théorie atomique.

1905-1915
Albert Einstein, avec sa théorie de la relativité, chamboule diverses conceptions : espace, temps, lumière et gravité.

1953
Francis Crick et **James Watson** découvrent la structure de l'ADN, qui contient le code génétique des êtres vivants.

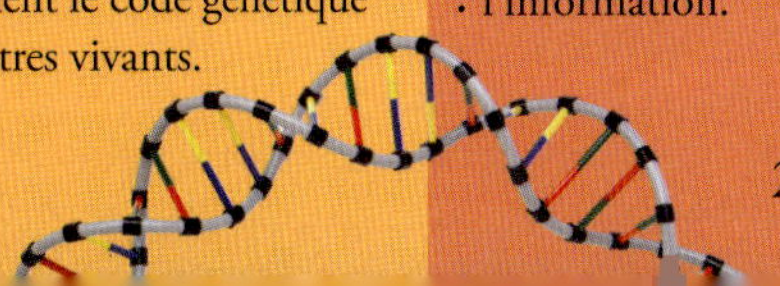

1989
Tim Berners-Lee invente le *World Wide Web* (www), nouvelle façon d'échanger l'information.

Les atomes

Des roches composant la Terre jusqu'aux planètes et étoiles des galaxies les plus éloignées, en passant par les animaux, les plantes et toutes les créatures vivantes, la matière – solide, liquide ou gazeuse – est constituée de minuscules particules : les atomes.

Atome

EN BREF

- Le point à la fin de cette phrase couvre environ 250 milliards d'atomes.
- Les éléments sont faits d'atomes qui ont tous le même nombre de protons.
- Les protons et les neutrons se composent de particules plus petites encore : les quarks.

DANS LES ATOMES

Bien que déjà infimes, les atomes renferment des particules encore plus petites. Le noyau, entouré d'un nuage d'électrons mobiles, contient en son centre un amas de protons et de neutrons. Ces particules sont maintenues à l'intérieur de l'atome par de puissantes forces électriques.

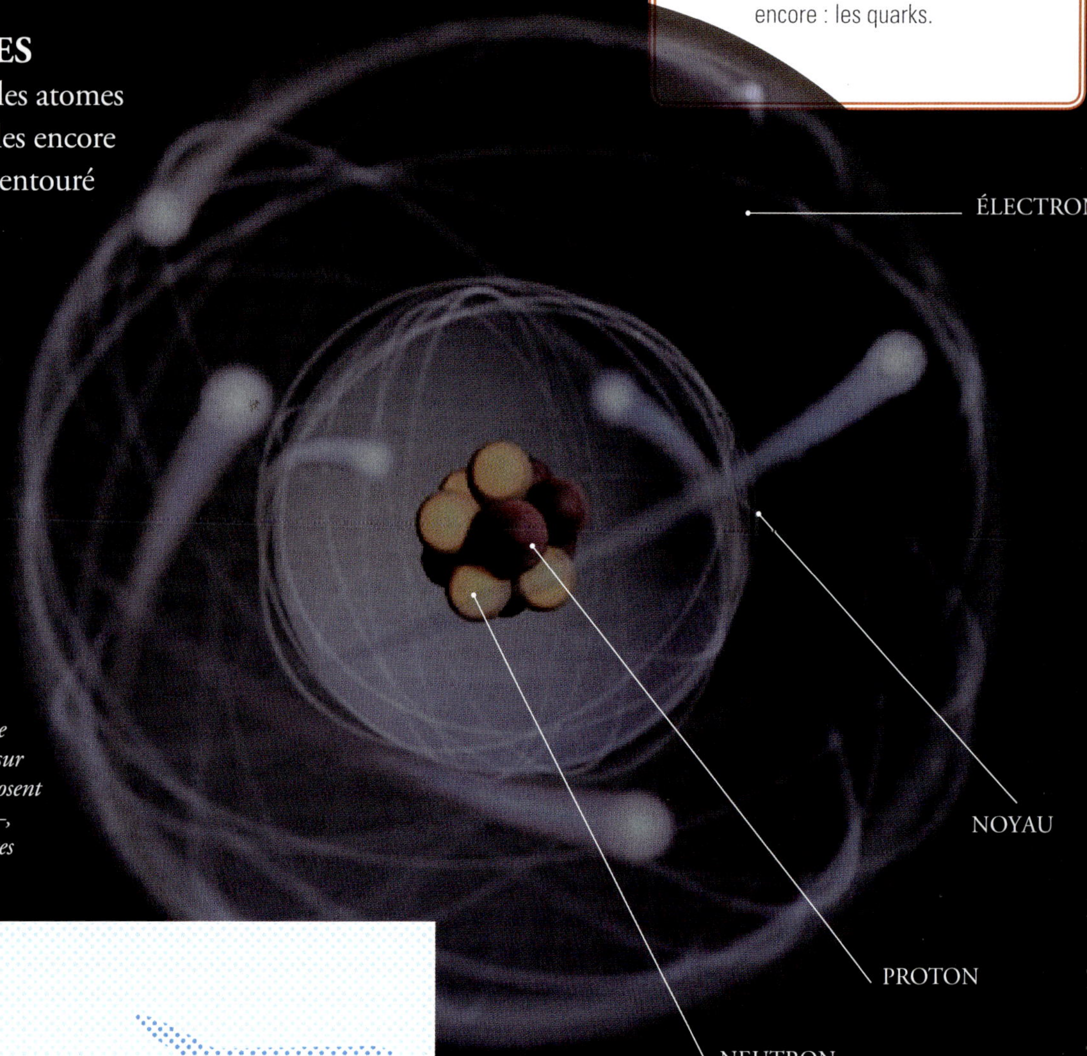

▼ LES ATOMES *De la même façon que les images s'affichant sur l'écran d'un ordinateur se composent de points lumineux – les pixels –, la matière est constituée de petites particules : les atomes.*

OBSERVER LES ATOMES

Bien plus petits que les longueurs d'onde de la lumière visible, les atomes sont invisibles, même au microscope. Pour observer ces minuscules particules, les physiciens photographient les champs lumineux qui les entourent.

Glucose

$C_6H_{12}O_6$

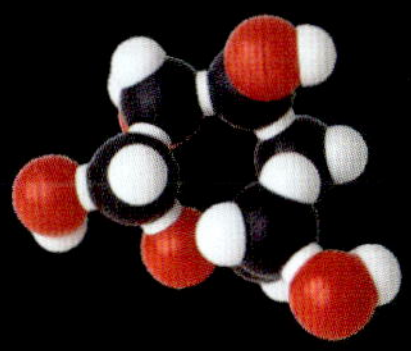

- Également appelé dextrose
- Isolé pour la première fois en 1747 à partir du raisin par Andreas Margraff

Ce sucre simple, élaboré par les plantes avec l'énergie du soleil, est nécessaire aux animaux – herbivores et carnivores – pour produire l'énergie qui leur permet de fonctionner.

Alcool

C_2H_6O

- Également appelé éthanol
- Formé par l'action de levures sur les sucres naturels

Alcool est le nom courant de l'éthanol, présent dans la bière, le vin et les spiritueux. Sous forme concentrée, il tue les germes. Médecins et infirmières s'en servent pour nettoyer la peau avant de faire une piqûre.

Eau

H_2O

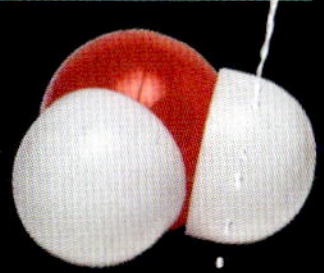

- Couvre environ 70 % de la surface de la Terre
- Indispensable à la vie

Sans eau, la vie sur Terre ne serait pas possible. Cette molécule simple, dont le corps humain est constitué à près de 70 %, est la seule à pouvoir se présenter dans trois états différents – solide (glace), gazeux (vapeur d'eau) et liquide (eau).

Vitamine B_8

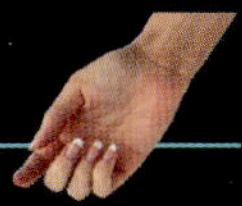

$C_{10}H_{16}N_2O_3S$

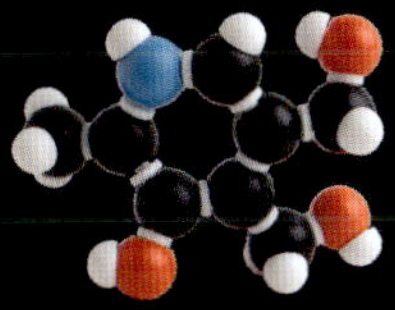

- Également appelé biotine ou vitamine H
- Isolée pour la première fois en 1941 par Vincent du Vigneaud

La vitamine B_8, indispensable à la croissance des cellules, est l'une des huit molécules du groupe des vitamines B. On la trouve notamment dans le foie, la levure de bière et les produits laitiers.

Vitamine D

$C_{28}H_{44}O$

- Également appelé cholécalciférol
- Isolée pour la première fois en 1922 par Edward Mellanby

La vitamine D, essentielle pour avoir des os solides, est synthétisée par le corps sous l'effet du rayonnement solaire. Par ailleurs, les céréales et les poissons gras en fournissent.

Diamant

C

- Substance naturelle la plus dure connue à ce jour
- Très prisée en bijouterie comme pierre précieuse

Le diamant est une forme rare de carbone dans laquelle chaque atome est lié à quatre autres atomes de manière à former une structure cristalline très dense. Il est si dur qu'on en fait des pointes de forets.

LES MOLÉCULES Les atomes s'agrègent pour former de plus grosses particules, les molécules. La liaison chimique, force maintenant les atomes ensemble, résulte de la mise en commun d'un ou plusieurs électrons.

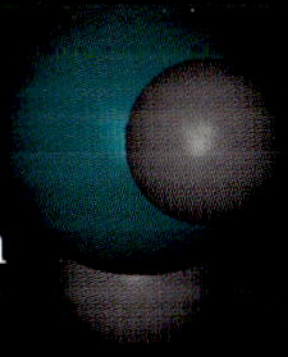

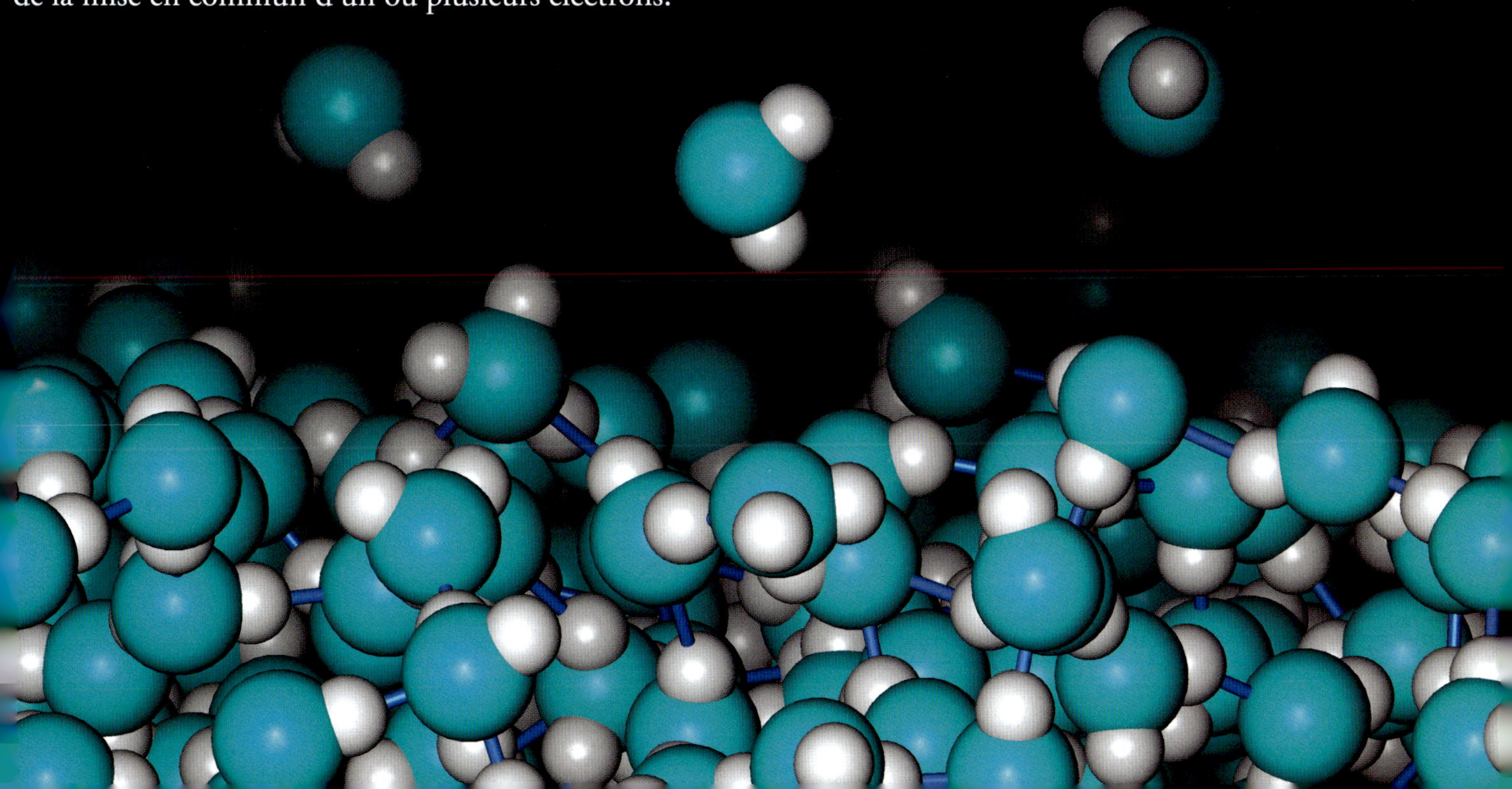

▼ LES GOUTTES D'EAU *ci-dessous se composent de trois atomes – un d'oxygène (en bleu) et deux plus petits d'hydrogène (en blanc).*

Solide, liquide ou gazeux ?

Presque toutes les substances se présentent dans l'un des trois états de la matière. Les solides gardent leur forme, les liquides, par nature informe, remplissent l'espace qui les contient, et les gaz, sans forme ni volume, flottent dans l'air.

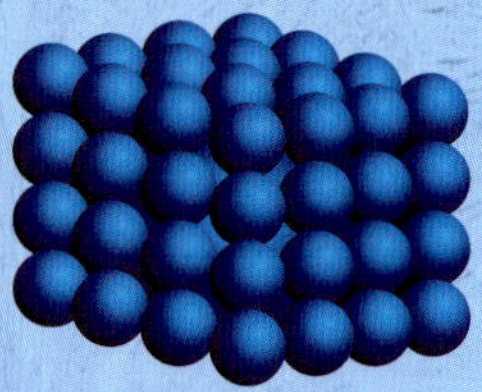

▲ UN SOLIDE
Dans un solide, atomes et molécules sont bien serrés.

L'ÉTAT SOLIDE

Chez les solides, atomes et molécules sont maintenus par des forces électriques selon un schéma répétitif appelé réseau cristallin, qui rappelle la façon dont les pommes ou les oranges sont rangées dans les cageots des épiceries. La matière est ainsi dense et dure.

▲ UN LIQUIDE
Dans un liquide, atomes et molécules sont moins serrés que dans un solide.

Liquéfaction

DE SOLIDE À LIQUIDE *Quand on chauffe un glaçon jusqu'au point de dégel, la glace solide se transforme en eau liquide. La glace fond à 0 °C.*

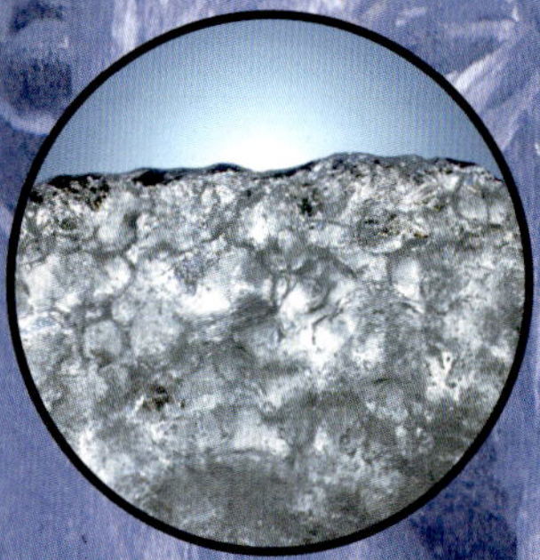

Solidification

DE LIQUIDE À SOLIDE *Lorsque les molécules d'eau perdent de l'énergie, elles gèlent et se transforment en glace. L'eau gèle à 0 °C.*

Les cristaux de carbone Le diamant est constitué d'atomes de carbone disposés en cristaux. L'agencement est si parfait que les atomes ne peuvent pas bouger, faisant ainsi du diamant la substance naturelle la plus dure.

LE CHANGEMENT D'ÉTAT

Si l'on porte un solide à une certaine température, les atomes – et molécules – le composant reçoivent assez d'énergie pour se désolidariser et glisser l'un sur l'autre. La matière fond, passant de l'état solide à l'état liquide. En chauffant davantage, le liquide bout et passe à l'état gazeux.

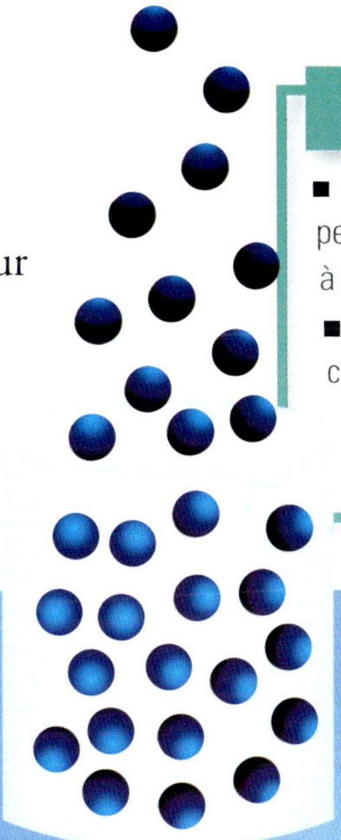

▲ UN GAZ *Les atomes et molécules des gaz sont si peu maintenus qu'ils se dispersent dans l'air.*

PARTI EN FUMÉE

- Certaines substances, comme l'iode, peuvent passer directement de l'état solide à l'état gazeux : c'est la sublimation.
- À température ambiante, la neige carbonique (dioxyde de carbone gelé) se transforme en gaz carbonique par sublimation.

SCIENCE

L'ÉTAT LIQUIDE

Les atomes – et molécules – composant les liquides glissent l'un sur l'autre, raison pour laquelle la matière est fluide. Mais les forces électriques sont suffisantes pour empêcher atomes et molécules de se séparer.

L'ÉTAT GAZEUX

Dans les substances gazeuses, les forces électriques maintenant ensemble les atomes – et molécules – sont si ténues que ceux-ci emplissent l'espace indépendamment du volume. Contrairement aux liquides, les gaz ne s'écoulent pas, et beaucoup sont invisibles.

Évaporation

DE LIQUIDE À GAZ *Quand l'eau est portée au point d'ébullition (100 °C), ses molécules s'évaporent (se changent en gaz) et se dispersent dans l'air.*

@ État de la matière

Condensation

DE GAZ À LIQUIDE *Quand la vapeur d'eau perd en énergie, les molécules s'agrègent et l'eau redevient liquide.*

Un métal liquide À température ambiante, tous les métaux sont solides, sauf le mercure, dont le point de fusion est – 38 °C. C'est pourquoi ce métal reste liquide, même quand on le met au congélateur.

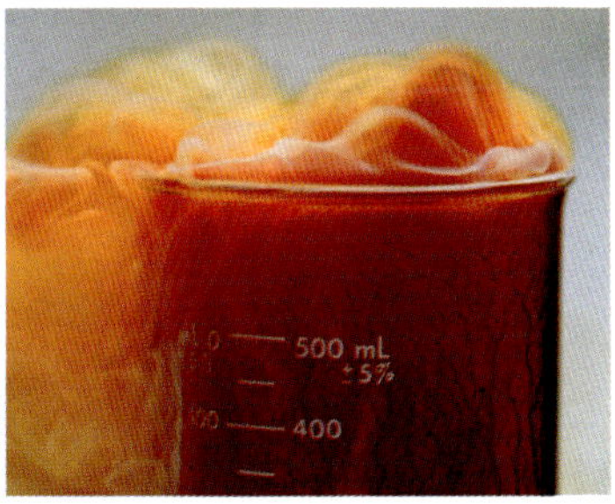

La chaleur Au contact du brome liquide, l'aluminium devient bromure d'aluminium. Sous l'effet de la chaleur générée par cette réaction, l'excédent du bromure bout, produisant une fumée marron (brome gazeux).

Composés et mélanges

Parmi les substances courantes, seules quelques-unes, comme l'eau ou le sel, sont constituées d'une seule molécule. Les autres sont une combinaison de plusieurs molécules.

@ Chimie

LES COMPOSÉS

Beaucoup de substances changent lorsqu'elles sont mélangées à d'autres. Les liaisons chimiques liant les molécules entre elles se rompent, puis se recombinent, formant une nouvelle substance, appelée composé.

▲ UN NETTOYANT LIQUIDE *est un mélange de savon, d'eau et de produits chimiques.*

▲ L'HUILE ET L'EAU *ne se mélangent pas, car leurs molécules se repoussent.*

LES MÉLANGES

Certaines substances ne réagissent pas lorsqu'on les associe, car elles ne peuvent pas former de liaisons chimiques. Ces associations, appelées mélanges, peuvent facilement se séparer, car les ingrédients sont restés identiques à eux-mêmes.

INFOS +

Un mélange contient divers éléments ou molécules, dont certains parfois difficiles à voir. Dans les mélanges grossiers, les constituants sont en général visibles. Les suspensions peuvent ressembler à un liquide unique, mais finissent par se séparer en phases. Les solutions sont les mélanges les plus stables, et il est souvent difficile de savoir qu'elles contiennent plusieurs substances.

▲ UN MÉLANGE GROSSIER *Dans certains mélanges, comme le gravier, les particules sont assez grosses pour être vues et séparées aisément.*

▲ UNE SUSPENSION *Quand petites particules du sol et eau se mélangent, cela forme une suspension. Peu à peu, la phase solide se dépose au fond.*

▲ UN COLLOÏDE *C'est une suspension stable. Le lait, par exemple, se compose de gouttelettes de graisses en suspension dans un liquide aqueux.*

▲ UNE SOLUTION *On parle de solution quand une substance se dissout dans une autre. L'eau de mer est une solution sel-eau, l'air une solution gazeuse.*

LA SÉPARATION DES MÉLANGES ET DES COMPOSÉS

Les mélanges sont beaucoup plus faciles à séparer que les composés. Pour les premiers, certains procédés physiques, tels l'évaporation, la filtration, la flottation ou la distillation, suffisent. En revanche, pour séparer un composé, plusieurs étapes sont nécessaires, dont l'ajout d'autres substances chimiques, le chauffage et le filtrage.

◂ LA CHROMATOGRAPHIE *Cette méthode permet de distinguer les constituants d'un mélange grâce aux différences de couleur. Une goutte est déposée sur une feuille de papier de chromatographie, puis recouverte d'un solvant sous l'effet duquel les divers constituants imprègnent le papier à différents rythmes. La vitesse d'imprégnation indique de quel type de substance il s'agit.*

▾ L'ORPAILLAGE *Les orpailleurs récoltent les paillettes d'or en faisant tourner le sable aurifère dans une batée. Les paillettes, plus lourdes, restent au centre, tandis que le sable est éjecté.*

LES RÉACTIONS CHIMIQUES

On parle de réaction chimique quand les atomes de deux substances ou plus se réarrangent pour former un nouveau composé. La plupart des réactions chimiques sont irréversibles – un gâteau ne peut pas redevenir œufs et farine. Certaines sont réversibles, mais cela peut nécessiter le recours à la chaleur ou à la pression.

▴ LE FER *En le revêtant d'un métal moins réactif, tel le zinc (à gauche), on peut empêcher le fer de rouiller.*

Une réaction réversible Quand il est exposé à l'air ou à l'eau, le fer réagit. L'oxygène transforme ce métal en une matière brun roux appelée oxyde de fer ou, plus communément, rouille. Toutefois, en faisant chauffer de l'oxyde de fer dans un haut-fourneau, on peut retrouver le fer d'origine.

▴ UN ALLIAGE *Il s'agit d'une solution solide obtenue par dissolution d'un métal dans un autre. Les alliages sont souvent plus solides et durables que les métaux purs.*

Une réaction irréversible La combustion du bois entraîne des changements irréversibles. Les atomes de carbone réagissent avec l'oxygène, formant cendre, fumée et gaz carbonique. Il y a aussi déperdition d'énergie sous forme de chaleur et de lumière. En mélangeant tous ces éléments dans un tube à essais, on n'obtiendrait pas du bois. La décomposition des aliments sous l'action des micro-organismes qui, en s'en nourrissant, les transforment en d'autres substances, est elle aussi irréversible.

Les éléments

Les éléments sont des substances pures, non divisibles en substances plus simples. Ils sont faits d'un seul type d'atome, comme l'hydrogène, qui ne contient que des atomes d'hydrogène, ou l'or, composé d'atomes d'or.

D'OÙ VIENNENT LES ÉLÉMENTS ?

La plupart des savants pensent que la plus grande partie de l'hydrogène et une partie de l'hélium présent dans l'Univers se sont formés lors du « big bang ». L'hydrogène possède les atomes les plus simples et les plus petits, suivi par l'hélium.

LE TABLEAU PÉRIODIQUE DES ÉLÉMENTS

Les 117 éléments connus à ce jour sont classés par groupes selon leurs propriétés et la taille de leurs atomes. On les représente généralement sous la forme d'une table, dite « table de Mendeleïev » ou « tableau périodique », dont le modèle a été proposé en 1869 par le chimiste russe Dimitri Mendeleïev.

Élément

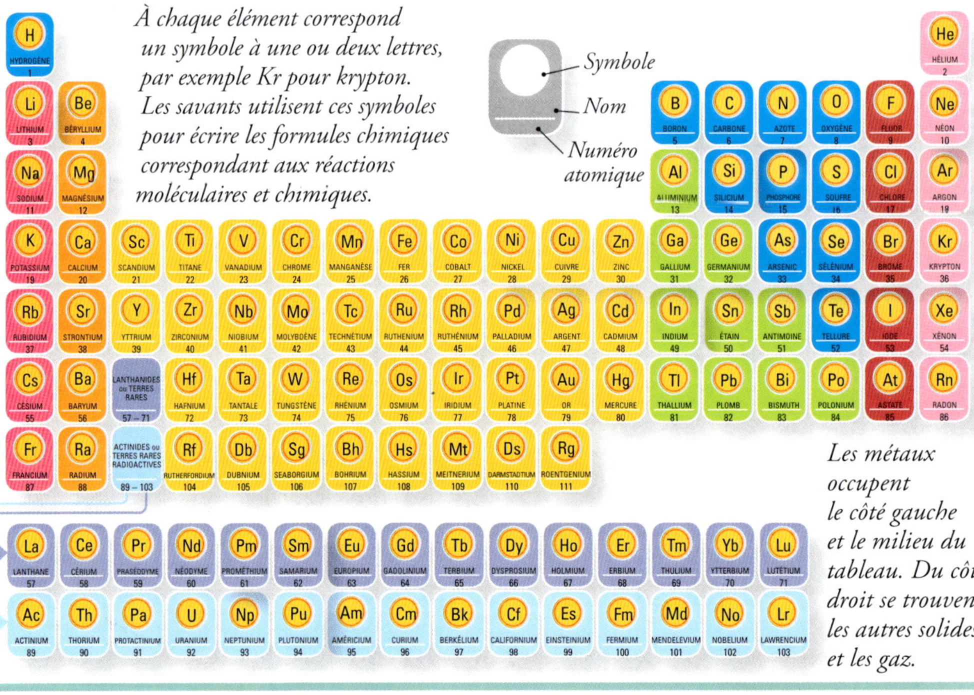

À chaque élément correspond un symbole à une ou deux lettres, par exemple Kr pour krypton. Les savants utilisent ces symboles pour écrire les formules chimiques correspondant aux réactions moléculaires et chimiques.

Les métaux occupent le côté gauche et le milieu du tableau. Du côté droit se trouvent les autres solides et les gaz.

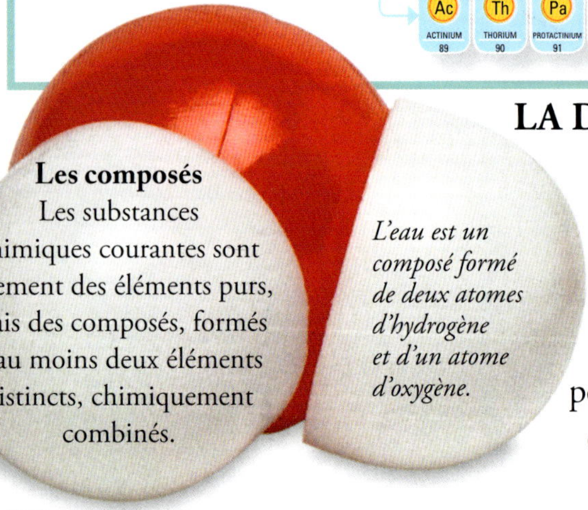

Les composés
Les substances chimiques courantes sont rarement des éléments purs, mais des composés, formés d'au moins deux éléments distincts, chimiquement combinés.

L'eau est un composé formé de deux atomes d'hydrogène et d'un atome d'oxygène.

LA DÉSINTÉGRATION RADIOACTIVE

Les atomes de certains éléments sont si gros qu'ils se désintègrent tout seuls. Ce phénomène, appelé désintégration radioactive, entraîne une libération de particules subatomiques et d'énergie potentiellement dangereuse. La demi-vie des éléments radioactifs est le temps qu'il faut à leurs atomes pour se désintégrer.

Or
Aurum

- **Groupe** Métaux de transition
- **Date de découverte** Inconnue (époque préhistorique)
- **Point de fusion** 1 064 °C
- **Point d'ébullition** 2 856 °C

L'or fascine. Prisé et apprécié depuis des temps immémoriaux, il a servi à fabriquer de nombreuses couronnes, statues et croix au fil des siècles. L'or ne se ternit jamais et est facile à fondre et à mouler. Il se mesure en carats (24 carats pour l'or pur).

Fer
Ferrum

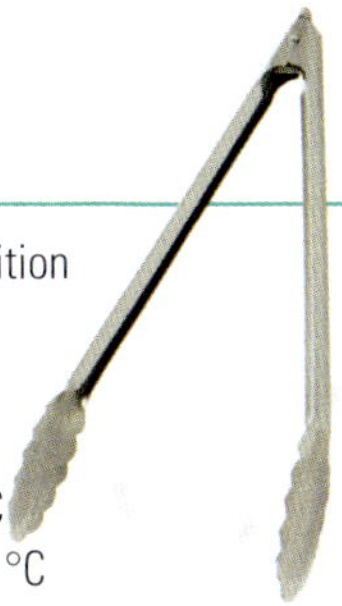

- **Groupe** Métaux de transition
- **Date de découverte** Inconnue (époque préhistorique)
- **Point de fusion** 1 538 °C
- **Point d'ébullition** 2 862 °C

Le fer, métal polyvalent et abondant, sert à construire des ponts et à fabriquer des machines et des couteaux. Indispensable à la santé, il donne aux globules rouges leur couleur et participe au transport de l'oxygène dans les tissus. Le centre de la Terre est ferreux.

Hélium
Helium

- **Groupe** Gaz nobles
- **Date de découverte** 1868
- **Point de fusion** – 272 °C
- **Point d'ébullition** – 269 °C

L'hélium, deuxième élément le plus abondant dans l'Univers après l'hydrogène, a été tout d'abord découvert dans l'espace. Plus léger que l'air, il est utilisé pour gonfler les dirigeables et les ballons. Sous forme liquide, il sert pour refroidir les serveurs de calculs et de stockage.

Mercure

- **Groupe** Métaux de transition
- **Date de découverte** Antérieur à 1500 av. J.-C.
- **Point de fusion** – 38 °C
- **Point d'ébullition** 356 °C

Jadis réputé pour ses vertus soignantes et vivifiantes, le mercure est en réalité un poison. Les alchimistes (premiers chimistes) pensaient pouvoir y découvrir le secret de la fabrication de l'or. À température ambiante, le mercure est liquide.

Carbone
Carbo

- **Groupe** Non-métaux
- **Date de découverte** Inconnue (époque préhistorique)
- **Point de fusion** diamant 3 852 °C ; formes gazeuses 4 800 °C

Sur Terre, le carbone, indispensable à la vie, est souvent échangé entre l'air, les organismes et le sol en un cycle sans fin. Les atomes de carbone peuvent se lier entre eux pour former du charbon ou du diamant, ou à d'autres éléments, avec lesquels ils forment plus de 10 millions de composés.

Uranium
Uranium

- **Groupe** Actinides
- **Date de découverte** 1789
- **Point de fusion** 1 132 °C
- **Point d'ébullition** 4 131 °C

L'uranium, ainsi baptisé par référence à la planète Uranus, est un métal radioactif présent dans la nature. Raffiné, il est utilisé dans l'industrie, le nucléaire civil et l'armement. Il a servi à fabriquer la bombe atomique lâchée sur Hiroshima en 1945.

Calcium
Calcis

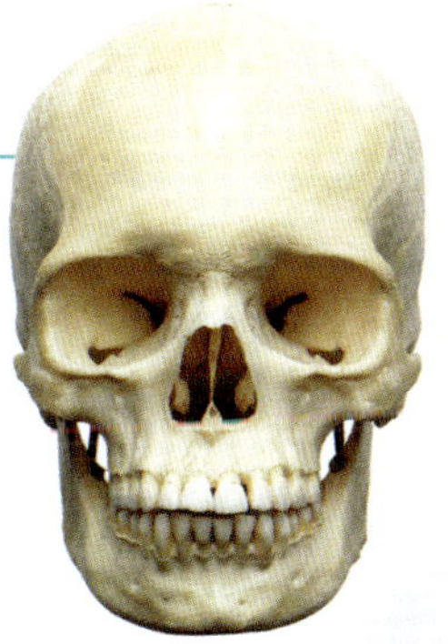

- **Groupe** Métaux alcalino-terreux
- **Date de découverte** Antérieure à l'an 100
- **Point de fusion** 842 °C
- **Point d'ébullition** 1 484 °C

Le calcium, indispensable à nombre de réactions cellulaires, est le plus abondant des métaux présents dans les organismes vivants. Il entre dans la composition des os et des coquilles, qu'il fortifie. On le trouve dans le lait, la craie et les algues.

Phosphore
Lucifer

- **Groupe** Non-métaux
- **Date de découverte** 1669 (par le chimiste allemand Hennig Brand)
- **Point de fusion** 44 °C
- **Point d'ébullition** 277 °C

Très inflammable, le phosphore, utilisé dans la fabrication des allumettes, d'engrais et d'armes, ne se trouve pas en l'état sur Terre. Il entre dans la composition de l'ADN et aide notre organisme à produire de l'énergie.

QUI SONT-ILS ?

- **Robert Boyle** (1627-1691), savant anglais, a jeté les bases de la chimie moderne en proposant notamment l'idée d'élément.
- **Henry Cavendish** (1731-1810) a été le premier à démontrer que l'eau n'est pas un élément, mais un composé.
- **Joseph Priestley** (1733-1804), homme d'Église et savant, a découvert plusieurs gaz, dont l'oxygène.
- **Alfred Bernhard Nobel** (1833-1896), inventeur de la dynamite, a fondé cinq des prix Nobel.
- **Marie Curie** (1867-1934) a dû sa célébrité à ses travaux sur la radioactivité et à sa découverte du polonium et du radium.

L'énergie

Sans elle nous serions fort démunis. Bien qu'invisible, l'énergie est omniprésente, directement impliquée à chaque fois qu'une chose bouge, s'illumine, se transforme, change de température ou fait du bruit.

En roue libre, l'énergie potentielle devient énergie cinétique.

L'ÉNERGIE STOCKÉE

On peut faire deux choses avec l'énergie : la stocker ou l'utiliser. Gravir une colline à vélo nécessite un grand déploiement d'énergie, mais celle-ci ne disparaît pas. Elle est emmagasinée par le corps et le vélo sous forme d'énergie potentielle. C'est cette énergie qui permet ensuite de descendre en roue libre. L'énergie potentielle est alors convertie en énergie cinétique (génératrice de mouvement).

Énergie

LES TYPES D'ÉNERGIE

Il existe de nombreuses formes d'énergie. Presque tout ce que nous faisons implique le passage d'une forme à l'autre : quand nous « utilisons » de l'énergie, en fait nous la convertissons.

Cinétique *Énergie des corps en mouvement. Une voiture de course a beaucoup d'énergie cinétique.*

Lumineuse *Sorte d'énergie cinétique portée par des ondes électriques et magnétiques invisibles.*

Électro-magnétique *Cette énergie est aussi portée par les ondes radio, les rayons X et les micro-ondes.*

Calorifique *Les corps produisent de l'énergie, car leurs atomes et molécules s'agitent.*

Électrique *L'électricité est une forme commode d'énergie, qui peut s'acheminer par câbles.*

Nucléaire *Les atomes peuvent libérer l'énergie contenue dans leur noyau (nucléus).*

Gravitationnelle *La chute des corps libère de l'énergie potentielle emmagasinée sous l'effet de la gravité.*

CHANGER D'ÉNERGIE

Photo infrarouge La quantité d'énergie présente dans l'Univers est toujours la même. Il n'est pas possible d'en créer ni d'en détruire, seulement la convertir en la faisant passer d'une forme à une autre. Lorsqu'une voiture freine, l'énergie cinétique devient énergie calorifique au niveau des freins et des roues.

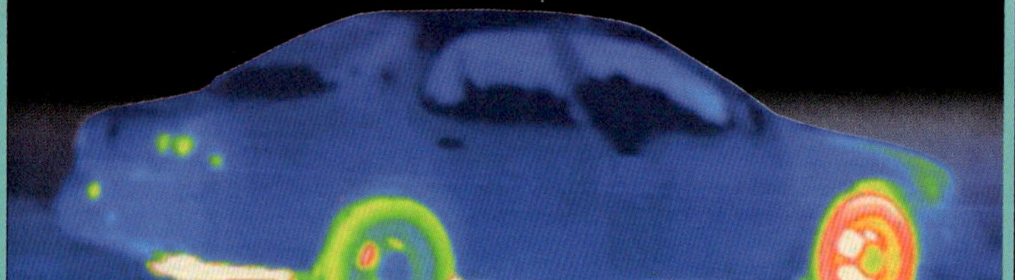

L'ÉNERGIE RENOUVELABLE

La Terre ne recèle qu'une quantité limitée de combustibles fossiles – pétrole, charbon ou gaz. Une fois ces réserves épuisées, il n'y en aura plus. D'où l'intérêt des énergies renouvelables, comme l'énergie solaire, éolienne ou marine, qui, elles, sont inépuisables.

LES SOURCES D'ÉNERGIE

De 80 à 90 % de l'énergie utilisée actuellement provient des combustibles fossiles, le reste revenant aux énergies renouvelables et au nucléaire.

▾ DES TURBINES HYDRAULIQUES *(roues à eau), derrières ces chenaux, produisent de l'électricité.*

L'énergie hydraulique

Produite par les cours d'eau

■ **Part dans la production actuelle d'énergie** 6 %
■ **Durée de disponibilité des réserves** Illimitée

Les rivières descendent des montagnes dans les plaines, libérant de l'énergie potentielle emmagasinée. Les stations hydroélectriques capturent cette énergie pour produire de l'électricité.

L'énergie fossile

Issue du charbon, pétrole ou gaz

■ **Part dans la production actuelle d'énergie** Pétrole 38 %, charbon 25 %, gaz 23 %
■ **Durée de disponibilité des réserves** Pétrole 40 ans, gaz 100 ans, charbon 250 ans

Bien que peu écologiques, les combustibles fossiles restent la première source d'énergie. Le charbon donne de l'électricité à bon marché, le gaz est facile à acheminer et le pétrole pratique pour faire rouler les véhicules.

L'énergie géothermique

Produite par la chaleur interne de la Terre

■ **Part dans la production actuelle d'énergie** Moins de 1 % ■ **Durée de disponibilité des réserves** Illimitée

Le manteau terrestre est formé de roches en fusion qui affleurent par endroits. La géothermie est l'utilisation de la chaleur interne de la Terre pour produire eau chaude et électricité.

La bioénergie

Issue de matières organiques non fossiles

■ **Part dans la production actuelle d'énergie** 4 %
■ **Durée de disponibilité des réserves** Illimitée

En croissant, animaux et plantes emmagasinent de l'énergie qu'on peut exploiter. Certaines huiles végétales peuvent servir de carburant et les déchets animaux, telles les fientes, être brûlés pour produire de l'électricité.

L'énergie solaire

Obtenue par la lumière ou la chaleur du Soleil

■ **Part dans la production actuelle d'énergie** Moins de 1 % ■ **Durée de disponibilité des réserves** Illimitée

Sur Terre, toute énergie ou presque vient initialement du Soleil. On peut utiliser directement l'énergie solaire grâce à des panneaux qui convertissent la lumière en électricité.

L'énergie marine

Issue de la houle et des marées

■ **Part dans la production actuelle d'énergie** Moins de 1 % ■ **Durée de disponibilité des réserves** Illimitée

En balayant les océans, le vent emmagasine de l'énergie dans les vagues. La houle a une énergie cinétique (elle bouge) et une énergie potentielle (elle dépasse de la surface). On peut utiliser l'énergie du ressac et des marées pour produire de l'électricité.

L'énergie nucléaire

Issue des réactions atomiques

■ **Part dans la production actuelle d'énergie** 6 %
■ **Durée de disponibilité des réserves** Illimitée

Les atomes sont faits de petites particules maintenues ensemble par de l'énergie. En cas de fission d'un gros atome ou de fusion d'un petit, cette énergie est libérée. Pour produire de l'électricité, les centrales nucléaires utilisent en général la fission de l'uranium, minerai qui n'est pas inépuisable.

L'énergie éolienne

Issue des courants atmosphériques

■ **Part dans la production actuelle d'énergie** Mois de 1 % ■ **Durée de disponibilité des réserves** Illimitée

Les éoliennes fonctionnent comme des hélices inversées. Leur rotor tourne sous l'action du vent et entraîne un petit générateur qui produit de l'électricité.

Les forces

Des forces sont constamment à l'œuvre, nous attirant vers le bas, nous empêchant de tomber ou nous poussant dans un sens puis dans un autre. Elles s'exercent sur toute chose, du minuscule noyau atomique jusqu'aux planètes et étoiles qui composent l'Univers.

PRESSION ET TRACTION

Toute force est pression ou traction. Pour ouvrir ou fermer la porte, la main pousse ou tire. Des forces s'exercent en permanence sur tous les objets, les faisant bouger, changer de direction, accélérer ou ralentir.

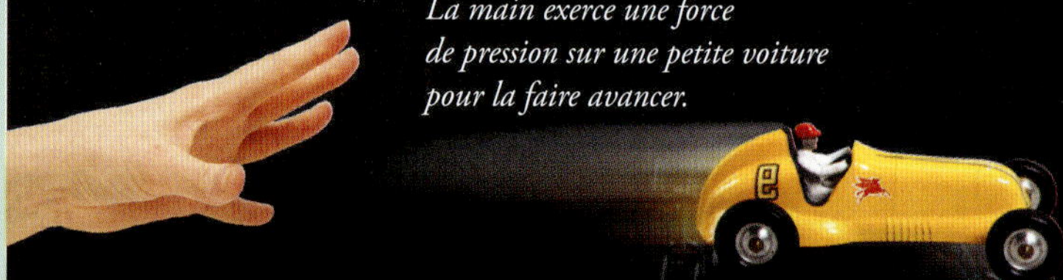

La main exerce une force de pression sur une petite voiture pour la faire avancer.

DES FORCES CACHÉES

En général, pour pousser ou tirer sur un objet, il faut le toucher. Mais certaines forces agissent sans contact. Ainsi l'aimant attire-t-il à lui les trombones grâce à sa force magnétique.

Force et mouvement

Le boxeur administre au sac de frappe un coup puissant.

Action et réaction
Lorsque le boxeur cogne sur le sac de frappe, son poing exerce une force pour faire bouger l'objet, et celui-ci une force opposée égale pour freiner le poing.

LES FORCES DE FROTTEMENT

Quand on fait rouler une balle au sol, elle finit par s'arrêter « toute seule », sous l'effet du frottement. Essayons maintenant de pousser une caisse lourde. Le frottement accroche, rendant l'opération difficile.

La plaquette de frein frotte sur le disque pour ralentir la voiture.

L'INERTIE Quand un objet n'est soumis à aucune force, il reste immobile ou continue sa course en ligne droite à vitesse constante. Cela s'appelle l'inertie. En pratique, les objets en mouvement sont presque toujours ralentis par des frottements.

◂ HALTE AU CADDY! *Quand on lâche un caddy en train de rouler, il poursuit sa course sous l'effet de sa propre inertie.*

DIFFÉRENTS LEVIERS

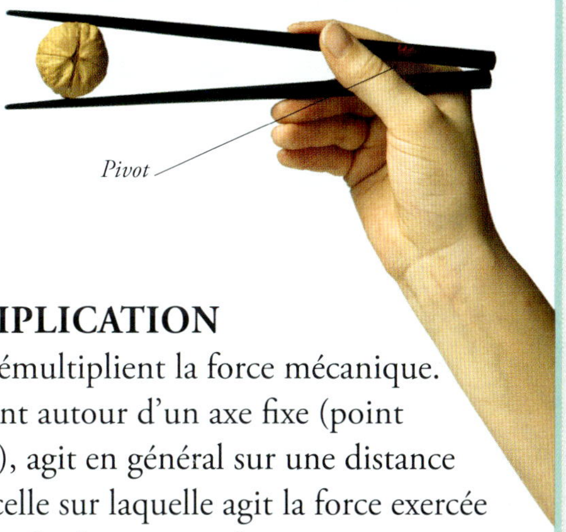

▸ LES DOIGTS *saisissent les baguettes au point pivot, ce qui réduit la force de prise, mais démultiplie les mouvements des doigts.*

LES FORCES DE DÉMULTIPLICATION

Certains outils démultiplient la force mécanique. Le levier, bougeant autour d'un axe fixe (point d'appui ou pivot), agit en général sur une distance plus courte que celle sur laquelle agit la force exercée par la main. Parmi les leviers simples, citons les baguettes, la tenaille et le casse-noix.

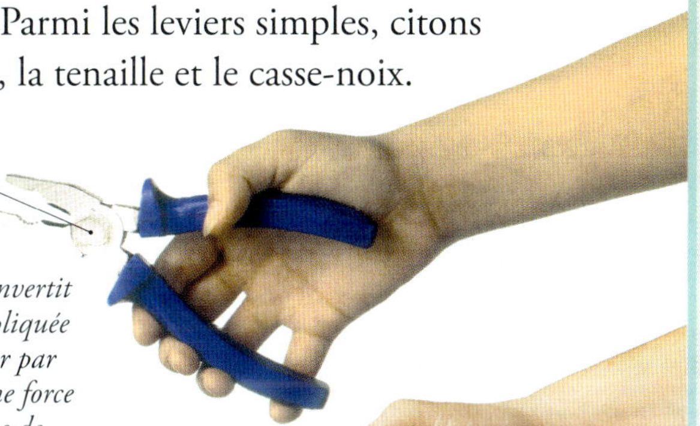

▸ LA PINCE *convertit la force faible appliquée d'un côté du levier par l'utilisateur en une force de prise plus ferme de l'autre côté.*

▸ LE CASSE-NOIX *brise la coque en démultipliant, à proximité du pivot, la force appliquée de l'autre côté par l'utilisateur.*

QUI SONT-ILS ?

- **Aristote** (384-322 av. J.-C.) Les Grecs, tel Aristote qui écrivit sur le mouvement imprimé aux objets, furent les premiers à étudier les forces.
- **Archimède** (vers 287-212 av. J.-C.) conçut des engins de guerre avec bras de levier.
- **Galilée** (1564-1642) Le savant italien étudia les forces en laissant rouler des boules sur des rampes inclinées et en tirant des boulets de canon.
- **Isaac Newton** (1642-1727) Le savant anglais formula trois lois expliquant comment les forces affectent le mouvement des objets.

L'ÉQUILIBRE DES FORCES

Quand plusieurs forces s'exercent sur un objet, elles se combinent pour n'en produire qu'une, appelée force nette, ou force résultante. Dans certains cas, la force nette est supérieure aux forces cumulées, dans d'autres, les forces jouant l'une contre l'autre, elle est plus faible. Enfin, il arrive que les forces s'annulent.

◂ LE TIR À LA CORDE *Si les deux équipes tirent avec la même force, la force nette est égale à 0 et nul ne bouge.*

La gravité

La gravité est la force qui fait que deux objets s'attirent. Sur Terre, nous l'expérimentons comme quelque chose qui nous cloue au sol. Dans l'espace, c'est par l'action de la gravité que les planètes restent en orbite autour des étoiles.

FORT OU FAIBLE ?

La gravité, bien qu'impressionnante, est la plus faible de toutes les forces connues. Il faut des objets de la taille d'un astre pour qu'elle produise un effet notable. La gravité du Soleil est assez puissante pour maintenir toutes les planètes du Système solaire en orbite.

Poids et masse Le pèse-personne mesure la force d'attraction exercée par la gravité terrestre sur le corps. Plus la masse corporelle est importante, plus la force d'attraction s'exerçant sur le corps est grande, et plus le poids qui s'affiche est élevé.

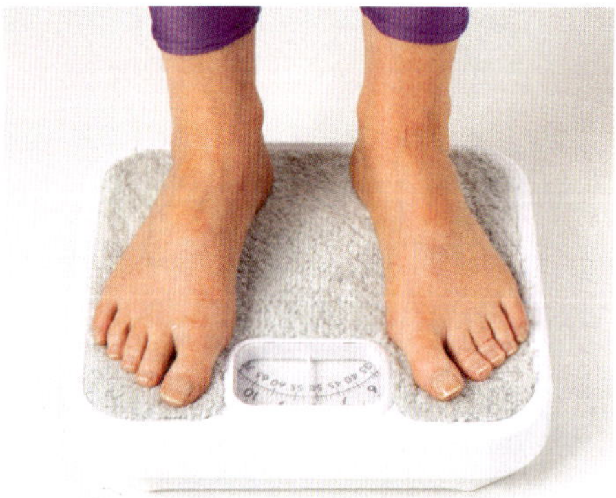

LA GRAVITÉ À L'ŒUVRE

Rien de tel que le parachutisme pour bien réaliser l'effet de la gravité. À peine est-on sorti de l'avion qu'on est aspiré vers le sol sous l'effet de la gravité. Dans le même temps, le frottement de l'air contre le corps s'oppose à cette force. Finalement, les deux forces s'équilibrent et l'accélération est stoppée. La « vitesse terminale de chute » est alors atteinte.

Gravité

Selon la légende, Galilée aurait laissé tomber des balles de différents poids du haut de la tour de Pise pour montrer qu'elles touchent le sol en même temps.

Galilée et la gravité
Le premier savant à avoir sérieusement étudié la gravité est l'Italien Galilée (1564-1642). Il fit plusieurs expériences et en conclut qu'en l'absence de résistance de l'air, tous les objets qui tombent sont soumis à une accélération égale. C'est la résistance de l'air qui fait que certains objets tombent moins vite que d'autres.

▲ LA VITESSE TERMINALE DE CHUTE *La vitesse maximale atteinte en saut en chute libre avant ouverture du parachute est d'environ 200 km/h. Le fait d'ouvrir le parachute ralentit la chute en augmentant la résistance de l'air.*

NEWTON

▼ UN GÉNIE SCIENTIFIQUE *Isaac Newton fut le premier à réaliser que c'est à la force de gravité que la Lune doit de rester en orbite autour de la Terre.*

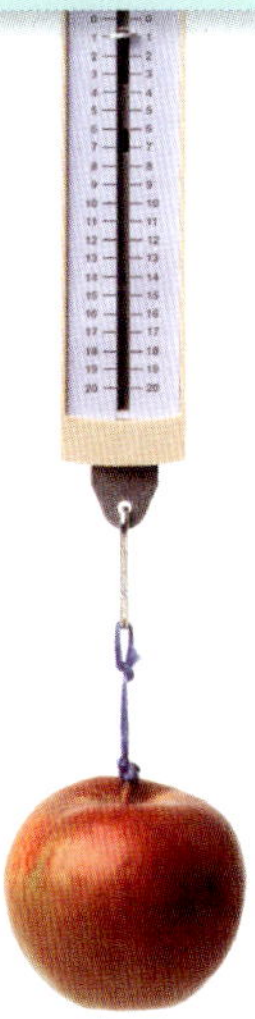

◀ LA POMME *Selon la légende, Newton aurait eu la révélation de l'attraction terrestre en voyant une pomme tomber de l'arbre. Il démontra que la force qui fait que le fruit est attiré vers le sol est la même que celle qui maintient la Lune en orbite.*

EINSTEIN

▼ LE FACTEUR DE DISTORSION *Albert Einstein proposa une théorie de la gravité selon laquelle les masses importantes, tels les astres, distordent l'espace-temps comme une balle lourde posée sur une feuille en caoutchouc.*

La déformation crée la force de gravité.

▼ UN SUCCÈS RELATIF *La théorie d'Einstein, formulée en 1916, est confirmée des années plus tard par des astronomes ayant observé que la lumière d'une étoile distante change de cap au passage du Soleil.*

Le centre de gravité La gravité tire les objets vers le bas par un point appelé centre de gravité. Si son centre de gravité est trop haut ou que la ligne verticale passant par lui sort de la base, l'objet bascule. Les véhicules tout-terrain ont un centre de gravité bas pour pouvoir rouler en dénivelé.

L'apesanteur En vol dans l'espace interplanétaire, les astronautes semblent flotter à l'intérieur de la cabine. Cet effet, dit d'apesanteur, qui se caractérise par l'absence de contact, provient du fait que navette et astronautes vont à la même vitesse, l'engin suivant la trajectoire qu'emprunterait un objet en chute libre.

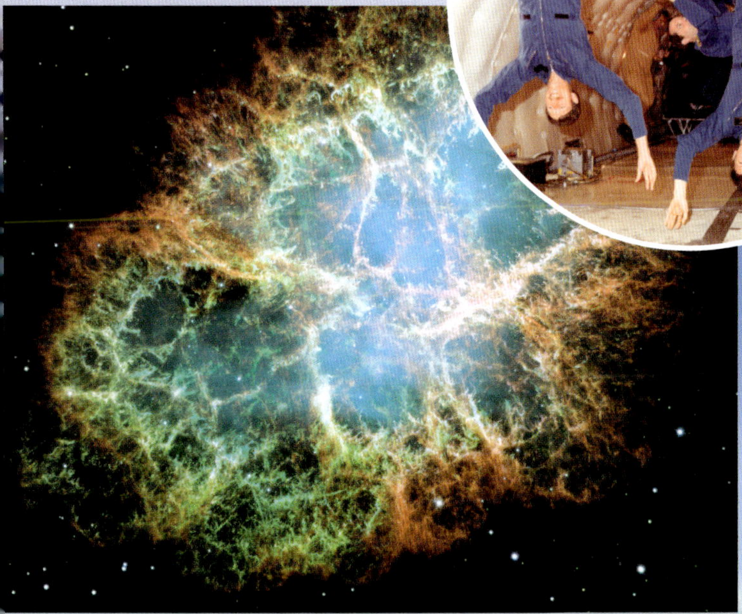

DES EXPLOSIONS D'ÉTOILES

L'énergie des étoiles provient de réactions nucléaires. Dans le noyau du Soleil, les atomes d'hydrogène, en se combinant pour former de l'hélium, génèrent une chaleur extrême. Si l'hydrogène venait à manquer, le noyau imploserait. Chez les grosses étoiles, l'implosion du noyau peut libérer assez d'énergie pour créer une supernova, avec dispersion alentour des parties externes de l'astre.

L'électricité

Électricité

Tout dans l'Univers est composé d'atomes. Ces éléments invisibles renferment des particules chargées électriquement. L'électricité, qui alimente la plupart de nos appareils, des ampoules jusqu'à l'ordinateur, nous parvient via un réseau de câbles et de centrales.

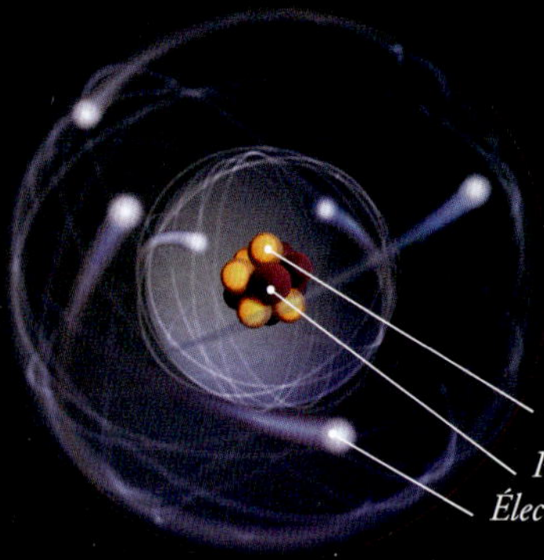

Porteurs de charge Les atomes contiennent des particules porteuses d'une charge électrique. Dans le noyau, les protons sont chargés positivement, et les neutrons sont électriquement neutres. À l'extérieur, les électrons tournent en orbite.

DES NUAGES CHARGÉS

L'éclair est dû à l'accumulation d'électricité statique dans un nuage d'orage. La charge négative se concentre dans le bas du nuage et la charge positive dans le haut. À saturation, les vannes s'ouvrent, et la charge négative est précipitée vers le sol avec fracas.

L'électricité statique L'accumulation d'électricité statique peut faire dresser les cheveux sur la tête. Quand on touche le dôme métallique d'un générateur de Van de Graaf, la charge positive se communique à tout le corps, dont les cheveux, qui se repoussent les uns les autres.

MAIS ENCORE ?

L'électricité statique sert l'agriculture intensive en facilitant l'épandage des pesticides. Le produit reçoit une charge électrique de manière à ce que les gouttelettes, se repoussant l'une l'autre, se dispersent mieux.

L'électricité dynamique Les électrons passent dans un autre conducteur, créant un flux de charge électrique, l'électricité dynamique, qui éclaire nos maisons et fait fonctionner nos appareils électriques, comme le micro-ondes ou la télévision.

LES NERFS

Les nerfs fonctionnent comme des fils électriques, transmettant des messages entre le cerveau et les différentes parties du corps sous forme de signaux électriques.

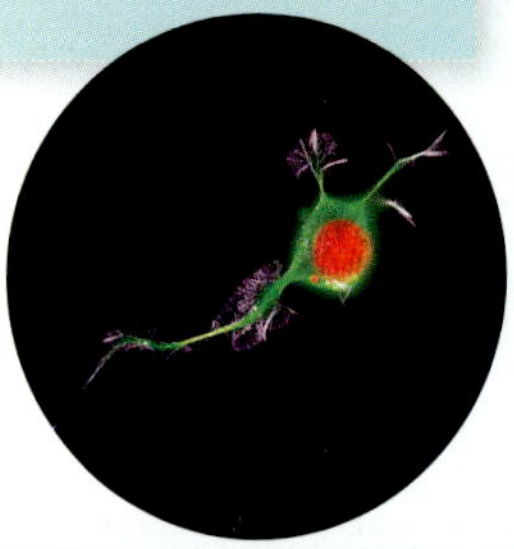

Le magnétisme

Là où il y a de l'électricité, il y a du magnétisme. Cette force mystérieuse et invisible fait que certains objets métalliques s'attirent ou se repoussent.

Magnétisme

À QUOI EST DÛ LE MAGNÉTISME ?

Les électrons qui, par leur mouvement, créent l'électricité, produisent aussi le magnétisme. Cette force, dont le champ est invisible, s'observe en dispersant de la limaille de fer autour d'une barre aimantée.

▲ LES MÊMES PÔLES *Les aimants ont deux pôles, nord et sud. Mis en regard, deux pôles identiques se repoussent.*

▲ LES PÔLES CONTRAIRES *Lorsqu'on met deux pôles opposés l'un en face de l'autre, une puissante force d'attraction les rapproche.*

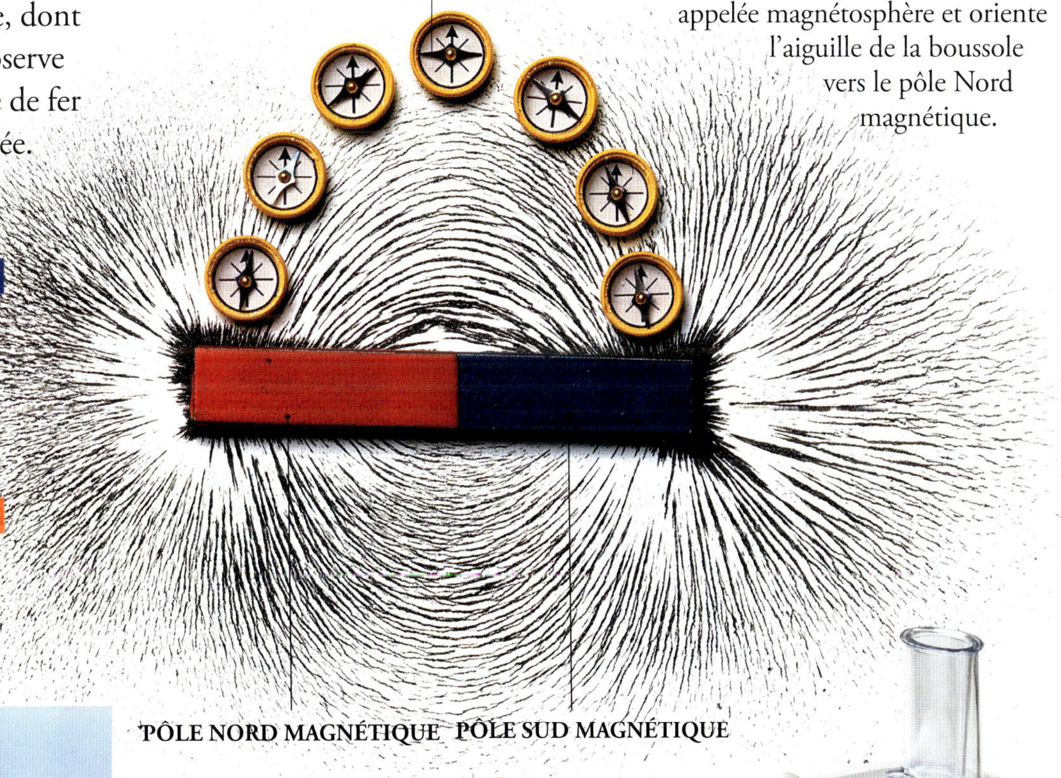

La boussole s'aligne sur le champ magnétique de l'aimant.

Un aimant naturel La Terre est un gigantesque aimant dont le champ magnétique, qui s'étend sur des milliers de kilomètres dans l'espace, forme une vaste zone appelée magnétosphère et oriente l'aiguille de la boussole vers le pôle Nord magnétique.

◀ L'ÉLECTRICITÉ *parcourant le bobinage de fil électrique d'un électroaimant génère un puissant champ magnétique qui soulève les débris métalliques.*

L'électromagnétisme

Le magnétisme et l'électricité sont unis par une force : l'électromagnétisme. Quand on approche un aimant d'un fil métallique, celui-ci est pourcouru d'un flux électrique. De même, quand des électrons circulent dans un fil, un champ magnétique se crée autour.

Un moteur fait tourner les lames du robot ménager.

Un moteur électrique Sous l'action des électrons, un aimant peut entrer et sortir d'une bobine de fil électrique. L'énergie électrique est convertie en énergie mécanique. Le moteur de divers appareils (ordinateurs, appareils ménagers…) fonctionne ainsi.

L'acoustique

Le son est une forme d'énergie. Il traverse l'air, l'eau et les objets solides sous forme d'ondes, qui font vibrer nos tympans. C'est ainsi que nous pouvons entendre. Les vibrations, converties en signaux nerveux, sont transmises au cerveau.

Les bonnes vibrations Sous l'effet des vibrations, les objets peuvent produire une énergie sonore. En vibrant, les cordes de la guitare font s'entrechoquer des molécules d'air, déclenchant la propagation d'ondes sonores en tous sens, à la manière d'un ricochet.

▸ LE DIAPASON *vibre à une fréquence déterminée, produisant donc toujours un son de hauteur égale.*

WAOUH!

Les ondes sonores parcourent l'air à environ 1 190 km/h. C'est moins que les ondes lumineuses, raison pour laquelle le bruit d'un avion à réaction ou d'une explosion au loin est perçu après l'image. Les sons se propagent près de 5 fois plus vite dans l'eau, avec des variations selon la température.

▾ CRÊTES ET CREUX *La hauteur ou amplitude de crête à creux détermine la puissance d'une onde sonore.*

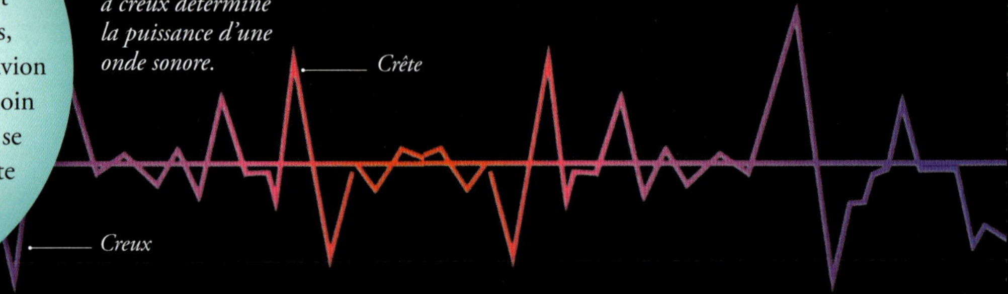

HAUTEUR ET TONALITÉ

La qualité des sons dépend de la forme des ondes sonores. Leur espacement détermine la fréquence : les ondes rapprochées signalent l'aigu, les ondes éloignées le grave. Les sons clairs se caractérisent par des ondes lisses, les sons sourds par des ondes hachées.

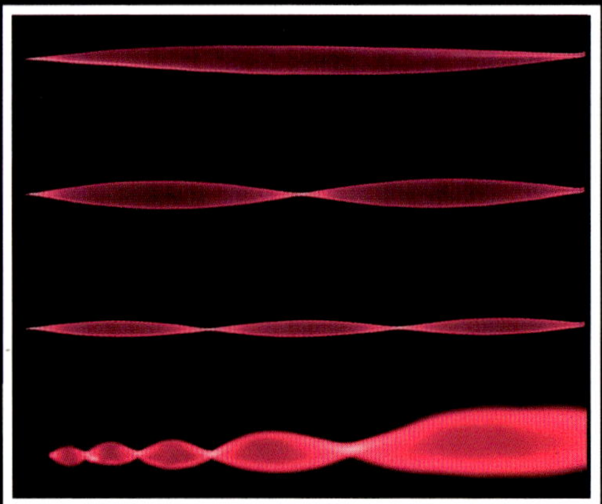

◂ FRÉQUENCE 0,5 HERTZ *La corde vibre avec une grande longueur d'onde.*

◂ FRÉQUENCE 1 Hz *La longueur d'onde vibratoire est deux fois plus petite.*

◂ FRÉQUENCE 1,5 Hz *Diminution proportionnelle à l'augmentation de fréquence.*

◂ FRÉQUENCE 2,5 Hz *Plus la fréquence augmente, plus on monte dans les aigus.*

COUP D'ŒIL SUR L'ÉCHELLE DES DÉCIBELS

L'échelle des décibels permet de mesurer la puissance des sons. Il s'agit de ce que les mathématiciens appellent une échelle logarithmique, 0 dB correspondant au son le plus faible, 10 dB à un son dix fois plus fort, 20 dB cent fois plus et 30 dB mille fois plus.

▴ 0 dB *Le son d'un doigt effleurant la peau*

▴ 15 dB *Un chuchottement*

▴ 60 dB *Une conversation normale*

▴ 90 dB *Le bruit d'un TGV qui passe*

Une échographie Les sons, comme la lumière, sont renvoyés par les objets. Dauphins et chauves-souris utilisent ces échos pour se représenter le monde alentour. En nous servant d'un logiciel d'imagerie capable de convertir les ondes sonores en images, nous pouvons faire de même.

L'écholocation
Vision par les sons

Des cris ultrasonores
En raison de leur fréquence très élevée, les cris des chauves-souris ne sont pas audibles pour nous. Elles, en revanche, perçoivent l'écho renvoyé par les surfaces environnantes, détectant ainsi leurs proies et évitant les obstacles.

SCIENCE

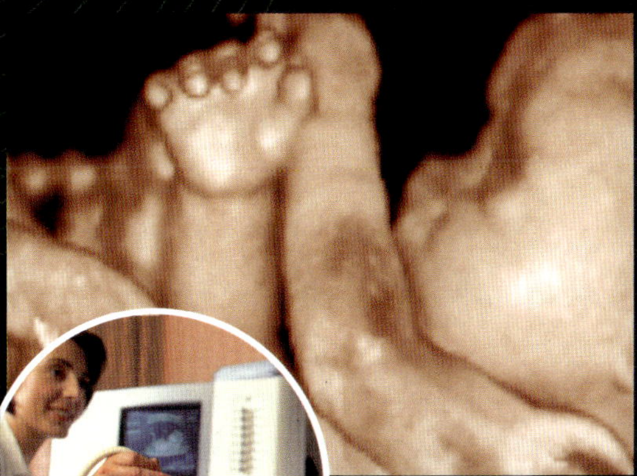

◂ LA PREMIÈRE PHOTO *Les appareils d'échographie peuvent produire des images incroyablement détaillées.*

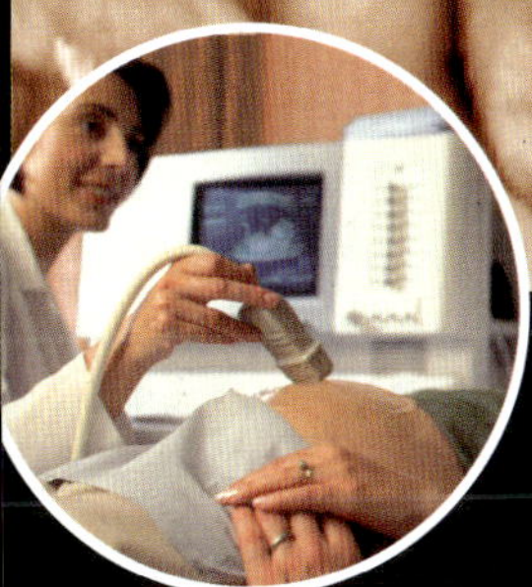

◂ LES ÉCHOGRAPHES *émettent des ondes sonores élevées et enregistrent l'écho pour créer une image.*

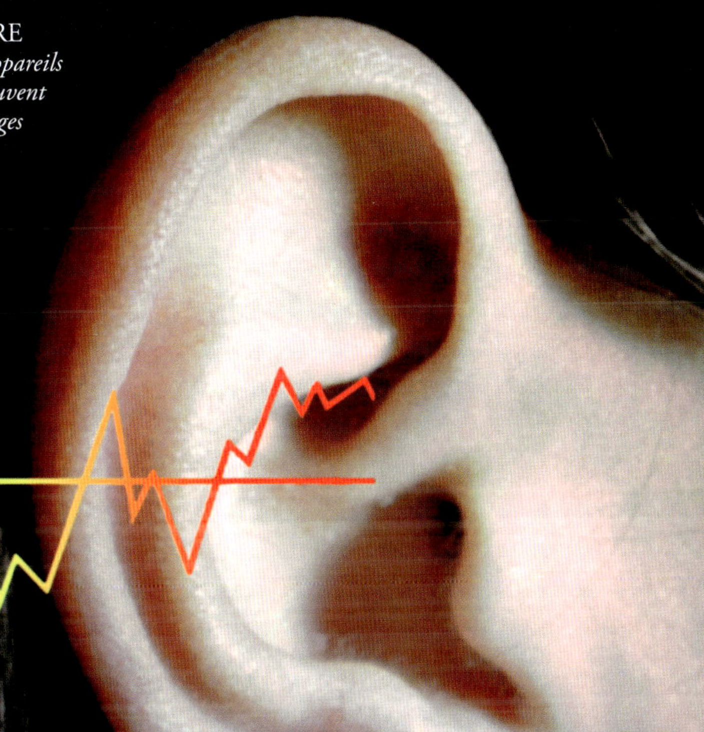

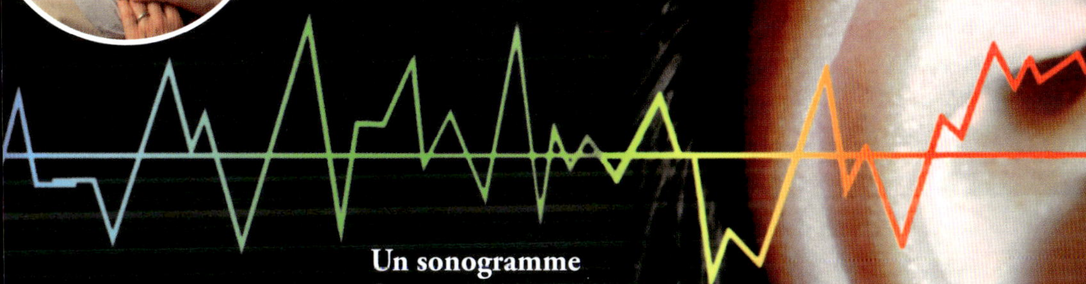

Un sonogramme
Représentation acoustique

LES ONDES SONORES

Les ondes sonores sont invisibles, mais nous pouvons nous les imaginer en observant la façon dont une vibration se propage le long d'une corde, mue par un oscillateur situé à son extrémité.

Son

Le « choc sonique » créé par un avion à réaction franchissant le mur du son provoque la formation, par condensation de l'eau atmosphérique, d'un cône de vapeur.

▲ 100 dB
Un coup de Klaxon

▲ 110 dB
Un éclair s'abattant à proximité

▲ 120 dB
Le vacarme d'un avion à réaction au décollage

Le passage du mur du son
Quand un avion supersonique atteint la vitesse du son, le télescopage de ses ondes sonores produit un « bang supersonique ». On observe le même phénomène lorsque le bout de la lanière d'un fouet franchit le mur du son. Le bang prend alors la forme d'un sifflement.

Et la lumière fut

L'énergie prend différentes formes. La lumière est de celles qui nous sont le plus familières, car nos yeux la détectent. Mais voir la lumière est une chose, la comprendre en est une autre.

LE VOYAGE DE LA LUMIÈRE

Curieusement, la lumière se comporte comme si elle était faite à la fois d'ondes et de particules. Comme les ondes, elle peut être réfléchie et réfractée, et sa longueur d'onde mesurée. Mais, contrairement aux autres types d'ondes, qui ont besoin d'un milieu pour se propager, elle peut voyager dans le vide.

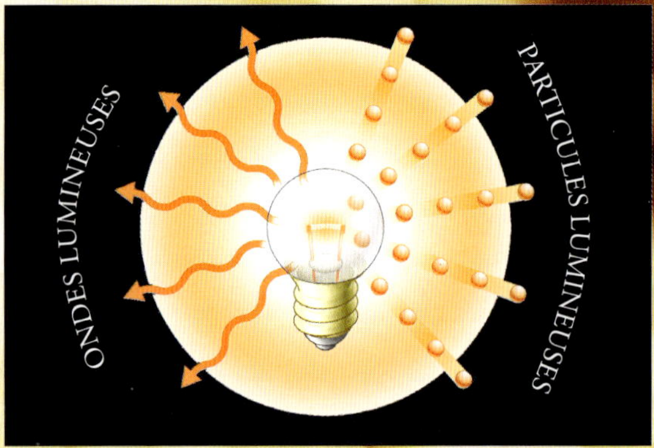

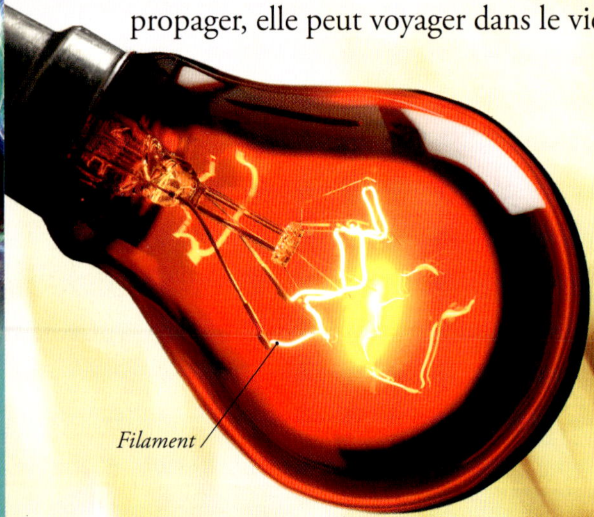

Les ombres

La lumière se déplace en ligne droite et ne peut contourner les obstacles. L'espace situé derrière un obstacle paraît sombre, car seule l'atteint la lumière réfléchie par les objets voisins.

D'où la lumière vient-elle ?

En retournant à leur état normal, les atomes excités par une collision émettent de l'énergie lumineuse. Dans les filaments chauffés d'une ampoule électrique à incandescence, les atomes évacuent l'excès d'énergie en projetant des paquets de lumière, les photons.

LA VITESSE DE LA LUMIÈRE

- De toutes les choses existantes, la lumière est celle qui se déplace le plus vite. Elle parcourt l'espace vide à la vitesse inconcevable de 300 000 km/s.
- Une année-lumière est la distance parcourue par la lumière en un an, soit à peu près 9 500 000 000 km. Les années-lumière servent d'unité de mesure pour les distances interstellaires et intergalactiques. Le Soleil n'est qu'à 499 secondes-lumière de la Terre.
- Albert Einstein a calculé que si nous pouvions voyager à une vitesse approchant la vitesse de la lumière, le temps ralentirait et nous vieillirions moins vite.

▼ LE FLOU ARTISTIQUE
Les objets passant très rapidement sont flous, car la lumière va trop vite pour que le cerveau ait le temps de bien analyser ce qui est vu.

LA RÉFLEXION Une partie de la lumière frappant un objet rebondit dessus. L'angle de réflexion correspond toujours à l'angle d'incidence. Ainsi, sur une surface plane et lisse, nous voyons un reflet parfait, l'image exacte que renvoie le miroir. Si la surface est bombée, incurvée ou inégale, l'image est déformée.

UN FEU D'ARTIFICE *Selon le matériau, les atomes émettent de la lumière de différentes couleurs, ou longueurs d'onde. Les artificiers s'en servent pour les spectacles pyrotechniques.*

La cassure des pailles est une illusion d'optique due à la réfraction.

LA RÉFRACTION Quand elle passe la frontière entre deux milieux de densité différente (par exemple air et eau), la lumière est réfractée. C'est pourquoi les objets immergés semblent déformés vus de la surface. En y mettant la main, on s'aperçoit que la pièce de monnaie ou le galet au fond de l'eau ne se trouvent pas exactement à l'endroit indiqué par les yeux.

Les lentilles Les lentilles sont des objets transparents dont la surface courbe réfracte la lumière de façon prédictible. Les lentilles convexes sont grossissantes, alors que les lentilles concaves rapetissent l'objet perçu. Télescopes, microscopes et lunettes fonctionnent selon ce principe. Le cristallin de l'œil est une lentille naturelle.

▶ LES DÉFICITS *visuels peuvent être corrigés par le port de lunettes.*

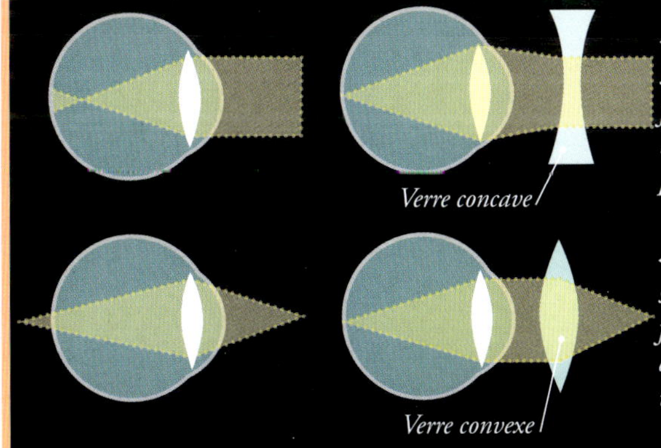

◀ LA MYOPIE *se caractérise par une focalisation en avant de la rétine. Elle se corrige par un verre concave.*

◀ L'HYPERMÉTROPIE *se caractérise par une focalisation en arrière de la rétine. Elle appelle un verre convexe.*

Une brume de chaleur Quand l'air se compose de couches de densité mixte, comme c'est le cas lorsque l'atmosphère est fraîche et le sol chaud, la lumière peut, en passant d'une couche à l'autre, être réfractée. Cela produit une impression de brume. Dans les cas extrêmes, le ciel semble se réfléchir au sol comme dans une nappe d'eau. C'est un mirage.

Le spectre

L'Univers est parcouru de rayons électromagnétiques se déplaçant par ondulation. La lumière, que nos yeux nous permettent de voir, en est une forme, mais il en existe beaucoup d'autres, sensibles par leurs effets.

WAOUH ! Le code ROJVBIV (que l'on prononce ROJUBIV) permet de mémoriser dans l'ordre la composition du spectre visible – rouge, orange, jaune, vert, bleu, indigo et violet.

L'ARC-EN-CIEL

Ce phénomène est dû à la réfraction de la lumière blanche traversant différents milieux, comme des gouttes d'eau ou des nappes d'hydrocarbure. La lumière du soleil passant à travers la pluie ou le brouillard forme un arc-en-ciel, de même qu'à travers certains matériaux solides (cristal, Plexiglas…).

Prisme

La lumière blanche est un mélange de longueurs d'onde visibles.

Quand des ondes viennent frapper à un certain angle la surface d'un milieu différent de celui qu'elles sont en train de parcourir, l'angle de réfraction n'est pas exactement le même selon l'importance des différentes longueurs d'onde.

Les ondes courtes réfractant davantage que les ondes longues les différentes longueurs d'onde sont séparées par le prisme.

LE SPECTRE ÉLECTROMAGNÉTIQUE

Le spectre visible est une petite partie d'un spectre d'ondes énergétiques beaucoup plus large. La plupart des types de rayonnement électromagnétique trouvent une utilisation pratique.

La longueur d'onde des rayonnemen électromagnétiques peut aller de la la d'un atome jusqu'à plusieurs million de kilomètres de long.

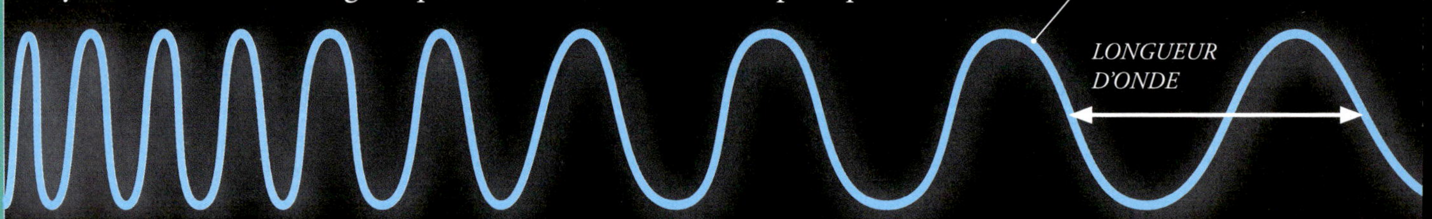

LES RAYONS GAMMA

Le rayonnement gamma est très puissant. À forte dose, il peut abîmer cellules et ADN.

LES RAYONS X

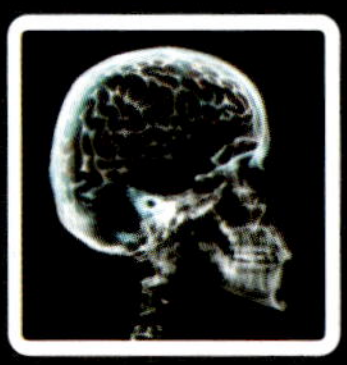

Les rayons X traversent le corps. On peut s'en servir pour photographier le squelette.

LES ULTRAVIOLETS

Les UV abîment les cellules. Les crèmes solaires permettent de les filtrer.

LES RAYONS VISIBI

Les ondes lumineuses visib font du monde un lieu coloré, source d'expérien et de plaisir.

VOIR LES COULEURS

La vision chromatique Si les objets nous paraissent colorés, c'est parce que leur surface ne réfléchit que certaines longueurs d'onde. Les plantes renferment des substances (pigments) qui colorent fruits et fleurs pour attirer les animaux chargés d'en disperser les graines et le pollen. La plupart des frugivores perçoivent les couleurs.

La tomate absorbe le vert et le bleu, et réfléchit le rouge.

Le citron réfléchit le rouge et le vert, qui donnent du jaune.

La mûre absorbe tout le spectre lumineux et réfléchit peu.

Le poivron vert réfléchit le vert et absorbe le rouge et le bleu.

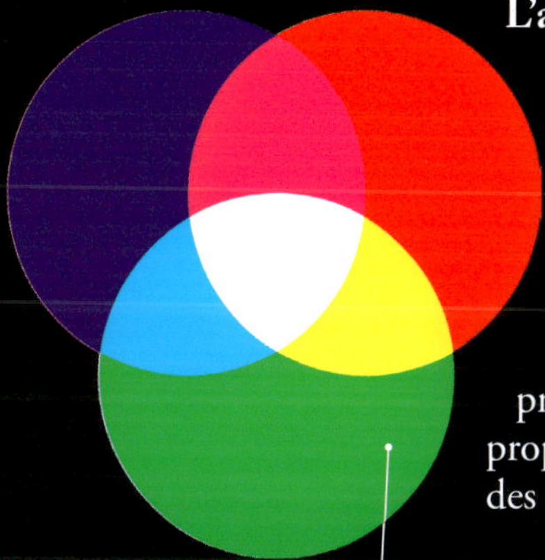

Cette plage est verte, car l'encre utilisée absorbe toute autre longueur d'onde visible.

L'addition des couleurs Les téléviseurs produisent des centaines de coloris à partir des lumières rouge, bleue et verte. En mélangeant, ou additionnant, ces trois longueurs d'onde primaires dans différentes proportions, on crée des couleurs.

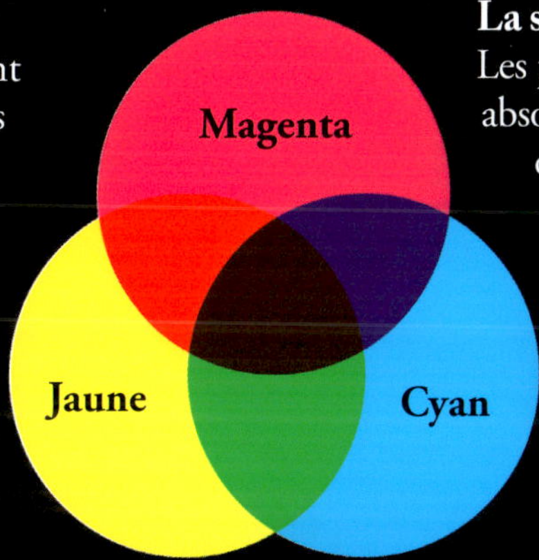

La soustraction des couleurs Les peintures créent la couleur par absorption et non par émission de lumière. En mélangeant les couleurs primaires magenta, jaune et cyan, on obtient, par réduction du nombre de longueurs d'onde réfléchies, de nouvelles couleurs.

Des ondes que rien n'arrête Le rayonnement magnétique est partout. La lumière visible rebondit sur cette page, nous permettant de voir les mots et images imprimés dessus dans différentes couleurs. Mais d'autres types d'ondes électromagnétiques passent à travers le livre et notre corps sans que nous le remarquions.

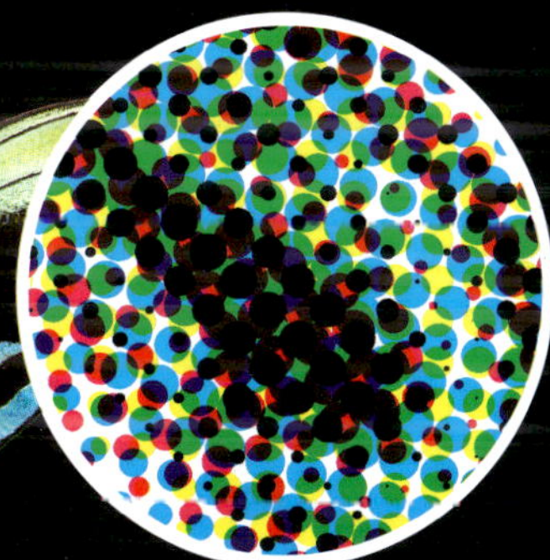

▲ LA QUADRICHROMIE
L'impression couleur crée, à partir de points microscopiques de quatre teintes, l'illusion d'une multitude de couleurs *(p. 168-169).*

@ Couleur

LES INFRAROUGES

Les objets chauds émettent des IR. Avec la caméra IR, le chaud apparaît en rouge ou blanc, le froid en bleu.

LES MICRO-ONDES

Sous l'action des micro-ondes, certaines molécules s'agitent, dégageant une forte chaleur.

LES ONDES RADIO

Les sons et les images peuvent être transmis sous forme d'ondes radio, que l'appareil

récepteur – téléphone, radio ou télé – reconvertit en données audibles ou visibles.

L'évolution

Peu à peu, tous les êtres vivants se modifient. Ce changement graduel, l'évolution, provient de la sélection naturelle, processus en vertu duquel survivent et se reproduisent surtout les organismes les mieux adaptés à leur environnement.

Le père de l'évolution
Le naturaliste anglais Charles Darwin proposa sa théorie de l'évolution après avoir étudié des centaines d'espèces animales et végétales, vivantes ou fossiles. Il réalisa que beaucoup étaient apparentées et avaient un ancêtre commun. Les tests ADN pratiqués aujourd'hui prouvent qu'il avait raison.

LA SÉLECTION NATURELLE

Ayant observé qu'animaux et végétaux produisent en général plus de descendance qu'il n'en survit, Darwin en conclut que la nature sélectionne les sujets les mieux adaptés à leur environnement, favorisant ainsi la transmission génétique de caractères assurant leur viabilité aux générations suivantes.

▲ LA SURVIE
Pour se perpétuer, la grenouille doit pondre des œufs par centaines.

▶ UN BEL AVANTAGE
Son long cou donne à la girafe accès à des feuilles qu'elle seule peut atteindre.

L'adaptation La théorie de Darwin peut expliquer le long cou de la girafe. Les sujets capables, pour se nourrir, de brouter plus haut que les autres étaient avantagés en termes de survie. De génération en génération, le cou s'est ainsi allongé.

UNE SÉLECTION ARTIFICIELLE

Sur le modèle de la sélection naturelle, qui s'opère spontanément dans la nature, l'Homm peut sélectionner des animaux ou des plantes présentant des caractéristiques intéressantes et les faire se reproduire. On obtient ainsi des moutons donnant plus de laine, des vaches fournissant plus de lait ou des céréales plus productives.

Brocoli (fleurs)

Chou-fleur (fleurs)

Chou sauvag

Le chien domestique Tous les chiens descendent du loup. Les races actuelles résultent de sélections opérées sur la base de critères tels qu'aptitude à la chasse ou au gardiennage de troupeau, taille ou rapidité.

Loup gris

@ Évolution

Ces chiens ont tous un peu de loup en eux.

SCIENCE

LE TÉMOIGNAGE DES FOSSILES

Les fossiles témoignent des changements survenus au fil du temps dans le monde du vivant. D'une couche sédimentaire à l'autre, les spécimens retrouvés ne sont pas tout à fait identiques. Bien qu'il soit difficile de retracer l'évolution d'une espèce de A à Z à partir de fossiles, cet archéoptéryx montre que les oiseaux descendent des dinosaures à plumes.

Les arbres généalogiques L'étude de l'évolution passe par l'examen des restes fossilisés. Grâce aux nombreux fossiles de proboscidiens retrouvés, on a pu déterminer comment les animaux de cet ordre, dont l'ancêtre de l'éléphant, ont peu à peu développé trompe et défenses.

Les choux Bien que ffférant par l'aspect, choux de Bruxelles, chou vert, chou-fleur et brocoli sont us issus du chou sauvage. ont été créés par sélection pour leurs feuilles, leurs fleurs ou leurs bourgeons.

L'ÉVOLUTION ET LES GÈNES

Les organismes transmettent leurs caractères à leur descendance via l'ADN. Cette molécule est formée de segments, les gènes, qui portent chacun l'information concernant un point spécifique, tel que présence de poils ou de plumes.

◀ L'ADN *Cette substance chimique complexe est l'empreinte du vivant. La moindre altération dans l'ADN d'un organisme peut entraîner une mutation génétique, susceptible de favoriser ou au contraire compromettre la survie de l'espèce.*

De nouvelles espèces Quand il visita les Galápagos, Darwin remarqua que les pinsons locaux ressemblaient à une espèce continentale, mais avec des becs différents. Il en conclut qu'ils avaient évolué à partir d'une même espèce et que leur bec s'était modifié selon les ressources alimentaires propres à chaque île.

LE COMMENCEMENT DE LA VIE

Les débuts du vivant sont un mystère. La Terre était si chaude que la vie est apparue au fond des mers, peut-être autour d'évents (à droite). Des molécules simples se sont dupliquées, ont formé des cellules, des colonies et enfin des organismes complexes.

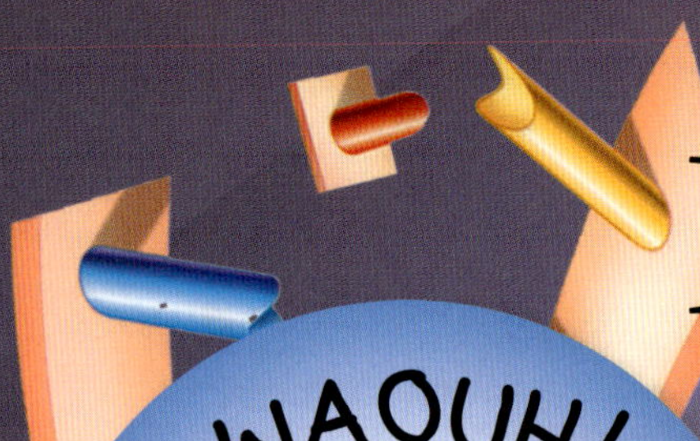

Les gènes *et* l'ADN

Sauf dans le cas des vrais jumeaux, le corps résulte d'un assemblage unique d'informations biologiques, connu sous le nom de code génétique. Ces informations, ou gènes, présentes dans toutes les cellules, sont transmises du parent à la progéniture.

WAOUH!
Le code génétique humain comprend près de 30 000 gènes, certains n'apparaissant qu'une seule fois, d'autres se répétant. Environ 99 % de nos gènes sont identiques à ceux du chimpanzé et, plus étonnant encore, 75 % se retrouvent chez le chien!

L'ADN POUR LES NULS

Les gènes sont faits d'une substance appelée ADN (les initiales d'acide désoxyribonucléique). Cette longue molécule spiralée constitue les chromosomes présents dans le noyau de chaque cellule.

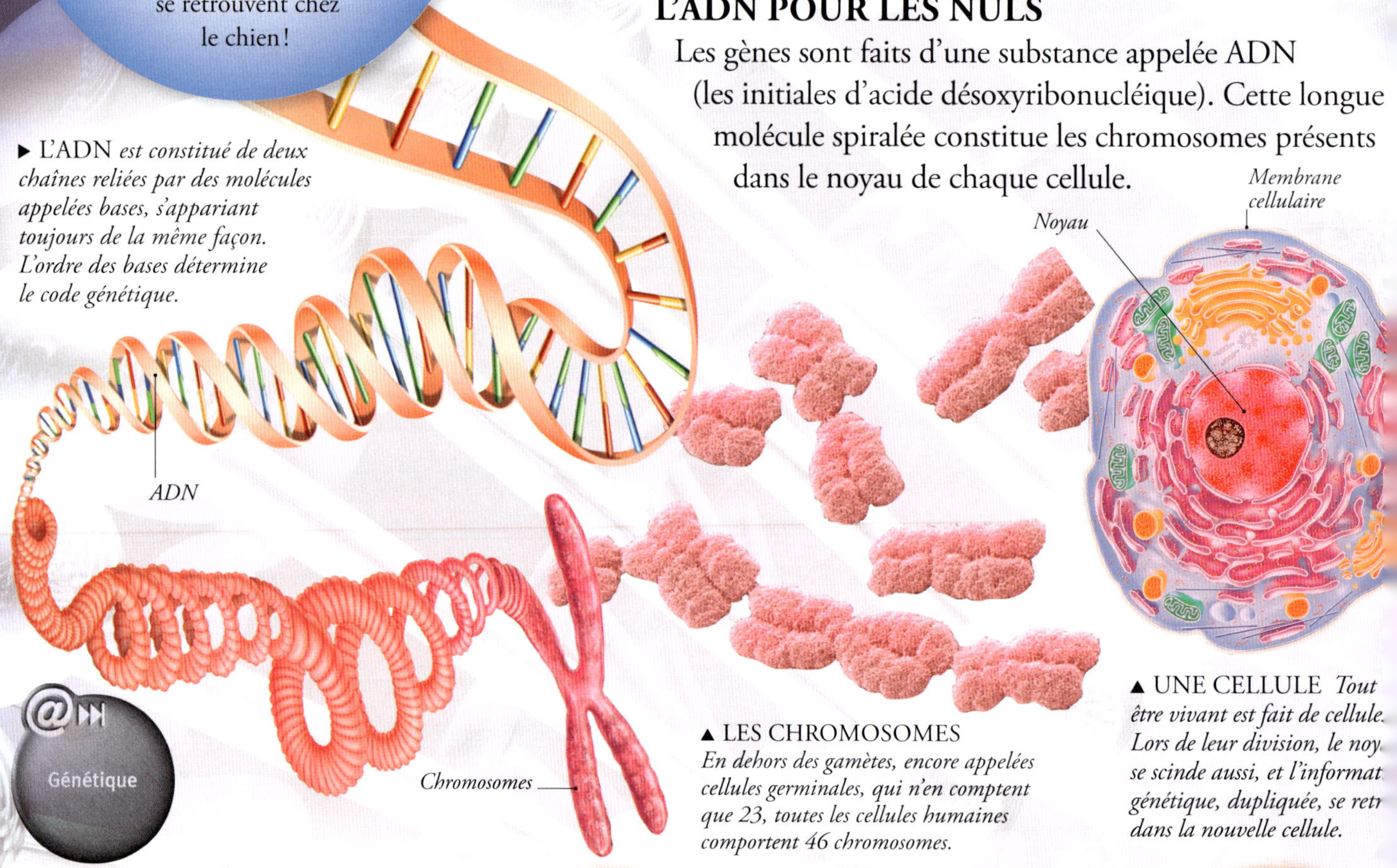

▶ L'ADN *est constitué de deux chaînes reliées par des molécules appelées bases, s'appariant toujours de la même façon. L'ordre des bases détermine le code génétique.*

▲ LES CHROMOSOMES *En dehors des gamètes, encore appelées cellules germinales, qui n'en comptent que 23, toutes les cellules humaines comportent 46 chromosomes.*

▲ UNE CELLULE *Tout être vivant est fait de cellule. Lors de leur division, le noy. se scinde aussi, et l'informat génétique, dupliquée, se retr dans la nouvelle cellule.*

Génétique

DANS LES GÈNES

Lorsqu'une personne hérite deux gènes différents, souvent l'un domine. Par exemple, le gène des yeux bruns est dominant par rapport à celui des yeux bleus.

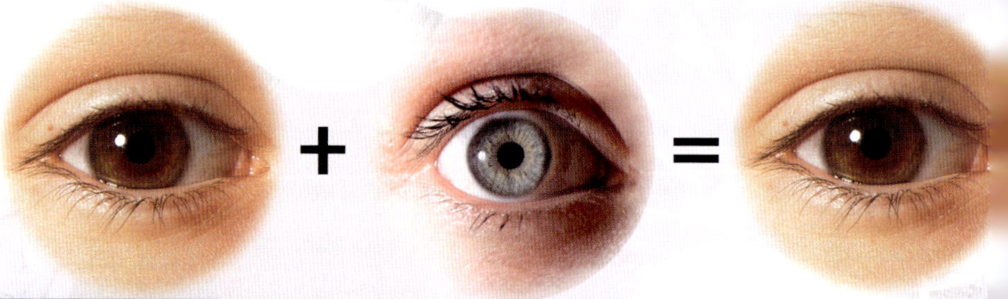

CHRONOLOGIE DE MÉDECINE

1859

Charles Darwin publie *De l'origine des espèces,* dans lequel il souligne l'importance de l'hérédité dans l'évolution.

1860

Gregor Mendel prouve, lors d'une expérience sur des pois, l'existence des gènes.

1869

Friedrich Miescher extrait l'ADN d'une cellule; il l'appelle « nucléine ».

1953

James Watson et **Francis Crick** découvrent la structure de l'**ADN** et montrent de quelle façon il se dupliqu

COUP D'ŒIL SUR LE GÉNOME

■ Le génome correspond au code génétique complet d'un organisme. Le premier à avoir été entièrement séquencé, en 1975, fut celui d'un virus connu sous le nom de bactériophage phi X174. En 1984, ce fut le tour d'une bactérie. En 1990, des chercheurs s'attaquèrent au génome humain, travail qui allait durer treize ans et à l'occasion duquel on allait s'apercevoir que nos gènes sont entrelardés d'« ADN poubelle » sans fonction apparente. Notre génome contient environ 3 milliards de paires de bases, encodant à peu près autant de données que peut en contenir un CD.

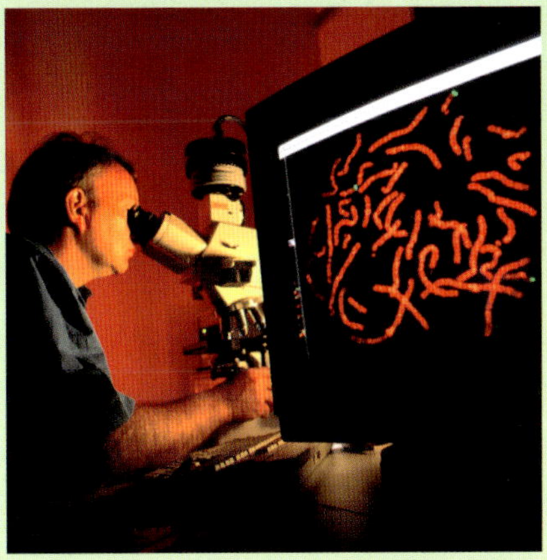

▲ LES CHROMOSOMES *dans cette préparation ont été traités de manière à ce que le gène recherché apparaisse en vert.*

INFOS +

■ On peut faire avec les gènes des « copier-coller » pour améliorer certaines espèces : ce sont des organismes transgéniques, ou génétiquement modifiés. On fabrique des médicaments avec des bactéries transgéniques, et la recherche médicale utilise souvent des souris génétiquement modifiées.

▲ DES SOURIS FLUO *Ces souriceaux ont reçu un gène de méduse qui les rend visibles dans l'obscurité.*

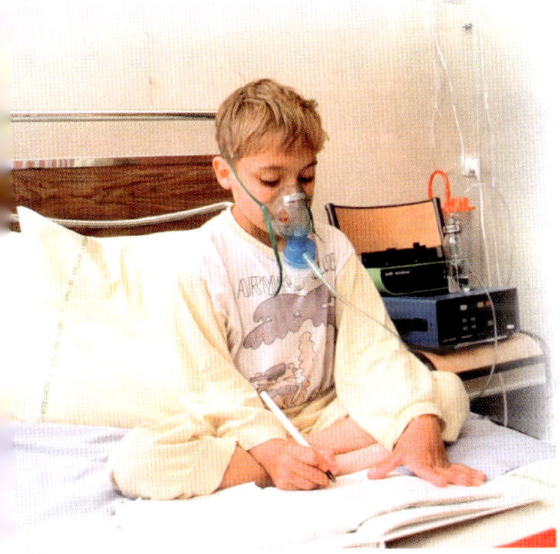

▲ LA MUCOVISCIDOSE *est due à la mutation d'un gène impliqué dans la production de sueur et de mucus.*

Les maladies génétiques Certains gènes comportent des erreurs, causes de dysfonctionnements. Ces gènes défectueux peuvent provoquer des maladies, comme la mucoviscidose ou la drépanocytose. La plupart des gènes morbides sont récessifs, ce qui veut dire que, comme pour les yeux bleus, l'enfant ne développe la maladie que s'il a hérité le gène des deux parents.

Les OGM Le génie génétique appliqué à l'agriculture sert à créer des variétés considérées comme plus intéressantes, telles que du riz « naturellement » riche en vitamine, du maïs doux et des choux capables de produire leurs propres insecticides ou du soja résistant aux désherbants totaux utilisés pour supprimer les autres plantes. La diffusion incontrôlée des OGM dans la nature risque cependant d'appauvrir la diversité génétique des végétaux sauvages.

▲ LES TRAITEMENTS CHIMIQUES *À terme, les plantes transgéniques devraient permettre de réduire la quantité de produits chimiques utilisés en agriculture.*

Le clonage Cette technique consiste à se servir de l'ADN d'un organisme pour en créer un autre, identique, ou clone. Certains clones se forment naturellement, nombre de plantes et certains animaux simples se reproduisant ainsi. Le clonage artificiel peut servir à produire des organes pour les patients en attente de greffe.

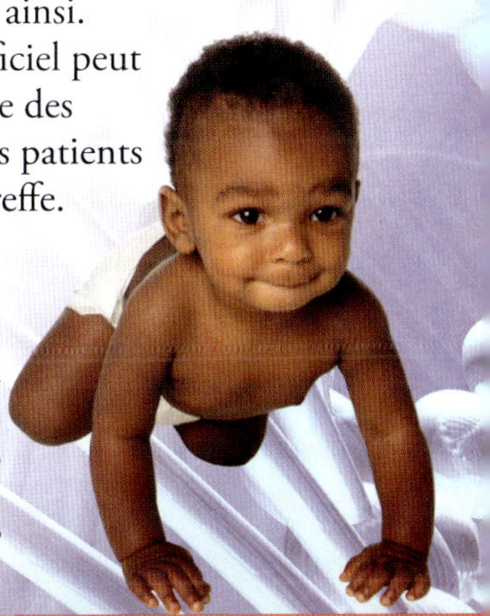

▶ UN BÉBÉ À LA CARTE *On peut se demander s'il est souhaitable de pouvoir sélectionner les gènes que l'on transmet à son enfant ?*

1961

Marshall Nirenberg déchiffre le code génétique formé par l'ordre des bases.

1970

Frederick Sanger entreprend le séquençage de l'ADN.

1990

La thérapie génique est employée pour la première fois sur une fillette de quatre ans souffrant de troubles immunitaires.

1996

Naissance de la brebis Dolly, premier mammifère cloné.

2003

Publication de la séquence complète du **génome humain.**

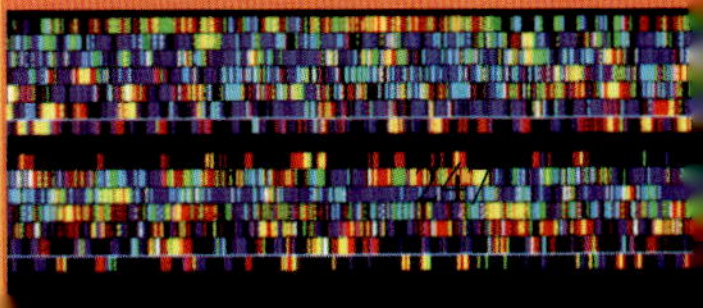

La police scientifique

La police scientifique intervient dans les enquêtes concernant les crimes et délits. On pense souvent aux meurtres, mais beaucoup d'autres domaines d'investigation requièrent aussi leur intervention, comme la cybercriminalité sur Internet, la falsification de documents ou la contrefaçon.

SCÈNE DE CRIME ACCÈS INTERDIT SCÈNE DE CRIME

LE LIEU DU CRIME

Les techniciens de la police scientifique recherchent tous les indices susceptibles de faire avancer une enquête – taches de sang, cheveux, trace de pas, fibres de vêtements, etc. –, prennent des photos et des notes, et envoient le résultat de leur travail aux laboratoires pour analyse.

Médecine légale

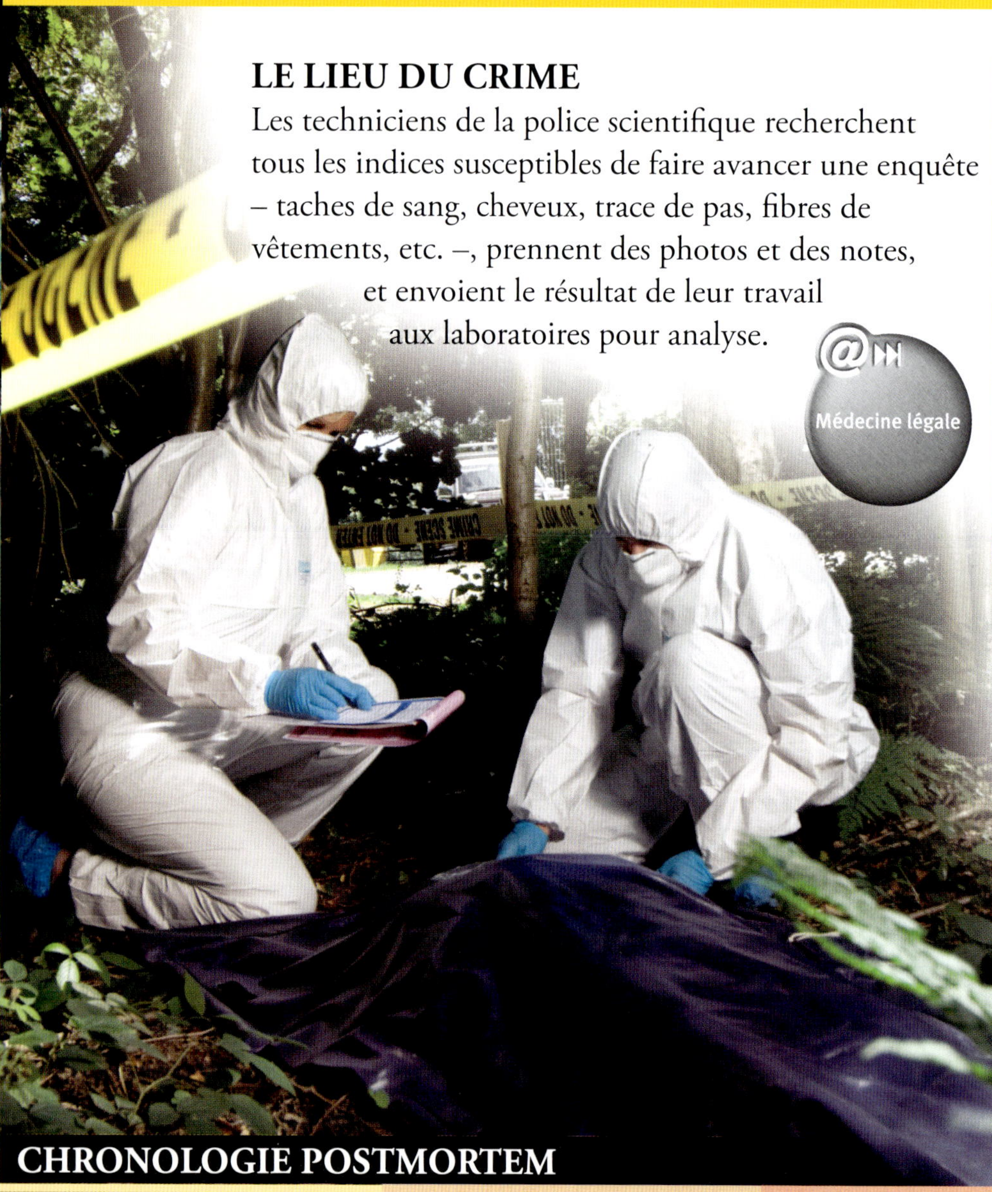

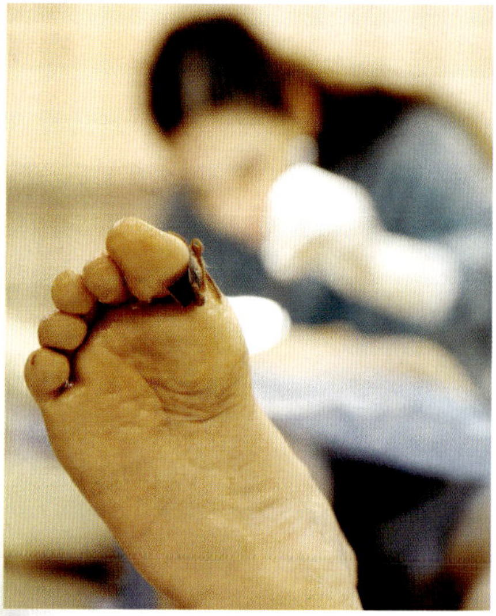

L'autopsie Quand quelqu'un décède dans des circonstances suspectes, le corps est autopsié par un médecin légiste. Cet examen consiste à disséquer le cadavre pour déterminer les causes et l'heure de la mort. Si celle-ci est ancienne, on peut évaluer à quand elle remonte au vu des insectes présents.

◄ UNE SCÈNE DE CRIME
Le cadavre, placé dans une housse par des membres de la police scientifique, sera entreposé à la morgue en attendant l'autopsie.

CHRONOLOGIE POSTMORTEM

3-36 heures

Rigor mortis Le corps se rigidifie sous l'effet d'un changement chimique dans les muscles. Cela commence environ trois heures après le décès et s'achève trente-six heures plus tard.

0+ heures

La dégradation bactérienne Les bactéries décomposent le corps. En conditions chaudes et humides, les parties molles pourrissent vite.

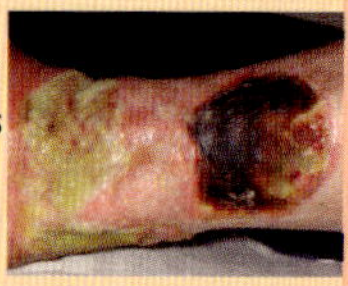

0-24 heures

L'invasion d'insectes Certains insectes, comme les mouches, pondent dans le cadavre. À éclosion, les larves consomment la chair en décomposition.

50-365 jours

Le squelette Du cadavre ne subsistent que les parties dures, comme le crâne, les dents ou les os.

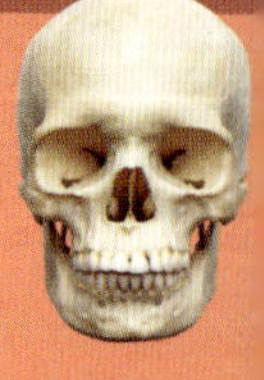

LES EMPREINTES DIGITALES

La pulpe des doigts est couverte chez tout le monde de fines crêtes qui forment un motif composé d'arcs, de boucles et de volutes. Ce dessin étant spécifique à chaque individu (même chez les vrais jumeaux), il peut servir à l'identification des personnes recherchées.

Double boucle

Volute

Arc

L'empreinte ADN

La séquence ADN est propre à chaque individu (exception faite des vrais jumeaux, qui ont la même). La police scientifique peut, en fragmentant l'ADN et en disposant les petits morceaux côte à côte sur une feuille de gélatine, créer une empreinte.

ACCÈS INTERDIT SCÈNE DE CRIME ACCÈS INTERDIT

Des traces visibles et invisibles

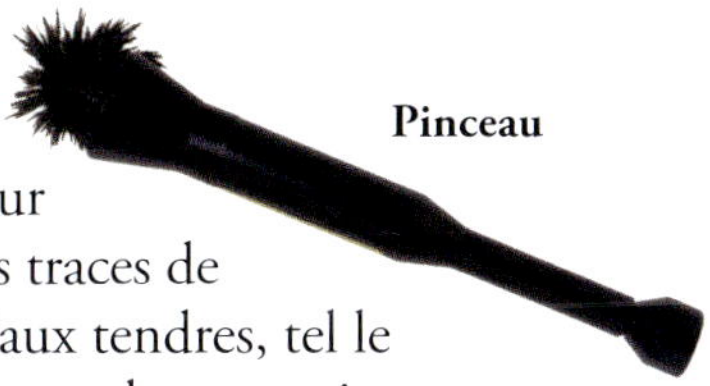

Pinceau

Nous laissons des empreintes sur tout ce que nous touchons. Les traces de doigts sur le sang ou les matériaux tendres, tel le savon, sont bien visibles, tandis que les empreintes latentes, dues au sébum sécrété par la peau, n'apparaissent que lorsqu'on couvre la scène de crime d'une fine poudre.

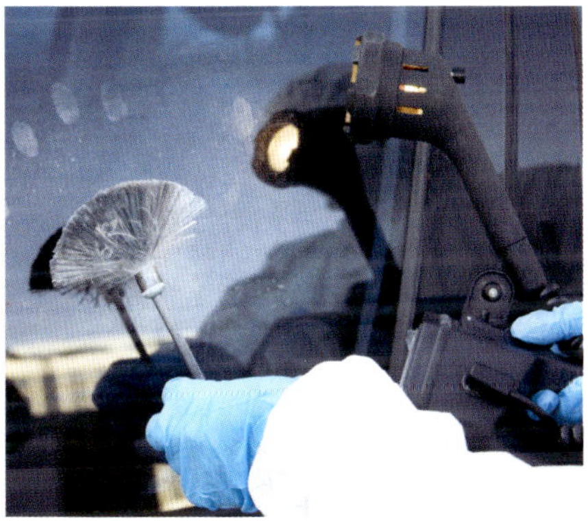

▸ LA RÉVÉLATION D'EMPREINTES *Un technicien applique de la poudre pour faire apparaître les empreintes.*

Les empreintes numérisées

La prise d'empreintes digitales ne se fait plus avec de l'encre et du papier. La police numérise directement les empreintes à l'aide d'un scanner et les consigne dans une base de données pour pouvoir les comparer aux empreintes trouvées sur les lieux du crime. On fait aujourd'hui la même chose avec l'iris de l'œil.

▾ LA CAPTURE DE L'IRIS *Le scanner enregistre la texture de l'iris, propre à chaque individu.*

▸ LES EMPREINTES DIGITALES *Un scanner enregistre les motifs formés par les arcs, les boucles et les volutes.*

COUP D'ŒIL SUR UN VISAGE DU PASSÉ

Les spécialistes de la reconstitution plastique des traits du visage produisent une image de la face en trois dimensions à partir du crâne. Cette méthode est très importante, car elle peut aider la police à élucider des meurtres remontant à plusieurs décennies. Elle permet aussi de savoir à quoi ressemblaient nos ancêtres.

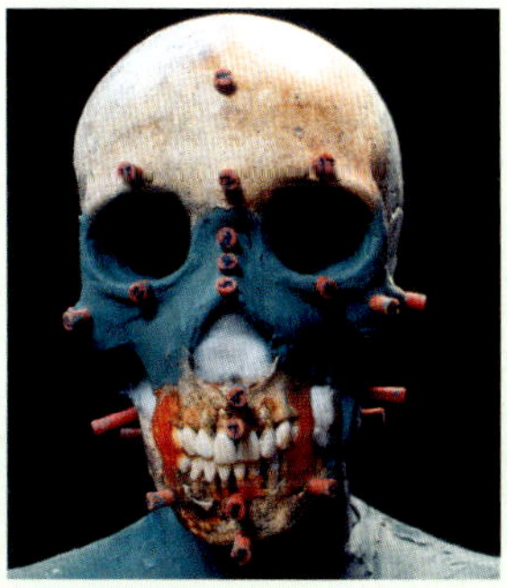

▴ LES REPÈRES *L'expert fait un moule du crâne. Des chevilles servent de repères d'épaisseur pour l'habillage.*

▴ LE FAÇONNAGE *L'expert applique de la terre glaise sur le crâne pour représenter les muscles.*

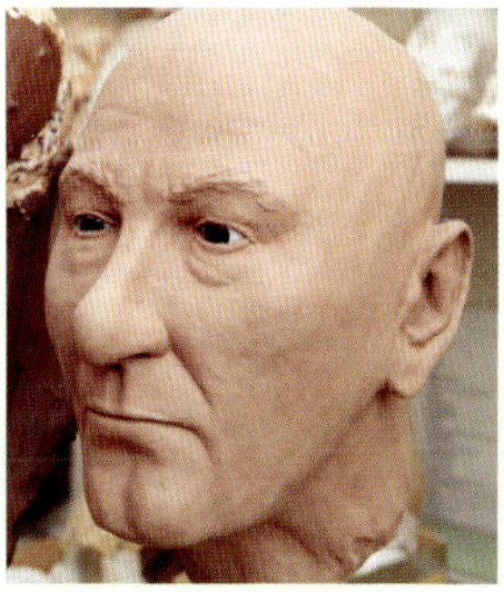

▴ LA FINALISATION *L'expert ajoute une couche d'argile imitant la peau. La tête est maintenant reconstituée.*

La cybercriminalité

Les délits commis via l'informatique sont en augmentation. Il s'agit souvent d'affaires d'usurpation d'identité ou de vols de numéros de carte bancaire. La police compte dans ses rangs des informaticiens chargés de pister ces délinquants.

TECHNIQUES

- Les techniques son nées il y a environ 3 millions d'années avec les premiers outils.
- Les ordinateurs sont au moins 1 million de fois plus rapides que dans les années 1940.
- Un CD-ROM peut contenir autant de mots qu'en comptent plus de 10 000 gros livres
- Il y a dans le monde plus de 600 millions de voitures, soit une pour 11 personnes.
- Au décollage, une fusée a une poussée 10 fois supérieure à celle d'un avion à réaction.

Quand la montgolfière vit-elle le jour ?
À découvrir page 254

Quelle est l'autonomie de la Venturi Astrolab ?
À découvrir page 259

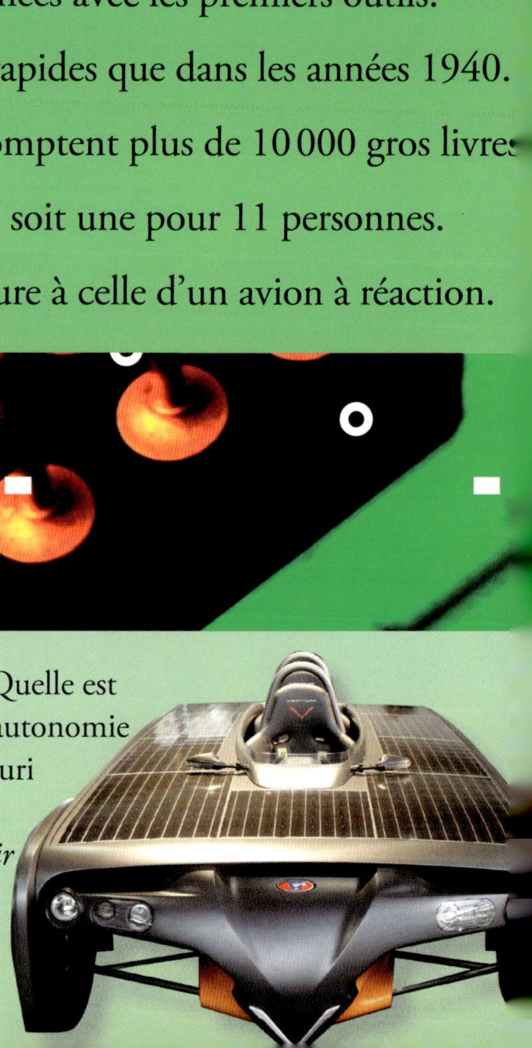

Les **techniques** nous facilitent la vie et permettent, avec la science, de progresser dans divers domaines : communication, pharmacie, transport, etc.

Le vaccin antirougeole a sauvé 7 millions de vie dans les pays développés depuis 1999.

Un message transmis par fibre optique peut faire 5 fois le tour de la Terre en 1 seconde.

Des ingénieurs ont réussi à faire tenir plus de 2 milliards de transistors sur une puce.

IBM est l'entreprise qui a déposé le plus de brevets en quinze ans.

Plus de la moitié du pétrole produit sert aux transports.

Comment fonctionne un appareil photo numérique ?
À découvrir pages 260-261

Qu'est-ce que le snowboard virtuel ?
À découvrir pages 264-265

Inventions *et* découvertes

Découverte et invention

Depuis que l'Homme s'est sédentarisé, les inventions ont rythmé le développement technique. De la fabrication des outils en pierre à la dépendance planétaire vis-à-vis de l'ordinateur, nous n'avons jamais cessé d'innover.

◄ **3000 av. J.-C.**
LE COTON *Fabrication des premières toiles de coton, dans la vallée de l'Indus.*

▲ **3500 av. J.-C.**
LA ROUTE *Construction de l'une des toutes premières routes, la route royale de l'ancienne Perse, longue de 2857 km.*

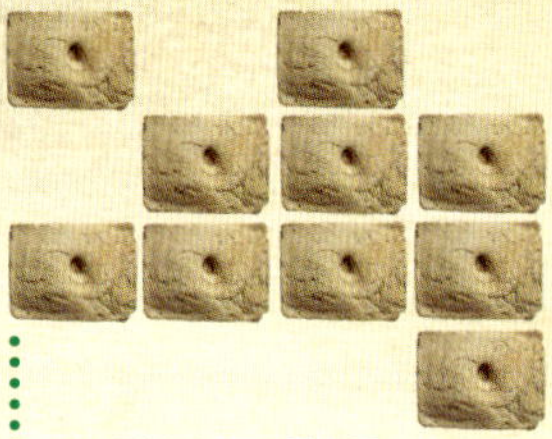

◄ **7500 av. J.-C.**
LE BLÉ ET L'ORGE *sont utilisés depuis des milliers d'années pour nourrir les populations. On situe le début de leur culture au Moyen-Orient.*

► **6000 av. J.-C.**
LE TAMBOUR *Les tambours existent depuis des milliers d'années, comme en témoignent des vestiges vieux de 8 000 ans retrouvés par des archéologues.*

▲ **3500 av. J.-C.**
LA BRIQUE *Les premières briques cuites au four, solides et imperméables, remplacent les blocs de boue séchés au soleil.*

10000 av. J.-C. — 7500 av. J.-C. — 5000 av. J.-C.

▲ **10000 av. J.-C.**
LE SIFFLET *Des archéologues ont trouvé des sifflets remontant à 10 000 av. J.-C. Il pourrait s'agir du premier instrument de musique.*

▲ **7000 av. J.-C.**
LE FEU *Le feu est utilisé depuis des millions d'années, mais nous ne savons l'allumer que depuis neuf mille ans.*

◄ **7000 av. J.-C.**
LE CISEAU *Il y a environ neuf mille ans, l'Homme a commencé à fabriquer des ciseaux en pierre qui lui ont facilité le travail des matières tendres, comme le bois.*

▲ **4000 av. J.-C.**
LA BALANCE *Les premières balances étaient à fléau, barre en bois ou métal suspendue par le milieu et aux extrémités de laquelle pendaient des plateaux devant recevoir, pour l'une, l'objet à peser et, pour l'autre, le poids.*

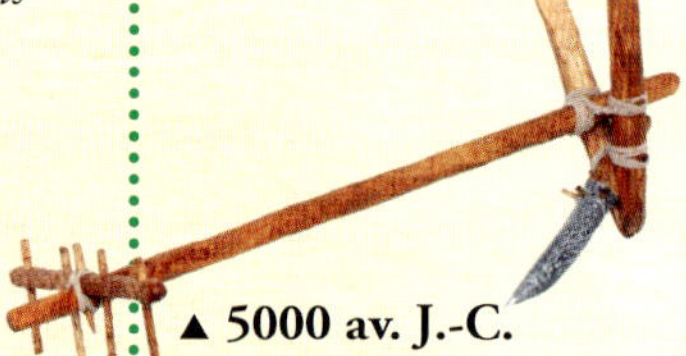

▲ **5000 av. J.-C.**
LA CHARRUE *Les semences poussent mieux dans les sols labourés. Les premières charrues étaient poussées ou tirées par l'Homme.*

▼ **3500 av. J.-C.**
LA ROUE *Sans l'invention de la roue, beaucoup d'activités courantes aujourd'hui seraient impossibles. Les premières roues, utilisées en Mésopotamie, étaient pleines. Il est probable qu'elles aient été tout d'abord imaginées par les potiers pour servir de tour.*

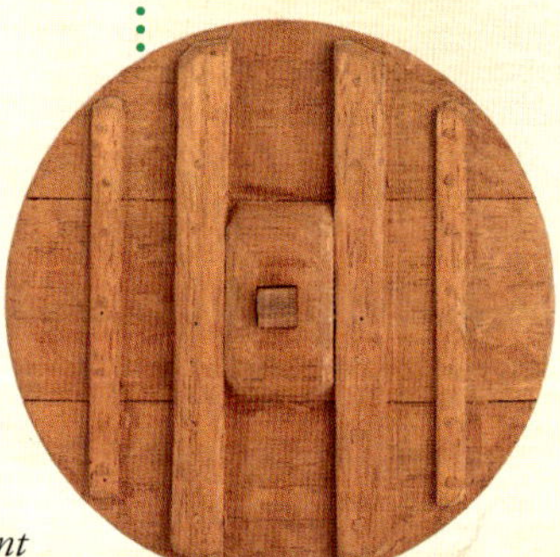

▲ **3500 av. J.-**
LE TOUR DE POTIER *À l'origine, les potiers façonnaient leu poteries de leurs seules mains. Avec l'invention du tour, le trav fut grandement facilité.*

▾ 3000 av. J.-C.
LA RAMPE
Il y a environ 5 000 ans, les bâtisseurs ont commencé à utiliser des rampes, aides mécaniques permettant de monter les blocs de pierre plus facilement que par les moyens d'élévation existants.

▴ 2500 av. J.-C.
L'ARCHE
Les premières arches voient le jour en Mésopotamie. La technique consiste à faire se rejoindre deux murs en en élargissant la partie supérieure.

▴ 2000 av. J.-C.
LE CHAR DE GUERRE
Les chars de guerre sont un avatar des chars à bœufs. Beaucoup plus légers et tirés pas des chevaux, ils étaient beaucoup plus rapides.

▴ 1000 av. J.-C.
L'AIMANT
La magnétite, forme naturelle de l'aimant, a été découverte dans le département de Magnésie, en Thessalie.

▴ 2500 av. J.-C.
L'ENCRE
L'encre, faite au départ de suie et de colle, se présentait sous forme de blocs solides à diluer dans l'eau.

▾ 700 av. J.-C.
LE CADRAN SOLAIRE
Les Égyptiens ont été parmi les premiers à se doter de dispositifs indiquant l'heure. La position du cadran solaire égyptien, à gnomon horizontal, devait être inversée à l'arrivée du soleil à son zénith.

2500 av. J.-C.

2000 av. J.-C.

▴ 2900 av. J.-C.
LE BARRAGE
Le premier barrage fut construit par les Égyptiens. Il s'agissait d'un monticule destiné à empêcher l'inondation de Memphis.

▾ 2500 av. J.-C.
LE MIROIR
Les premiers miroirs étaient des disques de bronze ou de cuivre polis. Les miroirs en verre n'apparaîtront qu'au XVe siècle.

▴ 2500 av. J.-C.
LA SOUDURE
La soudure servit tout d'abord à assembler les pièces métalliques en bijouterie.

▴ 2000 av. J.-C.
LA SERRURE
Les Égyptiens conçurent la première serrure, comprenant un morceau de bois et des broches, ou goupilles. La plupart des serrures actuelles sont sur le même principe.

▴ 1700 av. J.-C.
L'EAU COURANTE
Les Minoens bâtirent le premier réseau d'égouts et de canalisations afin d'équiper le palais de Cnossos d'eau courante.

◂ 3000 av. J.-C.
LES BOUGIES
Des bougies de 5 000 ans ont été trouvées en Égypte et en Crète. Pour faire une bougie, on plonge à plusieurs reprises une cordelette dans de la cire.

Α Β Γ Δ Ε Ζ Η Θ
Ι Κ Λ Μ Ν Ξ Ο Π
Ρ Σ Τ Υ Φ Χ Ψ Ω

◂ 900 av. J.-C.
L'ALPHABET AVEC VOYELLES ET CONSONNES
Les Grecs ont adapté l'alphabet phénicien, composé uniquement de consonnes représentées par des graphèmes, en y ajoutant des voyelles.

Ces deux cents dernières années ont été l'âge d'or des découvertes et inventions. De nouvelles théories scientifiques ont favorisé les progrès technologiques.

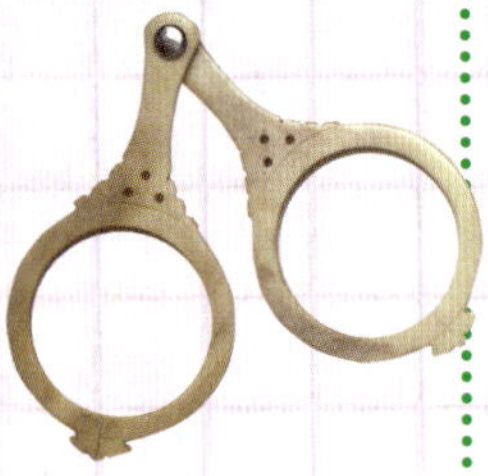

▲ **1280**
LES LUNETTES
Le savant anglais Roger Bacon a l'idée d'utiliser des verres grossissants pour faciliter la lecture. En 1301, deux inventeurs italiens font un pas de plus et inventent les lunettes.

▼ **1565**
LE CRAYON
Le naturaliste suisse Conrad Gesner passe pour avoir inventé le crayon, mais peut-être n'a-t-il fait que le décrire.

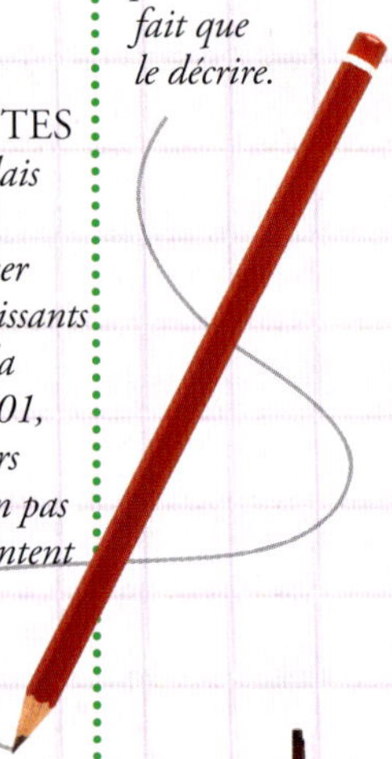

▲ **XVIIe siècle**
LA RÉVOLUTION INDUSTRIELLE ANGLAISE
Les usines se développent où la mécanisation augmente le rendement.

▼ **1800**
L'ÉLECTRICITÉ
Les savants italiens Luigi Galvani et Alessandro Volta inventent le premier appareil capable de produire un flux continu d'électricité.

▼ **1876**
LE TÉLÉPHONE
Alexandre Graham Bell fait breveter le téléphone, qu'il a été le premier à rendre opérationnel, mais dont l'idée revient à d'autres, comme Antonio Muecci.

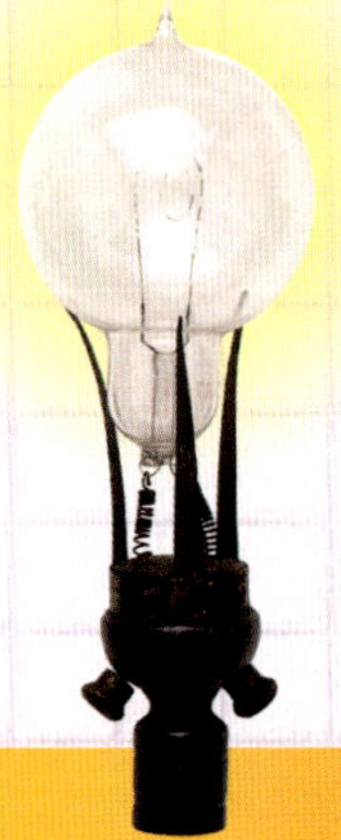

◀ **1878**
L'AMPOULE ÉLECTRIQUE
Thomas Edison et Joseph Swan ont l'idée, chacun de son côté, de l'ampoule à incandescence. Fin la bougie et la lampe à gaz – la vie allait être plus facile pour tout le monde.

1500 apr. J.-C.

1800 apr. J.-C.

▼ **1455**
LA PRESSE TYPOGRAPHIQUE
L'invention de Johannes Gutenberg permit la reproduction en grand nombre des livres imprimés, et donc la diffusion de l'écrit.

Modèle portatif avec caractères en métal pour imprimer vite et à moindre coût

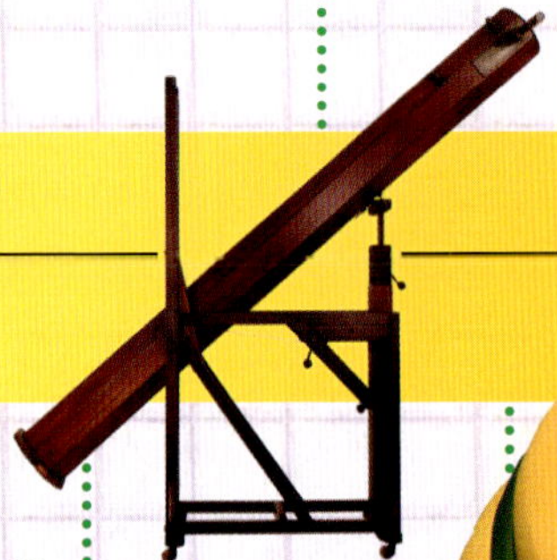

▲ **1608** LE TÉLESCOPE
Hans Lippershey est généralement considéré comme l'inventeur du télescope, mais Galilée fut le premier à l'utiliser en astronomie.

▲ **1783**
LA MONTGOLFIÈRE
Les frères Montgolfier inventent le premier ballon à air chaud, mais doivent promettre à leur père de ne pas voler avec.

▼ **1868**
LES ALLUMETTES
John Walker trempe un bâtonnet dans un mélange de produits chimiques, et la première allumette voit le jour.

▼ **1827**
LA MACHINE À ÉCRIRE
Christopher Scholes fait breveter la machine à écrire, qui sera produite à partir de 1873 par la société américaine Remington et fils.

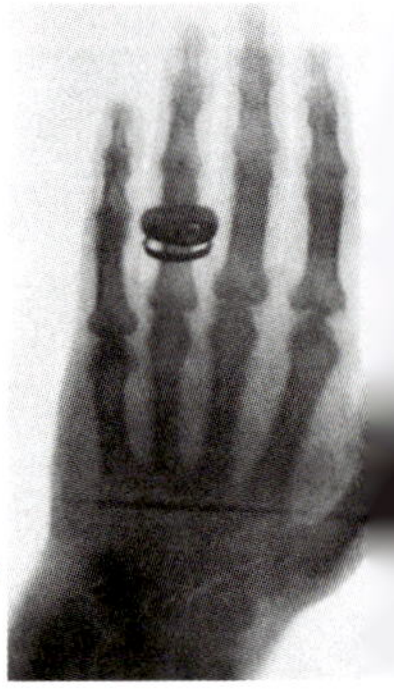

▲ **1895**
LES RAYONS
Wilhelm Röntg découvre les rayons X, qui lu vaudront en 19 le premier prix Nobel de physiq

▲ **1903**
LE VOL MOTORISÉ
En prenant les airs à bord de ce qui sera baptisé le Wright Flyer pour un vol historique de seulement 12 secondes au-dessus des sables de Kitty Hawk, en Caroline du Nord, Orville et Wilbur Wright inaugurent le vol motorisé.

▼ **1928**
LE PAIN EN TRANCHES
Quand Otto Rohwedder invente la machine à trancher le pain, beaucoup de boulangers trouvent l'idée stupide, car le pain rassirait.

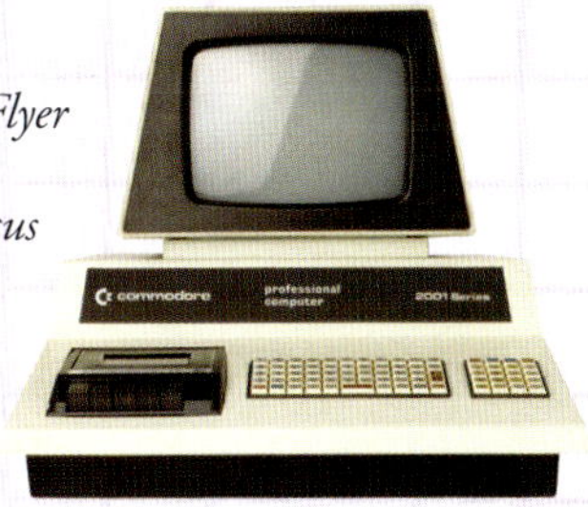

▲ **1977**
LE PC
L'ordinateur personnel a totalement changé nos habitudes de vie. Dans les pays développés, presque chaque bureau, école ou maison en est équipé.

▼ **1979**
LE TÉLÉPHONE MOBILE *Le premier portable destiné à la vente est développé et lancé au Japon, vingt années ayant séparé l'idée de sa réalisation. Il est alors de la taille d'une brique.*

◀ **1982**
LE CD-ROM
Le compact-disc apparaît en magasin. Son succès comme support de sauvegarde de données sous forme numérique ira croissant.

▲ **1983**
L'INTERNET
L'Internet est créé sur le modèle de réseaux d'ordinateurs qui reliaient les universités et les forces armées américaines. Il permet de naviguer sur le Web et de communiquer par courrier électronique.

▶ **2001**
LE BALADEUR MP3
Le premier lecteur MP3 portable voit le jour. Deux ans plus tard, la fonction sera intégrée aux téléphones mobiles.

▲ **2005**
LE LIVRE NUMÉRIQUE
Le livre numérique, qui se lit sur un lecteur adapté, est l'équivalent numérique du livre imprimé en noir et blanc.

1900 apr. J.-C. — **2000 apr. J.-C.**

Pénicillium

▲ **1928**
LES ANTIBIOTIQUES
Alexander Fleming découvre la pénicilline, mais laisse à d'autres le soin d'en trouver l'application pratique, qui sauvera des millions de vie sous la forme des antibiotiques qui tuent les bactéries.

▼ **1957**
LE PREMIER SATELLITE
Le 14 octobre, l'URSS met sur orbite le premier satellite, baptisé Spoutnik 1. Un mois plus tard, ce sera le tour de Spoutnik 2, avec la chienne Laïka à bord.

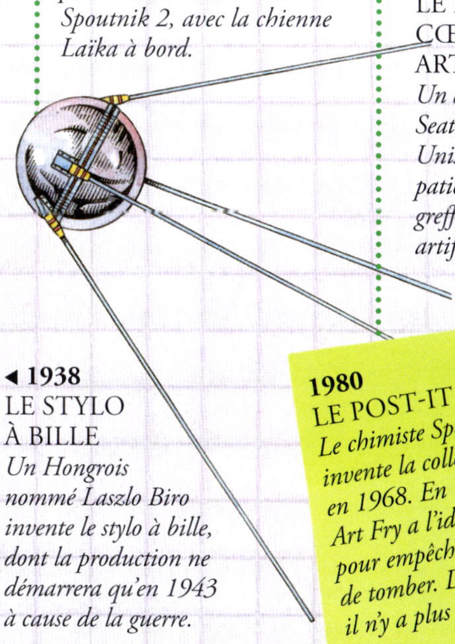

◀ **1938**
LE STYLO À BILLE
Un Hongrois nommé Laszlo Biro invente le stylo à bille, dont la production ne démarrera qu'en 1943 à cause de la guerre.

1980
LE POST-IT
Le chimiste Spencer Silver invente la colle repositionnable en 1968. En 1974, son collègue Art Fry a l'idée de s'en servir pour empêcher ses marque-pages de tomber. De là au Post-it, il n'y a plus qu'un pas.

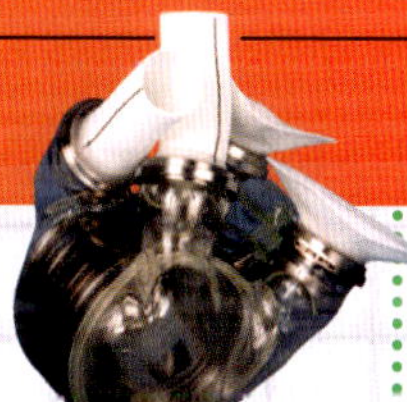

▲ **1982**
LE PREMIER CŒUR ARTIFICIEL
Un dentiste de Seattle, aux États-Unis, est le premier patient à se voir greffer un cœur artificiel.

▶ **1997**
LA BREBIS CLONÉE
Les chercheurs de l'institut Roslin, en Écosse, clonent le premier mammifère, baptisé Dolly en référence à la chanteuse Dolly Parton.

EN BREF

- Albert Einstein, d'origine allemande, débuta comme examinateur au Bureau des brevets de Bern.
- La première machine à laver électrique fut inventée par l'ingénieur américain Alva Fisher en 1907.
- Thomas Edison est l'un des plus grands inventeurs de tous les temps. On lui reconnaît la paternité de plus de 1 000 innovations technologiques.

La médecine moderne

Médecine

LES DIFFÉRENTS NIVEAUX DE MÉDECINE
Du barbier officiant autrefois au fond d'une ruelle au médecin s'aidant d'un robot assisté par ordinateur, capable de gestes de très haute précision, l'image du chirurgien a bien changé.

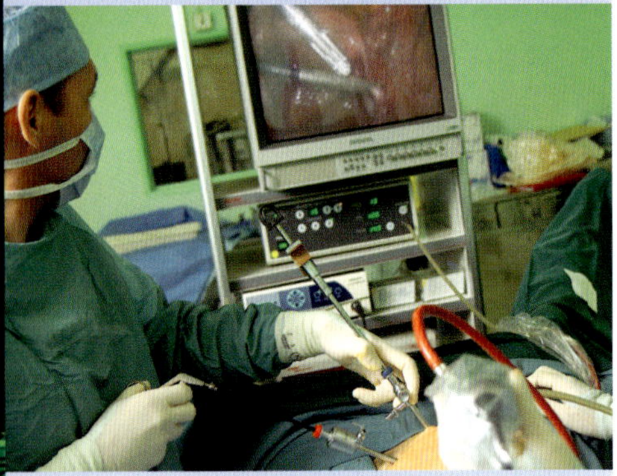

▲ PAR LA SERRURE *Le chirurgien visualise le site à opérer grâce à un laparoscope.*

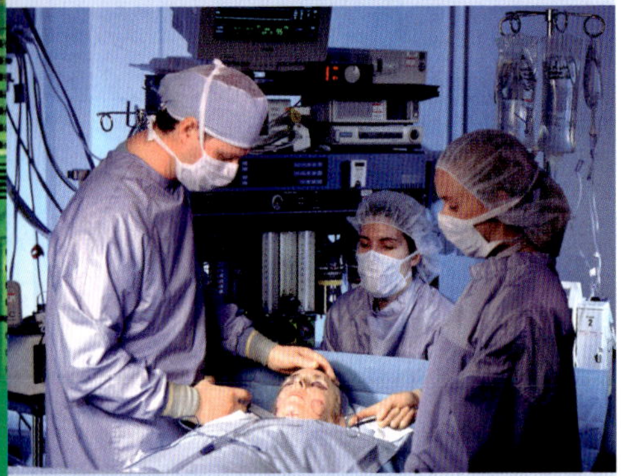

▲ FAIRE PEAU NEUVE *La greffe cutanée est un acte très courant en chirurgie réparatrice.*

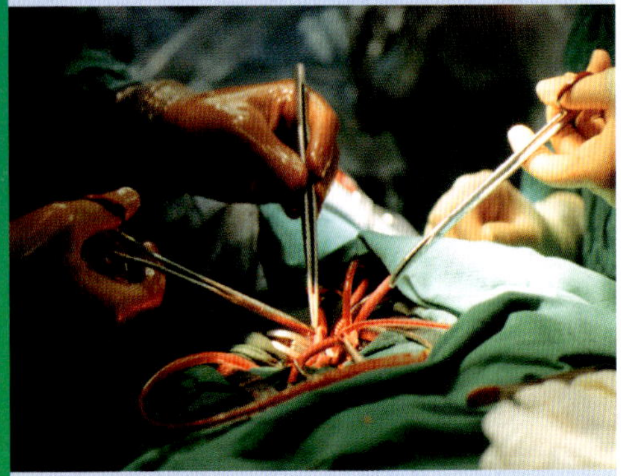

▲ LA CHIRURGIE CARDIAQUE *est désormais routinière grâce aux progrès techniques.*

La médecine a fait beaucoup de chemin depuis que le grec Hippocrate en a jeté les bases il y a près de deux mille cinq cents ans. Les avancées, toutes disciplines confondues, font que, dans les pays occidentaux, nous vivons plus longtemps et en meilleure santé.

TOUJOURS PLUS PETIT

La miniaturisation permet aux médecins de voir et d'agir de façon très précise. Il se peut que les nanotechnologies, notamment avec les nanorobots, révolutionnent prochaînement la médecine.

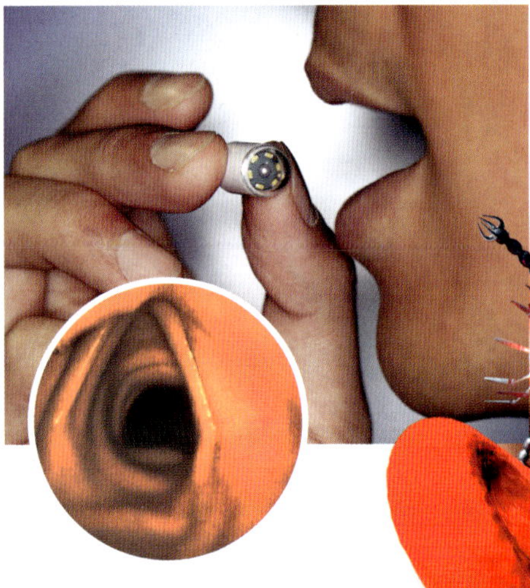

◀ UNE CAPSULE VIDÉO-ENDOSCOPIQUE *La capsule avalée transmet à un ordinateur le film de son voyage, permettant au médecin d'explorer le tube digestif du patient.*

Les nanorobots chirurgicaux
Ces micro-appareils serviront peut-être un jour à réparer les tissus intérieurs. D'autres pourront circuler dans le sang pour faire la chasse aux agents pathogènes. L'usage de ces robots miniatures devra être encadré et surveillé cependant.

CHRONOLOGIE MÉDICALE

6500 av. J.-C.	1590	1867	1895	1901
La trépanation, forme de chirurgie primitive, consistait à percer le crâne pour que les « mauvais esprits » s'en échappent.	Les Hollandais Hans et Zacharias Jansen, père et fils, inventent le microscope, permettant ainsi l'accès au monde cellulaire, invisible à l'œil nu.	Joseph Lister initie la stérilisation des instruments chirurgicaux.	Découverte par Wilhelm Röntgen des rayons X, qui permettront, par la radiographie, d'examiner les os sans ouvrir le corps.	Karl Landsteiner découvre le groupage sanguin ABO.

LES CELLULES SOUCHES

On peut désormais greffer des tissus ou des organes cultivés à partir de cellules souches. Il s'agit de cellules capables de se renouveler indéfiniment et de donner des cellules spécialisées. Provenant du patient lui-même, chez qui elles sont rares et bien localisées, ces greffons n'entraînent aucun rejet de la part de l'organisme.

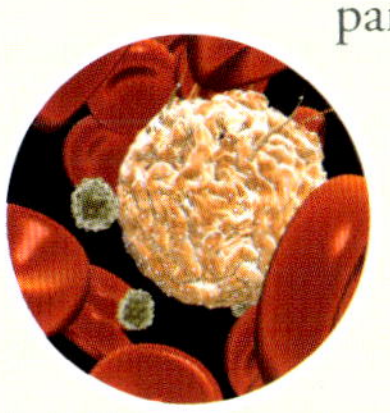

◂ UNE CELLULE SOUCHE *Les cellules souches proviennent de parties précises de l'organisme.*

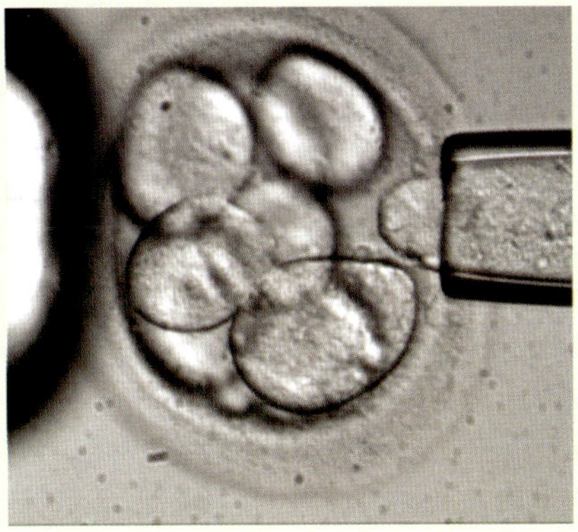

▴ L'EMBRYON *L'embryon n'est composé que de cellules souches qui donneront toutes les cellules spécialisées.*

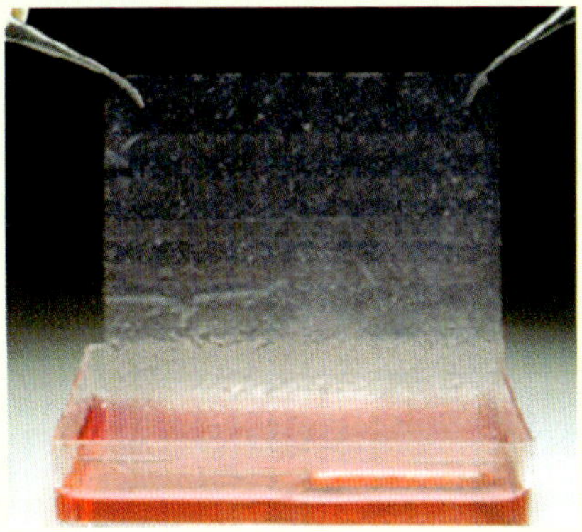

▴ UNE PEAU ISSUE DE CELLULES SOUCHES *Les cellules souches sont utilisées pour créer un greffon de peau.*

UN CORPS RÉPARÉ

Quand le corps ne peut se réparer seul, on fait appel à la technologie. L'implant rétinien, qui peut rendre la vue, et les prothèses bioniques, obéissant au cerveau, sont parmi les principales avancées.

▴ UN AS DU SPRINT *Le champion sud-africain Oscar Pistorius court avec des prothèses en fibre de carbone.*

▸ UNE COMMANDE CÉRÉBRALE *L'Américaine Claudia Mitchell, ex-marine, a un bras bionique.*

QUI SONT-ILS ?

- **Hippocrate** (vers 460-vers 377 av. J.-C.) Père fondateur de la médecine moderne, il pense que les maladies sont dues à des causes naturelles et non divines.
- **William Harvey** (1578-1657) étudie le système circulatoire et montre comment le cœur propulse le sang dans le corps.
- **Crawford Long** (1815-1878) anesthésie un patient à l'éther avant opération.
- **Louis Pasteur** (1822-1895) Inventeur de la pasteurisation et du vaccin contre la rage.
- **Madeleine Brès** (1842-1921) première française à soutenir une thèse de médecine.
- **Alexander Fleming** (1881-1955) Découvre la pénicilline, utilisée comme antibiotique à partir de 1940.
- **John Heysham Gibbon Jr** (1903-1973) invente la première machine cœur-poumon en 1935 et réalise la première opération à cœur ouvert sur humain en 1953.
- **Christiaan Barnard** (1922-2001), chirurgien sud-africain, réalise en 1967 la première greffe cardiaque réussie.

54

Jn chirurgien américain éalise la première greffe 'organe réussie – un ein – sur une patiente ommée Ruth Tucker.

1957

Earl Bakken invente le stimulateur cardiaque portatif à pile et transistor.

1985

Des chirurgiens s'aident pour la première fois d'un robot – le PUMA 560 – pour effectuer une biopsie cérébrale.

1996

La brebis Dolly est le premier mammifère cloné (mort en 2003).

2007

La recherche sur les cellules souches avance à grands pas.

Les voitures électriques

@ Voiture électrique

▲ *Sous le capot d'une voiture électrique, nul moteur à essence. Celui-ci est remplacé par un moteur électrique (voir ci-dessous).*

La plupart des voitures roulent à l'essence, ce qui pollue. Aussi les concepteurs automobiles s'intéressent-ils désormais aux moteurs électriques.

UNE VOITURE PROPRE

Cela ressemble à s'y méprendre à une voiture ordinaire, la pollution atmosphérique en moins. Dans un véhicule courant, le moteur, en brûlant de l'essence et en libérant de l'énergie, rejette du gaz carbonique. Ici, le réservoir est remplacé par une batterie appelée pile à hydrogène ou pile combustible. La réaction qui s'y produit entre oxygène de l'air et hydrogène, puisé dans un réservoir, donne de l'électricité. La vapeur est le seul déchet, et si l'hydrogène est propre il n'y a aucune pollution.

TRADUIRE L'HYDROGÈNE

Cela nécessite de fortes quantités d'électricité. Comment faire sans polluer? Cela consomme de l'énergie fossile (pétrole, charbon).

COUP D'ŒIL SUR LE MOTEUR

1. Le **réservoir d'hydrogène** contient assez de carburant pour une autonomie de 450 km.
2. La **pile combustible** produit de l'électricité par réaction de l'hydrogène avec l'oxygène de l'air.
3. La **batterie rechargeable** stocke l'énergie libérée par les freinages pour seconder la pile combustible.
4. Le **transmetteur de puissance** module le flux électrique allant de la batterie au moteur.
5. Le **moteur électrique**, léger et compact, entraîne les roues avant pour faire avancer le véhicule.

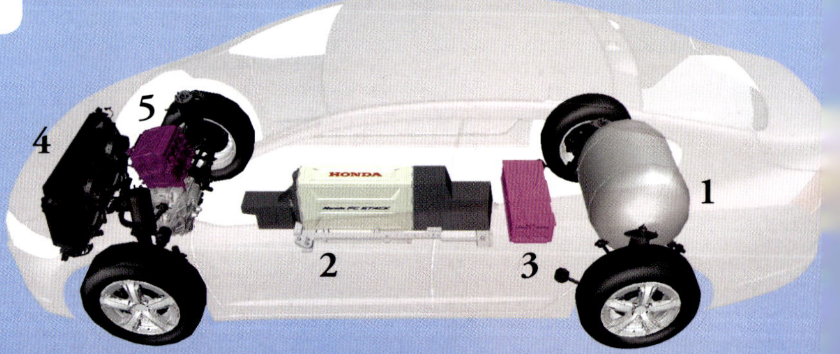

La plus petite

Petit véhicule urbain à trois roues

- **Vitesse maximale** Moins de 30 km/h
- **Autonomie** 30 km
- **Fabriquée** au Japon

Cette capsule monoplace est très pratique pour les petits trajets en ville. Deux de ces capsules logent dans un véhicule plus grand, pouvant faire des trajets plus longs et dans lequel se fait la recharge.

La citadine

Intéressante pour les petits trajets

- **Vitesse maximale** 64 km/h
- **Autonomie** 80-160 km
- **Fabriquée** au Royaume-Uni

Cette voiture à pile combustible est utilisée comme taxi à Birmingham, en Angleterre. Elle est incroyablement légère et peut rouler 160 km sans avoir à être rechargée.

La voiture de sport

Voiture de sport rapide et stylée, à pile combustible

- **Vitesse maximale** 140 km/h
- **Autonomie** 320 km
- **Fabriquée** au Royaume-Uni

Cette voiture à carrosserie en aluminium consomme cinq fois moins d'énergie qu'une voiture courante en tôle d'acier. Elle peut passer de 0 à 100 km/h en 7 secondes !

La voiture à énergie solaire

Voiture très performante, roulant à l'énergie solaire

- **Vitesse maximale** 120 km/h
- **Autonomie** 110 km
- **Fabriquée** en France

Ce véhicule électrosolaire, sans moteur ni pile combustible, est couvert de panneaux photovoltaïques qui captent la lumière et la convertissent en électricité, stockée dans des piles.

WAOUH !

Les voitures électriques sont rarement 100 % écologiques, car elles doivent être rechargées. Or l'électricité provient de centrales thermiques qui rejettent du gaz carbonique, contribuant par-là au réchauffement climatique.

La passe-partout

Rapide, silencieuse, moins polluante

- **Vitesse maximale** 210 km/h
- **Autonomie** 400 km
- **Fabriquée** aux États-Unis

Voici une voiture à la fois passe-partout, en ce qu'elle ressemble à une voiture, et écologique. Son moteur électrique puissant accélère presque aussi vite que celui d'une voiture de course roulant à l'essence !

▸ SON FONCTIONNEMENT

Les roues arrière sont actionnées par un moteur électrique à batteries.

DESCRIPTIF

- 100 % électrique
- Alimentée par 6 931 batteries lithium-ion
- Le rechargement des batteries prend trois heures et demie
- Ne consomme pas d'essence
- Passe de 0 à 100 km/h en seulement quatre secondes
- Problèmes : pollution et recyclage des batteries

À travers l'objectif

Appareils photo et caméras, pour la prise d'images fixes ou en mouvement, sont omniprésents, que ce soit dans la téléphonie mobile, la vidéosurveillance, l'exploration spatiale, l'imagerie médicale ou les radars automatiques.

▸ UNE CARTE MÉMOIRE *peut stocker des milliers d'images numériques.*

LE TOUT NUMÉRIQUE

L'appareil photo numérique fonctionne à peu près comme l'appareil traditionnel, sinon que les clichés sont stockés sur une carte mémoire et non sur une pellicule. L'objectif focalise l'image sur un capteur électronique qui convertit la lumière en charges électriques. Ces charges, mesurées, donnent des valeurs numériques. Une puce électronique traite ensuite les données afin de reconstruire l'image à stocker.

L'écran numérique *permet de visualiser l'image.*

Une molette *permet de régler les paramètres.*

Un flash intégré *se déclenche quand la lumière est insuffisante.*

La carte électronique *convertit l'information des capteurs en format numérique.*

Le système d'autofocus *garantit la netteté de l'image.*

COUP D'ŒIL SUR UN CAPTEUR

Pour fonctionner, l'appareil numérique nécessite un capteur. Quand l'obturateur s'ouvre, la lumière traverse l'objectif et vient frapper le capteur, grille formée d'un plus ou moins grand nombre de pixels.

Les pixels mesurent la quantité de lumière captée à travers un quadrillage vert/bleu/rouge.

Les grandeurs mesurées sont converties en informations digitales, qui servent à créer l'image numérique finale.

CHRONOLOGIE DE L'APPAREIL PHOTO

Xᵉ siècle
Ibn al-Haytham aurait eu le premier l'idée de la chambre noire, boîte dans laquelle la lumière, entrant d'un côté par un trou, vient se projeter de l'autre côté et former une image inversée. Dans les modèles ultérieurs, l'image est rétablie par un jeu de miroirs.

XVIᵉ-XVIIIᵉ siècle
Des artistes se servent d'une chambre noire plus élaborée pour reproduire des paysages sur papier. Le perfectionnement de cette technique conduira à l'avènement de l'appareil photo.

1840
Des appareils photo rudimentaires – simples boîtes en bois pourvues d'un trou pour y fixer une lentille – sont en usage. Les images s'impriment sur une plaque en verre ou en métal.

1880
La pellicule naît, bande plastique revêtue de cristaux de composé argentique. Les appareils photo se dotent d'un système d'obturation automatique qui dose la lumière traversant l'objectif.

INFOS +

Les caméras fonctionnent de la même façon que les appareils photo, à ceci près qu'elles prennent une séquence d'images. Chaque prise saisit une image légèrement différente, et ces images, mises bout à bout, donnent l'impression d'un mouvement continu. Les caméras capturent aussi le son.

Les caméras de studio, utilisées en télévision, scindent la lumière en rouge, vert et bleu, détectant chaque couleur séparément pour une meilleure qualité. Les images sont communiquées à un enregistreur séparé. Les caméras de studio sont généralement montées sur un chariot spécial, mais elles peuvent aussi être tractées par un véhicule.

Caméra vidéo et caméscopes Ces appareils, qui naguère stockaient l'information sur bande analogique, sont maintenant équipés de disques optiques et de cartes mémoire. Les Caméscopes, surtout à usage domestique, sont devenus de plus en plus petits et légers, si bien qu'on peut désormais les tenir d'une main.

▼ LE TIRAGE INSTANTANÉ
Les photos prises avec un Polaroid sont développées instantanément par l'appareil lui-même, en une minute environ.

L'objectif *peut être changé pour obtenir l'effet recherché. Les objectifs grand angle permettent des prises de vue élargies.*

Les filtres *diminuent la quantité de lumière entrant.*

La lumière *doit traverser l'objectif pour que l'image puisse être saisie.*

@ Caméra

WAOUH !

C'est dans les années 1990 à Levallois-Perret que furent installées les premières caméras de surveillance en France. En 2007, on comptait 340 000 caméras dans l'espace public. La vidéosurveillance n'est pas la panacée en matière de sécurité. Son efficacité est très discutable et elle ne remplace pas la présence humaine.

1920
Invention de petits appareils photo à objectifs amovibles permettant au photographe de varier les types de prise de vue.

1970
Apparition des appareils photo à exposition et mise au point automatiques.

1990
Les appareils photo numériques, dont la technique est inventée dans les années 1970 et développée dans les années 1980, envahissent peu à peu le marché.

Un grand « village »

La technologie nous rapproche les uns des autres, rendant le monde « plus petit ». En quelques secondes, nous pouvons contacter par mail ou par téléphone une personne se trouvant à 20 000 kilomètres. Des centaines de millions d'ordinateurs dans plus de 200 pays sont désormais interconnectés en un réseau géant : Internet.

INTERNET

Internet désigne l'ensemble des connections filaires et satellitaires qui relie entre eux les systèmes informatiques du monde entier. En théorie, n'importe quel ordinateur peut être indirectement connecté à n'importe quel autre. L'Internet se caractérise par l'absence de système de contrôle central, ce qui le protège des bugs. Mais cela n'empêche pas des systèmes de contrôles locaux dans certains pays.

LE COURRIER ÉLECTRONIQUE

Le courrier électronique (e-mail), inventé en 1971, permet d'envoyer des messages écrits d'un ordinateur à un autre. C'est aujourd'hui l'un des moyens de communication les plus prisés. Nul ne le sait au juste, mais on estime le nombre de mails échangés chaque jour dans le monde entre 100 et 500 milliards.

WAOUH!

Le Web est comme une gigantesque bibliothèque accessible par l'Internet. Il comprend environ 200 millions de sites totalisant plus de 20 milliards de pages textes, de photos et de fichiers musicaux ou audio.

LE TÉLÉPHONE MOBILE

Le téléphone classique est fixe car relié au réseau par des fils. À l'inverse, le portable, dont le nombre s'élève aujourd'hui à 3 milliards dans le monde, envoie et reçoit les signaux sonores par ondes radio. Il est très répandu dans les pays en développement, où le réseau téléphonique classique coûte trop cher à installer.

LES NOUVELLES

Quand le courrier était le moyen le plus rapide de communiquer, une nouvelle pouvait mettre des mois pour faire le tour du monde. Maintenant, avec les satellites et l'Internet, l'actualité se déroule sous nos yeux. Par le Web, on peut même publier son propre journal (blog).

RAPPROCHER LES GENS

L'Internet a créé de nouvelles façons de se mettre en relation avec les autres. Les réseaux sociaux, permettant de se faire des « amis » et d'échanger autour de centres d'intérêt communs, sont très fréquentés. L'un deux compte plus de 150 millions d'inscrits. Si c'était un pays, il compterait parmi les plus grands du monde.

La réalité virtuelle

En stimulant les sens par des sons et des images artificiels que le cerveau interprète comme réels, la simulation par ordinateur donne l'illusion de se trouver dans un environnement différent de celui dans lequel on est en réalité.

▲ LES JEUX VIRTUELS
La réalité virtuelle recrée la sensation éprouvée en faisant du snowboard.

WAOUH!
Les systèmes de réalité virtuelle permettent de voir des objets inexistants et, dans certains cas, de les toucher. L'utilisateur porte pour cela des gants tapissés de petites vésicules gonflables qui créent des sensations tactiles.

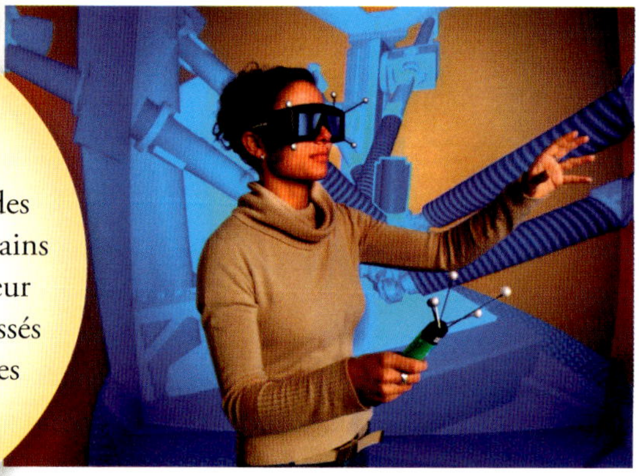

◂ ÊTRE EN INTERACTI
Femme portant un casque 3D et utilisant une manette pour interagir avec le monde virtu

@ Monde virtuel

SE DIVERTIR

Dans la plupart des systèmes de réalité virtuelle, la perception du monde virtuel passe par le port d'un casque spécial. L'interaction se fait par l'utilisation de divers types de manettes, logiciels de reconnaissance vocale, gants tactiles et tapis de marche.

LA VIRTUSPHÈRE

La VirtuSphère est une matrice posée sur roulettes, dans laquelle l'utilisateur, équipé d'un casque sans fil par lequel il reçoit les images d'un monde virtuel, peut marcher sans fin dans une multitude d'espaces.

◂ LES APPLICATIONS
La VirtuSphère peut servir à divers usages, de l'entraînement militaire aux visites virtuelles de musées.

▸ UNE PROMENADE AU PARC
Grâce à la VirtuSphère, cet architecte visualise le design proposé pour un nouveau parc.

LA CONCEPTION INDUSTRIELLE

Architectes, constructeurs et designers utilisent la réalité virtuelle pour tester leurs produi avant qu'ils existent, la simulatio permettant de détecter les vices.

L'ENTRAÎNEMENT DES MÉDECINS ET SOLDATS

Les militaires utilisent la réalité virtuelle pour simuler des scènes de combat. Et dans les hôpitaux, les internes en chirurgie effectuent des interventions virtuelles sur écran d'ordinateur, sans mettre en danger la vie de qui que ce soit.

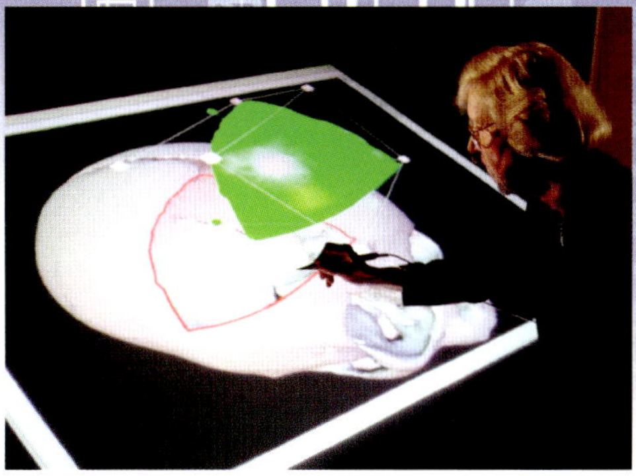

▲ LA CHIRURGIE VIRTUELLE *Médecin étudiant virtuellement la tête d'un patient à opérer*

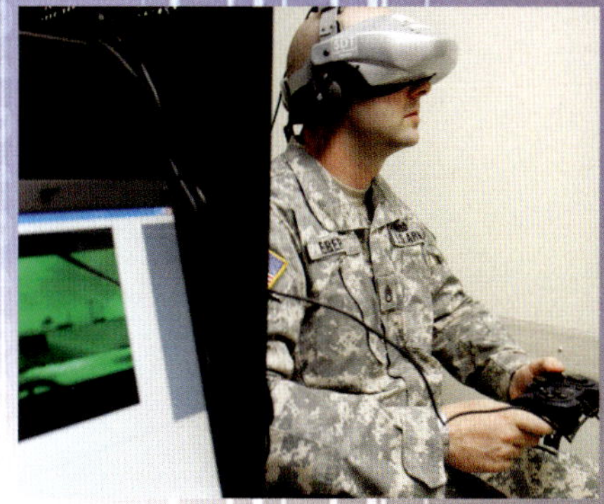

▲ LES JEUX GUERRIERS *Soldat se préparant sur un champ de bataille virtuel*

SIMULER UN VOL

Les pilotes de ligne s'entraînent dans des simulateurs de vol – l'une des premières formes de réalité virtuelle. Assis dans un cockpit grandeur nature, ils voient se dérouler sous leurs yeux des scènes générées par ordinateur. Les commandes répondent de la même façon que sur un véritable avion.

◂ UN STIMULATEUR DE VOL *Grâce à la réalité virtuelle, les pilotes peuvent s'exercer sans risques.*

L'EXPLORATION SPATIALE

La NASA, agence spatiale américaine, a utilisé la réalité virtuelle pour concevoir les robots explorateurs Spirit et Opportunity, envoyés sur Mars en 2003. Les astronautes aussi se servent de la simulation pour se préparer à leurs missions.

◂ UN ROBOT EXPLORATEUR *Ingénieur utilisant la réalité virtuelle pour étudier les difficultés inhérentes à la surface rocheuse de la planète rouge*

La robotique

Les robots sont des machines capables d'accomplir des tâches répétitives à notre place. Certains interviennent sur des sites dangereux. D'autres, dotés d'intelligence artificielle, peuvent résoudre des problèmes et apprendre par l'expérience.

Robot

LA CHIRURGIE ROBOTISÉE

Pour les interventions très complexes, les chirurgiens se servent de robots, dont ils télécommandent les gestes en suivant le déroulement des opérations sur un écran.

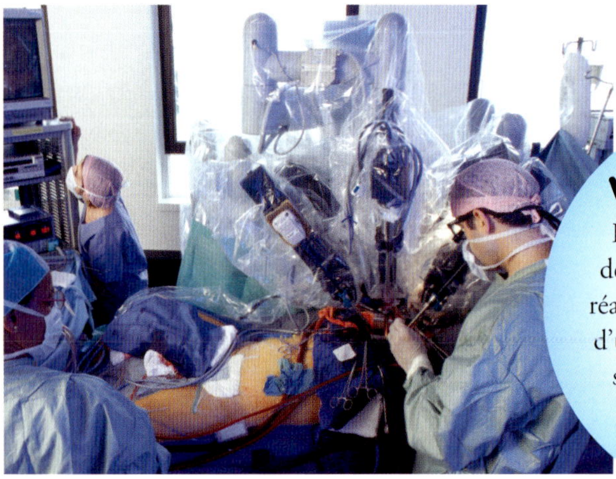

◄ DA VINCI *est un robot chirurgical servant à la réalisation d'opérations complexes.*

WAOUH !
En 2001, une ablation de la vésicule biliaire a été réalisée à distance au moyen d'un robot. Les chirurgiens se trouvaient aux États-Unis et le patient en France.

COUP D'ŒIL SUR LES EXPRESSIONS DU VISAGE

Des ingénieurs du Massachusetts Institute of Technology, aux États-Unis, ont mis au point le robot Kismet.

Ce robot, qui imite nos expressions en bougeant les pièces de son « visage », apprend par interaction avec l'Homme.

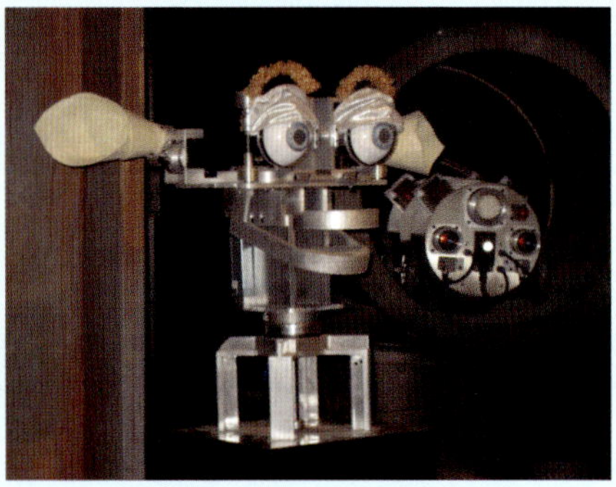

▲ LA JOIE *Kismet peut simuler les émotions humaines, telle la joie, en mimant les sourires de ses interlocuteurs.*

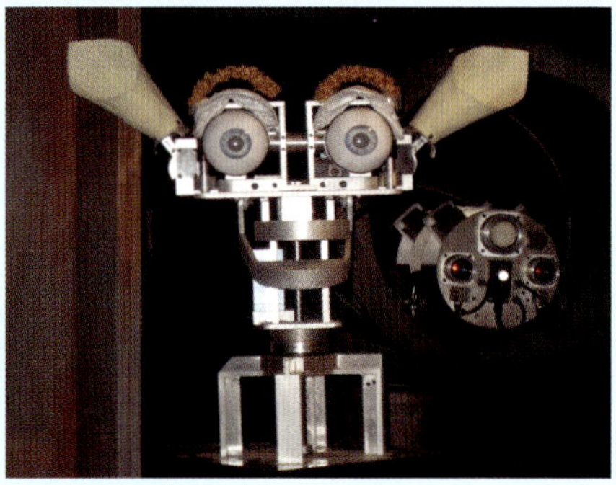

▲ LA SURPRISE *Le robot apprend de l'expérience, mais se montre « surpris » face aux situations inhabituelles.*

L'exploration spatiale

- **Nom** Mars Exploration Rover
- **Prix** 550 000 000 €

La NASA a envoyé en 2003 deux véhicules robotisés sur la planète Mars pour en explorer la surface, tâche bien trop difficile pour les astronautes.

Un avion espion

- **Nom** MQ-1 Predator Drone
- **Prix** 2 700 000 €

Le drone « Predator » est un avion sans pilote utilisé pour la surveillance. Il est commandé à partir du sol via une liaison satellite et équipé de deux missiles Hellfire.

Le déminage

- **Nom** Rotec HD-1
- **Prix** Environ 73 500 €

Ce démineur robotisé est équipé d'une caméra couleur et d'un bras télescopique avec pince pour désamorcer les engins explosifs, tels que les mines antipersonnelles.

LES ANIMAUX-ROBOTS

En 1999, Sony a lancé un chien robotisé – AIBO –, ici en train de disputer un match de foot dans le cadre de la RoboCup 2004. Il s'agit d'un robot complexe qui voit, entend, possède le sens du toucher et de l'équilibre. Il bouge et se comporte presque comme un vrai chien, rapportant par exemple la balle. Sa fabrication a été arrêtée, car il ne se vendait pas assez bien.

Les robots industriels

- **Débuts** Années 1960
- **Prix** Selon le type

Les robots industriels, tels ceux utilisés dans les chaînes de montage automobile, sont des machines à tâche répétitives, commandées par un ordinateur. Rapides et précis, ils ne se fatiguent jamais, contrairement à l'Homme.

Les robots domestiques

- **Nom** Robomow
- **Prix** Environ 1 000 €

Certains robots sont conçus pour faire les corvées domestiques, comme tondre la pelouse. Robomow est une tondeuse robotisée, munie de capteurs qui lui permettent d'éviter les obstacles, tels qu'arbres ou rebords.

MAIS ENCORE ?

L'aspirateur robotisé Roomba, commercialisé par la société américaine iRobot depuis 2002, évite les obstacles – murs ou meubles – grâce à ses capteurs.

Les nanotechnologies

Les nanotechnologies, dont on attend beaucoup, notamment en chirurgie ou en aérospatiale, concernent la conception et la réalisation de dispositifs, systèmes et appareils à l'échelle de l'atome.

@ Nanotechnologie

▸ LA MICRO-MÉCANIQUE *On fabrique des pièces de mécanique de quelques micromètres, comme celle-ci, présentée à côté d'une patte de mouche.*

QU'EST-CE QUE C'EST ?

Le suffixe *nano* signifie un milliardième. Un milliard de nanomètres font donc un mètre. La nanoscience est l'étude des phénomènes et manipulations à l'échelle nanométrique. Pour se faire une idée de ce que cela représente, il faut s'imaginer quelque chose de 100 000 fois plus petit que l'épaisseur d'un cheveu.

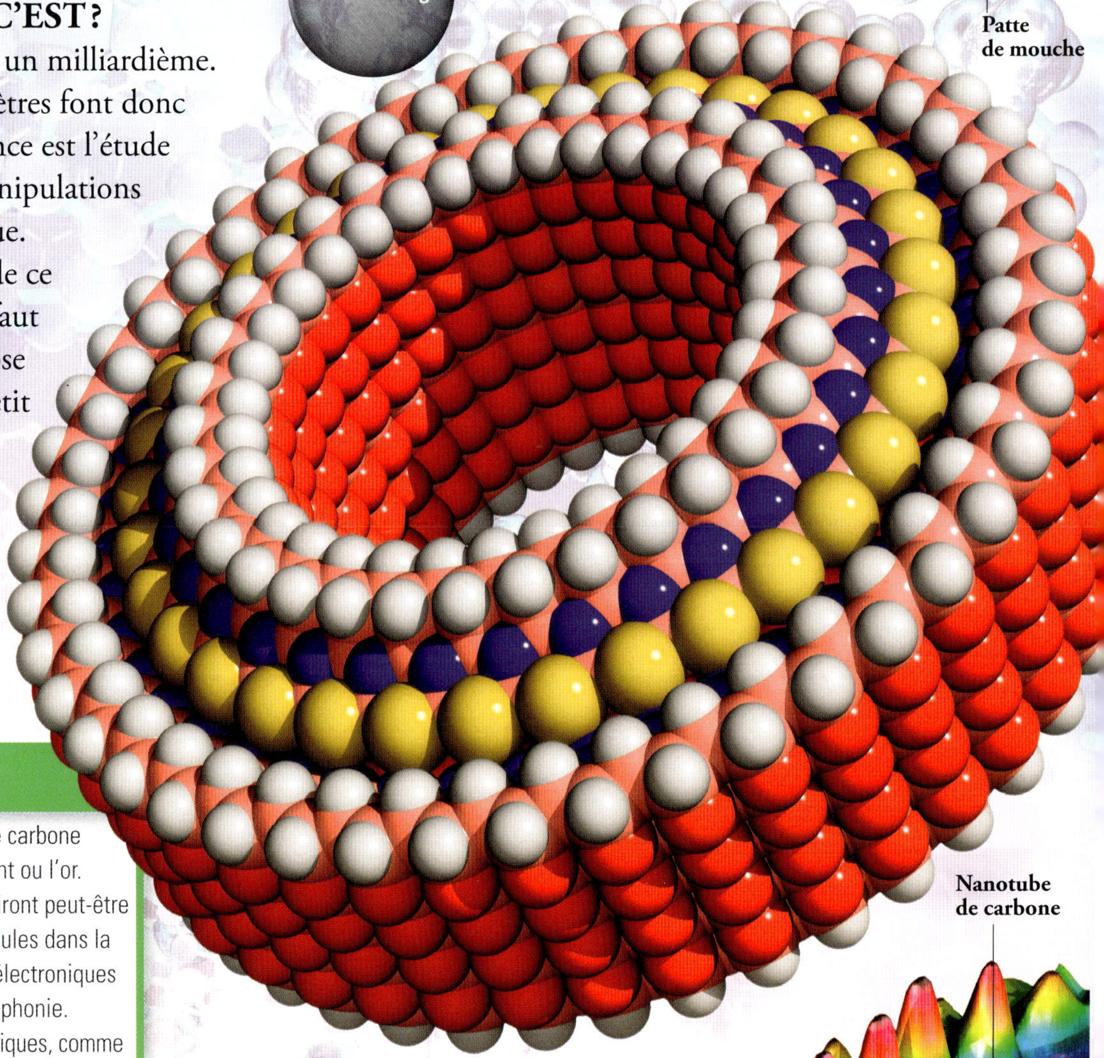

▸ LES PIÈCES ROTATIVES *Des atomes de carbone et d'hydrogène disposés en cercle peuvent servir de roulements pour les pièces rotatives d'une nanomachine.*

EN BREF

- Au poids, les nanotubes de carbone sont plus chers que le diamant ou l'or.
- Les nanotechnologies serviront peut-être pour l'assemblage des molécules dans la fabrication des composants électroniques pour l'informatique ou la téléphonie.
- D'autres appareils électroniques, comme les écrans souples ou les détecteurs de particules chimiques dans l'air, contiennent des pièces nanométriques.
- Des chercheurs travaillent sur des nanocapteurs capables de détecter des molécules aussi infimes qu'un brin d'ADN.
- Les nanotechnologies servent à fabriquer des « médicaments intelligents », ciblant certaines cellules ou microbes.

Les nanomatériaux Les nanotubes de carbone font actuellement beaucoup parler d'eux. Ces petites structures en atomes de carbone, extrêmement allongées, sont plus dures que le diamant et meilleures conductrices d'électricité que le métal. Cela les rend très prometteuses pour l'avenir de l'électronique.

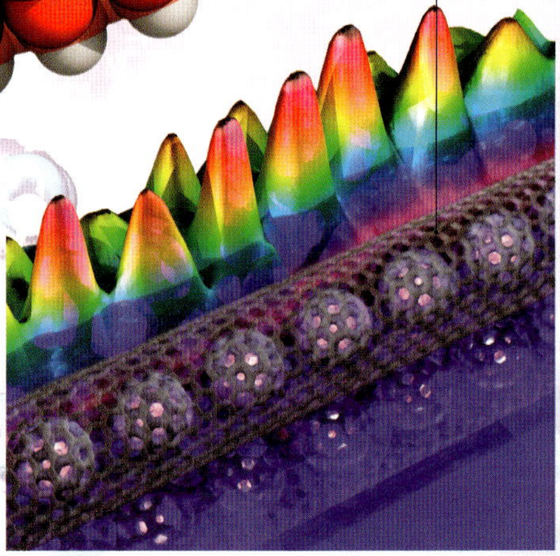

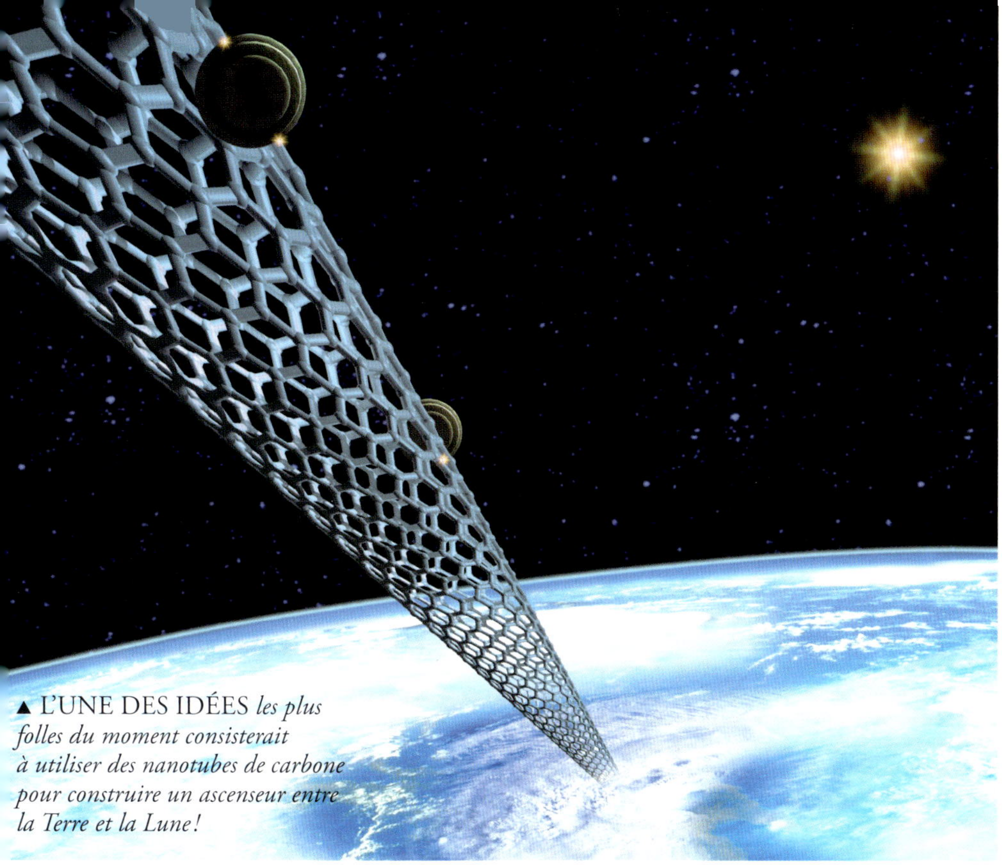

▲ L'UNE DES IDÉES *les plus folles du moment consisterait à utiliser des nanotubes de carbone pour construire un ascenseur entre la Terre et la Lune !*

WAOUH !

Les chercheurs étudient la possibilité d'utiliser des **nanomatériaux résistants** pour construire des gratte-ciel très hauts. Les nanotubes de carbone, réseaux hexagonaux d'atomes de carbone rendus très robustes et légers par leur agencement, sont une option. Les architectes pourraient s'en servir comme de structures porteuses.

EN PRATIQUE

On sait déjà fabriquer des moteurs électriques, engrenages et ressorts de seulement quelques centaines de nanomètres de diamètre. D'ici quelques années, il devrait être possible d'assembler ces pièces pour obtenir des nanomachines et des nanorobots, appareils qui pourront servir en médecine pour réparer le corps de l'intérieur ou pour traquer les agents pathogènes dans le sang.

▸ LA MOUCHE-ROBOT *est analogue en apparence à une vraie mouche, mais bourrée de composants électroniques nanométriques.*

Les fourmis-robots Les chercheurs se servent de fourmis robotisées pour étudier le comportement des fourmis réelles. Les nanotechnologies permettent de fabriquer les circuits intégrés commandant les mouvements de ces microrobots.

Dans la vie quotidienne

Les nanotechnologies servent déjà dans divers domaines de la vie courante, du textile à la parapharmacie en passant par les peintures. Leur développement et leur usage devraient nécessiter un minimum de contrôle et d'information ; leur innocuité n'est pas prouvée, même quand ils ne sont pas polluants.

◂ LES CRÈMES SOLAIRES *doivent leur pouvoir pénétrant et couvrant aux nanoparticules.*

◂ LES TISSUS HYDROFUGÉS *sont couverts d'une couche de nanoparticules au contact de laquelle l'eau forme des perles quasi sphériques qui, en roulant sur la surface, entraînent les poussières. Le vêtement reste donc sec, et il est en plus nettoyé.*

CORPS HUMAIN

- Au repos, le cœur d'un enfant bat environ 85 fois par minute.
- Le poumon gauche est un peu plus petit que le droit.
- Un être humain inspire et expire environ 23 000 fois par jour.
- Notre corps compte 3 millions de nocicepteurs, la plupart au niveau de la peau.
- Les oreilles grandissent d'environ 6,55 mm en trente ans.

Quels sont ces organes?
À découvrir page 291

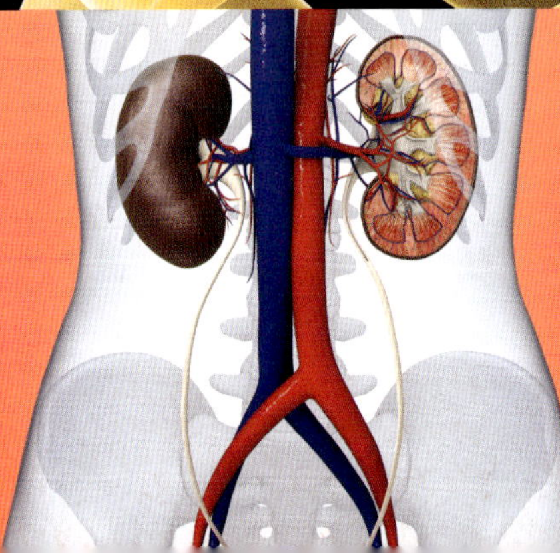

Quelle est la vitesse des influx nerveux?
À découvrir page 281

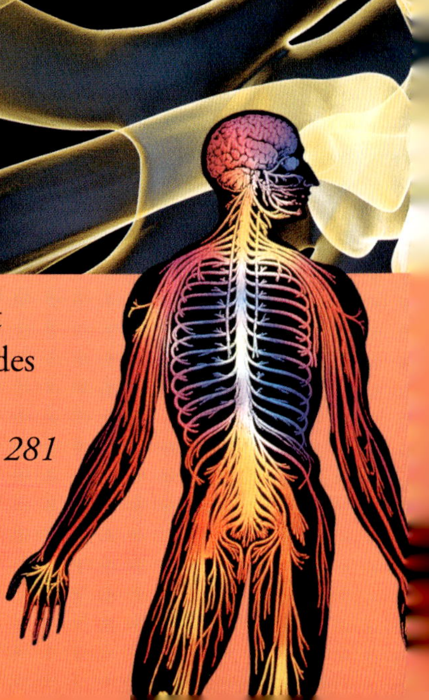

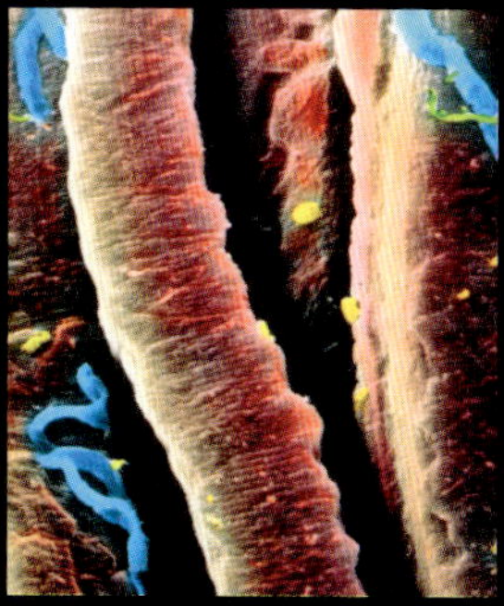

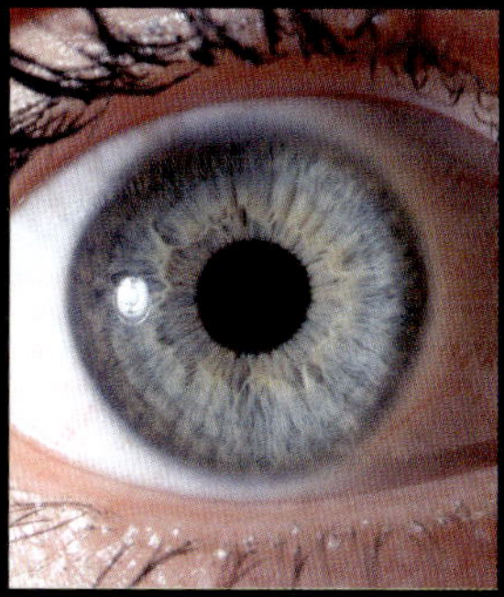

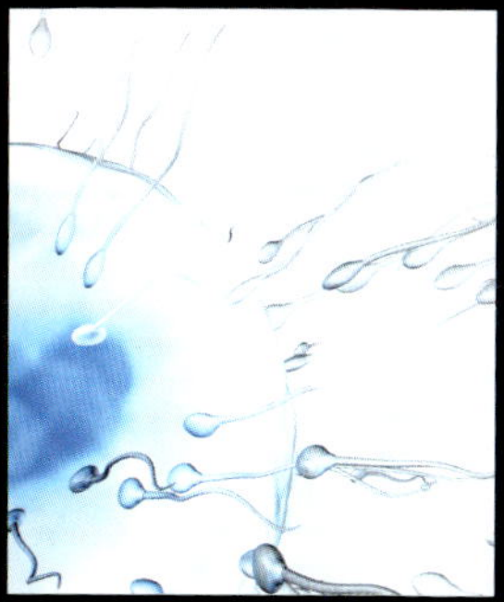

Le **corps humain** est une « machine » étonnante. L'homme, mammifère omnivore, consomme oxygène, viande et végétaux pour s'alimenter et produire de l'énergie.

- Nous clignons des yeux plus de 9 000 fois par jour.
- Notre peau mesure environ 2 mm d'épaisseur sur la plus grande partie du corps.
- Un carré de peau de la taille d'un ongle peut contenir jusqu'à 600 glandes sudoripares.
- Le corps humain contient en général autant de fer qu'un clou de 2,5 cm dc long.
- Une goutte de sang contient environ 5 millions de globules rouges.

Combien le cerveau humain contient-il de neurones ?
À découvrir pages 280-281

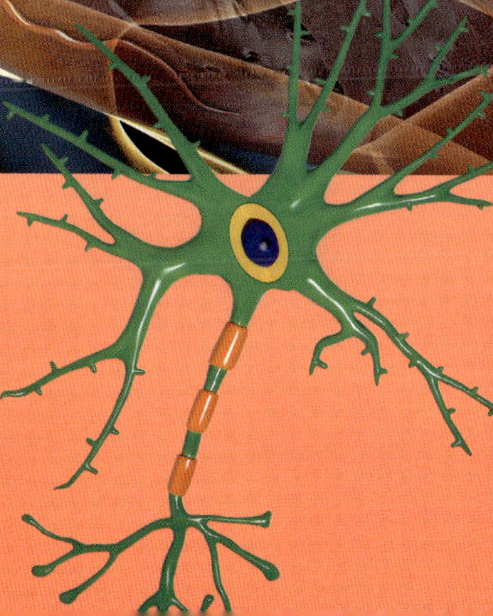

Combien d'**os** y a-t-il dans le squelette d'un adulte ?
À découvrir page 273

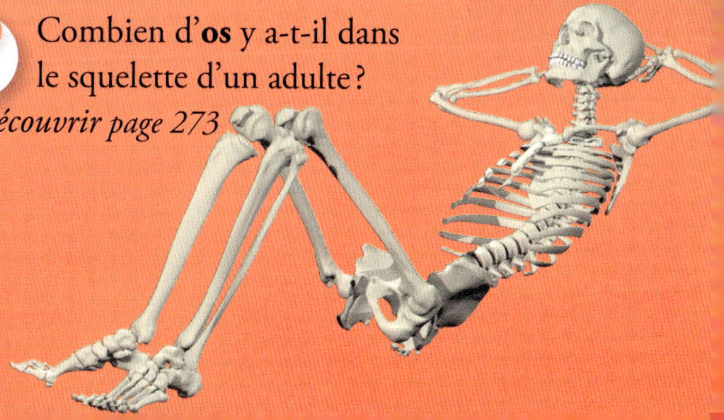

Notre corps

La Terre héberge six milliards d'êtres humains, tous uniques, mais partageant des caractéristiques communes, notamment les tissus et les organes, organisés en systèmes fonctionnels, comme les appareils cardio-vasculaire, respiratoire ou digestif.

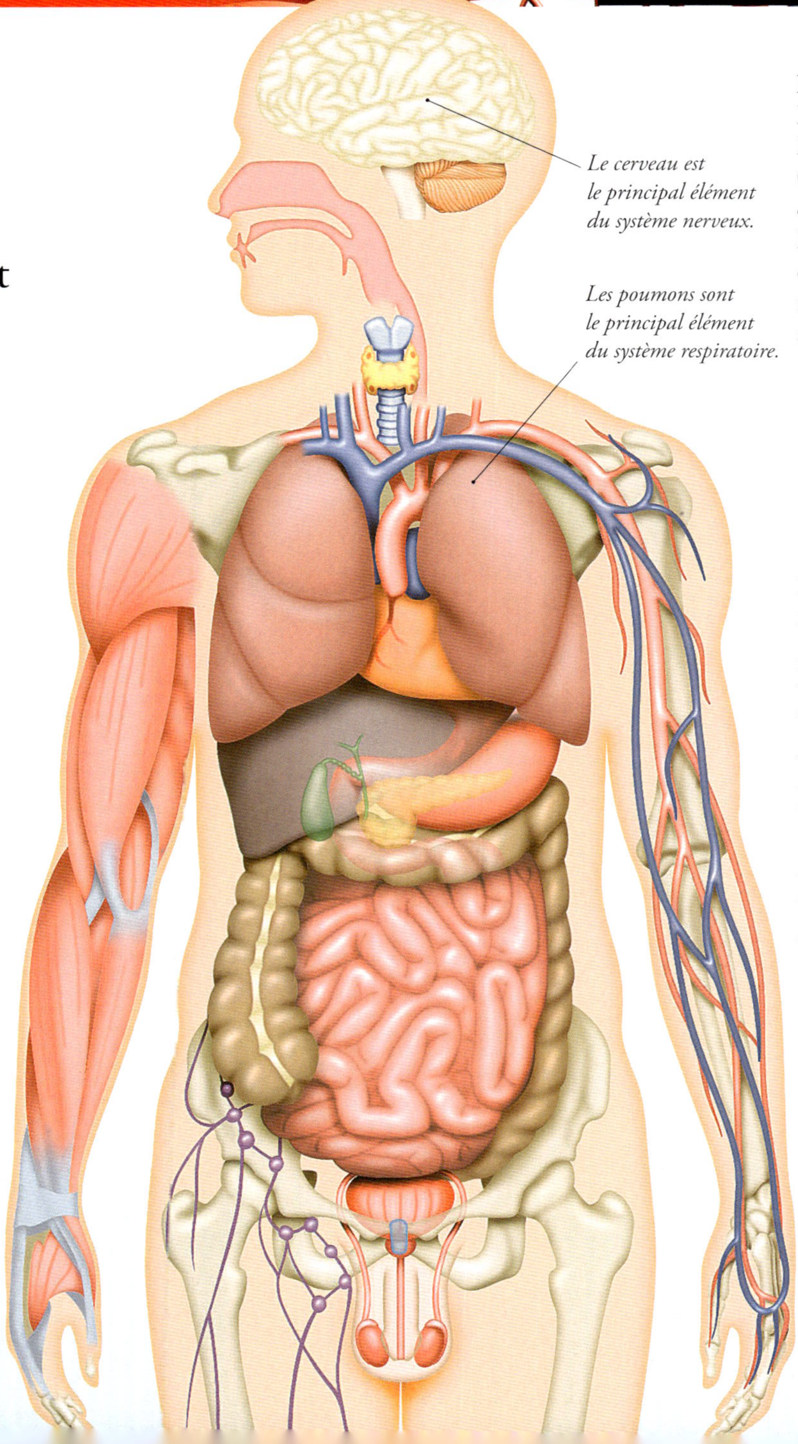

Le système nerveux comprend le cerveau, la moelle épinière, les nerfs et les organes des sens. C'est lui qui commande les faits et gestes du corps, de façon souvent automatique.

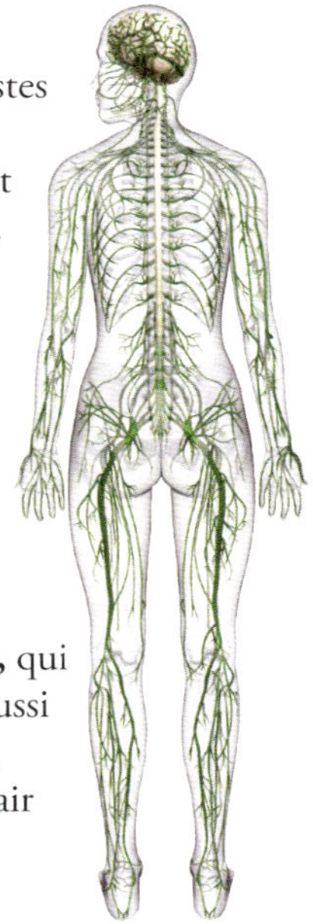

Les voies respiratoires, qui permettent aussi la phonation, conduisent l'air jusqu'aux poumons, où l'oxygène, indispensable à la vie, est absorbé en échange du gaz carbonique.

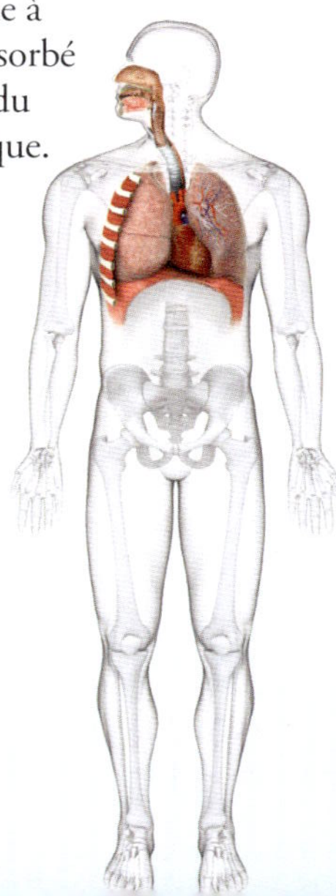

LA PEAU, LES POILS ET LES ONGLES

La peau, les poils et les ongles forment un revêtement protecteur et constituent ensemble le système tégumentaire. Nos poils et nos ongles sont des annexes de la peau, notre plus grand organe. Des cellules de peau morte se détachent continuellement de l'épiderme.

EN BREF

- Les cheveux poussent à raison de 6 à 8 mm par mois.
- En moyenne, nous produisons 500 g de cellules de peau mortes par an.
- La peau d'un adulte pèse environ 5 kg.
- La peau est imperméable.
- Les ongles des mains poussent 4 fois plus vite que ceux des pieds.

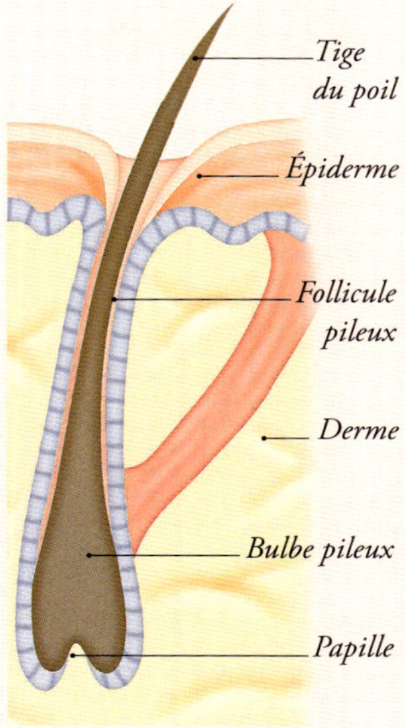

COUP D'ŒIL SUR LES CELLULES

Tout être vivant n'est au départ qu'une seule cellule. Notre corps en comporte plusieurs millions, si petites qu'il faut un microscope pour les voir isolément. Ensemble, elles forment des tissus qui, à leur tour, composent des organes.

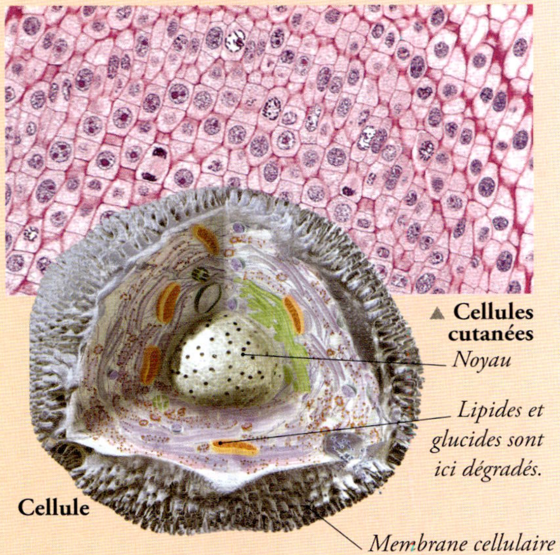

▲ **Cellules cutanées**

Cellule

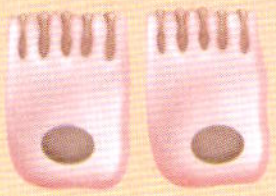

- Les cellules épithéliales forment un revêtement qui protège le corps.

- Les adipocytes, en forme de goutte, grossissent à mesure que le corps emmagasine les graisses.

- Les neurones transmettent à toutes les parties du corps les signaux électriques émis par le cerveau.

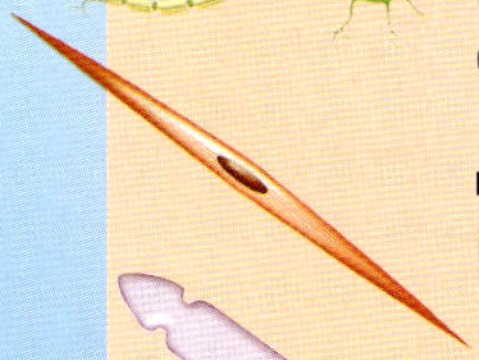

- On trouve des cellules musculaires lisses dans les intestins.

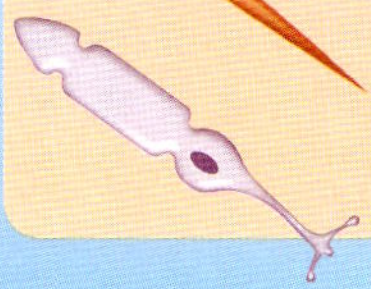

- On trouve les photorécepteurs dans la rétine de l'œil.

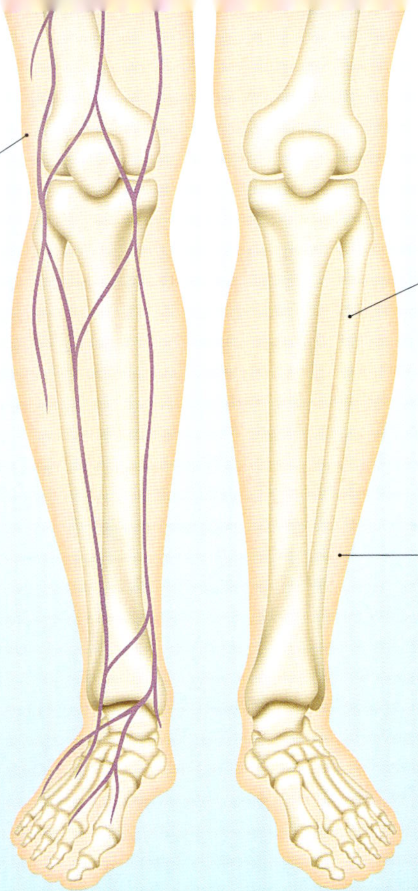

Chaque système a son rôle à jouer. Pour qu'on puisse parler de bonne santé, tous doivent fonctionner correctement et former une harmonie.

On dénombre une dizaine de systèmes organiques, dont l'appareil locomoteur, que l'on divise parfois en système musculaire et système squelettique.

La peau, qui recouvre le corps, contient des follicules pileux, des terminaisons nerveuses, des glandes sudoripares et des capillaires sanguins.

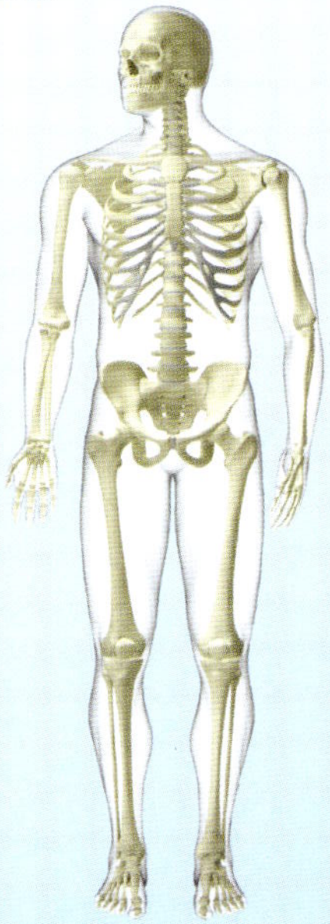

Le système squelettique, composé chez l'adulte de 206 os, forme une charpente mobile servant d'armature au corps et protégeant les organes internes.

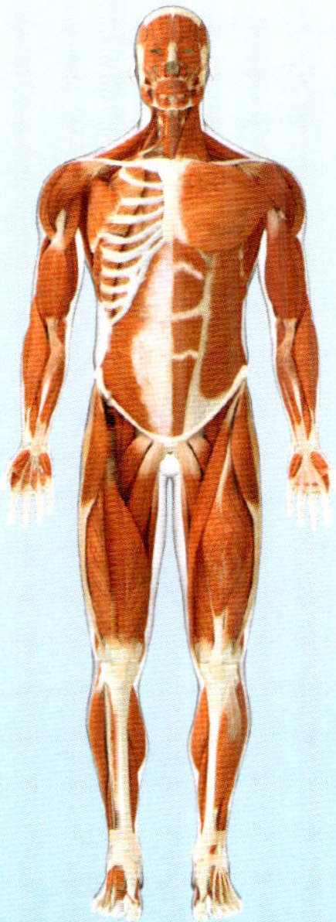

Le système musculaire comprend les muscles squelettiques, attachés aux os par des tendons, les muscles lisses des organes creux et le myocarde, auxquels l'afflux régulier de sang permet de recevoir l'oxygène et l'énergie nécessaires pour fonctionner correctement.

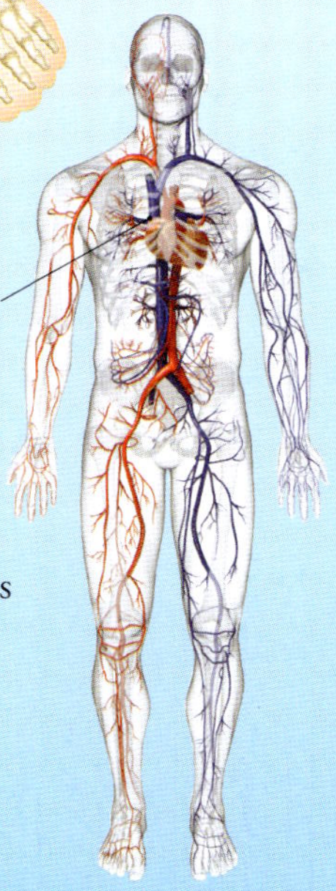

Le cœur est la pièce maîtresse du système circulatoire.

Le système cardio-vasculaire pompe le sang et le propulse dans tout le corps. Le sang alimente organes et tissus en oxygène et autres substances vitales et repart en emportant les déchets métaboliques.

Corps humain

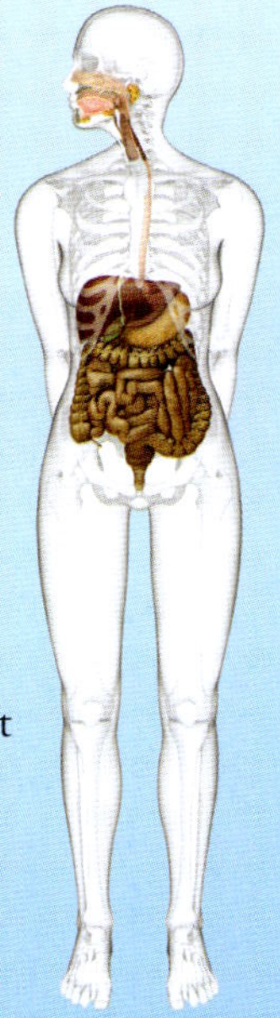

L'appareil digestif, qui se présente sous la forme d'un long tube, transforme les aliments ingérés, en extrait les nutriments nécessaires aux tissus et élimine les déchets.

Les os

Les os forment une charpente appelée squelette, sans laquelle nous nous affaisserions sur nous-mêmes. Ils protègent aussi les organes internes, comme le cœur, et participent avec les muscles aux mouvements du corps dans l'espace.

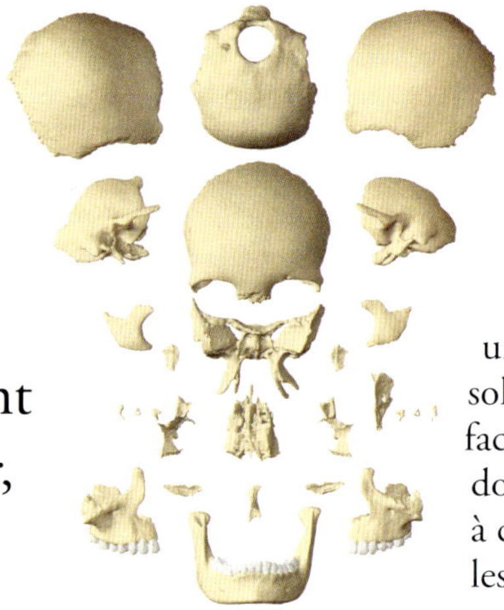

Les éléments du crâne
La boîte crânienne se compose d'une multitude d'os. Les pièces de la voûte, qui protège le crâne, s'emboîtent pour former un habitacle extrêmement solide, tandis que le massif facial comprend quatorze os, dont la forme, combinée à celle des muscles, définit les traits du visage.

EN BREF

- Le corps humain compte 206 os.
- À poids égal, l'os est six fois plus solide qu'une barre d'acier.
- Notre os le plus volumineux est l'os de la cuisse, ou fémur, tandis que l'étrier, situé dans l'oreille, n'est pas plus gros qu'un grain de riz.
- Crâne, colonne vertébrale et côtes totalisent environ 80 os.
- Pour avoir des os solides, il faut manger suffisamment de calcium.
- Nous avons sept vertèbres cervicales, autant que la girafe.
- Chez le bébé, le squelette se compose surtout de cartilage (matière souple, comme dans la cloison nasale).
- Le fémur, notre os le plus long, représente environ un quart de notre taille.
- Plus d'un quart de nos os se trouvent dans les mains.

▼ DANS UNE ARTICULATION
Les extrémités osseuses (ci-dessous en bleu) sont recouvertes de cartilage lisse et séparées par le liquide synovial, un lubrifiant.

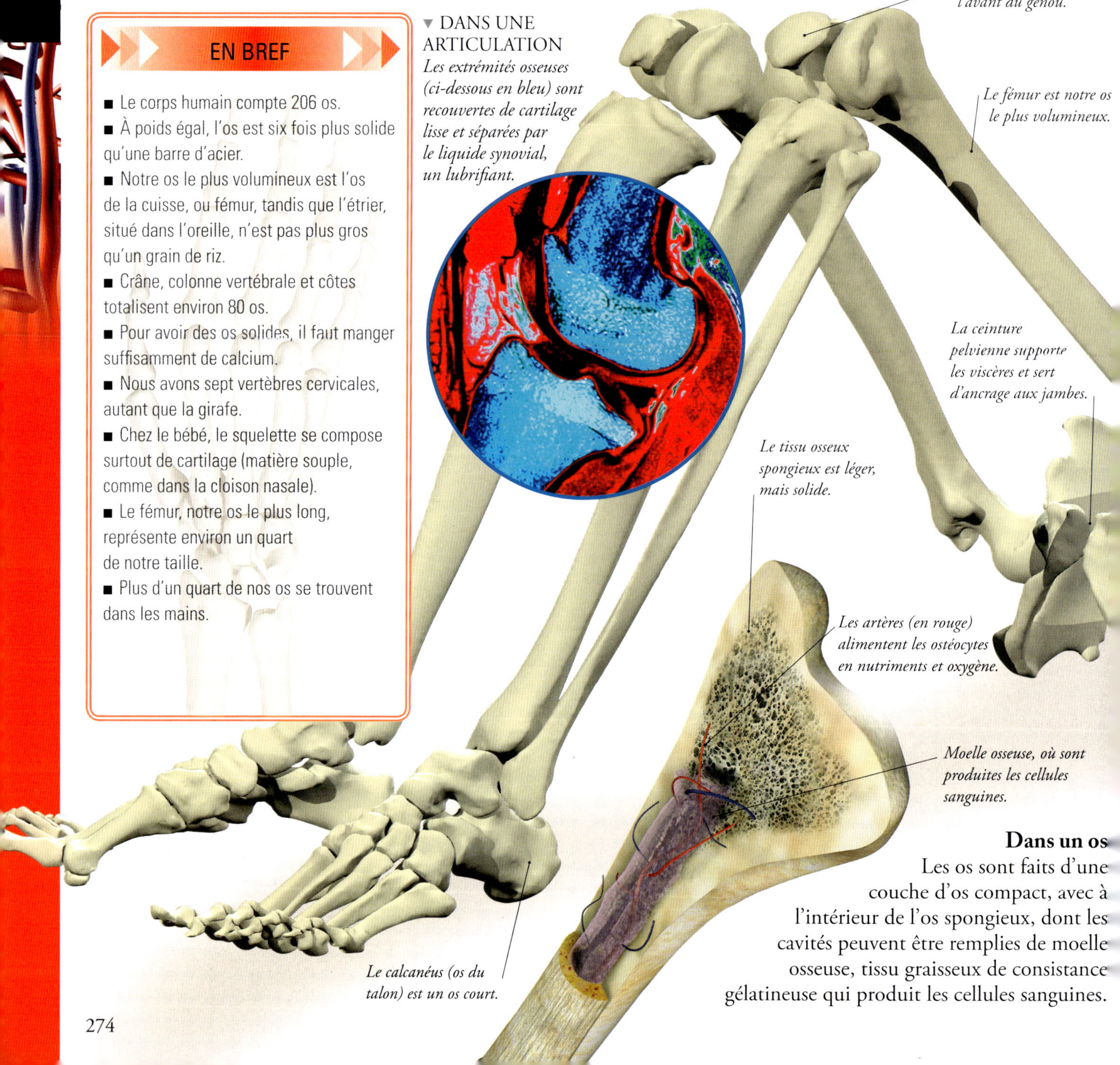

Dans un os
Les os sont faits d'une couche d'os compact, avec à l'intérieur de l'os spongieux, dont les cavités peuvent être remplies de moelle osseuse, tissu graisseux de consistance gélatineuse qui produit les cellules sanguines.

LES OS ET LES ARTICULATIONS

Les os, tissu vivant, renferment des vaisseaux sanguins, des nerfs et des cellules. Ils sont robustes mais légers, et, lorsqu'ils cassent, peuvent se réparer tout seuls. Les articulations, plus ou moins mobiles, formées par la rencontre de deux os, permettent au corps de se mouvoir.

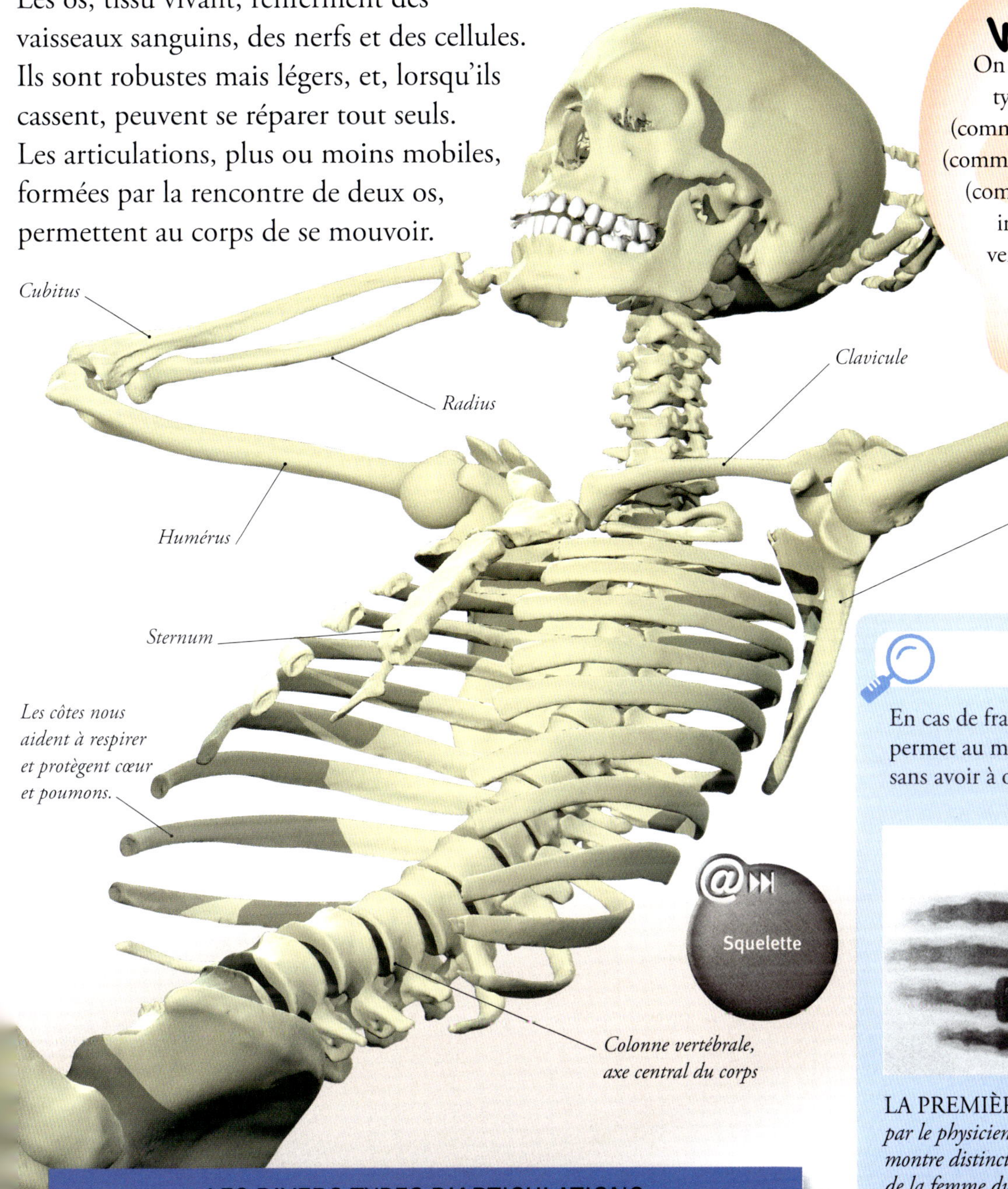

WAOUH !

On distingue quatre grands types d'os : les os longs (comme le fémur), les os courts (comme le calcanéus), les os plats (comme l'omoplate) et les os irréguliers (comme les vertèbres). Il existe aussi des petits os ronds, dits sésamoïdes, comme la rotule.

LES RADIOS

En cas de fracture, la radiographie permet au médecin d'examiner l'os sans avoir à ouvrir.

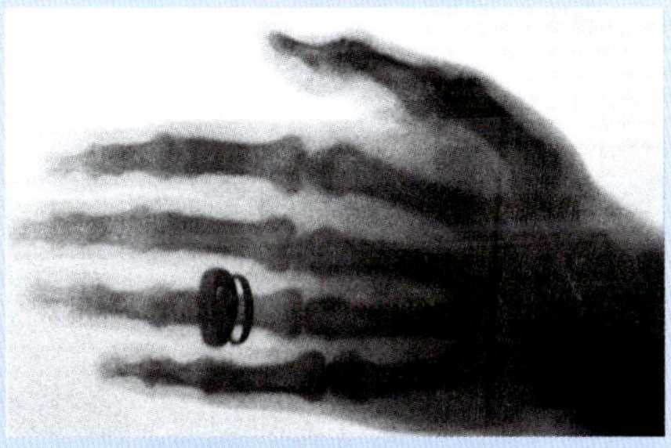

LA PREMIÈRE RADIO, *réalisée en 1895 par le physicien allemand Wilhelm Röntgen, montre distinctement les os de la main de la femme du savant, avec, autour, sous forme d'ombres légères, les tissus mous.*

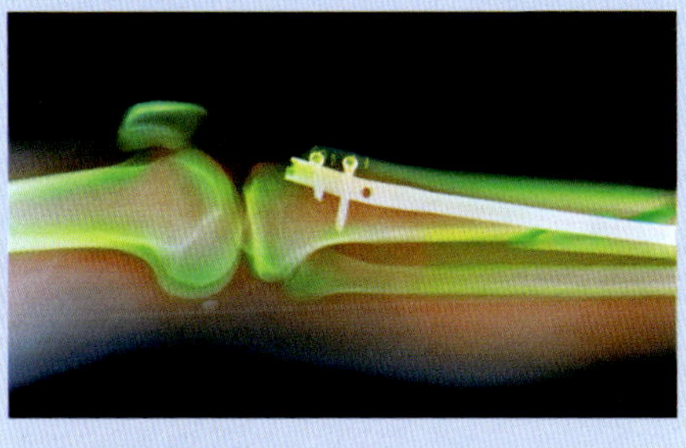

UN BROCHAGE *Les os se réparent tout seuls, mais, en cas de mauvaise fracture, il arrive qu'il faille poser une broche en métal pour maintenir les morceaux durant la phase de consolidation, qui peut durer huit semaines.*

LES DIVERS TYPES D'ARTICULATIONS

Certaines jointures (coude) bougent dans un seul plan. D'autres (épaule) permettent des mouvements circulaires.

- L'articulation de la base du pouce est dite articulation en selle.
- Les articulations sphéroïdes se trouvent au niveau de l'épaule et de la hanche.
- L'articulation du genou est dite trochléenne.
- Il y a une articulation à pivot au sommet de la colonne vertébrale.
- Les articulations planes se rencontrent au niveau des chevilles et des poignets.

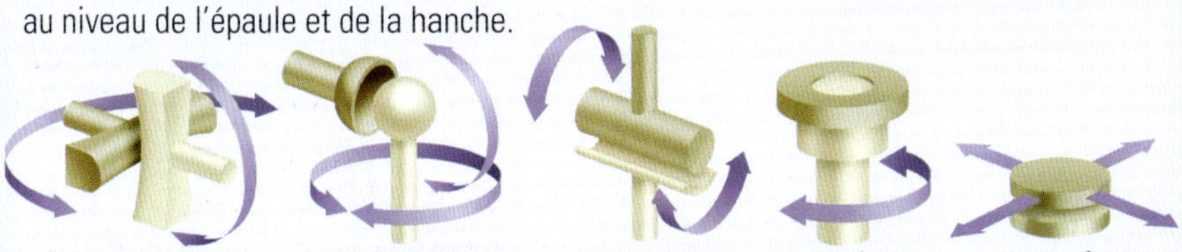

Les muscles

Les muscles sont des tissus qui, par contraction, font bouger certaines parties du corps ou les organes. Notre squelette est recouvert d'environ 650 muscles dits squelettiques, qui représentent à peu près la moitié de notre poids.

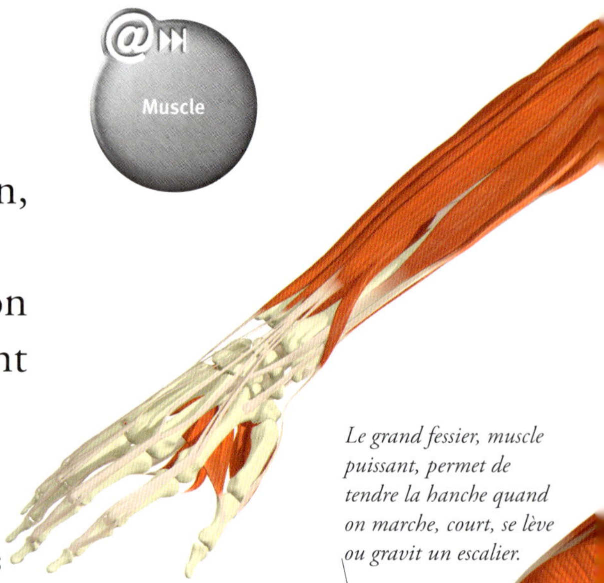

LES DIVERS TYPES DE MUSCLES

Il y a trois types de muscles : les muscles squelettiques, les plus nombreux, qui font bouger les os sur commande, le myocarde qui fait battre le cœur, et les muscles lisses, situés dans la paroi des organes creux, comme ceux de l'appareil digestif, et dont l'action est indépendante de la volonté.

LE FONCTIONNEMENT DES MUSCLES

Lorsqu'ils se contractent, sur ordre du cerveau, les muscles striés raccourcissent et épaississent. Au repos, ils s'allongent. Quand on veut attraper quelque chose, le cerveau ordonne aux muscles du bras d'entrer en action. Ceux-ci tirent alors sur les os. Comme seule la traction est possible, les muscles fonctionnent par paire. Par exemple, le biceps fléchit le bras au niveau du coude et le triceps le tend.

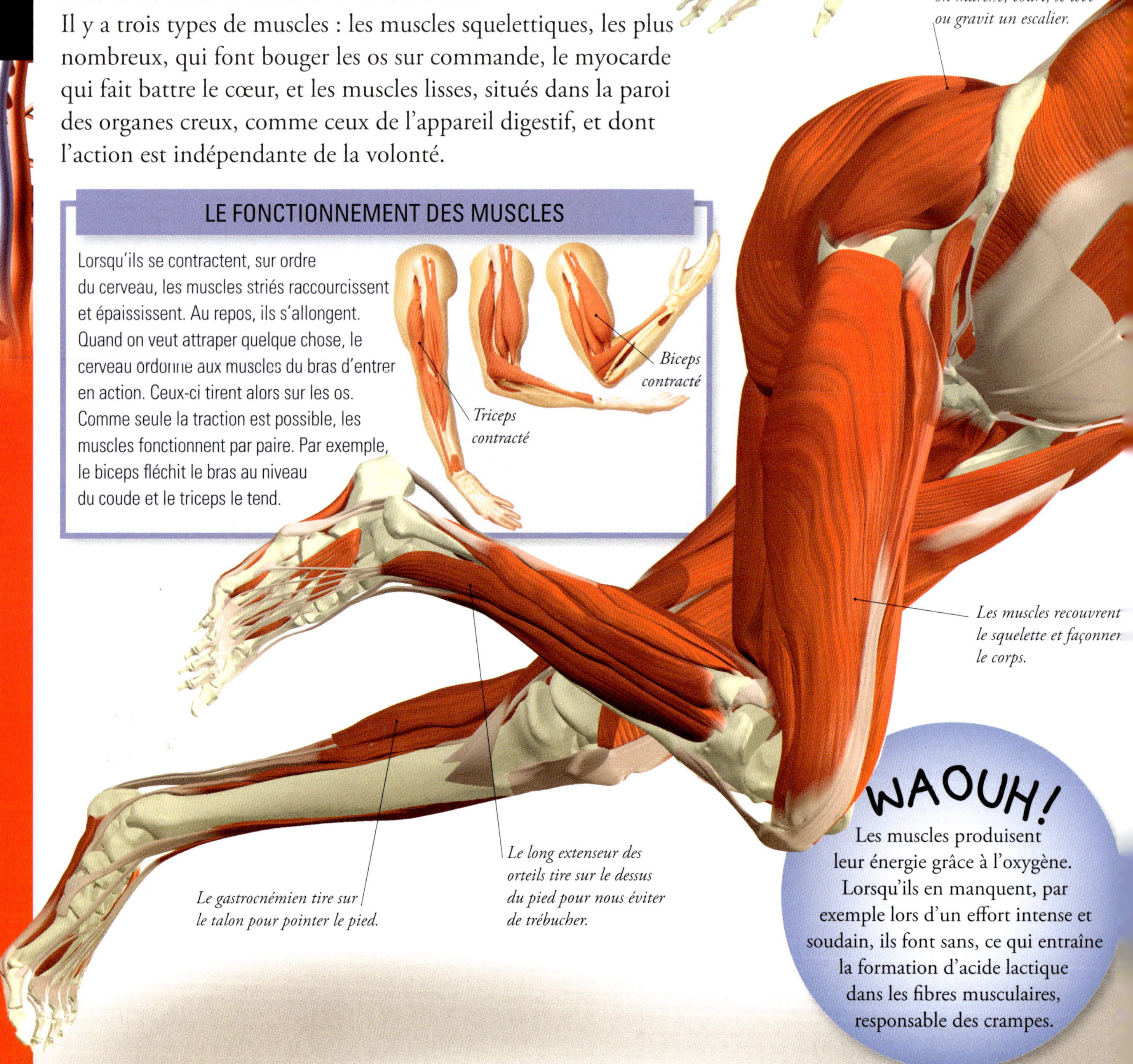

WAOUH !

Les muscles produisent leur énergie grâce à l'oxygène. Lorsqu'ils en manquent, par exemple lors d'un effort intense et soudain, ils font sans, ce qui entraîne la formation d'acide lactique dans les fibres musculaires, responsable des crampes.

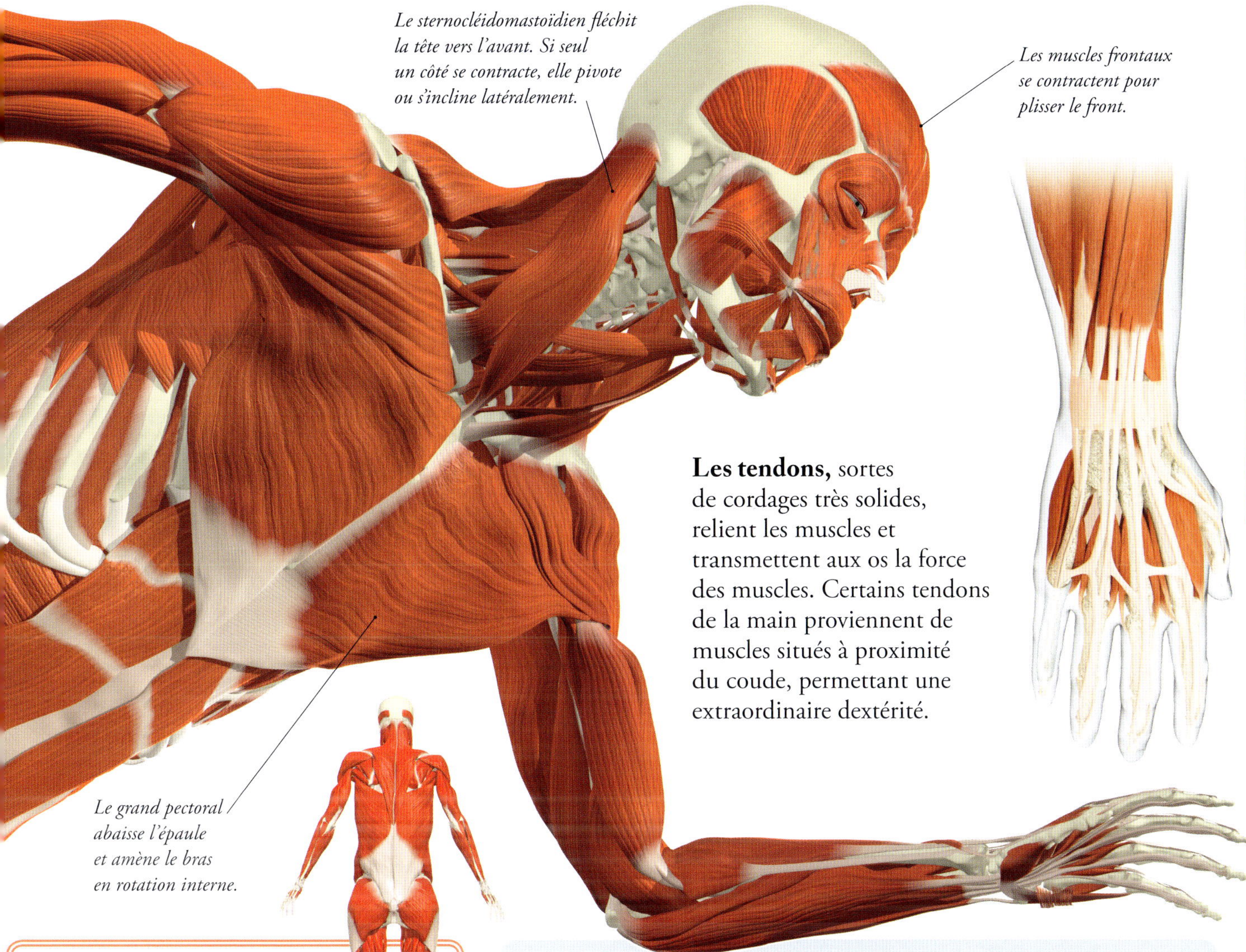

Le sternocléidomastoïdien fléchit la tête vers l'avant. Si seul un côté se contracte, elle pivote ou s'incline latéralement.

Les muscles frontaux se contractent pour plisser le front.

Le grand pectoral abaisse l'épaule et amène le bras en rotation interne.

Les tendons, sortes de cordages très solides, relient les muscles et transmettent aux os la force des muscles. Certains tendons de la main proviennent de muscles situés à proximité du coude, permettant une extraordinaire dextérité.

EN BREF

- Les dorsaux, muscles les plus puissants, nous permettent de nous tenir droit.
- Le mot « muscle » nous vient des Romains, qui trouvaient que leurs mouvements sous la peau ressemblaient à ceux d'une souris, *musculus* signifiant en latin petite souris.
- Bizarrement, sourire sollicite davantage de muscles que faire les gros yeux : 12 pour l'un contre 11 pour l'autre.
- La première planche représentant les muscles a été publiée en 1543, dans l'ouvrage du médecin flamand André Vésale, *De la structure du corps humain.*
- La langue est un muscle.

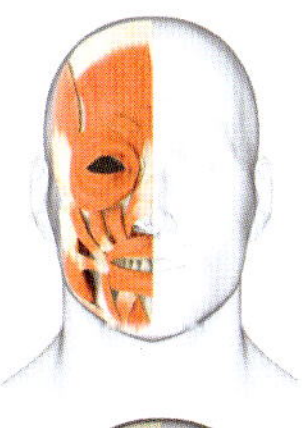

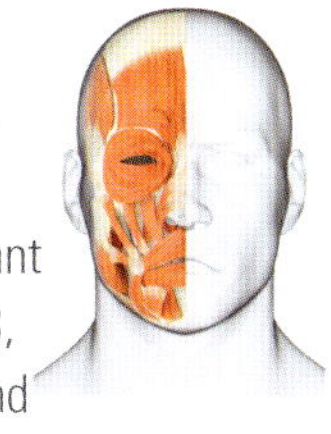

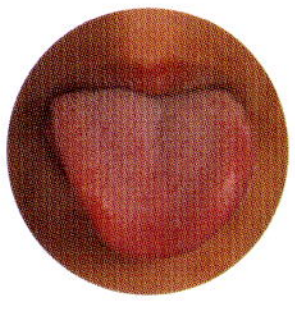

COUP D'ŒIL SUR LES FIBRES MUSCULAIRES

Les muscles sont constitués de faisceaux de cellules allongées, organisées en tissus appelés fibres, plus fins qu'un cheveu. Voici, vues au microscope, des cellules musculaires squelettiques.

◂ CHAQUE FIBRE MUSCULAIRE *contient de longs filaments de protéine. Cette image a été grossie 400 fois.*

La circulation sanguine

Les artères et les veines peuvent se concevoir comme un réseau routier dans lequel le sang circulerait tels les camions sur une route, transportant et livrant les éléments indispensables aux cellules et repartant avec les déchets. Ils forment ainsi le principal système de transport physique du corps.

LE SENS DE LA CIRCULATION

Le sang est propulsé dans le corps par le cœur, celui de nos muscles qui travaille le plus. Il suit un parcours en huit. Par la petite boucle (flèches vertes), le sang va et vient entre le cœur et les poumons, par la grande (flèches jaunes), il s'insinue dans toutes les parties du corps, puis retourne au cœur.

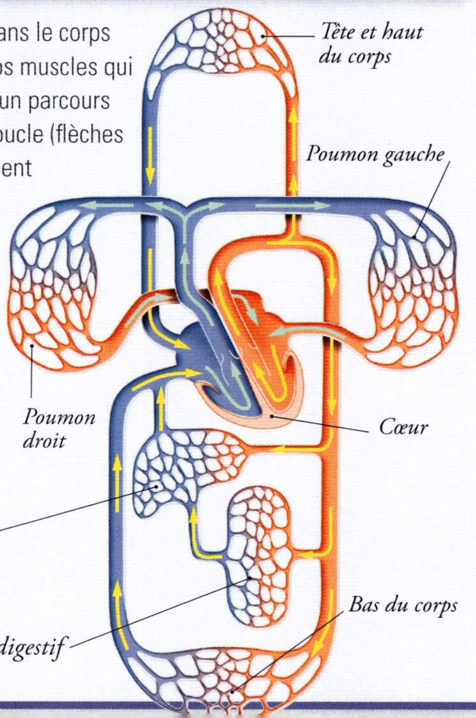

CE QUE FAIT LE SANG

Le sang apporte oxygène, eau et nutriments aux organes et emporte le gaz carbonique. Il achemine aussi les globules blancs vers les foyers d'infection pour combattre les microbes. En cas de blessure, la coagulation forme un bouchon qui stoppe l'hémorragie le temps que les tissus se réparent. Le sang assure aussi la stabilité de notre température.

LES GROUPES SANGUINS

Tout le monde n'a pas le même sang. Il existe quatre groupes, chacun désigné par une lettre. On peut être du groupe A, B, AB (le plus rare) ou O. En cas de transfusion sanguine, receveur et donneur doivent appartenir au même groupe.

@ Circulation sanguine

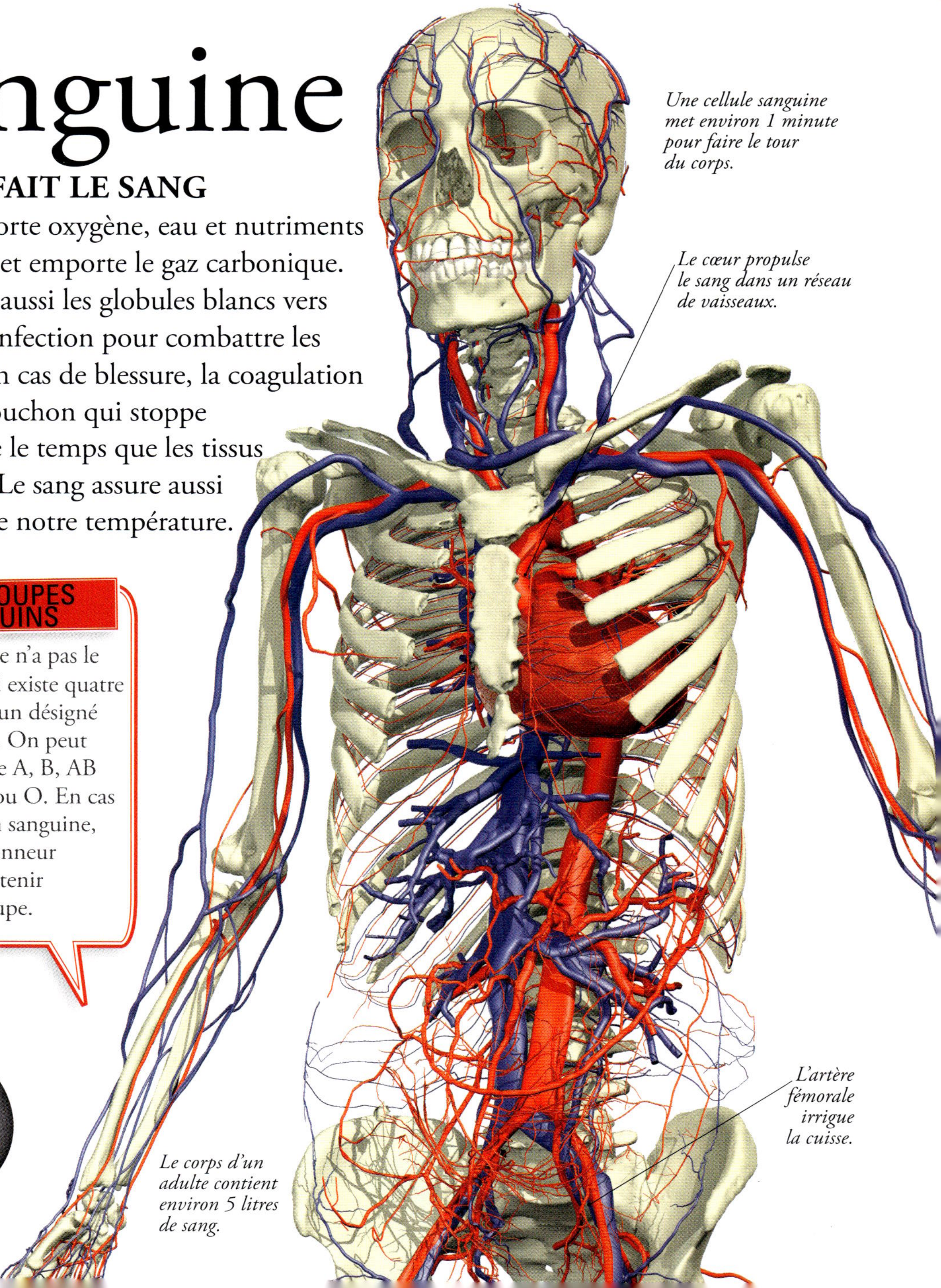

Une cellule sanguine met environ 1 minute pour faire le tour du corps.

Le cœur propulse le sang dans un réseau de vaisseaux.

L'artère fémorale irrigue la cuisse.

Le corps d'un adulte contient environ 5 litres de sang.

Notre cœur

et son fonctionnement

- **Battements/jour** Environ 100 000
- **Poids moyen** Homme : 300 g
Femme : 200 g
- **Longueur** 12 cm
- **Largeur** 9 cm

Le cœur, organe musculeux gros comme un poing, propulse le sang dans tout le corps pour alimenter les cellules en oxygène et évacuer le gaz carbonique. Il comprend quatre cavités : deux ventricules en bas et deux oreillettes en haut. S'il cesse de battre, plus rien ne fonctionne.

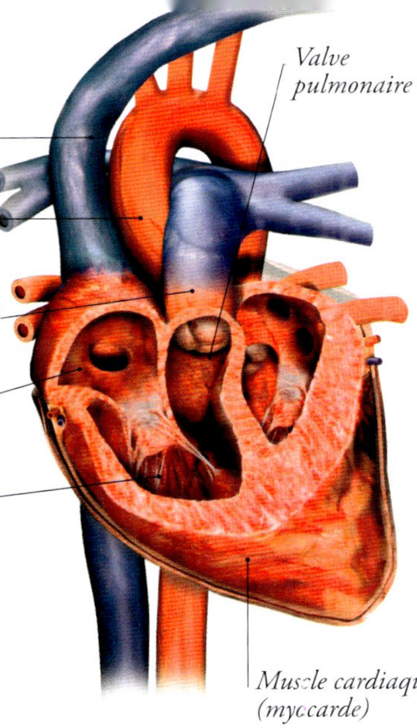

Qu'y a-t-il dans le sang ?

Le sang se compose de globules rouges et blancs, de plaquettes ainsi que de plasma, surtout constitué d'eau, mais contenant aussi des protéines, du glucose, des minéraux, des hormones et du gaz carbonique.

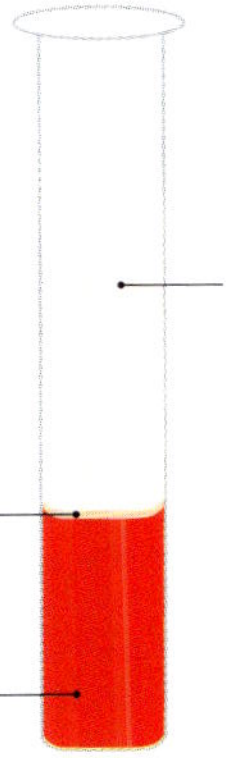

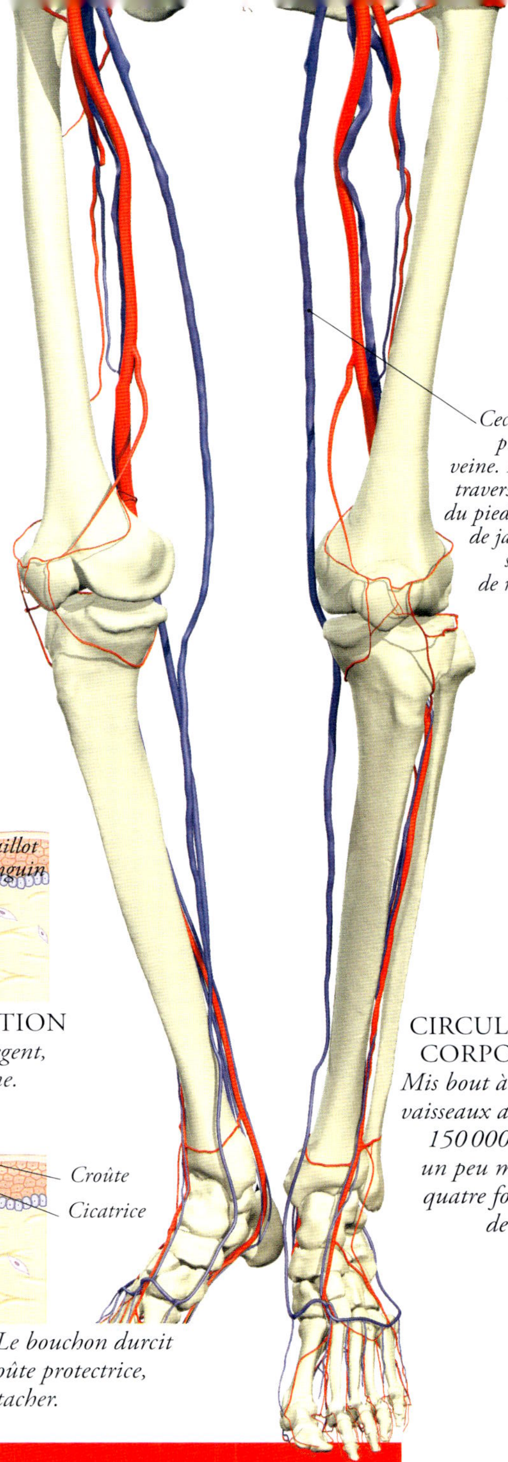

▲ LA CIRCULATION CORPORELLE *Mis bout à bout, les vaisseaux atteignent 150 000 km, soit un peu moins que quatre fois le tour de la Terre.*

COUP D'ŒIL SUR LES VAISSEAUX SANGUINS

Il y a trois types de vaisseaux sanguins : artères, veines et capillaires. Le sang commence son périple dans une grosse artère, l'aorte. Les parois des artères sont plus épaisses que celles des autres vaisseaux, car la pression y est supérieure.

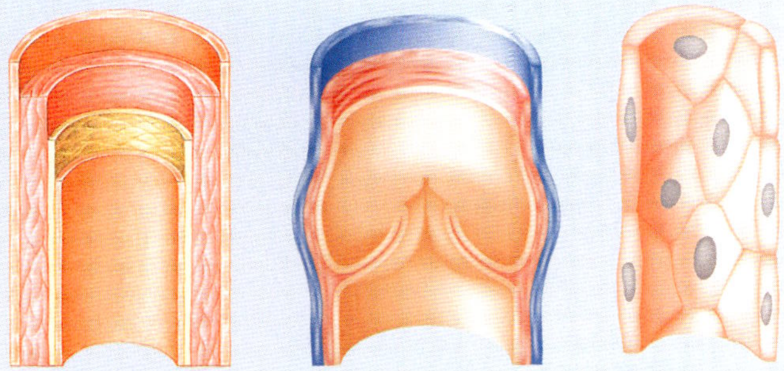

▲ LES ARTÈRES *mènent le sang oxygéné du cœur aux tissus. Leur paroi est plus épaisse que celle des veines et des capillaires.*

▲ LES VEINES *retournent le sang désoxygéné au cœur. Beaucoup sont munies des valves qui empêchent les reflux.*

▲ LES CAPILLAIRES *sont des vaisseaux microscopiques dont la paroi a l'épaisseur d'une cellule et qui relient les artères aux veines.*

Les caillots sanguins

Lorsqu'on tombe et qu'on s'érafle le genou, la blessure forme une croûte et guérit. Cela se fait par étapes, comme ci-dessous.

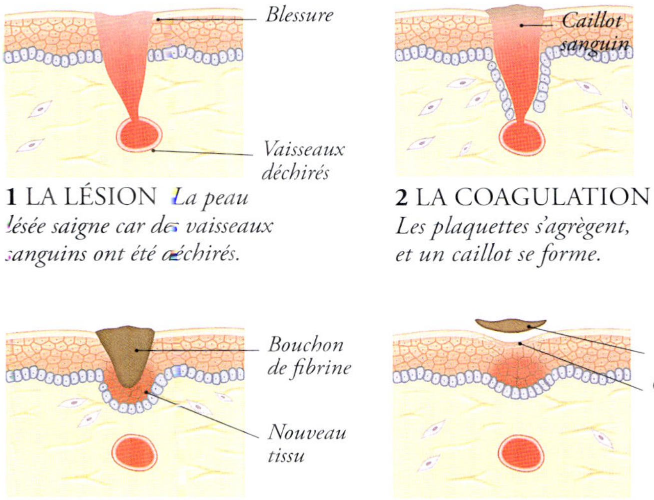

1 LA LÉSION *La peau lésée saigne car des vaisseaux sanguins ont été déchirés.*

2 LA COAGULATION *Les plaquettes s'agrègent, et un caillot se forme.*

3 LE BOUCHON *Le caillot forme un bouchon qui stoppe l'hémorragie.*

4 LA CROÛTE *Le bouchon durcit pour former une croûte protectrice, qui finira par se détacher.*

Réfléchir ! Agir !

Le cerveau est un organe complexe, semblable à un ordinateur, mais doté de plasticité. Il commande nos gestes, nous permet de penser et d'apprendre, stocke nos souvenirs et fait de nous ce que nous sommes.

QU'EST-CE QUE LE CERVEAU ?

Le cerveau est un amas d'environ 100 milliards de cellules appelées neurones, liées les unes aux autres et dont la fonction est de transmettre l'information 24 h/24, tout au long de la vie.

@ Système nerveux

La transmission Le cerveau reçoit constamment des messages en provenance du corps, sous forme de signaux électriques, transmis via les nerfs. Les messages sont analysés, puis le cerveau répond en envoyant des ordres au corps.

EN BREF

- Le cerveau d'un adulte pèse environ 1,3 kg.
- Les signaux parcourent les neurones à une vitesse d'environ 400 km/h.
- Le cerveau se compose à 80 % d'eau.
- Notre cerveau consomme environ 20 % de notre énergie.

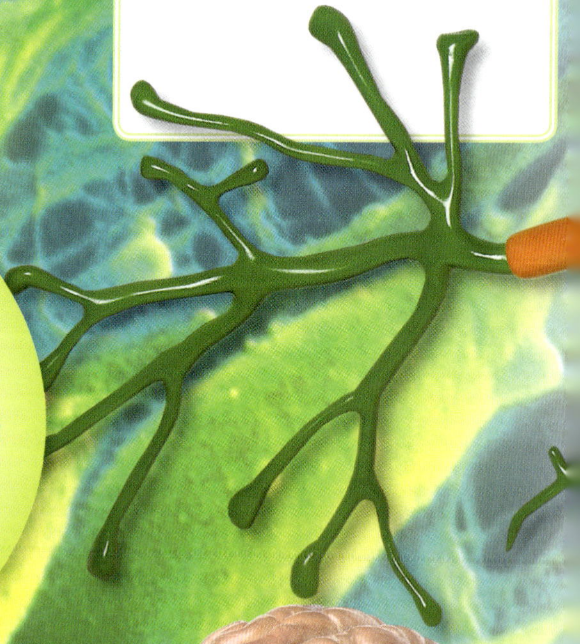

WAOUH !

Notre cerveau a, au niveau du lobe frontal, un centre spécialisé qui nous permet de savoir si une blague est drôle. Une personne ayant subi des dommages à ce niveau, surtout du côté droit, ne réagit plus aux plaisanteries. Entre plusieurs histoires, elle ne peut pas dire laquelle est vraiment amusante.

LE SYSTÈME NERVEUX CENTRAL

Un faisceau de nerfs, la moelle épinière, part du cerveau et descend dans le dos à l'intérieur du canal créé par l'empilement vertébral. Cerveau et moelle épinière forment le système nerveux central.

Coupe transversale de la moelle épinière

Nerf spinal

▸ LA MOELLE ÉPINIÈRE *transmet l'information du cerveau au reste du corps via les nerfs spinaux, disposés par paires.*

Le système nerveux central commande les actions volontaires, comme le fait de manger, de lire ou de marcher, ainsi que bon nombre d'actions inconscientes, dites automatiques, comme les mouvements de l'estomac lors de la digestion.

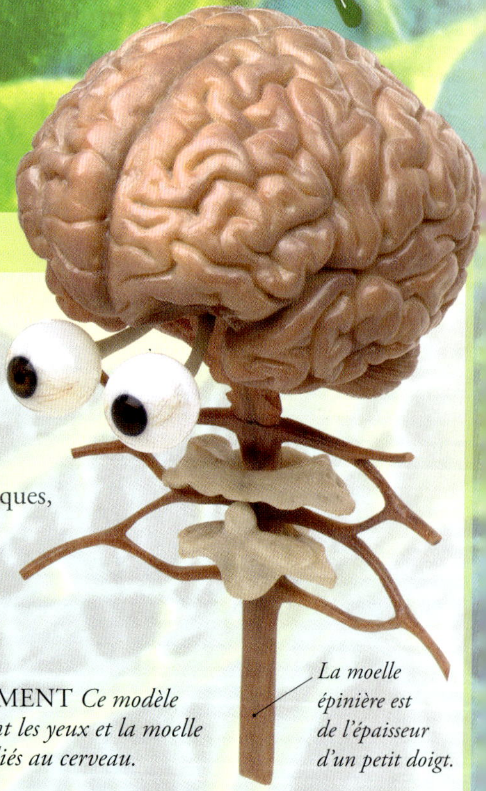

▸ L'AGENCEMENT *Ce modèle montre comment les yeux et la moelle épinière sont reliés au cerveau.*

La moelle épinière est de l'épaisseur d'un petit doigt.

Les neurones, composés d'un corps ou soma, de rameaux ou dendrites et d'un long axone qui le relie au neurone voisin, sont les cellules conductrices des signaux électriques, aussi appelés influx nerveux.

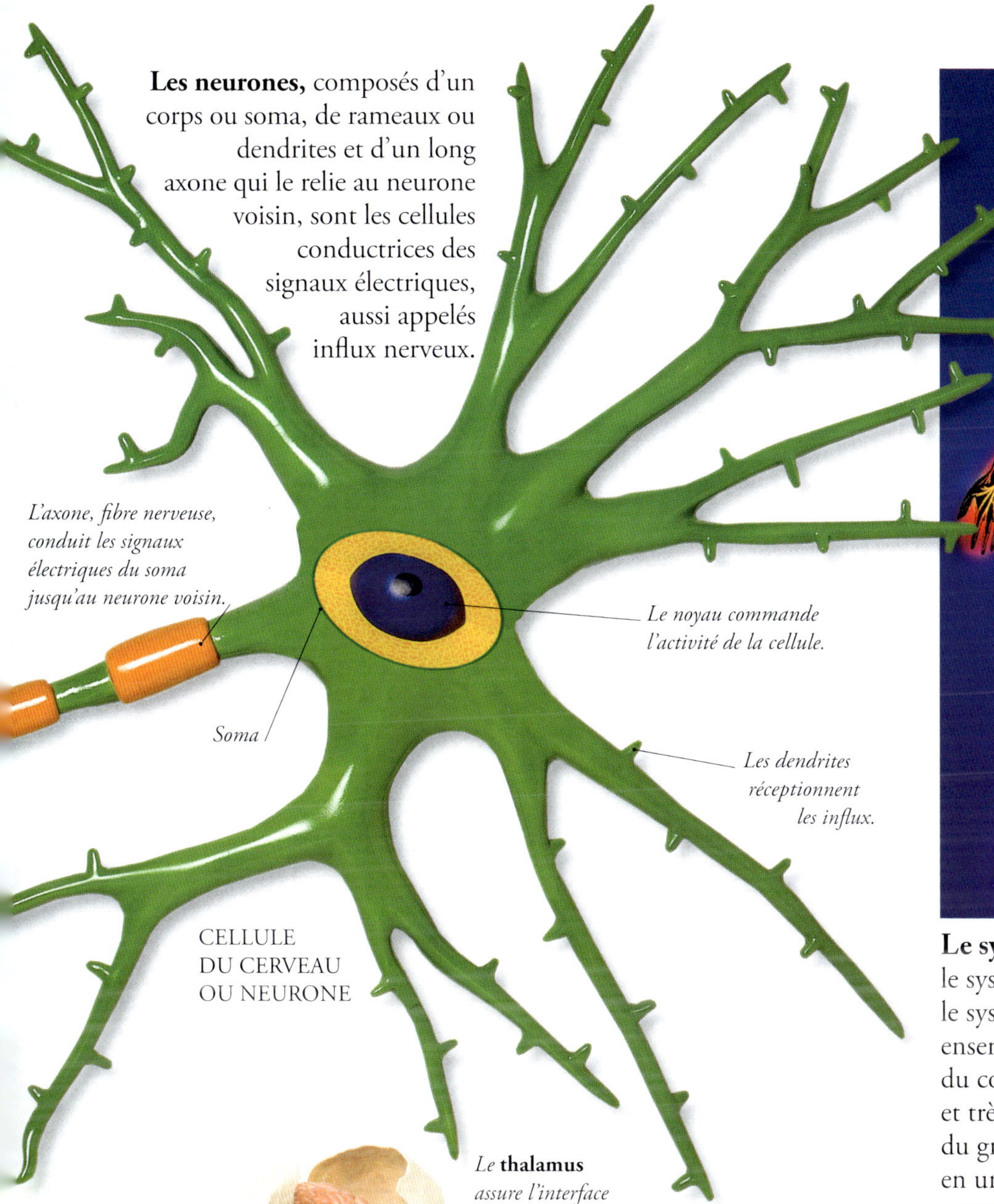

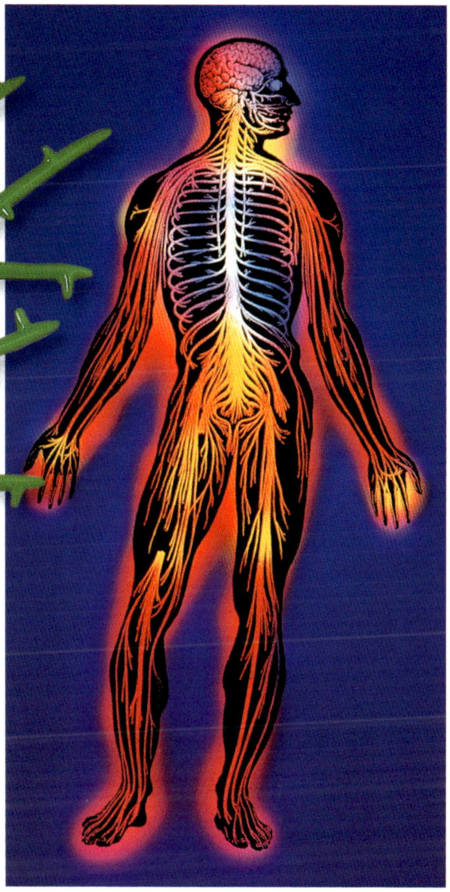

Le système nerveux comprend le système nerveux central, mais aussi le système nerveux périphérique, ensemble des nerfs innervant le reste du corps. Celui-ci travaille beaucoup et très vite : un influx nerveux partant du gros orteil atteint la moelle épinière en un centième de seconde.

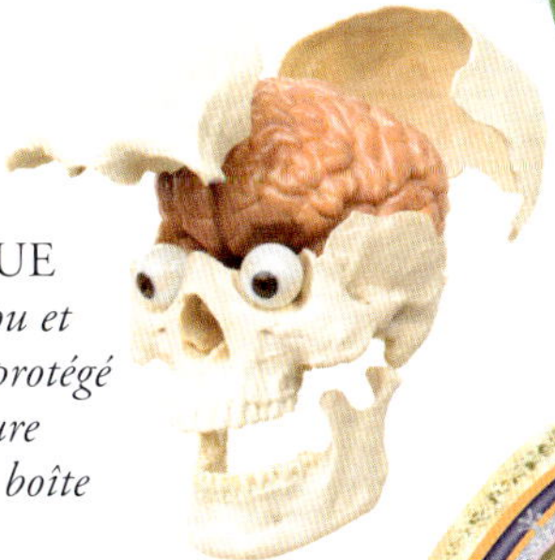

▸ UN CASQUE
Le cerveau, mou et spongieux, est protégé par une structure osseuse appelée boîte crânienne.

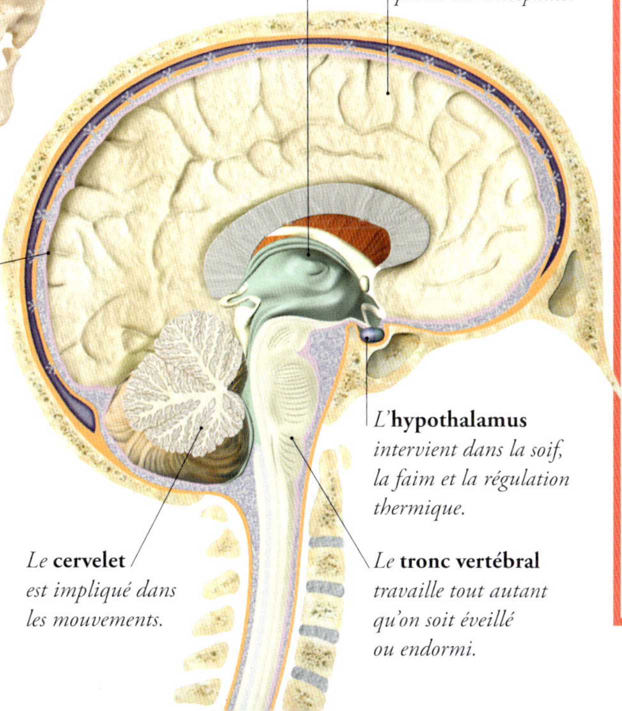

L'encéphale

L'encéphale comprend le cervelet, le tronc cérébral et le cerveau, ce dernier étant responsable de nombreuses actions complexes de la vie de tous les jours, comme manger ou parler.

LES AIRES CÉRÉBRALES

Vue, ouïe, langage et pensée dépendent de différentes aires du cerveau. L'aire auditive est connectée aux nerfs de l'oreille, l'aire visuelle, plus petite, aux nerfs optiques. Les aires du langage et de la pensée sont étendues. L'image infrarouge permet de visualiser les différentes aires.

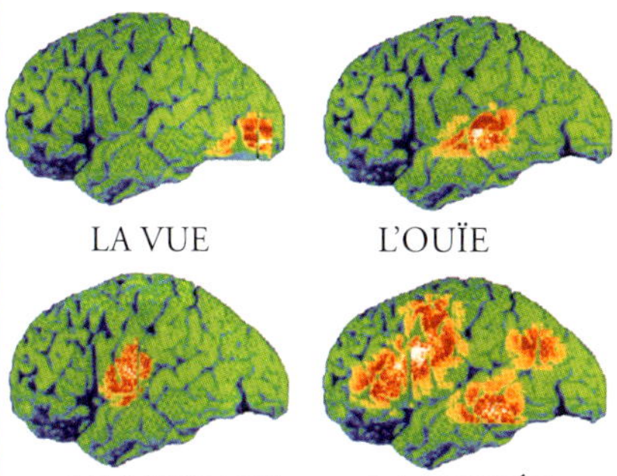

Percevoir le monde

Sens

Nos cinq sens – vue, ouïe, toucher, odorat et goût – nous informent sur le monde qui nous entoure. Par l'intermédiaire de milliards de neurones, les messages sont instantanément transmis au cerveau, qui les interprète et nous dicte une réaction.

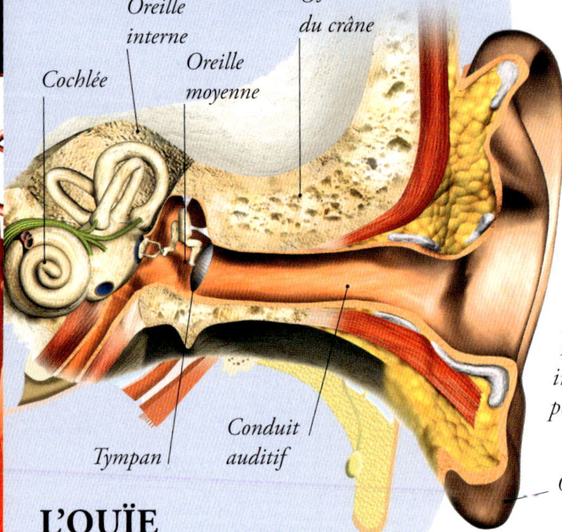

◄ L'INTÉRIEUR DE L'OREILLE *L'oreille comprend trois segments – le conduit auditif externe, l'oreille moyenne et l'oreille interne.*

L'ÉQUILIBRE *L'oreille participe à l'équilibre. Les cellules ciliées de l'oreille interne indiquent au cerveau position et mouvements du corps.*

L'OUÏE

Les sons sont des vibrations de l'air. Celles-ci entrent dans le conduit auditif et font vibrer le tympan, puis elles sont transmises via les petits os de l'oreille moyenne à la cochlée. De là, le message est envoyé au cerveau, qui traduit les vibrations en sons tels que nous les percevons.

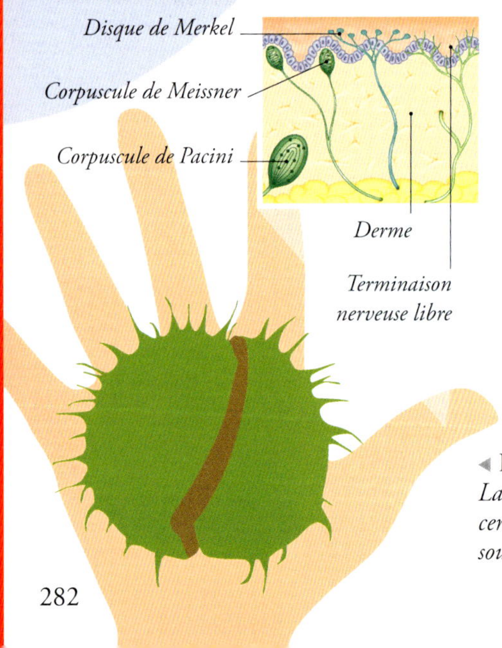

LE TOUCHER

Nous avons environ 3 millions de récepteurs de la douleur, la plupart cutanés. La pulpe des doigts est particulièrement sensible. D'autres récepteurs du toucher détectent le contact léger, la pression, les vibrations, le chaud et le froid.

◄ LES SENSATIONS TACTILES *La peau est truffée de récepteurs du toucher, certains contenus dans une capsule, d'autres sous forme de terminaisons nerveuses libres.*

LA VISION

Les yeux fonctionnent comme un appareil photo. La lumière réfléchie par l'objet traverse la cornée, est réfractée par le cristallin et se projette sur la rétine, où elle forme une image inversée, rétablie par le cerveau.

LA VISION

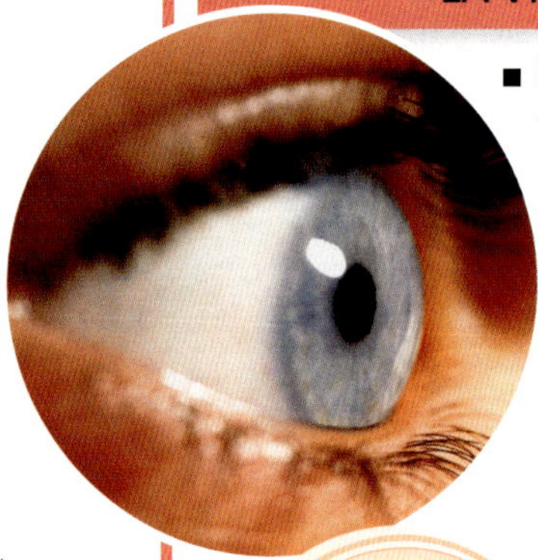

■ Les messages visuels fournis par l'œil sont transmis sous forme de signaux au cerveau, qui les traduit en images telles que nous les voyons.

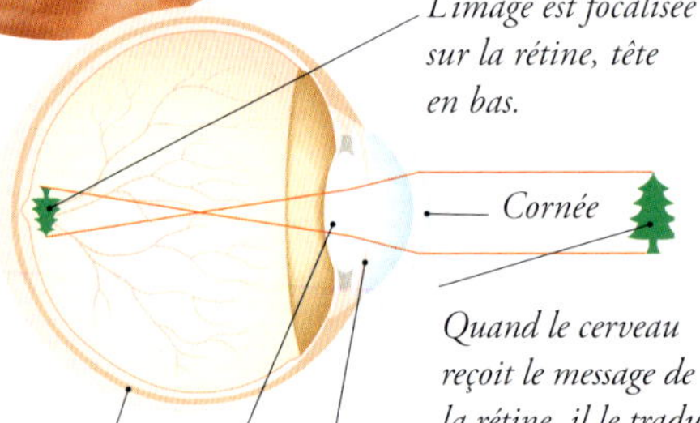

COUP D'ŒIL SUR L'IRIS

L'œil réagit différemment selon l'intensité de la lumière. Plus elle est vive, plus l'iris, qui est un muscle orbiculaire, se contracte.

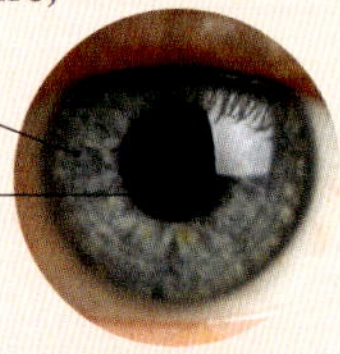

Pénombre

► L'IRIS ET LA PUPILLE *La partie colorée de l'œil est l'iris, et le trou, au centre, la pupille. En cas de forte clarté, cette dernière rétrécit de manière à limiter la quantité de lumière entrant. Dans la pénombre, elle s'agrandit pour laisser entrer plus de lumière.*

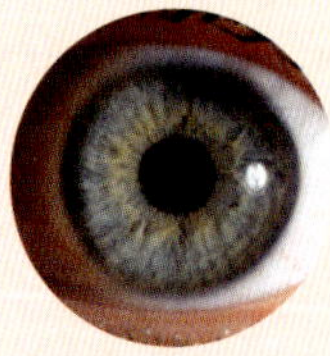

Lumière vive

L'ODORAT

Nous sommes théoriquement capables de reconnaître jusqu'à 10 000 odeurs. Les récepteurs tapissant le plafond de la cavité nasale détectent les molécules odorantes présentes dans l'air inspiré et envoient des signaux au cerveau. Si l'odeur n'est pas encore connue, celui-ci la mémorise pour une prochaine fois.

MAIS ENCORE ?

- Goût et odorat sont liés. Le goût des aliments dépend plus du second que du premier, raison pour laquelle tout paraît insipide quand on a le nez bouché.
- Le goût et l'odorat nous protègent. L'odeur de fumée nous avertit que quelque chose est en train de brûler. On reconnaît un aliment corrompu au nez, et les produits toxiques sont souvent amers, si bien qu'on les recrache.

LE GOÛT

L'idée longtemps admise selon laquelle chacune des cinq saveurs de base – sucré, acide, salé, amer et umami (savoureux) – serait perçue par une zone précise et distincte de la langue est aujourd'hui en grande partie abandonnée.

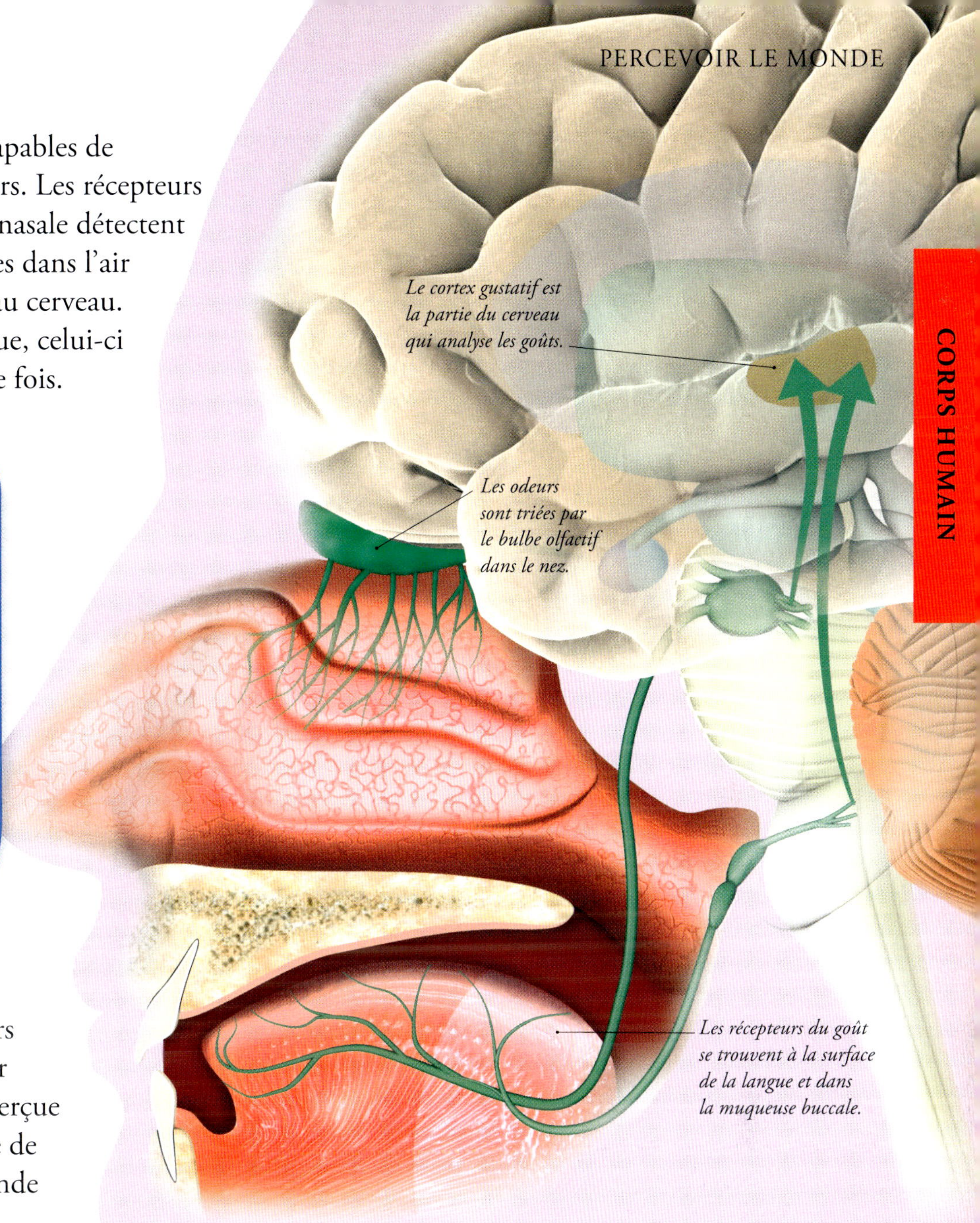

▲ LES ORGANES SENSORIELS
Cette vue de l'intérieur de la tête situe les organes du goût et de l'odorat, rattachés au cerveau par des nerfs.

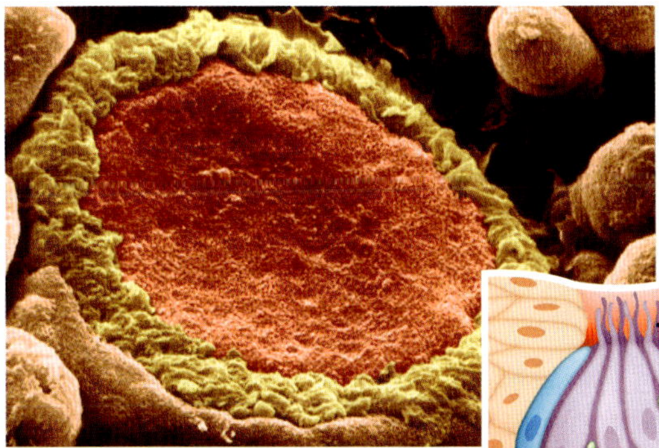

▲ LES RÉCEPTEURS DU GOÛT
La langue est parsemée de papilles saillantes. Certaines renferment un bourgeon formé de cellules gustatives surmontées chacune d'un petit cil. Les cils détectent les molécules chimiques, et le cerveau dit quelle en est la saveur.

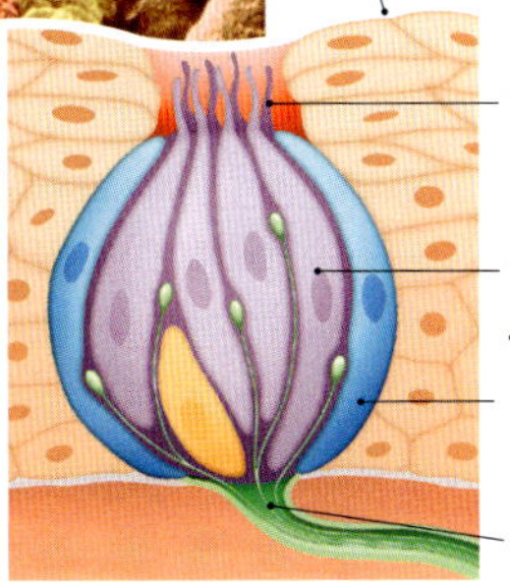

Schéma d'un bourgeon du goût

EN BREF

- Les enfants ont environ 10 000 bourgeons du goût, mais ce nombre diminue avec l'âge.
- On dit des personnes sans odorat qu'elles souffrent d'anosmie.
- Si l'on naissait avec un seul œil, le monde serait pour nous bidimensionnel.
- La pulpe de chacun des doigts compte 100 récepteurs tactiles.
- Les filles ont en général plus de bourgeons du goût que les garçons.
- Chez l'homme, l'odorat serait 20 000 fois plus développé que le goût.

La respiration

La nécessité d'oxygéner nos cellules nous oblige à toujours respirer. Pour cela, nous inhalons l'air, qui, via la trachée, descend jusque dans les poumons, où l'oxygène est absorbé et pénètre dans le sang en échange du gaz carbonique.

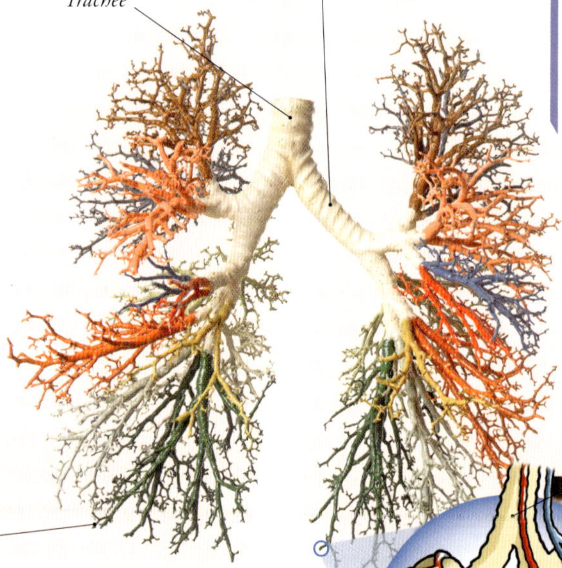

Que se passe-t-il dans les poumons ?
Les deux poumons renferment chacun un arbre bronchique. Les bronches, de plus en plus petites à mesure qu'elles se ramifient, font place aux bronchioles, terminées chacune par un amas de petits sacs extensibles appelés alvéoles.

Les bronchioles, ramifications ultimes de l'arbre bronchique, se terminent par un amas d'alvéoles.

INSPIRATION, EXPIRATION

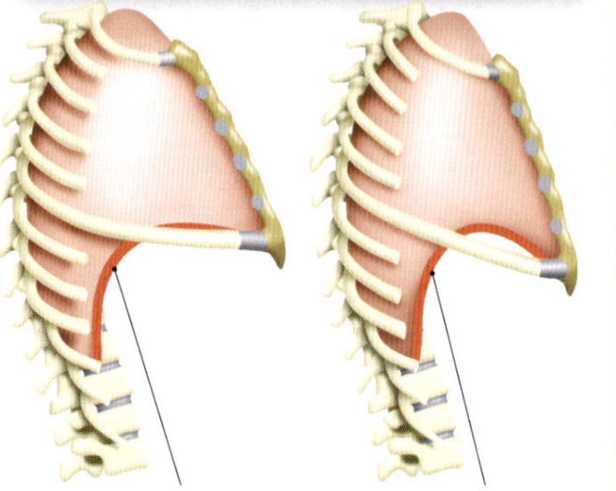

Le diaphragme descend lors de l'inspiration.

Le diaphragme monte lors de l'expiration.

La respiration est facilitée par l'élévation et l'abaissement des côtes. Le diaphragme, muscle en forme de coupole, y participe également. En s'aplatissant un peu sur l'expiration, il agrandit la cavité thoracique.

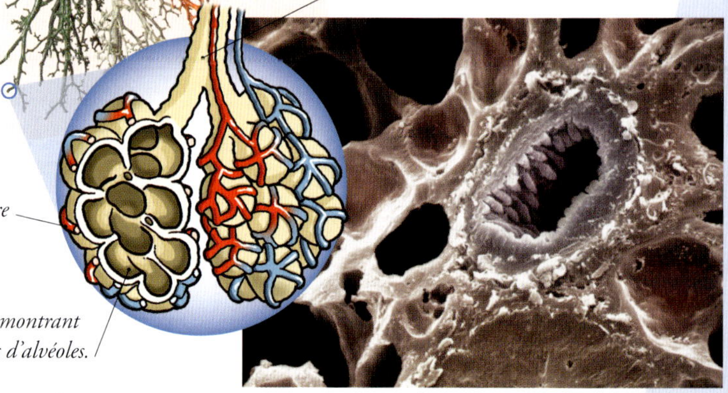

Schéma montrant un amas d'alvéoles.

▲ LES ALVÉOLES *L'oxygène franchit la paroi des alvéoles et passe dans les capillaires, petits vaisseaux à paroi fine (* *p. 279-280**).*

▲ LES BRONCHIOLES *Cette photo au microscope montre l'extrémité d'une bronchiole (en bleu) entourée d'un amas d'alvéoles. Chaque poumon renferme plus de 300 millions d'alvéoles.*

COUP D'ŒIL SUR LE THORAX EN COUPE

Le poumon gauche est plus petit que le poumon droit, car le cœur, situé au centre de la cavité thoracique mais débordant nettement sur le côté gauche, prend de la place, ainsi qu'on le voit sur cette coupe transversale du thorax vue du haut.

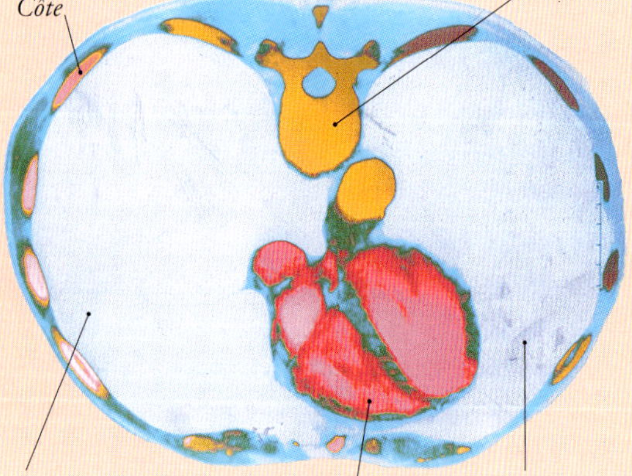

EN BREF

- Mis à plat, les poumons pourraient recouvrir un terrain de tennis.
- Au repos, nous inspirons et expirons en moyenne de 12 à 15 fois par minute. Après l'effort, le nombre de respirations par minute grimpe à 60.
- La trachée mesure environ 11 cm de long.
- Les poumons sont de grosses éponges qui s'imbibent non pas d'eau, mais d'air.
- Chaque minute, 5 ou 6 litres d'air entrent et sortent des poumons.

CORPS HUMAIN

LE TRAJET DE L'AIR

Quand nous inspirons, l'air entre d'abord dans le pharynx, puis s'engouffre dans le larynx avant de pénétrer dans la trachée, qui mène aux poumons. Une vingtaine d'arceaux cartilagineux arment cette dernière.

Respiration

La production de sons

La respiration est aussi impliquée dans la phonation. Deux membranes, appelées cordes vocales, s'étendent en travers du larynx et vibrent sur l'expiration au passage de l'air. Les sons sont ensuite transformés en mots par la langue et les lèvres.

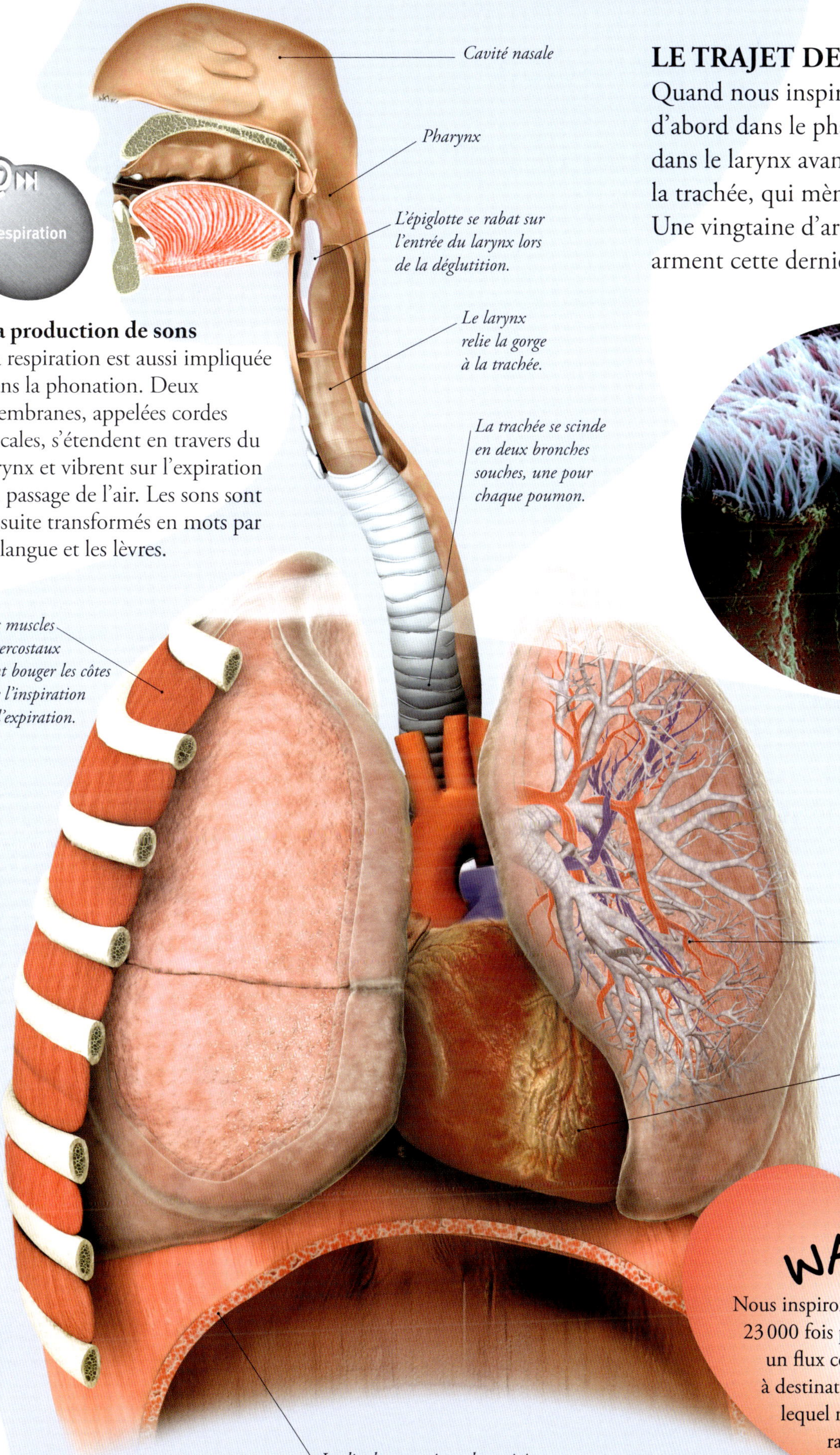

▲ LES CILS *La trachée est tapissée de millions de cils qui, par des mouvements ondulatoires, font remonter le mucus, chargé de microbes et de poussières, vers la bouche pour être avalé ou recraché.*

WAOUH!

Nous inspirons et expirons environ 23 000 fois par jour. Il en résulte un flux constant d'oxygène à destination des tissus, sans lequel nous dépéririons rapidement.

La digestion

Manger apporte au corps le combustible nécessaire pour produire de l'énergie, croître et se régénérer. La digestion est le processus de dégradation grâce auquel les aliments ingérés libèrent leurs nutriments. À la fin, ce qui n'a pas été absorbé est expulsé.

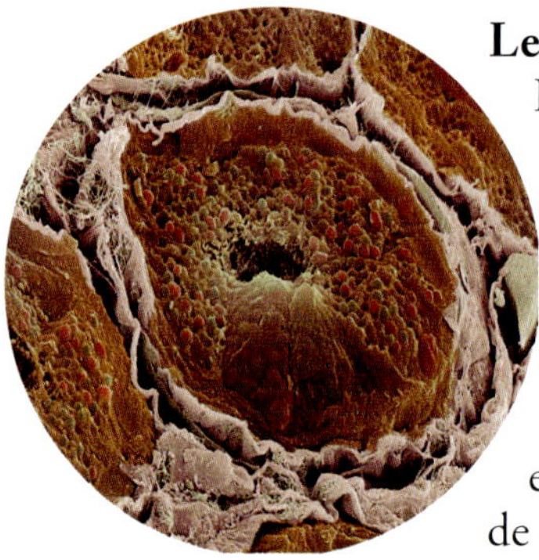

Les glandes salivaires La salive, sécrétée par des glandes situées dans la cavité buccale à raison d'environ 1,5 litre par jour, lubrifie les aliments et entame le processus de dégradation.

LA MISE EN BOUCHE

La digestion commence par l'ingestion, qui consiste à mettre un aliment dans sa bouche, le mastiquer et l'enrober de salive afin de le rendre plus facile à avaler, après quoi il passera dans l'estomac via l'œsophage.

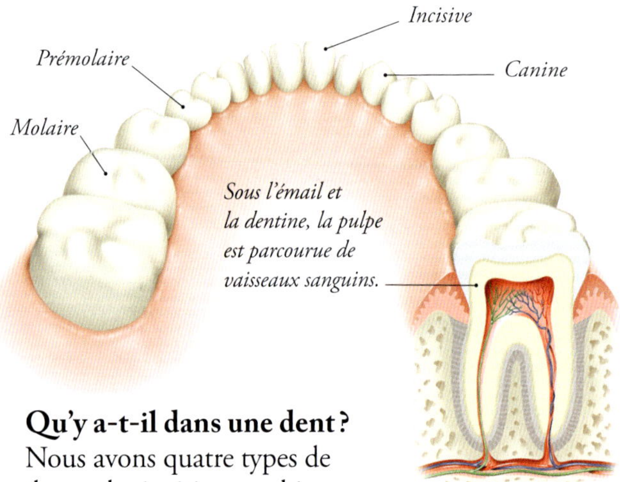

Qu'y a-t-il dans une dent ?
Nous avons quatre types de dents : les incisives, en biseau, pour couper, les canines, pointues, pour déchirer et les molaires et prémolaires, planes et plus grosses, pour broyer.

LE FONCTIONNEMENT DE L'ESTOMAC

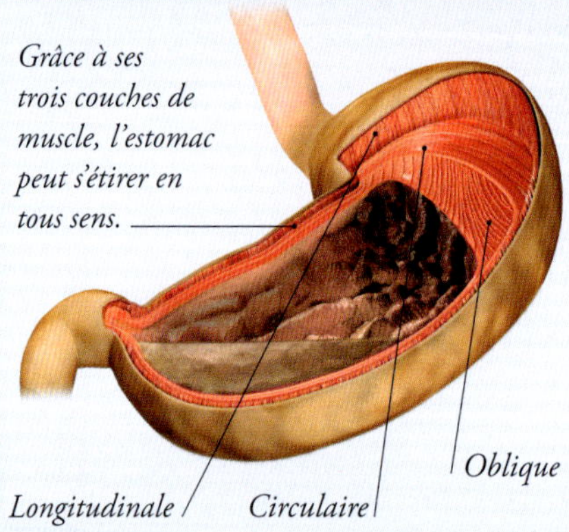

■ **À l'intérieur de l'estomac**
Les aliments, arrivés dans l'estomac environ huit secondes après déglutition, sont brassés avec le suc gastrique (très acide) et transformés en bouillie ou chyme. L'estomac produit jusqu'à 3 litres de suc par jour.

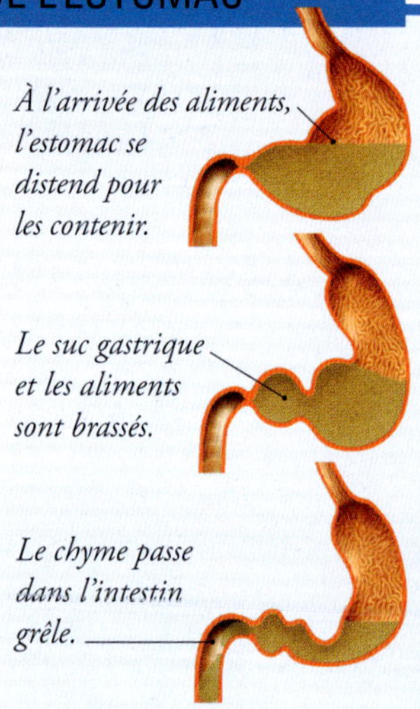

▲ BIEN BRASSÉ *Un repas peut séjourner jusqu'à quatre heures dans l'estomac avant de passer peu à peu dans l'intestin grêle.*

La descente
Une fois mastiqués, les aliments – ou bol alimentaire – sont avalés. L'épiglotte, petit clapet cartilagineux, les empêche de pénétrer dans le larynx et la trachée.

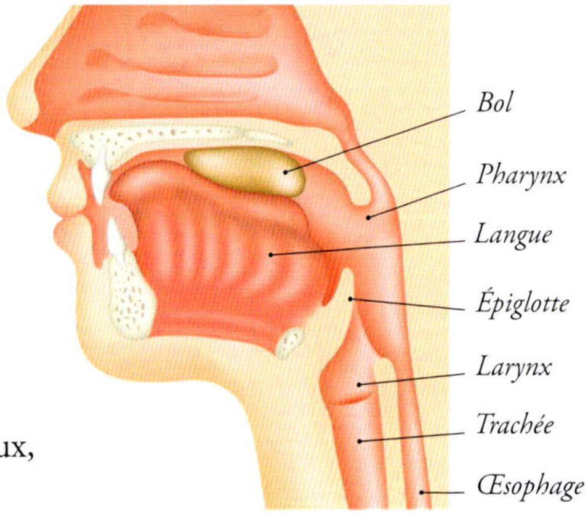

▲ LA MASTICATION *Le bol est sur le point d'être avalé. L'épiglotte est en position neutre.*

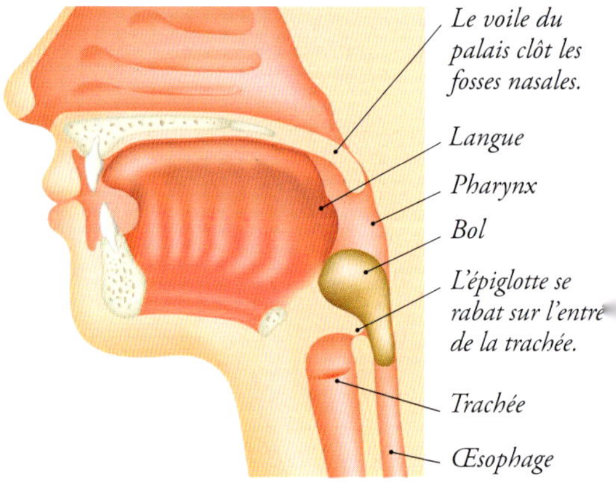

▲ LA DÉGLUTITION *Au moment où on avale, l'épiglotte se rabat pour barrer l'entrée de la trachée.*

APRÈS L'ESTOMAC

Au sortir de l'estomac, le chyme se retrouve dans l'intestin grêle, où les nutriments seront absorbés pour être utilisés par l'organisme. La fraction non digérée passe dans le côlon où elle est transformée en fèces, ou excréments.

Digestion

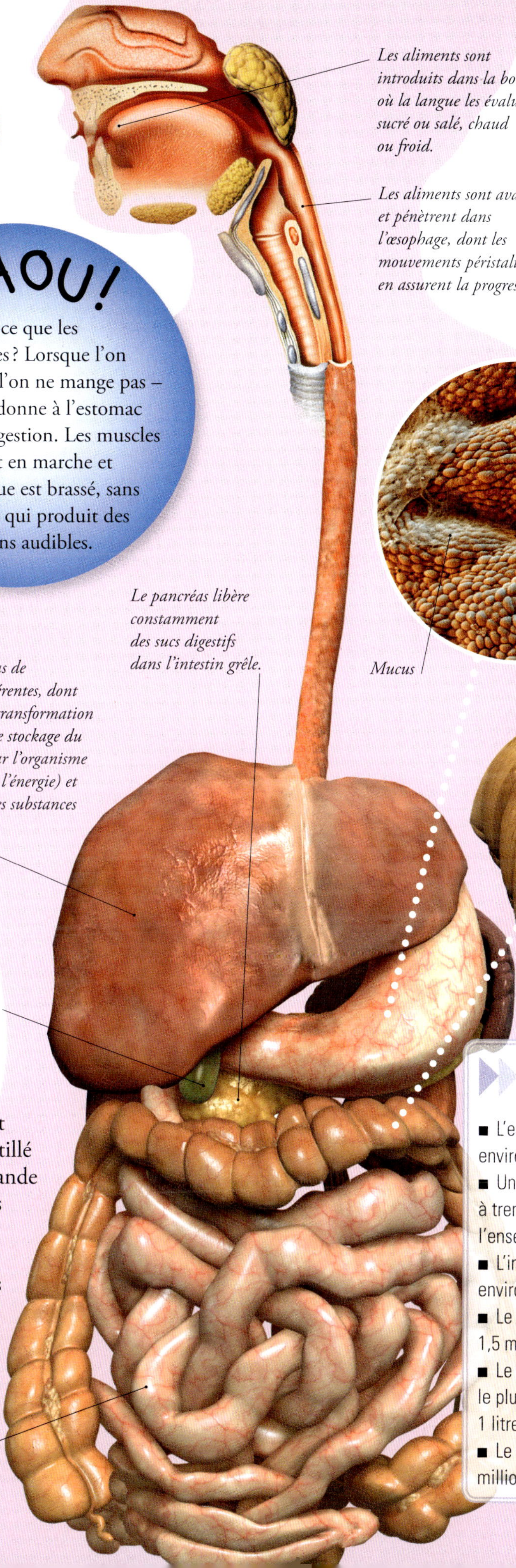

Les aliments sont introduits dans la bouche, où la langue les évalue : sucré ou salé, chaud ou froid.

Les aliments sont avalés et pénètrent dans l'œsophage, dont les mouvements péristaltiques en assurent la progression.

Le pancréas libère constamment des sucs digestifs dans l'intestin grêle.

Le foie aurait plus de 25 fonctions différentes, dont la sélection et la transformation des nutriments, le stockage du glucose (utilisé par l'organisme pour produire de l'énergie) et la dégradation des substances nocives.

La vésicule biliaire stocke la bile, suc digestif servant à dégrader les lipides.

WAOU !

Qu'est-ce que les borborygmes ? Lorsque l'on a faim – et que l'on ne mange pas – le cerveau ordonne à l'estomac d'entamer la digestion. Les muscles se mettent en marche et le suc gastrique est brassé, sans aliments, ce qui produit des vibrations audibles.

Une protection intégrée La muqueuse gastrique, parsemée de replis et de trous profonds, sécrète sans cesse du mucus qui empêche le suc gastrique de la digérer.

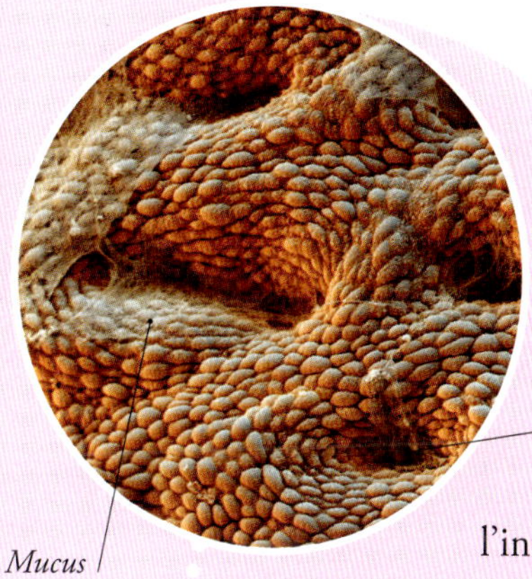

Crypte gastrique

Mucus

Le côlon est la portion de l'intestin où l'eau et les derniers nutriments sont extraits. Les matières non digérées, combinées à d'autres déchets, migrent vers le rectum, d'où elles seront expulsées hors du corps.

Le côlon est plus large que l'intestin grêle.

L'intestin grêle est un long tube entortillé qui produit une grande quantité d'enzymes digestifs. Sa paroi interne est tapissée de villosités, petites structures en doigt de gant qui augmentent la surface disponible pour l'absorption des nutriments.

EN BREF

- L'estomac peut recevoir environ 1,5 litre de nourriture.
- Un repas met de dix-huit à trente heures pour parcourir l'ensemble du tube digestif.
- L'intestin grêle mesure environ 5 mètres de long.
- Le côlon mesure environ 1,5 mètre de long.
- Le foie, notre organe interne le plus gros, produit environ 1 litre de bile par jour.
- Le côlon héberge des millions de bactéries.

SOLIDE OU LIQUIDE
Les aliments solides se dégradent plus lentement. Ainsi un plat séjourne-t-il dans le corps bien plus longtemps qu'une boisson, qui peut être éliminée en quelques minutes.

Le début de la vie

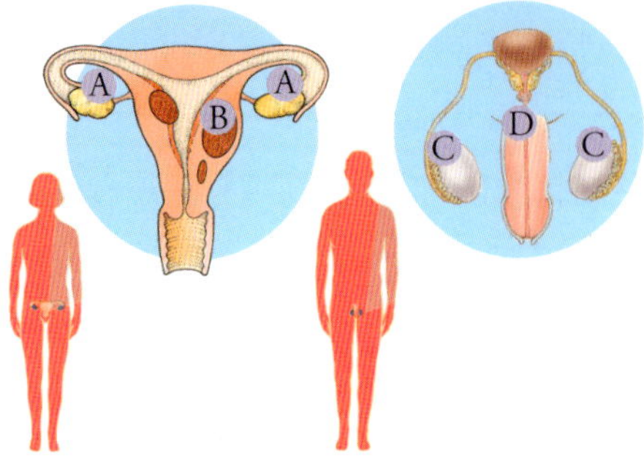

▲ LES ORGANES REPRODUCTEURS *La femme a deux ovaires (A), où sont stockés les ovules, et un utérus (B), où le fœtus se développe. L'homme a deux testicules (C), qui produisent les spermatozoïdes, et une verge (D), d'où ceux-ci sortent pour s'élancer à la rencontre de l'ovocyte.*

La vie humaine commence par la fécondation d'un ovocyte par un spermatozoïde et sa nidation dans l'utérus. Le bébé met environ neuf mois à se développer, après quoi il peut naître. *In utero,* il dépend pour tous ses besoins du placenta maternel (tissu reliant le sang de la mère à celui de l'enfant).

LA FÉCONDATION

Des millions de spermatozoïdes, propulsés par leur flagelle, migrent vers l'ovule libéré (ovocyte), mais un seul normalement parvient à le féconder. Spermatozoïde et ovocyte fusionnent pour former une cellule unique, qui commence alors à se diviser.

Reproduction

Les spermatozoïdes ont une tête arrondie et un flagelle.

Après fécondation, une barrière se forme contre les autres spermatozoïdes.

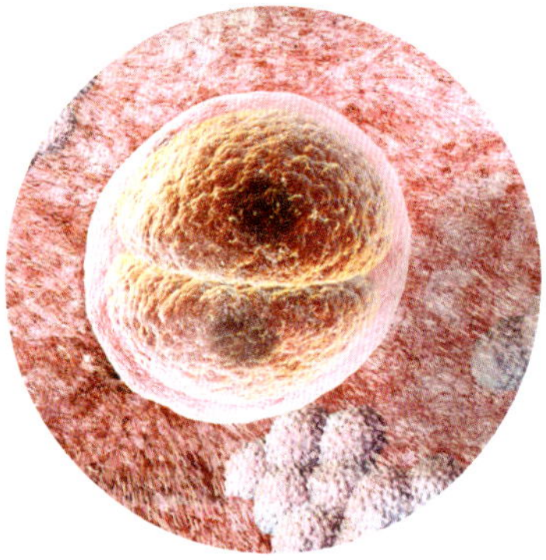

1 APRÈS TRENTE-SIX HEURES *L'ovule fertilisé s'est divisé en deux cellules. Douze heures plus tard, il y en a quatre et ainsi de suite.*

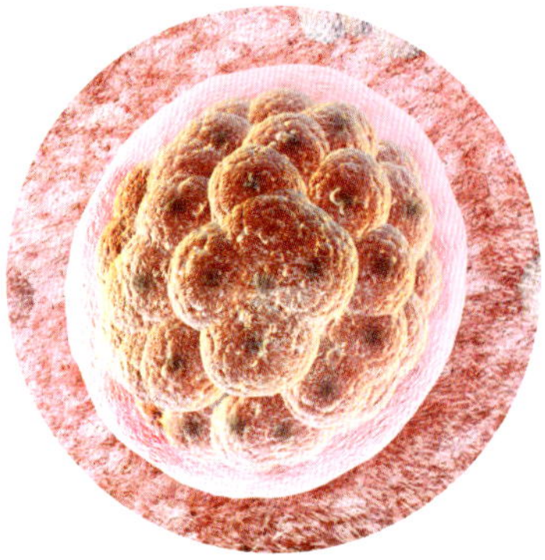

2 TROIS OU QUATRE JOURS *après la fécondation, on observe un amas de 16 à 32 cellules. L'ensemble pénètre dans l'utérus.*

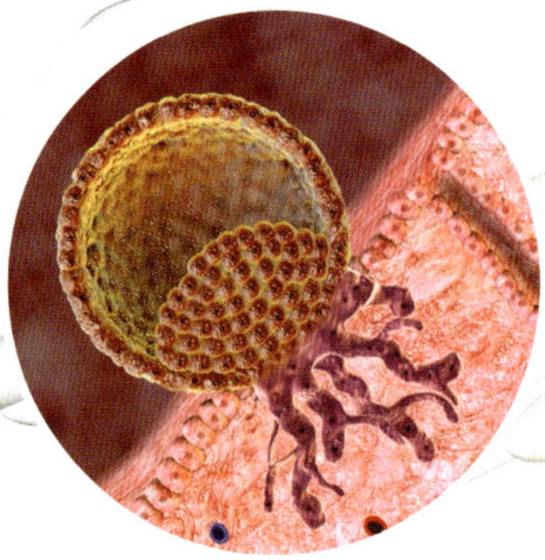

3 ENVIRON SIX JOURS *après la fécondation, une cavité se forme au centre de l'amas cellulaire, qui se fixe sur la muqueuse utérine et s'y enracine.*

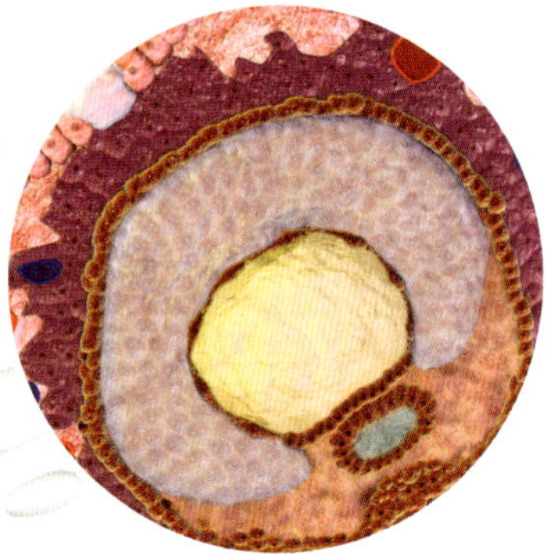

4 ENVIRON HUIT JOURS *après la fécondation, l'embryon se forme. Peu à peu, de nouvelles cellules forment des tissus et des organes.*

L'ÉCHOGRAPHIE

■ Ceci est l'échographie d'un fœtus dans le ventre de sa mère, réalisée entre le quatrième et le sixième mois de grossesse. L'image, tridimensionnelle (3D), a été produite au moyen d'ultrasons. Cette technique est utilisée depuis 1987.

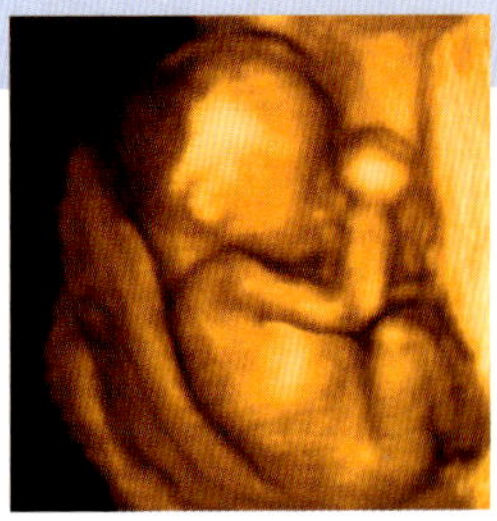

LE DÉVELOPPEMENT DE L'EMBRYON

Durant l'embryogenèse, les cellules poursuivent leur division, se spécialisant. Tête, cerveau, corps et cœur prennent forme, suivis des bras (d'abord sous forme de bourgeons), puis des jambes. À partir de la neuvième semaine, on ne parle plus d'embryon, mais de fœtus.

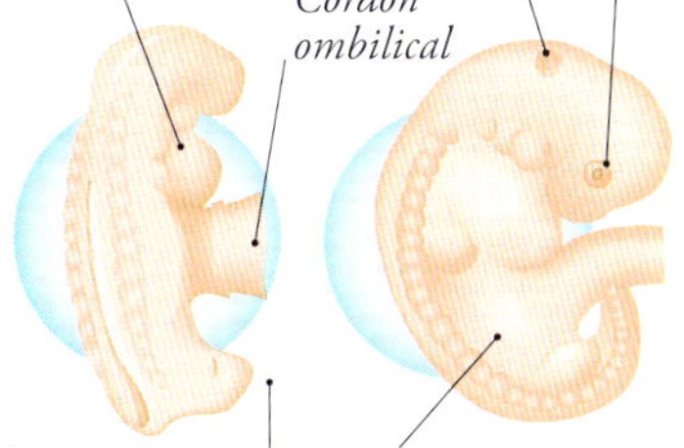

À trois semaines, l'embryon mesure 2-3 mm de long.

À quatre semaines, l'embryon mesure 4-5 mm de long.

L'embryon se développe

Trois semaines après fécondation, l'embryon n'est pas plus gros qu'un petit pois et ressemble à une larve. À huit semaines, bien que de la taille d'une framboise, il commence à avoir forme humaine. À vingt-quatre semaines, le développement est achevé, et la croissance peut commencer.

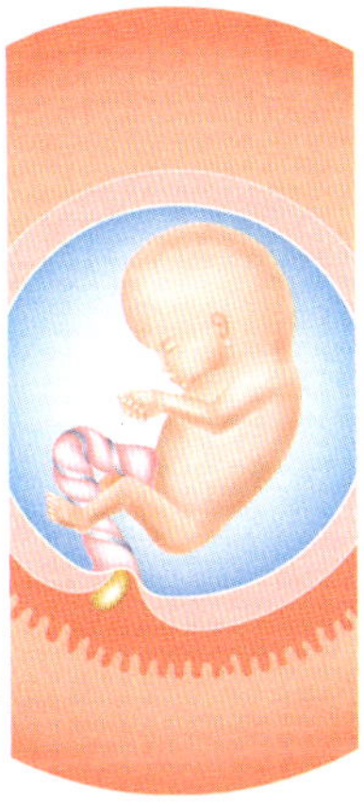

▲ *À huit semaines, l'embryon mesure 2,5-3 cm de long et commence à bouger.*

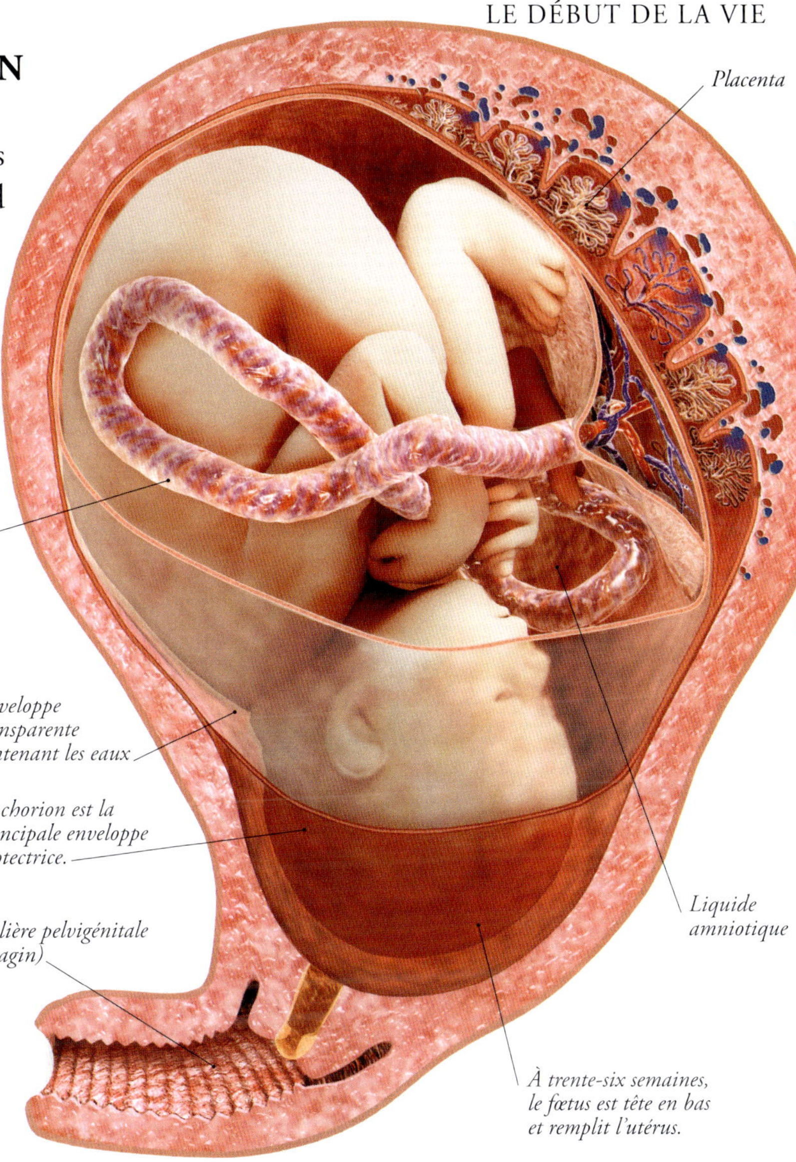

À trente-six semaines, le fœtus est tête en bas et remplit l'utérus.

COUP D'ŒIL SUR LA GROSSESSE

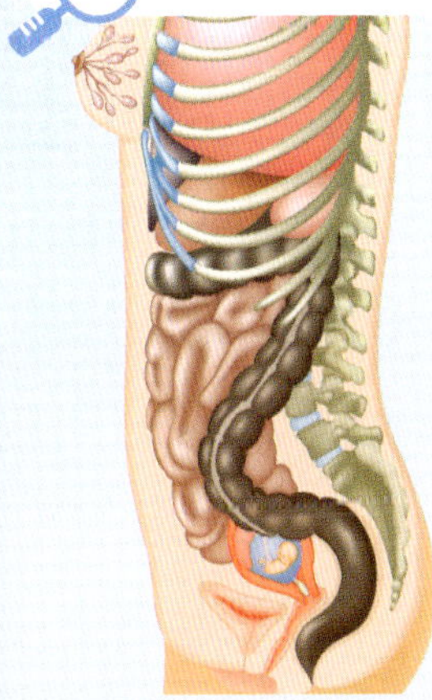

▲ DURANT *les trois premiers mois de grossesse, appelés premier trimestre, la poitrine de la mère augmente de volume. À ce stade, beaucoup de femmes ressentent des nausées.*

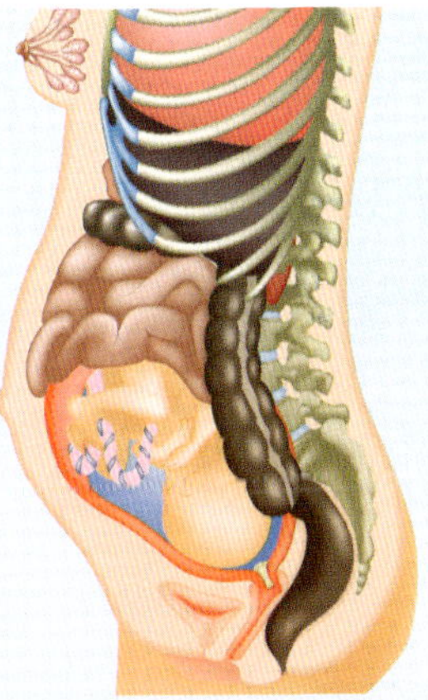

▲ DURANT *le deuxième trimestre, la poitrine continue à grossir, le rythme cardiaque s'accélère et l'utérus s'élargit à mesure que le fœtus grandit.*

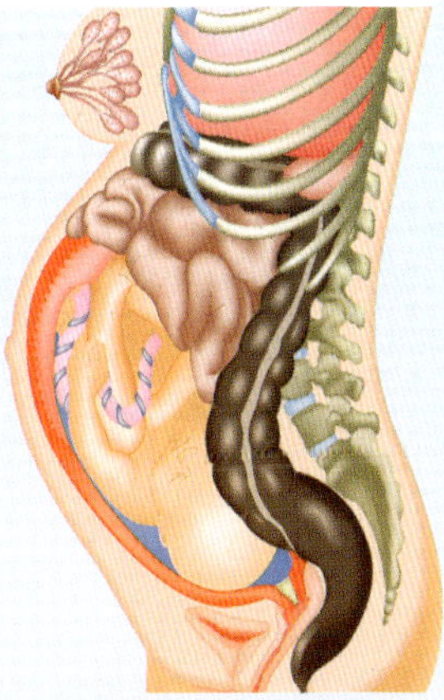

▲ DURANT *le troisième trimestre, les viscères de la mère sont poussés vers le haut. Elle peut se sentir fatiguée, avoir mal au dos et s'essouffler rapidement.*

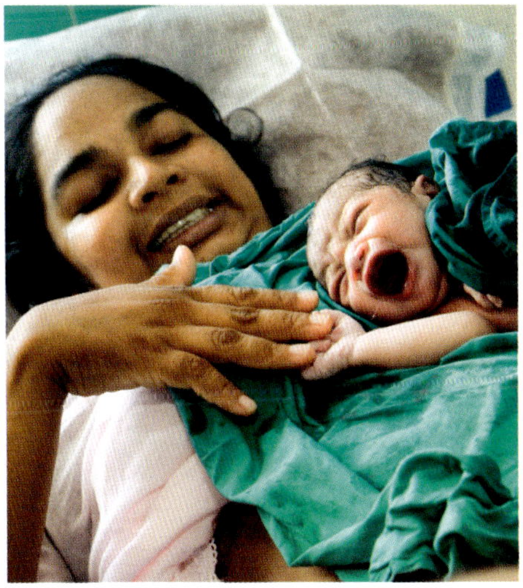

Le nouveau-né s'adapte vite à la vie extra-utérine. Le cordon ombilical, par lequel il était relié à sa mère durant la grossesse, est coupé. Le bébé prend sa première inspiration, déclenchant ainsi la circulation sanguine.

MAIS ENCORE ?

Courir, se dépenser, manger de tout et bien s'hydrater sont autant de choses indispensables si l'on veut rester en bonne santé.

La santé

Santé

Le corps ne se remplace pas. Aussi, mieux vaut en prendre soin. Lui donner toutes ses chances, à commencer par une bonne alimentation, c'est lui permettre de mieux s'acquitter de ses tâches.

UN ARC-EN-CIEL

Les aliments sont classés en plusieurs catégories, telles que céréales, viande ou produits laitiers. Il est conseillé de manger chaque jour un peu de tout, en favorisant certaines choses et se réfrénant sur d'autres (consommer par exemple plus de fruits que de viande). Pour s'y retrouver plus facilement, rien n'empêche de se représenter ces catégories sous la forme d'un arc-en-ciel.

GRAS/SUCRE *Les graisses sont nécessaires à petites doses. Pour cela, on peut manger du poisson gras. Il faut limiter le sucre.*

VIANDE, POISSON ET LENTILLES *offrent protéines (pour la croissance et la régénération), vitamines et minéraux.*

LES PRODUITS LAITIERS, *comme le fromage ou le yaourt, contiennent du calcium, essentiel pour les os et les dents.*

LES FRUITS *sont une source de vitamines, d'eau et de fibres ainsi que de sucre naturel.*

LES LÉGUMES *sont riches en fibres ainsi qu'en vitamines et minéraux, dont le corps a besoin pour croître et se régénérer.*

LES CÉRÉALES *Pain, riz et pâtes sont, comme les pommes de terre, surtout constitués de glucides, notre principale source d'énergie.*

LES PROBLÈMES DE SANTÉ

Il n'est pas toujours facile de rester en bonne santé. Dans certains pays, le manque d'eau potable ou de nourriture pose problème. La malnutrition, qui frappe certaines régions du monde, résulte de l'absence d'une ou plusieurs catégories de nourriture dans l'alimentation des populations. Mais, lorsqu'il fonctionne bien, le système immunitaire protège le corps contre les maladies en combattant les virus et les bactéries nocives.

CE QUI NOUS REND MALADES

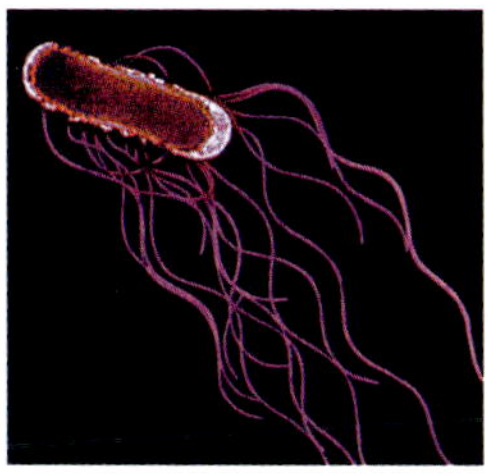

■ **Les bactéries,** organismes unicellulaires, sont pour la plupart inoffensives, mais certaines envahissent le corps, provoquant des maladies, comme la tuberculose.

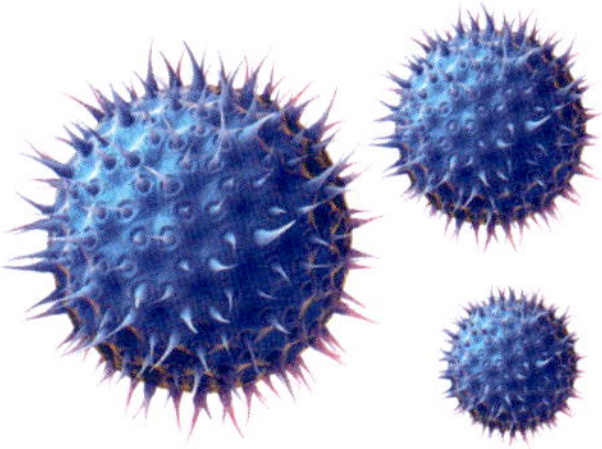

■ **Les virus,** beaucoup plus petits que les bactéries, attaquent les cellules de l'intérieur et s'en rendent maîtres. Rhume et grippe sont la résultante d'infections virales.

■ **Les champignons** affectent surtout la peau, comme dans le cas des mycoses, mais d'autres, en abîmant les cellules, peuvent causer de graves maladies internes.

Les allergies Il arrive que le système immunitaire présente des défaillances et identifie à tort certains éléments (par exemple le pollen ou la poussière) comme une menace. Cela provoque alors une réaction allergique qui peut se traduire par des éternuements, des difficultés respiratoires ou des démangeaisons.

◄ LE RHUME DES FOINS *De plus en plus de gens souffrent d'allergies. Le rhume des foins est une réaction allergique au pollen des plantes. Les symptômes peuvent être plus marqués à certaines époques de l'année, lorsque les taux de pollen sont à leur maximum.*

LES REINS

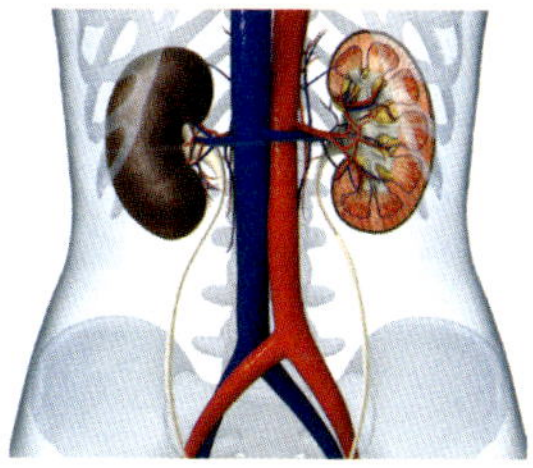

■ Les reins se trouvent à l'arrière de l'abdomen.

■ Ils régulent la quantité de liquide présente dans le corps et filtrent le sang pour éliminer les déchets.

■ Les déchets filtrés passent dans la vessie, d'où ils sont expulsés hors du corps.

Les gobules blancs Ces cellules combattent les bactéries et les virus qui pourraient nous rendre malades. Certaines produisent des anticorps qui tuent les microbes. Les enfants naissent avec des anticorps hérités de leur mère, mais s'en créent d'autres en grandissant.

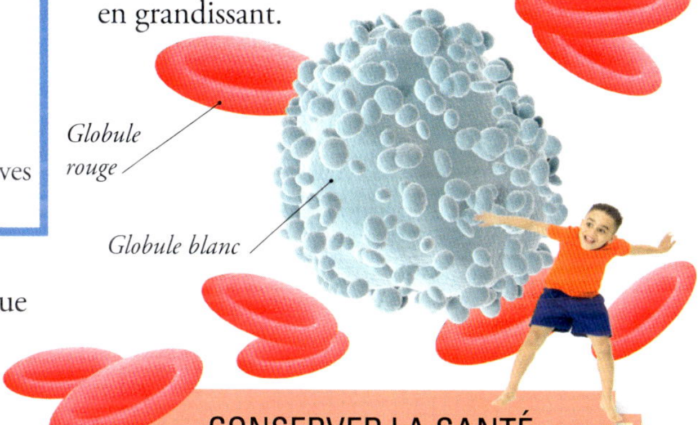

CONSERVER LA SANTÉ

■ Vitamines et minéraux, présents dans nombre d'aliments, sont nécessaires pour une bonne santé générale.

■ Faire de l'exercice renforce le cœur, les poumons et les muscles, et permet de garder un corps souple.

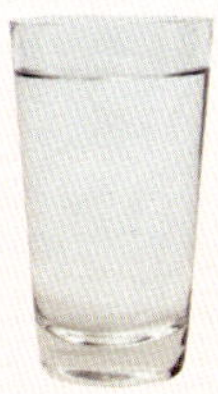

■ L'eau est nécessaire au bon fonctionnement de tous les processus organiques. Des cellules déshydratées sont moins efficaces.

■ L'hygiène aide à éloigner les microbes. En éliminant les bactéries, le brossage des dents prévient la formation des caries.

Glossaire

ADN (Acide désoxyribonucléique) Molécule contenant l'information génétique organisant les êtres vivants.

Altitude Hauteur par rapport au niveau de la mer.

Alvéoles Minuscules sacs dans les poumons assurant les échanges d'oxygène et de dioxyde de carbone avec le système sanguin.

Amphibiens Groupe de vertébrés à sang froid respirant à la fois par la peau et par des poumons.

Apprentissage Formation à un métier auprès d'un professionnel.

Artères Vaisseaux sanguins transportant le sang du cœur aux autres organes.

Articulation Jonction entre deux os.

Astrolabe Instrument ancien permettant de calculer la position des astres dans le ciel.

Atmosphère Masse d'air entourant et protégeant la Terre.

Atoll Récif corallien en anneau.

Autopsie Examen médical d'un cadavre pour déterminer les causes du décès.

Bactérie Micro-organisme unicellulaire, bénéfique ou nuisible.

Biocarburant Carburant fabriqué à partir de matière organique, par exemple des plantes ou du fumier.

Biodiversité Mesure de la variété des espèces vivantes dans une zone.

Biome Un des grands écosystèmes de la planète, caractérisé par un type de climat et de végétation.

Branchie Organe respiratoire des poissons et des larves d'amphibiens.

Calebasse Gros fruit charnu à peau dure.

Calligraphie Art de l'écriture ornementale.

Camouflage Couleur ou motif corporel permettant à un organisme de se confondre avec son environnement.

Canopée Étage supérieur de la forêt tropicale humide, le plus feuillu.

Canyon Vallée étroite et profonde aux parois abruptes. Synonyme de gorge.

Capillaires Petits vaisseaux sanguins reliant les artères aux veines.

Carnivore Animal qui se nourrit de viande.

Cellule Brique de base des organismes vivants.

Céramique Objet en argile, durci par une cuisson.

Charognard Animal se nourrissant de restes d'animaux morts. *Syn.* Nécrophage.

Chaman Chez certains peuples, guide spirituel et guérisseur, assurant la communication entre les humains et le monde des esprits.

Champignons Organismes qui se nourrissent en décomposant la matière organique. Ils diffèrent à la fois des bactéries et des plantes.

Chlorophylle Pigment vert des plantes assurant l'absorption de la lumière pour la photosynthèse.

Chromosome Pelote d'ADN présente dans le noyau de la plupart des cellules.

Climat Conditions météorologiques moyennes sur une longue période.

Clonage Production d'animaux ou de plantes génétiquement identiques.

Colloïde Suspension de fines particules dispersées dans un liquide.

Colonie Groupe d'organismes vivant ensemble et coopérant.

Combustible Matière qui produit de l'énergie utilisable en brûlant.

Combustible fossile Combustible formé à partir de restes de plantes ou d'animaux ayant vécu il y a des millions d'années.

Communisme Théorie politique prônant la propriété collective.

Condensation Passage de l'état gazeux à l'état liquide ou solide.

Continent Grande masse terrestre.

Cristal Solide dont les atomes ou molécules sont organisés selon un motif régulier.

Cubisme Style artistique figurant un sujet selon plusieurs perspectives à la fois.

Démocratie Système de gouvernement dans lequel le peuple élit librement ses dirigeants.

Diaphragme Muscle mince séparant les poumons et l'abdomen.

Dictateur Dirigeant exerçant un pouvoir absolu.

Distillation Purification d'un liquide par ébullition puis séparation de la vapeur.

Divinité Dieu ou déesse.

Écholocation Reconnaissance des objets grâce aux ondes sonores réfléchies par ces objets.

Écosystème Communauté d'organismes habitant une zone donnée.

Élytre Aile antérieure dure de certains insectes, dont les scarabées.

Embranchement Plus grande division dans la classification des êtres vivants. Chaque embranchement se divise en classes, ordres, familles, genres et espèces.

Embryon Organisme au premier stade de son développement.

Épiphyte Plante poussant sur une autre sans lui nuire.

Espèce Groupe d'organismes semblables, pouvant se reproduire entre eux et avoir une descendance féconde.

Éteinte Se dit d'une espèce n'existant plus.

Évaporation Passage de l'état liquide à l'état gazeux.

Évolution Transformation des êtres vivants sur une très longue période.

Exosquelette Squelette externe soutenant et protégeant le corps d'un animal.

Famine Pénurie grave et prolongée de nourriture.

Fécondation Union de deux cellules, mâle et femelle, pour la reproduction d'un organisme.

Filtration Séparation des solides et des liquides au moyen d'un filtre.

Fœtus Petit d'un animal ou d'un humain en développement dans le corps de la mère.

Friction Force s'opposant au mouvement du fait d'un contact.

Galaxie Ensemble d'étoiles, de poussières et de gaz.

Gaz à effet de serre Gaz composant l'atmosphère terrestre qui piège la chaleur du Soleil et réchauffe la planète.

Gène Segment d'ADN contenant un code pour la production d'une protéine particulière.

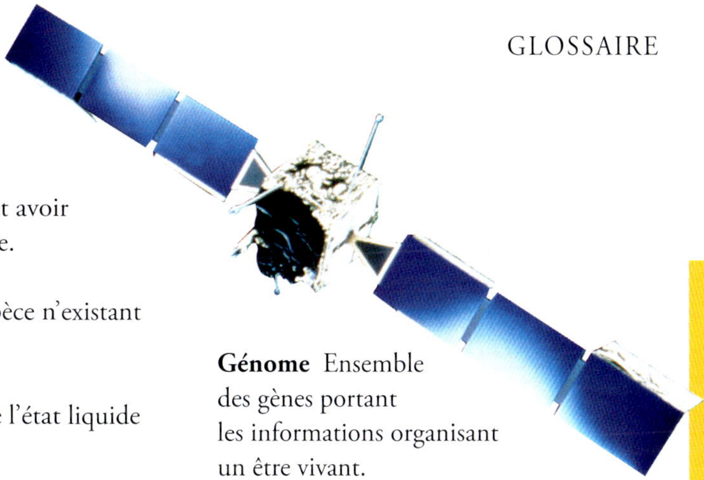

Génome Ensemble des gènes portant les informations organisant un être vivant.

Gravitation Force d'attraction s'exerçant entre les objets.

Habitat Endroit où vit un animal ou une plante.

Herbivore Animal se nourrissant de plantes.

Hominidés Famille de primates à laquelle appartiennent les humains.

Hymne national Chant officiel d'un pays.

Impressionnisme Style de peinture cherchant à rendre la lumière et l'instantanéité de la vie par l'utilisation de petites touches de couleur.

Inertie Tendance d'un objet à demeurer au repos ou constamment en mouvement quand il n'est soumis à aucune force.

Intelligence artificielle Étude et conception de machines fonctionnant à la manière du cerveau humain.

Invertébré Animal dépourvu de colonne vertébrale.

Kératine Protéine dure dont sont formés les poils, les ongles, les griffes, les sabots, les cornes, les plumes et les écailles des animaux.

Lac-réservoir Lac artificiel créé par un barrage pour stocker l'eau.

Lagon Masse d'eau de mer retenue à l'intérieur d'un récif corallien.

Lave Roche en fusion s'écoulant à la surface de la Terre.

Magma Roche en fusion circulant sous la surface de la Terre.

Mammifères Groupe d'animaux à sang chaud, couverts de poils et dont les femelles allaitent leurs petits.

Manteau Épaisse couche rocheuse située entre le noyau et la croûte de la Terre.

Marsupial Mammifère dont le petit se développe dans une poche ou un pli de peau, le plus souvent sur le ventre maternel.

Matière Tout ce qui a une masse et un volume.

Méditation Entraînement de l'esprit à se détacher des pensées pour percevoir la réalité telle qu'elle est.

Métamorphose Transformation du corps au cours du passage à l'état adulte chez certains animaux comme les insectes.

Migration Déplacement saisonnier des animaux d'un endroit à un autre.

Minéral Matière solide composant les roches, se présentant le plus souvent sous la forme de cristal.

Mirage Illusion optique résultant de la déformation du reflet d'un objet par l'air chaud.

Monarchie Système politique dans lequel un roi ou une reine se trouve à la tête du pays, sans le gouverner nécessairement.

Mosaïque Image créée par assemblage de fragments de verre ou de pierre colorés.

Nanotube Feuillet d'atomes de carbone enroulé pour former un tube d'un diamètre de 1 à 2 nanomètres.

Nébuleuse Nuage de gaz et de poussières donnant naissance aux étoiles.

Neurone Cellule nerveuse traitant l'information.

Nutriment Substance dont un organisme vivant a besoin pour vivre et se développer.

Omnivore Animal mangeant aussi bien des plantes que des animaux.

Opéra Œuvre chantée et mise en musique.

Orchestre Ensemble de musiciens jouant de divers instruments à cordes, à vent et à percussion.

Organisme Être vivant, représentant d'une espèce.

Ozone Gaz incolore formant dans l'atmosphère une couche protégeant la Terre contre les rayons ultraviolets nocifs du Soleil.

Parasite Organisme qui vit sur ou à l'intérieur d'un autre organisme, et s'en nourrit.

Pauvreté Impossibilité de satisfaire les besoins fondamentaux, comme se nourrir ou se vêtir, en raison du manque d'argent.

Pèlerin Personne se rendant dans un lieu sacré pour manifester sa foi.

Péristaltisme Contractions musculaires des parois de l'œsophage et des intestins permettant d'avaler et de digérer la nourriture.

Persécution Mauvais traitements infligés à un individu ou un groupe en raison des croyances ou des origines de celui-ci.

Pharaon Titre porté par les rois de l'Égypte ancienne.

Pile à combustible Pile générant de l'électricité à partir d'oxygène et d'un combustible comme l'hydrogène.

Photosynthèse Processus par lequel les plantes fabriquent leur nourriture en utilisant l'énergie solaire.

Phytoplancton Plantes et algues minuscules flottant dans l'océan, dont se nourrit une partie des animaux marins.

Pigment Substance colorante.

Pixel Fragment d'information composant une image numérique.

Pointillisme Style artistique utilisant des points de couleur pour peindre un sujet.

Pollinisateur Animal transportant le pollen d'une fleur à l'autre.

Polluant Substance nocive pour l'environnement.

Prédateur Animal qui en chasse d'autres pour se nourrir.

Proie Animal chassé par d'autres animaux.

Prophète Personne ayant reçu des révélations d'origine divine.

Prothèse Matériau médical remplaçant une partie du corps humain.

Puce Élément d'un ordinateur fait de silicium sur lequel sont gravés les circuits électroniques.

Pupaison Stade de la vie d'un insecte au cours duquel la larve se décompose à l'intérieur d'un cocon pour se transformer en adulte.

Réflexion Rebond de la lumière sur une surface provoquant un changement de direction du rayonnement.

Réfraction Courbure de la lumière par de la matière.

Réfugié Personne qui fuit son pays parce que sa sécurité n'y est plus assuré.

Reptiles Groupe de vertébrés à sang froid à peau écailleuse et respirant au moyen de poumons.

Rongeurs Groupe de mammifères aux longues incisives capables de grignoter des substances dures.

Ruminer Régurgiter la nourriture avalée et la mâcher de nouveau.

Savane Prairie tropicale marquée par l'alternance de saisons sèches et de saisons humides.

Spore Structure de reproduction de certaines plantes et des champignons.

Tableau périodique Table organisant tous les éléments chimiques connus par ordre croissant du nombre d'atomes dont ils sont composés.

Tourbe Type de sol fertile formé à partir de matière végétale décomposée.

Trou noir Étoile effondrée sur elle-même où la gravité est si puissante que même la lumière ne peut pas s'en échapper.

Sublimation Passage direct de l'état solide à l'état gazeux.

Succulente Plante dont les tissus charnus stockent l'eau.

Sultan Dirigeant de certains pays musulmans.

Supernova Explosion très lumineuse se produisant quand une étoile s'effondre.

Tendon Tissu fibreux reliant les muscles aux os.

Textile Tissu ou vêtement obtenus par tissage ou tricotage.

Transgénique Organisme dans lequel on a introduit un gène d'une autre espèce.

Transpiration Perte d'eau par évaporation au niveau des tiges et des feuilles des plantes.

Tsunami Série de vagues géantes engendrée le plus souvent par une éruption volcanique ou un séisme sous-marin.

Veine Vaisseau transportant le sang des organes vers le cœur.

Vélocité Vitesse mesurée dans une direction donnée.

Venin Liquide toxique produit par des animaux, comme certains serpents et araignées.

Vertébré Animal doté d'une colonne vertébrale.

Virus Micro-organisme envahissant les cellules et s'y reproduisant.

Viscosité Épaisseur d'un fluide.

Index

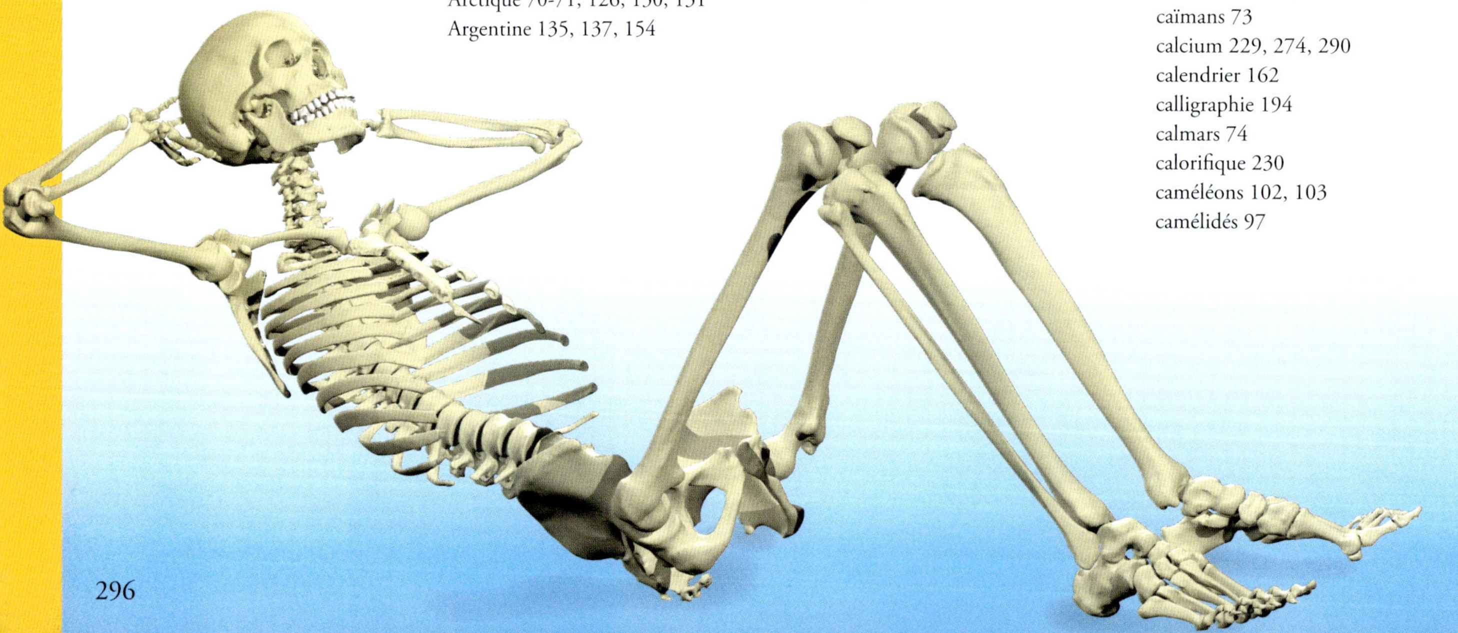

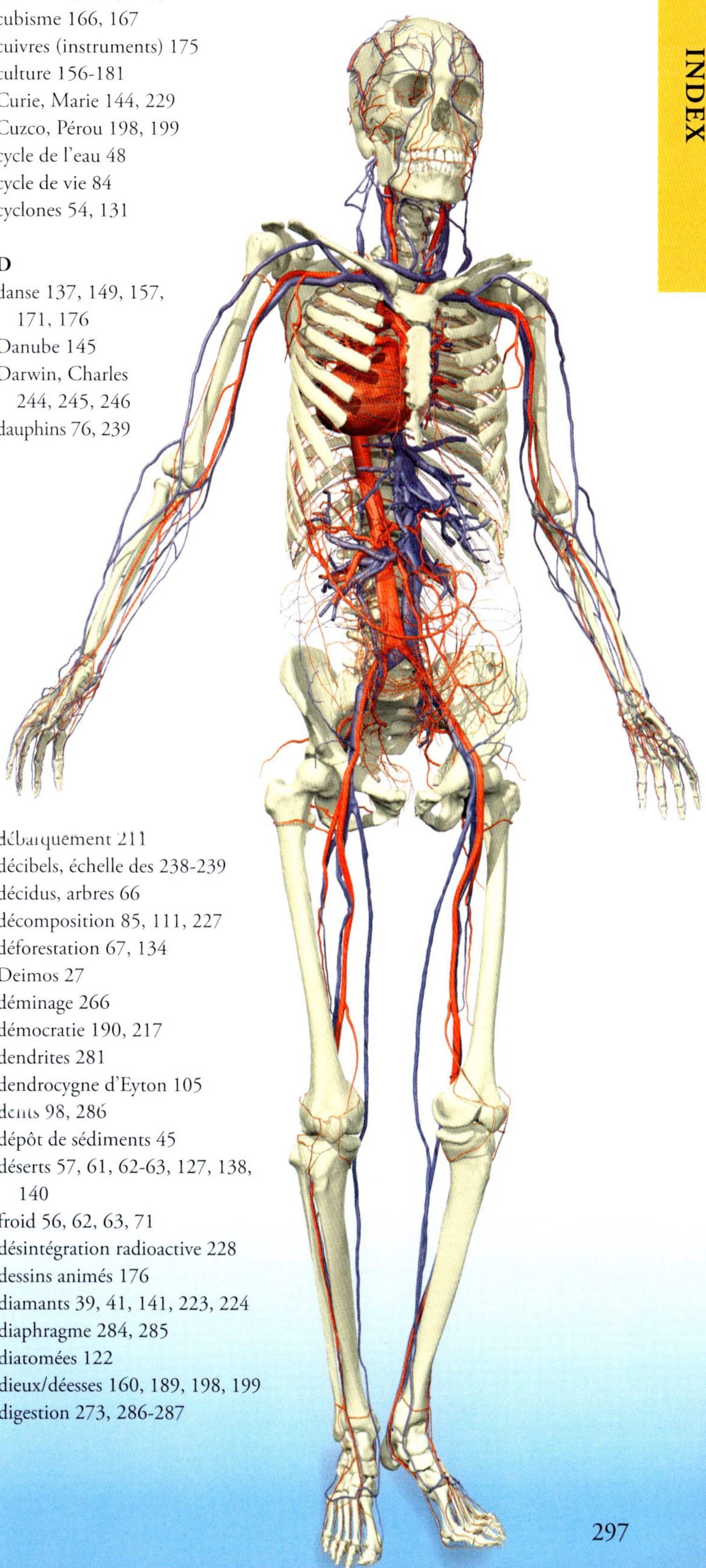

INDEX

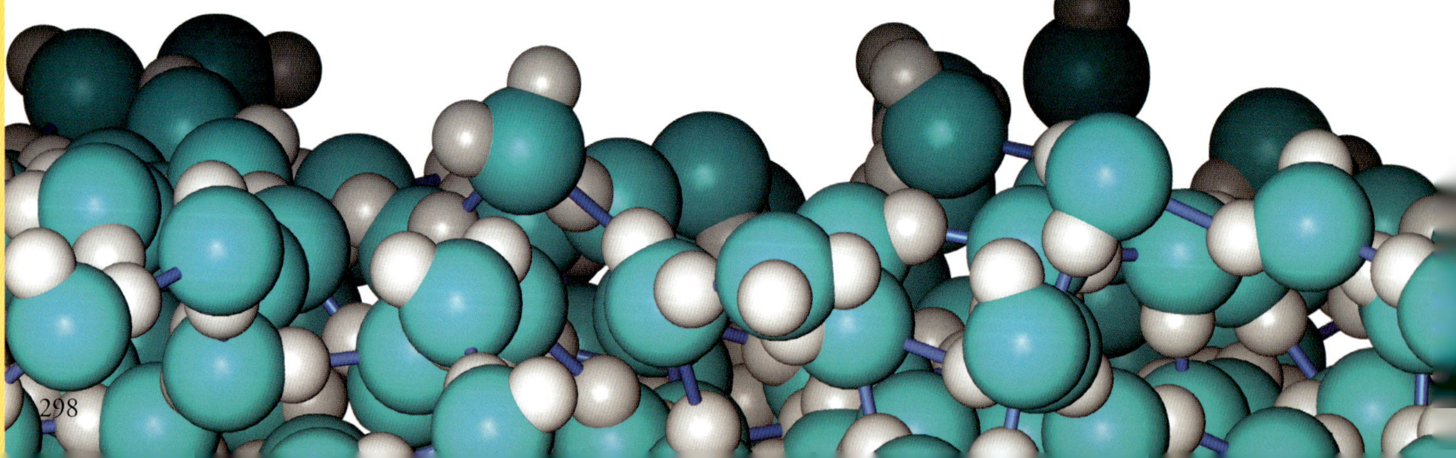
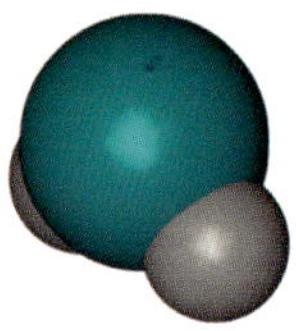

INDEX

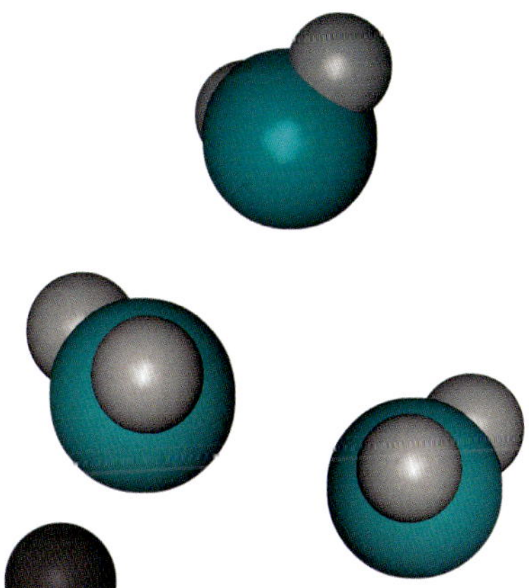

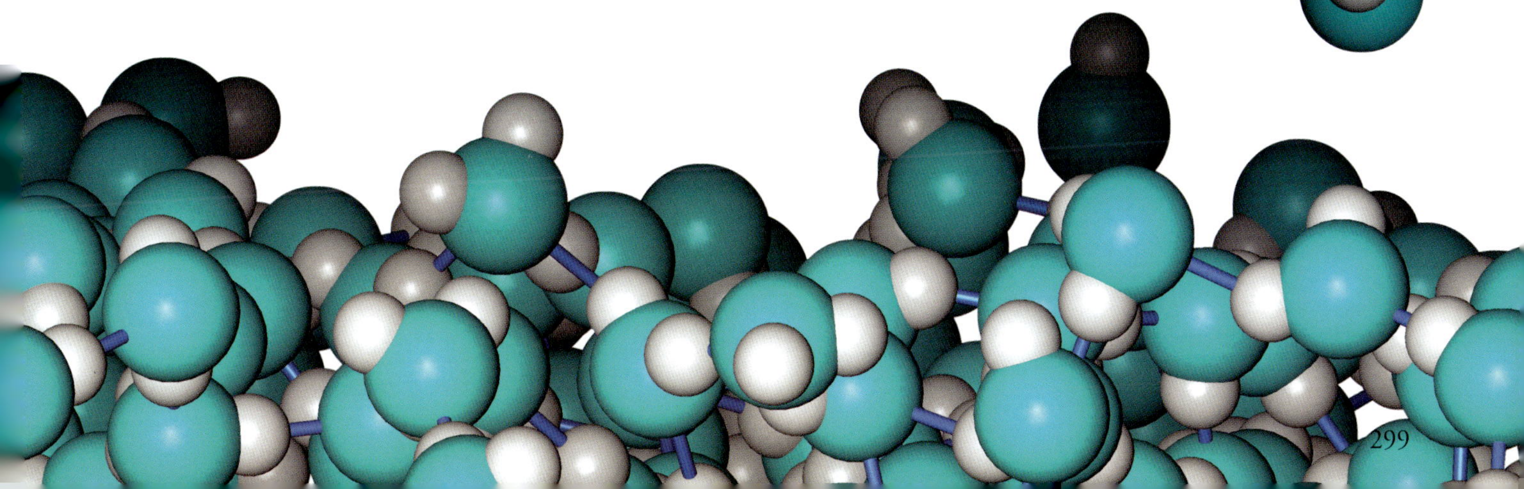

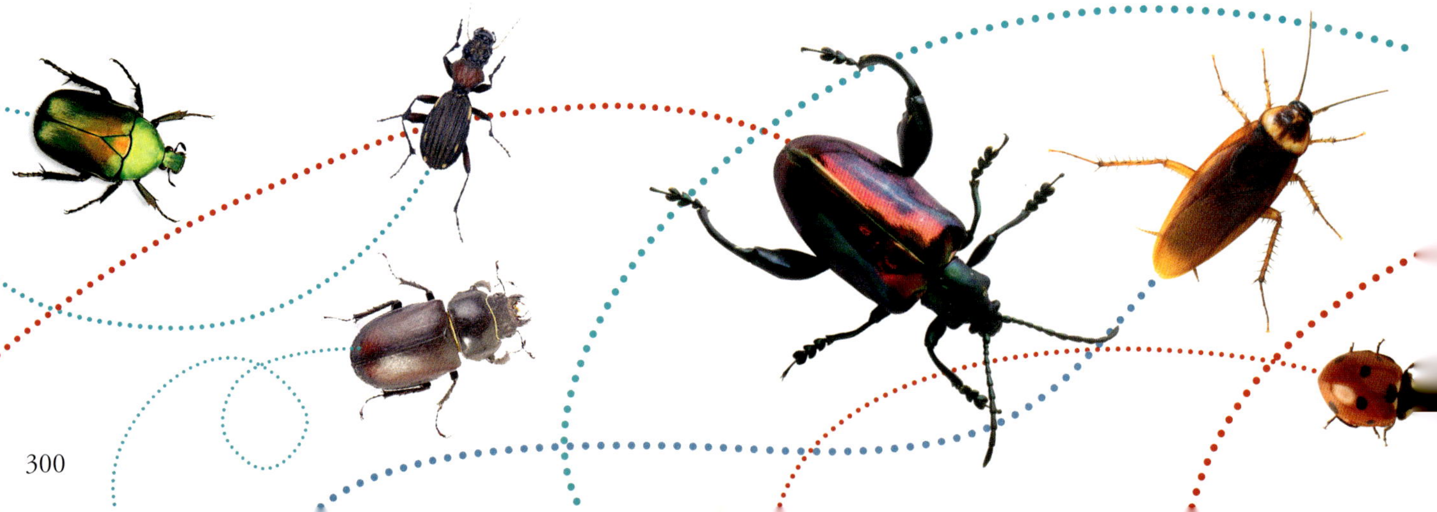

INDEX

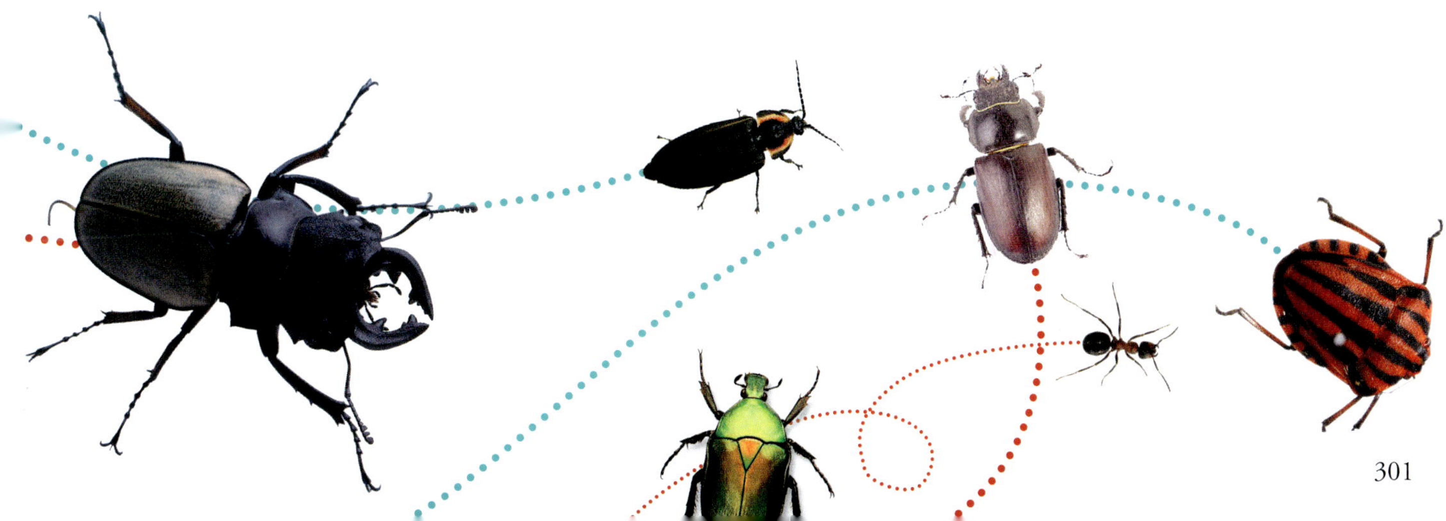

Crédits photographiques

L'éditeur voudrait remercier les personnes physiques et morales l'ayant aimablement autorisé à reproduire leurs photographies.

(Légendes : h = haut ; b = bas ; c = centre ; e = extrême ; g = gauche ; d = droite ; t = tout en haut)

akg-images : 208bd, 210tg, 253cdb ; RIA Nowosti 213bg ; **Alamy Images :** Bryan & Cherry Alexander 130cdb, 149tg, 171td ; Arco Images 91ch, 99tc ; ARCO Images GmbH 51bd, 124t, 142bg, 151bd ; Arco Images GmbH/Wittek, R. 93ebd ; Olivier Asselin 170cb ; avatra images 112cgh ; B.A.E. Inc 52cd ; Bill Bachmann 151cd, 171bg ; Stephen Bisgrove 145cg ; Blickwinkel 32t, 98bc, 115bd, 115cgh, 117cg ; Steve Bloom Images 94g ; Oote Boe Photography 185c ; BrazilPhotos.com 134cb ; Scott Camazine 91cg ; Steve Cavalier 108cg ; Chris Cheadle 45bg, 132tg ; Classic Image 197bc ; David Coleman 181bc ; Derek Croucher 37tc ; David Noble Photography 127td, 145cd, 148tc ; David R. Frazier Photolibrary, Inc. 87bd ; Danita Delimont 136td ; David Dent 29bg, 44b ; Redmond Durrell 109bc ; Chad Ehlers 29tc, 31td, 52cdh ; Elvele Images Ltd 107cd, 107cdh ; Eye Ubiquitous 63c ; David Fleetham 109bd ; Free Agents Limited 177td ; Tim Gainey 91tg ; Geophoto/Natalia Chervyakova/Imagebroker 119bg ; Mike Goldwater 149tc ; Tim Graham 133tc ; Sally & Richard Greenhill 171bd ; David Gregs 126-154 (barre latérale) ; Robert Harding Picture Library 3ch, 38cgb, 38td, 136b ; Martin Harvey 141td ; Shaun Higson 165tg ; Bert Hoferichter 181td ; Holmes Garden Photos 193tc ; Horizon International Images Limited 38t, 52td ; Peter Horree 180cg ; Chris Howes/Wild Places Photography 140td ; IGG Digital Graphic Productions GmbH 176bc ; Image Register 052 235cd ; Image Source Pink 176cg ; Image Source Pink/IS752 157bc ; imagebroker 141tg, 196cg ; Images and Stories 180c ; Images of Africa Photobank 29td, 39td, 127tg, 140b, 140cd ; Interfoto Pressbildagentur 134b, 137ch, 196t, 196-197, 253bg ; Interfoto Pressebildagentur 168-169 (arrière-plan) ; J L Images 132-133b ; Huw Jones 167cg ; Juniors Bildarchiv 113tc ; Juniors Bildarchiv/F349 93cdb ; Jupiterimages 39cd, 52etd ; Anthony Kay/Flight 52cdb ; Steven J. Kazlowski 96bg ; Georgios Kollidas 253bd ; Karl Kost 149cd ; H Lansdown 121cd ; Leslie Garland Picture Library 45bc ; Mark Lewis 151t ; Tony Lilley 145bd ; The London Art Archive 145bc ; Suzanne Long 164td ; Lou-Foto 168ecdh ; Dirk V Mallinckrodt 91c ; Mary Evans Picture Libray 207c, 207cdb ; Medical-on-line 256cb ; Mettafoto 260t ; Mira 49bg ; Mirrorpix 171tg ; Jeff Morgan 172bd ; NASA 49tg ; Nature Picture Library 173cg ; Ron Niebrugge 97tg ; North Wind Picture Archives 192-193b, 199bd, 200bd, 201bc, 206c, 244t ; Michael Patrick O'Neill 134cd ; Edward Parker 113c ; pbpgalleries 173tg ; David Pearson 149bd ; Photos 12 261tg ; PHOTOTAKE Inc 266tg ; Pictures Colour Library 173bg ; Chuck Place 126bg, 132cg ; Print Collector 197bg, 199cdh, 208bg, 209bg ; Rolf Richardson 177t ; Jeff Rotman 112cdh ; Allen Russell 133c ; Andre Seale 134c ; Alex Segre 145td ; Dmitry Shubin 214c ; Stefan Sollfors 113bg ; Norbert Speicher 268c ; Keren Su/China Span 148b ; John Sundlof 217bg ; Liba Taylor 289bd ; Travelshots.com 46ecgb ; Martyn Vickery 193tg ; View Stock 253ch ; Visual & Written SL 72d ; Visual&Written SL 112bd ; Visum Foto GmbH 144b ; David Wall 208cg ; John Warburton-Lee Photography 180cdb ; Richard Wareham Fotografie 1etd, 3c, 133cg ; Wasabi 177cb ; WidStock 43cd ; World History Archive 204tg ; Worldspec/NASA 126-127 ; **Ancient Art & Architecture Collection :** C M Dixon 187tg ; **Anglo Australian Observatory :** 7td, 13bc, 13bd ; **Ardea :** Steve Downer 96tg ; Kenneth W. Fink 97cd ; **The Bridgeman Art Library :** 190bd ; Capitol Collection, Washington, USA 201c ; Look and Learn 191t, 207t, 252cgb ; Museum of Fine Arts, Boston, Massachusetts, É.-U., collection William Sturgis Bigelow 220tg ; collection privée 188cg ; collection privée/© Michael Graham-Stewart 202tg ; **Bryan and Cherry Alexander Photography :** 161cg ; **Carnegie Observatories - Giant Magellan Telescope :** Giant Magellan Telescope 21bd ; **Corbis :** 174cgh, 211bg, 211cg, 259tg ; Alinari Archives 165bg ; Theo Allofs 49, 63bd ; The Andy Warhol Foundation for the Visual Arts 167td ; ANSA/ANSA 257td ; H. Armstrong Roberts 221bd ; Art on File 79bd ; The Art Archive 191bc, 192tg, 212t ; Anthony Bannister/Gallo Images 108bg ; Dave Bartruff 213cdb ; Bettmann 2cd, 3bd, 24bc, 34c, 163bg, 169cgh, 193bc, 200cd, 203bg, 203cg, 204bg, 206bd, 206t, 207bc, 209t, 210bc, 210bd, 213td, 221bg, 246bg, 254cg, 254cdb, 257bg, 275cd ; Stefano Bianchetti 220td ; Jonathan Blair 19b ; Blend Images 162td ; Gary Braasch 81bc ; Tom Brakefield 84cg, 85cb, 98t ; Brand X/Southern Stock 269bg ; Brand X/Triolo Productions/Burke 117cdb ; Bojan Brecelj 203td ; Andrew Brookes 228-229 ; Brunei Information/epa 216cb ; collection Burstein 253cb ; Car Culture 79cdb ; Angelo Cavalli/Zefa 160c (arrière-plan) ; CDC/PHIL 93bd ; Ron Chapple 52ch ; Christie's Images 3etd, 212bd ; Christie's Images/© ADAGP, Paris et DACS, Londres 2009 167bc ; Ralph A. Clevenger 109td ; W. Cody 167bg ; Construction Photography 42b ; Gianni Dagli Orti 165c, 189bc ; Fridmar Damm 71td, 89bc, 145bg ; Tim Davis/Davis Lynn Wildlife 97tc ; collection Deborah Betz 221bc ; P. Deliss/Godong 294-295 ; Sébastien Desarmaux/Godong 162cdh ; DLILLC 120b ; DLILLC/Davis Lynn Wildlife 4-5, 97cdh ; Doc-stock 111 (sangsue) ; Edifice 253cgb ; EPA 1ebg, 54bd, 55cd, 162bd, 162ch, 162cd, 185bd ; Frederic Soltan 37t ; Michael Freeman 185tg ; Stephen Frink 111 (coquillages), 121bd, 122-123t ; Jose Fuste Raga 148tg, 180bg, 181c ; The Gallery Collection 166bg, 166cg, 166t, 191bd, 212cgb ; David Gard/Star Ledger 172-173 ; John Gillmoure 162-163 ; Lynn Goldsmith 156-157 ; Frank Greenaway 120tg ; Martin Harvey 119tc, 120-121ch ; Lindsay Hebberd 157cgh ; Lindsay Herbberd 163cg ; Historical Picture Archive 164c ; Jack Hollingsworth 129t ; Julie Houck 122bg ; Carol Hughes 111bd ; collection Hulton 211cb ; Richard Hutchings 170bg ; Image 100 241td ; Image Source 233cg ; Simon Jarratt 243bc ; JJamArt 164bg ; Sylwia Kapuscinski 176bg ; Kevin Schafer 1bg, 3 (Parthénon), 73cg, 105cg, 121t, 183td, 190cgb ; Matthias Kulka 290-291b, 291tc ; Frans Lanting 2bd, 59etd, 66-67t, 73bd, 81cgb, 81td, 84ch, 84cdh ; Danny Lehman 58bc, 163tc ; Charles & Josette Lenars 198td ; James Leynse 249cdb ; Massimo Listri 168ebd ; Gerd Ludwig 85bc ; Alen MacWeeney 165cdb ; David Madison 179c ; Lawrence Manning 232c ; James Marshall 136c ; Robert Matheson 292-293 ; Buddy Mays 97td ; Mary Ann McDonald 94cd ; Momatiuk-Eastcott 82-83 ; Moodboard 163cgb, 249ebd ; Arthur Morris 3etg, 106t, 107td ; Kevin R. Morris 162cg ; NASA 52bg ; David A. Northcott 101cg ; Richard T Nowitz 163cd, 200bg, 201cg ; Tim Pannell 178tg ; Paul A. Souders 3td, 57tc, 64t, 73bc, 173cgb, 219tg, 236cg ; Douglas Pearson 157ch, 181tc ; Philadelphia Museum of Art/© succession Picasso/DACS 2009 167tg ; Michael Pole 87 ; Radius Images 163bd ; Enzo & Paolo Ragazzini 184b ; Roger Ressmeyer 21cg, 24cdb, 158bd, 170td, 221cg, 265b ; Reuters 5tc, 21c, 25c, 44t, 162bc, 172bg, 205td, 209cd, 239ebd, 253tg, 255bd, 266td ; Reuters/Rafael Perez 216ch ; Neil C. Robinson 224cgb ; Roger Ressmeyer/NASA 26cg ; Jenny E. Ross 4td, 95bg ; Pete Saloutos 256cg ; Jacques Sarrat/Sygma 174-175 ; Alan Schein 239bg ; Phil Schermeister 61cg ; Herb Schmitz 120-121 ; Denis Scott 18 ; Denis Scott/Comet 92bg ; Smithsonian Institution 198c ; Joseph Sohm/Visions of America 201cdh ; Ted Soqui 255ch ; collection Stapleton 252t ; George Steinmetz 264bd ; STScI/NASA 6-7 ; Jim Sugar 45c ; Sygma 84cgh, 134cgb, 173cdh, 255cb ; Sygma/(c) Tracey Emin, avec l'autorisation de White Cube (Londres) 167cdb ; Ramin Talaie 25cdb ; Paul Thompson/Ecoscene 161bd ; Penny Tweedie 3bg, 161cd, 171tc ; Underwood & Underwood 181bg, 205cd ; Vanni Archive 181tg ; Steven Vidler 177bg ; Visuals Unlimited 284cd, 291ch, 291tg ; Werner Forman 198cd, 199tg ; Michele Westmorland 121cg ; Nick Wheeler 163td ; Ralph White 245bd ; Steve Wilkings 4tg, 50 ; Douglas P. Wilson/Frank Lane Picture Agency 123bc ; Keith Wood 43bg ; Lawson Wood 110ecg (éponges) ; Michael S Yashamita 35c ; Zefa 84bg, 224bc, 242t ; Jim Zuckerman 273bg ; **F. Deschandol & Ph. Sabine :** 117bc, 117bd ; **DK Images :** Roger Bridgman 260cg ; British Library 168bc, 168bd, 212bc ; British Library Board 168ebg ; British Museum 172t, 184cd, 184cdb, 184td, 199td ; Geoff Dann/Jeremy Hunt - modelmaker 280bd, 281cg ; Avec l'autorisation du musée Égyptien, Le Caire 189cg ; ESA - ESTEC 25ebd ; Rowan Greenwood 5tg, 161cgh ; Imperial War Museum 210c ; Simon James 191bg ; Jamie Marshall 63td, 161ch, 183tg, 213tc ; Judith Miller/Ancient Art 168tc ; Judith Miller/Sloan's 182bc, 195bd ; Judith Miller/Wallis and Wallis 195ebd ; Avec l'autorisation du Museum of London 187cd ; Museum of the Order of St John, Londres 168bg ; NASA 25bg, 25cgb, 25tc ; National Maritime Museum, Londres 183bg, 196cb ; National Museum of Kenya 186bd ; Avec l'autorisation du Natural History Museum, Londres 39bc, 40 (calcaire), 40 (pegmatite), 40 (siltstone), 40 (tillite), 41, 41 (agate), 41 (calcite), 41 (lapis lazuli), 41 (magnétite), 41 (quartz), 41 (soufre), 68bd, 69c, 104cd, 116cd, 186bc, 186fbg, 187tc, 224bd, 245, 245 (gomphothérium), 245 (moerithérium) ; Stephen Oliver 47bd ; Oxford University Museum of Natural History 40 (péridotite) ; Avec l'autorisation de Sam Tree of Keygrove Marketing Ltd 249cgh ; Avec l'autorisation de The Science Museum, Londres 38c, 40 (obsidienne), 40 (ponce), 169ecdh, 220bg ; St Mungo, Glasgow Museums 159ecd ; Avec l'autorisation de The U.S. Army Heritage and Education Center - Military History Institute 185tc, 202cdh ; Avec l'autorisation de The American Museum of Natural History 187c ; Avec l'autorisation de the University Museum of Archaeology and Anthropology, Cambridge 187cdb ; Wilberforce House Museum, Hull City Council 203tg ; Jerry Young 61cd, 102c, 117etd, 138c ; **David Doubilet :** 74c ; **ESA :** 21t ; **FLPA :** Ingo Arndt/Minden Pictures 116tg ; Nigel Cattlin 116bg, 116cdb ; R. Dirscherl 103cdh ; Michael & Patricia Fogden/Minden 79bg ; Mitsuaki Iwago/Minden Pictures 95ch ; Heidi & Hans-Juergen Koch 102cd ; Gerard Lacz 99tg ; Chris Newbert/Minden 109cd ; Norbert Wu/Minden Pictures 106cg, 302-303 ; Pete Oxford 102cg ; Schauhuber/Imagebroker 117ebd ; Mark Sisson 113bd ; Jan Vermeer/Minden Pictures 106bd ; Tom Vezo/Minden Pictures 112cg ; Albert Visage 120c ; Tony Wharton 121bg ; Shin Yoshino 84clb ; **Courtesy of Friendly Robotics :** 267cd ; **R Gendler :** 1etg, 11bg ; **Getty Images :** 55bd, 115c, 136bg, 167bd, 180tg, 185td, 214td, 215td, 247bc, 257c, 257cg ; Peter Adams 137bd ; AFP 141bg, 157ecgh, 159ebd, 173bc, 173td, 183bd, 211cd, 215bd, 215cg, 215cd, 247c, 251tc, 255cdh, 267g ; AFP Photo/Jamie Mcdonald/Pool 179cb ; Doug Allan 149bc ; William Albert Allard 127bd, 149td ; Theo Allofs 65cg, 151bc ; Altrendo 62c ; Tito Atchaa 238bc ; Rob Atkins 230 (coucher de soleil) ; Aurora/Ian Shive 110cd (coraux) ; Aurora/Jurgen Freund 92td ; Aurora/Sean Davey 103bc ; Paul Avis 239bc ; Axiom Photographic Agency 183tc, 199cgb ; Daryl Balfour 140tc, 244bg ; Jim Ballard 12 ; John W Banagan 2cdh, 45d, 238ebd ; Anthony Bannister 65tc ; Tancredi J Bavosi 234bg ; Walter Bibikow 231bg ; Steve Bly 49td ; Steve Bonini 67td ; Philippe Bourseiller 77ebd ; John Bracegirdle 67cd ; Per Breiehagen 130b ; The Bridgeman Art Library 133cd, 165td, 189bd, 193bd, 196bd, 196cd, 212bg, 252cdb ; The Bridgeman Art Library/Anton Agelo Bonifazi 159t ; The Bridgeman Art Library/German School 3cb, 159etd, 169tc ; The Bridgeman Art Library/Italian School 158b (arrière-plan) ; The Bridgeman Art Library/Ludwig van Beethoven 175etd ; Jan Bruggeman 240-241 ; Frank & Joyce Burek 75bc ; JH Pete Carmichael 110cd (mygale) ; Luis Castaneda Inc 111bc ; Angelo Cavalli 63tc, 137bg ; Paul Chesley 81cgh ; China Span/Keren Su 169cb ; John Coletti 69bd ; Jeffrey Coolidge 80bg,

INDEX

230 (prises), 232t, 243bd ; Gary Cornhouse 262td ; Livia Corona 137td ; Daniel J. Cox 59ebg, 69cd ; DEA/G. Cozzi Cozzi 140tg ; Derek Croucher 101tc ; Mark Daffey 73bg ; Stefano Dal Pozzolo - Vatican Pool 159ecgh ; Geoff Dann 165cg ; Peter David 75bd ; De Agostini Picture Library 3ebg, 39cdh, 182-183c, 189t, 190c ; Digital Vision 52-53, 59bc, 59bg, 60cd, 200cg, 204cd, 205cb, 217td, 230 (radio), 238bd, 240d, 242bg ; Digital Vision/Rob Melnychuk 158bg ; DigitalGlobe 35bd, 35cdb ; Reinhard Dirscherl 1td, 109cg ; Domino 231tg ; Elsa 179bd ; Bob Elsdale 110b ; Grant Faint 230 (F1) ; Tim Fitzharris 56-57 ; Tim Flach 79cg ; David Fleetham 110cg (poulpe) ; Robert Fournier 77bd ; FPG/Keystone 235tg ; David R Frazier 55td ; James French 159ch ; Robert Frerck 164bd ; Ziyah Gafic 214g ; Roger Garwood & Trish Ainslie 59-59t ; Ezio Geneletti 225cdh ; Georgette Douwma 60bd, 77cd, 83tc, 92ecd ; Daisy Gilardini 65cgb, 70bg, 70-71b ; Tim Graham 4etd, 127bg, 136tg ; George Grall 74bd, 100bd, 111 (bousiers) ; Jorg Greuel 60td, 68bg ; Jan Greune 68-69 ; Christopher Groenhout 124bg ; Jeffrey Hamilton 229c ; Robert Harding World Imagery 78cgh ; GK Hart/Vikki Hart 243bg ; Gavin Hellier 146bd, 148td, 149bg, 219tc, 225cd ; Masanobu Hirose 51 ; Bruno De Hogues 176bd ; Ross M Horowitz 63etd ; Simeone Huber 147 ; Hulton Archive 173cdb, 185cg, 199cgh, 200td, 205bd, 206bc, 207bg, 209bc, 210cd, 210-211, 219td, 235td ; Daniel Hurst 231td ; Ichiro 238bg ; Image Source 176c, 251bd, 264t ; The Image Bank/Barros & Barros 175tc ; The Image Bank/Bob Stefko 93tc ; The Image Bank/Frans Lemmens 92cd ; The Image Bank/Gavin Gough 160ebd ; The Image Bank/Tim Graham 161t (arrière-plan) ; Imagewerks Japan 258 ; Alexander Joe/Afp 178cdb ; Steven Kaziowski 70c ; Ken King 110cg (fourmis) ; Ted Kinsman 1bc, 243ebg ; Jonathan Kitchen 231bc ; Tim Kiusalaas 230t ; Frank Krahmer 138cg ; Cameron Lawson 224cg ; Lester Lefkowitz 94bd ; Frans Lemmens 63bc ; Darryl Leniuk 234bd ; Ron Levine 267td ; Look/Bernard van Dierendonck 179td ; Look/Jan Greune 57tg ; Ken Lucas 72bc ; Zac Macaulay 77bc ; Macduff Everton 38cd, 163c ; Spike Mafford 65cd ; Roine Magnusson 58bd ; Ray Massey 232b ; Kent Mathews 233bc ; Khin Maung Win/AFP 216bc ; Ian McAllister 65cb ; Dennis McColeman 250bg, 254cb ; Joe McDonald 120cd ; Walter B McKenzie 116cg ; Ian Mckinnell 251tg, 262-263 ; Kendall McMinimy 111 (méduse) ; Medioimages/Photodisc 161etd ; A. Messerschmidt 261tc ; Roberto Mettifogo 218bc, 234-235c ; Arthur Meyerson 214-215b ; Donald Miralle 178ebg ; Alan R Moller 55bg ; Laurence Monneret 81cd ; Bruno Morandi 3tg, 144t ; Bryan Mullennix 111cd ; Darlyne A. Murawski 113td, 122cg ; Narinder Nanu/AFP 160bc ; NASA 265tg ; National Geographic 28-29, 53bd, 59tc, 59td, 107tg, 111 (étoiles de mer), 111td, 184tg, 230 (casserole), 231bd ; National Geographic/Alison Wright 160t ; National Geographic/Frans Lanting 92ecg ; National Geographic/Michael S. Quinton 71ebd ; National Geographic/Paul Nicklen 57td, 71cg, 71cd ; National Geographic/Roy Toft 96cg ; Marvin E. Newman 73c ; Kyle Newton 239bd ; Paul Nicklen 76bg ; Laurie Noble 137cd ; Thomas Northcut 68cgb ; Michael Ochs Archives 173ch ; Stan Osolinski 73ebd ; Panoramic Images 2cdb, 56bg, 64b, 66-67c, 76-77, 83td, 110ecd (grand monarque), 304 ; Grove Pashley 229bd ; Danilo Pavone 91ecd ; Jose Luis Pelaez 79ecd, 242bc ; Per Magnus Persson 227cd ; Photodisc 49c, 81tg, 256cgb ; Photodisc/InterNetwork Media 35tg ; Photodisc/Sami Sarkis 60bg ; Photographer's Choice/Derek Croucher 92 (coccinelle) ; Photographer's Choice/Harald Sund 71tg ; Photographer's Choice/Kevin Schafer 103td ; Photographer's Choice RR/Harald Sund 93tg ; Photonica/Theo Allofs 71bd ; Picture It Now/Handout 178-1179t ; Paul Piebinga 72tc ; Christopher Pillitz 78b ; Popperfoto 211bc, 213tg ; Terje Rakke 75cb ; Gary Randall 149cg ; James Randklev 66-67b ; Rapsodia 142b ; Mitch Reardon 150-151b ; Dan Regan 179cdh ; Rich Reid 62bg ; Gabrielle Revere 291bg ; Curtis W Richter 69td ; Riser/John & Lisa Merrill 102cdb ; Riser/Michael Blann 174ch ; Patrick Riviere 92bd ; Robert Harding World Imagery/Steve & Ann Toon 93bg ; Robert Harding World Imagery/Thorsten Milse 93td ; Lew Robertson 205cg ; Marc Romanelli 231cg ; Michael Rosenfeld 126bc, 145t ; Martin Ruegner 219bd, 231cd ; Andy Sacks 236c ; Dave Saunders 42t ; Kevin Schafer 61td ; Gregor Schuster 263tg ; Louis Schwartzberg 95cd ; Zen Shui/Laurence Mouton 231c ; Gail Shumway 83tg, 101bg ; Alan Smith 132cd ; Philip & Karen Smith 37cd, 230 (barrage) ; Paul Souders 65cdb ; Bob Stefko 65bd ; Stockbyte 60cdh, 65td, 250-251, 264-265 ; Stocktrek Images 24-25 ; Stone/Frank Krahmer 71bg ; Stone/Freudenthal Verhagen 92cg ; Stone/Jody Dole 60-61 (insectes) ; Stone/Louis Fox 179bg ; Stone/Theo Allofs 2ebd, 93ch ; STR/AFP/Jiji Press 178 ; Studio Paggy 162tg ; Keren Su 99cd, 195cd ; Jim Sugar/Science Faction 1tg, 29tg, 34 ; Harald Sund 59bd ; Taxi/Ken Reid 46ebg ; Ron & Patty Thomas 4tc, 53cd, 62cb ; David Tipling 59tg ; Travel Ink 72td ; Travelpix Ltd 68cg, 261bd ; Yoshikazu Tsuno 3cdb, 261td ; Pete Turner 52b, 241b ; Shiva Twin 80-81 ; Joseph Van Os 53cdb, 68c ; Gandee Vasan 54bc ; Visuals Unlimited 229cd ; Visuals Unlimited/Joe McDonald 92c ; Ami Vitale 160cd ; Zelda Wahl 141c ; Andrew H. Walker 177tg ; Jeremy Walker 60bc ; Caroline Warren 1tc, 60tg ; Bridget Webber 230 (tours de refroidissement) ; Westend61 49bd ; Stuart Westmorland 77bg ; Ralph Wetmore 236cd ; Andy Whale 229cg ; Darwin Wiggett 133cdb ; Win-Initiative 135 ; WireImage 173bd, 173c, 173ebd ; Arte Wolfe 58bg ; Ted Wood 63cd ; World Perspectives 54-55t, 130bg, 146bg ; David Wrobel 75bg ; Norbert Wu 60cdb, 73d, 141bd ; Zap Art 262-263 (arrière-plan) ; Andy Zito 263etd (Global Village4) ; **Polly Greathouse :** 266bc, 266bg ; **Honda (G.-B.) :** Honda.com 258 (toutes) ; **Imagestate :** AGE Fotostock 187 ; Jose Fuste Raga 195t ; **iRobot Corporation :** 267bd ; **iStockphoto.com :** 156-180 (barre latérale), 255bg, 262cb, 263cgb, 263td ; Terry J Alcorn 197cd ; Aldra 110tc ; Kimberly Deprey 127tc, 132c ; Alf Ertsland 205c ; Arthur Carlo Franco 105td ; Bradley Gallup 201bd ; Boris Hajdarevic 204-205c ; Kemie 167cdh ; Eric Hood 271tc, 282cdb ; Gertjan Hooijer 91td ; Scott Kochsiek 30cdb ; Richard Laurence 93c ; Shaun Lowe 6-26 (barre latérale), 9t ; Eileen Morris 189bg ; Pete Muller 105tc ; Kevin Panizza 119td ; Jan Rysavy 29bd, 53cdh ; Dennis Sabo 111 (éponges) ; sgame 291cd ; Baris Simsek 218-219 ; Stephen Sweet 202c ; Stefanie Timmermann 254bc ; Dean Turner 56-80 (barre latérale) ; Joan Vicent Cantó Roig 119c ; Andrey Volodin 262bd ; Sandra vom Stein 28-54 (barre latérale) ; Duncan Walker 197bd, 218-246 (barre latérale) ; jason walton 182-214 (barre latérale) ; Dane Wirtzfeld 178cdh ; Dan Wood 17b ; x-drew 191cd ; Serdar Yagci 190ebd ; Tomasz Zachariasz 110td ; **The Kobal Collection :** Different Tree Same Wood 177bd ; Golden Harvest 177bc ; **Stefan Kröpelin, Université de Cologne :** 138bd ; **Mary Evans Picture Library :** 187cgb, 198bg ; **Avec l'autorisation de NAIC - Observatoire d'Arecibo, NSF :** Observatoire d'Arecibo/NSF 7tg, 8-9b ; **NASA :** 2etd, 2td, 7tc, 10etd, 12bg, 22cb, 22t, 23bc, 25cdh, 235cb ; ESA et The Hubble Heritage Team (STScI/AURA) 10cd ; ESA et The Hubble Heritage Team (STSCI/AURA)/ J. Blakeslee (Washington State University) 10cdh ; ESA et The Hubble Heritage Team (STSCI/AURA)/ P. Knezek (WIYN) 10td ; ESA, HEIC, and The Hubble Heritage Team (STScI/AURA) 13bg ; ESA/J. Hester and A. Loll (Arizona State University) 235bg ; ESA/S. Beckwith (STScI) et the HUDF Team 10b ; Andrew Fruchter et the ERO Team [Sylvia Baggett (STScI), Richard Hook (ST-ECF), Zoltan Levay (STScI)] 11bc ; Hubble Heritage Team (AURA/STScI) 20bd ; Johnson Space Center 23bg, 23cgb, 23td ; JPL - Caltech/UA/Lockheed Martin 27bd ; JPL-Caltech/University of Arizona 26bd ; Kennedy Space Center 19tg ; naturepl.com : Aflo 86bg ; Ingo Arndt 113cd ; Eric Baccega 99bd ; Peter Blackwell 103tg ; Jurgen Freund 91cd ; David Hall 119cg ; Tony Heald 104b ; Michael D. Kern 102td ; Kim Taylor 116cgb, 117cdh ; Luiz Claudio Marigo 105bd ; Rolf Nussbaumer 89 ; Andrew Parkinson 98bg ; Philippe Clement 89bg, 89tg ; Premaphotos 111bg, 116bc ; Jeff Rotman 118bg ; Anup Shah 103c ; David Shale 118bd ; David Tipling 106cd ; Dave Watts 95t ; **NHPA/Photoshot :** James Carmichael Jnr 113bc ; James Carmichael Jr. 85cd ; Stephen Dalton 121cgh, 121cdh ; Daniel Heuclin 117tg ; Cede Prudente 120td ; James Warwick 84tg ; **PA Photos :** AP Photo 250bd, 257tc, 259c, 262g, 266cd ; Carl Bento/AP 92cb ; Deutsche Press-Agentur 264td ; US Army 265td ; **Laurie Hatch Photography :** 20 ; **Photolibrary :** 173tc ; Michael Fogden/Oxford Scientific (OSF) 101cd ; Image100 171c, 171cd ; North Wind Pictures 202bd ; Oxford Scientific (OSF) 108bc ; Alain Pol 280 ; Lew Robertson 165bc ; **PrairieHill Photography USA :** 115bc ; **Science & Society Picture Library :** 252cd, 252cdh ; **Science Photo Library :** 256bc, 256bd ; AJ Photo 256tg ; ALIX 247cg ; Charles Angelo 119bd ; A. Barrington Brown 246bd ; John Bavosi 246cd ; Juergen Berger 257bd ; Andrew Brookes/National Physical Laboratory 249cd ; Carolyn Brown 188bg ; BSIP, Cavallini James 284bg ; Dr Jeremy Burgess 87td, 88tc, 115cgb ; Claude Nuridsany & Marie Perennou 121cgb ; Russell Croman 31bc, 31bg, 31bd, 31cg, 31cd, 31cdh, 31tc (phases de la Lune), 31tg, 53td ; Andy Crump 256c ; Christian Darkin 269cdh ; Michael Donne, University of Manchester 249bc, 249bd ; John Durham 87g ; Eye of Science 277bc ; Peter Faulkner 85cg ; Dante Fenolio 49cgb ; Mauro Fermariello 248td ; Clive Freeman/Biosym Technologies 223b, 298-299 ; Mark Garlick 15bc ; GE Medical Systems 239tg ; Pascal Goetgheluck 269cd ; Johnny Greig 261bg ; Neal Grundy 238-239c ; Steve Gschmeissner 85ch, 285td, 286td ; Gusto Images 257bc, 275bd ; Tony & Daphne Hallas 19cg ; David A. Hardy 228t ; David Hardy 11bd ; Roger Harris 237t ; George Holton 186t ; The International Astronomical Union 14-15cd ; Makoto Iwafuji 247td ; Adam Jones 38bd ; Manfred Kage 268td ; James King-Holmes 247bd, 247tg, 265c ; Edward Kinsman 90c, 221tc, 238c, 238cb ; Ted Kinsman 230bg ; K.H. Kjeldsen 123bd ; Mehau Kulyk 270bd, 281td ; Andrew Lambert Photography 225td, 238t ; Martin Land 36cg ; Lawrence Lawry 88bd ; Dr Najeeb Layyous 288bd ; Leonard Lessin 79cd ; David Mack 288g ; Dr. P. Marazzi 248bc ; Richard Marpole 88td ; Tom Mchugh 109bg, 121cdb ; Medi-mation 271c ; Medical RF.com 257tg, 279c ; Prof. P. Motta/Dépt. d'Anatomie/Université 'La Sapienza', Rome 271tg, 277bd ; Louise Murray 266bd ; NASA 3cd, 7bd, 23, 27bg, 27cd ; NASA/ESA/B Whitmore/STScI-AURA 11t ; NASA/JPL 234t ; NASA/JPL-Caltech/STScI 12c ; Bibliothèque nationale de médecine 247bg ; Musée national, Danemark 256bg ; NREL/US Department of Energy 43td ; David Nunuk 21bg ; Claude Nuridsany et Marie Pérennou 115bg, 115cg, 115ebg ; Gregory Ochocki 51bg ; Omikron 283bg ; David Parker 282td ; Alfred Pasieka 270-271 ; Nancy Pierce 249bg ; Philippe Plailly 14bg ; Doug Plummer 46-47 ; Paul Rapson 237bg, 249cg ; John Reader 186bg ; John Sanford 17td ; Chris Sattlberger 241tg ; Friedrich Saurer 23cdb ; Science Pictures Ltd 123cd ; Seymour 242bd ; Dr Seth Shostak 21bc ; Sinclair Stammers 186ebd ; George Steinmetz 194-195 ; W.T Sullivan III 128t ; Mark Sykes 225bg ; Andrew Syred 90b, 123bg, 246c ; David Taylor 39bd ; TEK Image 240g ; Geoff Tompkinson 5td, 274c ; US Air Force 269bd ; US Department of Energy 211bd ; US Geological Survey 26cb, 26-27ch ; Jim Varney 248cg ; Jeremy Walker 88tg ; Wellcome Dept. of Cognitive Neurology 281bd ; Dr Keith Wheeler 123cdh, 123tc, 123td ; Dirk Wiersma 38tg ; Charles D. Winters 225bc, 226t ; Dr Torsten Wittmann 236bd ; Drs A. Yazdanil & D.J. Hornbaker 268bd ; Victor Habbick Visions 251td, 256cd, 269t ; **SeaPics.com :** 109tc, 112cdb, 118t, 121bc ; Gary Bell 93bc ; Rudie Kuiter 108cgb ; **SOHO/EIT (ESA & NASA) :** 6bg, 13td ; **Still Pictures :** Randy Brandon 43tg ; **Swissdent Cosmetics AG (www.swissdent.com) :** 269bc ; **Tesla Motors :** 1bd, 259bg, 259bd ; **TopFoto.co.uk :** 252ch ; The Granger Collection 254bg ; **University of Dundee Archive Services : Michael Peto Collection :** 93g ; **Virtusphere, Inc. :** 264bg ; **Wellcome Library, Londres :** Kate Whitley 282bd ; **Wikipedia, The Free Encyclopedia :** 23bd

Couverture : *1er plat : Tony Arruza/**Corbis** fond, **Science Photolibrary** bg, Kevin R. Morris/**Corbis** bg, Pasieka/**Science Photolibrary** b, S. Vannini/ De Agostini/**Getty Images** hd, Steve Bloom Images/ **Alamy** cd, Nevada Wier/**Corbis** bd ; Dos : Tony Arruza/**Corbis** h ; 4e plat : Jeffrey Bosdet/All Canada Photos/**Corbis** fond, Panoramic Images/**Getty Images** cg, Micha Pawlitzki/**Corbis** bc, Penny Tweedie/**Corbis** c, Paula Bronstein/**Getty Images/ AFP** hd.*

Dorling Kindersley remercie également
Édition Penny Arlon, Richard Beatty, Dr Amy-Jane Beer, Alex Cox, Leon Gray, Sue Malyan, Penny Smith et Chris Woodford
Maquette Natalie Godwin, Emma Forge, Tom Forge, Poppy Joslin, Katie Newman, Anna Plucinska, Laura Roberts-Jensen, Pamela Shiels et Sarah Williams
Cartographie Simon Mumford
Relecture Anneka Wahlhaus
Index Chris Bernstein